AF548075

ECONOTION

Paulo Freire und die Kritische Theorie

von Merlin Wolf

Merlin Wolf studierte Pädagogik und Philosophie an der Universität Mainz und war Doktorand der Universität Heidelberg im Bereich der Kritischen Erziehungswissenschaft. Nebenbei lernte er als Tellerwäscher, Sozialpädagoge, im Verkauf, in der Verbandsarbeit und als freier Referent das Leben im Prekariat kennen. Er engagiert sich gegen Ideologien der Ungleichheit und in sozialen Bewegungen. Von ihm herausgegeben wurde 2015 „Zur Kritik der irrationalen Weltanschauungen - Religion, Esoterik, Verschwörungstheorie, Antisemitismus". 2017 erscheint zudem der von ihm herausgegebene Sammelband „Irrwege der Kapitalismuskritik".

Umschlagmotiv: Paulo Freire, 1. Januar 1977
Foto: Slobodan Dimitrov, CC-BY-SA 3.0
Satz und Layout: Econotion Verlag, Heidelberg
ISBN: 978-3-9817199-3-2
www.econotion.de
info@econotion.de

Inhaltsverzeichnis

1 **Einleitung** 9

2 **Das Institut für Sozialforschung** 19
2.1 Die Frankfurter Schule 19
2.2 Ideengeschichtliche Bezüge der Kritischen Theorie 35

3 **Paulo Freire** 43
3.1 Biografie 43
3.2 Ideengeschichtliche Bezüge in Paulo Freires Schriften 49

4 **Von der empirischen Sozialforschung** 57
4.1 Traditionelle Sozialforschung 57
4.2 Die Kritische Theorie der Gesellschaft 64
4.3 Der Positivismusstreit 68
4.4 Dialektische Sozialforschung 75
4.5 Empirische Forschungen der Kritischen Theorie . . 88
4.6 Ethnografische Forschung 101
4.7 Freires Aktionsforschung 106

5 **Über theoretische Kategorien** 117
5.1 Marxistische Grundlagen: das revolutionäre Subjekt 117
5.2 Anthropologie 125
5.3 Theorie und Praxis 136
5.4 Entfremdung, Verdinglichung und Fetisch 146
5.5 Halbbildung 163
5.6 Psychologische Annahmen 168
5.7 Weiterführende Kategorien in Freires Gesellschaftsanalyse 176

6 **Zur Notwendigkeit pädagogischer Intervention** **185**
6.1 Gibt es eine kritische Pädagogik? 185
6.2 Von der Gestalt der kritischen Pädagogik 194
6.3 Interpretationen kritischer Pädagogik 202
6.4 Das Bankiers-Konzept 211
6.5 Grundlagen von Freires Pädagogik 216
6.6 Die Alphabetisierung 219
6.7 Kodierung und Dekodierung 232
6.8 Die problemformulierende Methode 239
6.9 Weiterentwicklung und Auswertung 246

7 **Exkurs: Andere Interpretationsmöglichkeiten Freires** **251**

8 **Zusammenfassung und Beurteilung** **259**

9 **Ausblick** **271**

10 **Danksagung** **277**

11 **Literaturverzeichnis** **279**

1 Einleitung

Dass der neugeborene Mensch wie eine geglättete Schreibtafel (Tabula rasa) auf die Welt kommt und Abdrücke von seinen Erfahrungen erhält, die ihn prägen, ist bedingt von Aischylos und Platon als Modell angenommen worden und wird heute häufig mit John Locke verbunden. So gesehen ist der Mensch, „nichts als was die Erziehung aus ihm macht“[1]. Ziel aller Erziehung ist es, dass die erziehende Person sich überflüssig macht und die erzogene Person ihre Unmündigkeit ablegt. Das Ideal dieses Ziels in den meisten modernen Erziehungstheorien ist die vollständige Mündigkeit oder die Autonomie.

Seit jeher beschäftigte sich die Pädagogik mit der Fragestellung, welche Erziehungsmethode dazu am besten geeignet sei. Die Geschichte der Pädagogik ist eine Geschichte der Gewalt; dass der Gebrauch der Prügelstrafe gesellschaftlich abgelehnt wird, ist eine relativ moderne Erscheinung. Selbst jene, die die gesellschaftlichen Verhältnisse umwerfen wollten, beschränkten ihre Revolution in der Regel auf die Inhalte, nicht aber auf die Methode der Pädagogik. Lerninhalt und Lernprozess identisch werden zu lassen ist eine neue Idee. Das nicht nur Inhalte sondern auch Methode der Kritik bedürfen, haben auch die Kritische Theorie und Paulo Freire erkannt.

Auf die Theorien der beiden letztgenannten soll in dieser Arbeit genauer eingegangen werden. Während die Kritische Theorie der Gesellschaft eine philosophische Kritik am Aufklärungs- und Fortschrittsbegriff entwickelt hat und als negative Kritik gesellschaftliche Verhältnisse untersucht, ist Freires pädagogisches Programm keine Theorie geblieben, sondern war unter anderem in Brasilien und später in Chile als nationales Bildungsprogramm tatsächliche Praxis. Der Kritischen Theorie gilt eine bessere Welt zwar als möglich und notwendig, die bestehende Welt ist aber in eine inhumane herrschaftsförmige Totalität

[1] Kant 1983, S. 699

eingebunden. Scheinbar vernünftige Veränderungen der Gesellschaft drohen sich in ihr Gegenteil umzukehren und damit zur Barbarei auf einer erweiterten Stufe beizutragen. Horkheimer und Adorno ist eine soziale Utopie nur in der Negation der bestehenden Gesellschaft denkbar. Die derzeitige Welt veranschaulicht alle Schrecken die in einer vernünftig eingerichteten Welt überwunden wären. Solange der Mensch jedoch vollständig in dieser kapitalistischen Gesellschaft sozialisiert ist, ist es ihm nur schwer möglich, über die Grenzen dieser Welt hinaus zu denken, sind doch alle Begriffe, mit denen er konstruieren kann, von ihrer kapitalistischen Logik affiziert. Daher gilt nach Adorno für den Menschen ein Bildnisverbot für die Vorstellung von Utopien, während hingegen Marcuse die Möglichkeit der Phantasie betont, die nicht völlig dem Realitätsprinzip unterworfen ist. Die Kritische Theorie kritisiert die traditionelle Pädagogik, woraus sich Anforderungen ableiten lassen, die emanzipatorische Pädagogik erfüllen muss.

Paulo Freire versucht sich an emanzipatorischer Pädagogik und am marxschen kategorischen Imperativ.[2] Dazu soll seine Pädagogik den Menschen, beziehungsweise die Unterdrückten als Zielgruppe befreien. Die Pädagogik der Befreiung gilt ihm als ein emanzipatorisches Mittel. Bekannt wurde er für seine Alphabetisierungsprogramme. Alphabetisierung ist für ihn eine notwendige Bedingung für Beteiligung und Kommunikation. Freire unterscheidet aber zwischen linguistischer Alphabetisierung, die Fähigkeit des Lesens und Schreibens zu lernen, und politischer Alphabetisierung, zu lernen, wie die Zeichen zu verstehen sind, ihren Kontext zu kennen und beides kritisch reflektieren zu können. Bildlich gesprochen geht es Freire um „die Fähigkeit, in der Welt wie in einem Buch zu lesen, die eigene Autorenschaft an dieser Welt zu erkennen und sie gegebenenfalls umzuschreiben."[3] Beide Theorien verbindet eine Kritik an der traditionellen Pädago-

[2] „Die Kritik der Religion endet mit der Lehre, daß der Mensch das höchste Wesen für den Menschen sei, also mit dem kategorischen Imperativ, alle Verhältnisse umzuwerfen, in denen der Mensch ein erniedrigtes, ein geknechtetes, ein verlassenes, ein verächtliches Wesen ist" Marx in MEW Bd. 1, S. 385. Im folgenden werden Marx und Engels aus den Marx-Engels-Werken mit MEW zitiert. Im Literaturverzeichnis sind die benutzten Texte und ihre jeweiligen Bände angegeben.

[3] Zumhoff 2012, S. 14f.

gik, die als Unterweisung, Tradierung und Vermittlung immer auch Herrschaftselemente reproduziert. Während aber die Kritische Theorie kein dezidiert pädagogisches Programm aufstellt, betont Freire anlässlich der domestizierenden Erziehung die Notwendigkeit einer befreienden Pädagogik und gibt ihr die Gestalt der problemformulierenden Methode.

Freire bezieht sich auf Karl Marx, wenn seine Prämisse lautet, dass „der Erzieher selbst erzogen werden muß“[4]. Er beschreibt seine Pädagogik als eine kritische, die imstande ist, kritische Einstellungen selbst auszubilden.[5] Ein Teil Freires kritischer Pädagogik findet sich auch im *Handbuch kritische Pädagogik* von Armin Bernhard und Lutz Rothermel, für das Freire das Vorwort geschrieben hat. Kann deswegen bereits davon ausgegangen werden, Freires Pädagogik sei eine kritische im Sinne der Kritischen Theorie? Keineswegs! Denn mit kritischer Erziehungswissenschaft, so schreiben Bernhard und Rothermel, „ist keine Verpflichtung auf eine bestimmte Theorietradition, etwa die der Frankfurter Schule indiziert, die mit Kritischer Theorie einen ganz spezifischen Forschungsansatz benennt.“[6] Vielmehr meint „kritisch“ bei Bernhard und Rothermel „in erster Linie die systematische Überprüfung der gesellschaftlichhistorischen Voraussetzungen, denen sowohl die Praxis der Erziehung als auch die Bildungs- und Erziehungswissenschaft unterliegen.“[7]

Die Frage, die sich an dieser Stelle aufdrängt, lautet: Kann Freires Pädagogik der Befreiung den Anforderungen, die die Kritische Theorie der Gesellschaft an eine kritische Pädagogik stellt, gerecht werden? Eine Untersuchung die sich dieser Fragestellung zuwendet, ob Freires Pädagogik eine kritische in diesem Sinne ist, muss eine Untersuchung in dreifacher Hinsicht sein. Erstens wissenschaftstheoretisch, genauer: die empirische Sozialforschung und die Logik der Sozialwissenschaften betreffend, zweitens theoretisch, analysierend, welche sozialen Kategorien benannt werden können, die auf Individuum und Gesellschaft wirken, und drittens selbstverständlich praktisch.

---

[4]Marx in MEW Bd. 3, S. 5f. Bei Freire wörtlich wiedergegeben als: „Der Erzieher selbst bedarf der Erziehung.“ Marx in Freire 2007, S. 41

[5]Vgl. Freire 1983, S. 37

[6]Bernhard und Rothermel 2001, S. 14

[7]Bernhard und Rothermel 2001, S. 12

In seinem Aufsatz *Traditionelle und kritische Theorie* hat Max Horkheimer 1937 die Kritische Theorie zum ersten Mal bestimmt und das Ideal und den Betrieb traditioneller Theorie kritisiert. Im sogenannten Positivismusstreit kritisierte Theodor W. Adorno schließlich breite Teile der herkömmlichen Soziologie als Positivismus. Die empirische Sozialforschung der Kritischen Theorie hat aber nicht nur theoretische Bedeutung, sondern revolutionierte auch die Praxis der empirischen Sozialforschung auf ihrem Gebiet. Freire kritisierte ebenfalls traditionelle Vorstellungen zur Logik der Sozialwissenschaften als positivistisch. Als Grundlage und Beginn seiner pädagogischen Intervention bedarf es eines genaueren Blicks darauf, inwieweit Freires Aktionsforschung die Kritik der Kritischen Theorie an der empirischen Sozialforschung berücksichtigt.

In der theoretischen Analyse von Individuum und Gesellschaft beruft sich die Kritische Theorie besonders auf Marx' Kritik der politischen Ökonomie und Sigmund Freuds Psychoanalyse. Freuds Entdeckung des Unbewussten und deren Bedeutung für das Individuum und die Kultur haben gezeigt, dass der Mensch nicht Herr im eigenen Hause ist. Marx analysierte, wie die ökonomischen gesellschaftlichen Verhältnisse auf den Menschen wirken und warum sie ihm ebenfalls der Kontrolle entzogen sind. Freire bezieht sich in seinen Analysen der Gesellschaft ebenfalls auf Marx und die Psychoanalyse. Es ist zu untersuchen, inwieweit Konsens und Dissens zwischen den Annahmen der Kritischen Theorie in den sozialen Kategorien mit den Theorien Freires besteht.

In der Frage einer pädagogischen Praxis blieb die Kritische Theorie unkonkret. Adornos Forderung an Erziehung, sie müsse dazu beitragen, dass sich etwas wie Auschwitz nicht wiederholen kann und sein entsprechender Rundfunkvortrag sind sicher die bekanntesten Elemente der Ideen der Kritischen Theorie zu pädagogischen Fragestellungen. Zwischen Adornos negativer Philosophie und seinen praktischen Äußerungen zur Pädagogik wird gelegentlich ein Bruch innerhalb der Kritischen Theorie gesehen. Noch schwieriger wird die Interpretation von Adornos Ausführungen: Er betonte, lediglich Anforderungen an ein pädagogisches Programm zu stellen. Freire formulierte ein pädagogisches Programm oder zumindest eine vollständige Methode. Sein Fixpunkt ist zwar nicht die Nazibarbarei, sondern eine utopische Pädagogik, aber trotzdem finden sich Übereinstimmungen. Es ist also zu untersuchen, ob Freires praktische Methoden den pädagogischen Anforderungen der Kritischen Theorie entspricht.

Bevor diesen drei Untersuchungen nachgegangen wird, soll noch kurz auf den jeweiligen historischen Kontext des Frankfurter Instituts für Sozialforschung und jenen Freires eingegangen werden. Da sowohl die Kritische Theorie als auch Freire die Bedeutung historischer Gegebenheiten und das aufklärerische Moment von Biographieforschung betonen, würde sich auch eine intensivere Beschäftigung mit der personellen Geschichte lohnen. In dieser Arbeit kann lediglich ein kurzer Überblick über deren Biographien geboten werden. Zudem sollen kurz ideengeschichtliche Bezüge der Kritischen Theorie und jene Freires skizziert werden, um zumindest eine Einordnung zu ermöglichen. In einem Exkurs werden schließlich andere Möglichkeiten der Rezeption Freires vorgestellt. Es liegt in ihrer Natur, dass eine solche vergleichende Analyse der pädagogischen Bezüge der Kritischen Theorie und der Pädagogik der Befreiung auch als Einleitung in beide theoretische Denkmuster dienen kann. Die Pädagogik der Befreiung kann dabei vollständiger ausgeführt werden, da die Bandbreite der Themen, Autoren und Veröffentlichungen bei der Kritischen Theorie umfangreicher als bei Freire ist.

Dass die Fragestellung dieser Untersuchung bisher noch nicht behandelt wurde, darf als wissenschaftliches Kuriosum gelten. Immerhin sind seit der Entwicklung der Kritischen Theorie und der Pädagogik der Befreiung mehrere Jahrzehnte vergangen und bereits bei Erscheinen der *Pädagogik der Unterdrückten* waren einige grundsätzliche Gemeinsamkeiten auffällig. Entsprechend schreibt Kira Funke in ihrer bibliographischen Arbeit zu Freire:

> „Interessant ist, dass es bisher keine Arbeit gibt, die diesen Zusammenhang [zwischen der Kritischen Theorie und Paulo Freire] genauer untersucht. Vielmehr gibt es nur Arbeiten, die den Zusammenhang zwischen Freire und Habermas, also der späten kritischen Theorie mit ihrem sprachphilosophischen Fokus, thematisieren.“[8]

[8]Vgl. Funke 2010, S. 77. Eine Arbeit, in der Freire und die Kritische Theorie

Diese Lücke in der wissenschaftlichen Forschung soll nun endlich geschlossen werden. Es gibt zudem gute Gründe für den jetzigen Zeitpunkt der Untersuchung: Eine deutsche Übersetzung von Teilen des Spätwerks Freires liegt erst seit Kurzem vor. So ist seine *Pädagogik der Autonomie* 2013 in deutscher Sprache erschienen. Mit Funkes *Paulo Freire - Werk, Wirkung und Aktualität* ist 2010 erstmals ein zufriedenstellendes
Standartwerk der Sekundärliteratur in deutscher Sprache erschienen. Es bietet einen guten Überblick über den aktuellen Forschungsstand zu Freire, schließt einige Lücken und beseitigt auch einige Fehler der bisherigen Freireforschung. Außerdem gab es in den letzten Jahren einige Neuerscheinungen der kritischen Pädagogik, beispielsweise *Zur Aktualität der Kritischen Theorie für die Pädagogik* von Karl-Heinz Dammer, Helmut Wehr und Thomas Vogel von 2015. So kann die hiesige Untersuchung auf den neuen Entwicklungen in diesem, inzwischen besser erforschten, Gebiet aufbauen. Die aktuelle Bedeutung von Freires Pädagogik der Befreiung ist umstritten. Sogar über die Quantität der derzeitigen Rezeption gibt es unterschiedliche Ansichten. Gelegentlich sind gar im gleichen Buch Widersprüche erkennbar: Auf der einen Seite findet sich die Aussage, dass die intensive Auseinandersetzung mit Freire in den siebziger Jahren endete, als die Pädagogik der Befreiung etwas Neues war und Hoffnung und Motivation verbreitet hatte.[9] Gleichzeitig wird festgestellt, dass das „öffentliche Interesse an der Arbeit von Freire steigt“[10]. Grundsätzlich weist Martin Stauffer in seiner Dissertation ein zunehmendes Interesse an der Arbeit Freires nach.[11] Insgesamt lässt sich sagen, dass Freire inzwischen als Klassiker der Pädagogik anerkannt ist und seine grundlegenden Ideen verbreitet sind. Gleichzeitig ist die Begeisterung derjenigen, die sich als Erste auf ihn bezogen haben und nur

---

vorkommen, ist *Theorie der Gesellschaft und empirische Sozialforschung* von Gerhard Stapelfeldt. Es handelt sich aber um eine soziologische Arbeit, in der keine pädagogischen Aussagen getroffen werden sollen. Trotzdem handelt es sich um eine wichtige Arbeit zu diesem Thema, auf die in dieser Untersuchung häufig Bezug genommen wird. In Funkes Bibliographie zu Freire hingegen wird die Arbeit von Stapelfeldt nicht genannt.

[9] Vgl. Schreiner, Peter u.a.: *Einführung.* In: Freire 2007, S. 15. Vgl auch beispielsweise Freire, Ana Maria Araújo: Zum Geleit. In: Freire 2013, S. 8

[10] Gerhard, Heinz-Peter: *Zum Geleit: Paulo Freire lesen.* In Freire 2007, S. 9

[11] Vgl. Stauffer 2007

nach seiner Methode arbeiten wollten, inzwischen abgeflaut. Auch in Lateinamerika gilt Freires Methode der Alphabetisierung inzwischen als veraltet und wird nicht mehr praktiziert.[12]

Die Auseinandersetzung mit Freire hat damit, ähnlich wie bei der Kritischen Theorie, für viele eine historische Dimension. Freires bekannteste Werke sind in deutscher Sprache heute nur mehr antiquarisch erhältlich. Die bisherig unterschiedlich verlaufende Rezeption Freires ist auch darin begründet, dass Freire viele verschiedene Ansätze eklektisch verbindet und sich so auf verschiedenste Autoren bezieht. Unter anderem finden sich bei Freire christliche, materialistische, phänomenologische, existenzphilosophische, strukturalistische und postmoderne Anteile. Dies führt dazu, dass es völlig verschiedene Interpretationen von Freire gibt, je nachdem mit welchem theoretischen Hintergrund die Interpretierenden Freires Werk begegnen. Eine Untersuchung der Unterschiede und Gemeinsamkeiten zwischen seiner Pädagogik und den Anforderungen an kritische Pädagogik im Sinne der Kritischen Theorie hat daher mit der Problematik zu kämpfen, weder oberflächliche Gemeinsamkeiten überzubetonen, noch bei jeder Abweichung Häresie zu befürchten, und zugleich sich nicht von einem Tunnelblick einer einzig wahren Deutungsmöglichkeit einschränken zu lassen, in dem Freires Werk von Anfang an als kritisch im Sinne der Kritischen Theorie intendiert gelesen wird.

Schließlich bleiben noch einige sprachliche Anmerkungen: Wer über Kritische Theorie schreiben will, muss sich zwangsläufig mit der Frage auseinandersetzen, ob es sich denn um eine kritische Theorie oder um eine Kritische Theorie handelt. Nun war es sicher nicht im Interesse Horkheimers und Adornos eine Kritische Theorie als Schule oder gar als Weltanschauung zu begründen. Stattdessen sollte eine Definition Kritischer Theorie in der Abgrenzung zur traditionellen Theorie geschehen. Trotzdem wird in dieser Arbeit Kritische Theorie immer dann großgeschrieben, wenn deutlich werden soll, dass es nicht nur um irgendeine Kritik geht, sondern um die Kritische Theorie von Horkheimer, Fromm, Marcuse und Adorno.

[12] Vgl. Funke 2010, S. 167

Was dieser Begriff der Kritischen Theorie bedeutet, soll im weiteren Verlauf der Untersuchung ausgeführt werden. Ein Begriff der Kritischen Theorie, der sich auf den gemeinsamen theoretischen Hintergrund von Horkheimer, Fromm, Marcuse und Adorno stützt, erscheint aus verschiedenen Gründen fraglich. Erstens bestand die erste Generation der Frankfurter Schule aus weiteren Vertretern. Diese werden in dieser Untersuchung aber nur am Rande behandelt, weil ihr pädagogischer Einfluss und ihre besonderen Gemeinsamkeiten und Differenzen mit Freire als vernachlässigbar gelten dürfen. Zweitens scheint ein solcher Begriff die teilweise beträchtlichen Differenzen untereinander zu ignorieren, die beispielsweise zur Trennung mit Fromm führten. Tatsächlich sollen diese Differenzen keineswegs ignoriert werden, sondern besonders untersucht werden, gerade auch deswegen, weil Freires Bezugnahmen sich auf Fromm und Marcuse konzentriert. Drittens wäre auch eine Untersuchung möglich, die spätere Generationen der Frankfurter Schule, zum Beispiel Jürgen Habermas, miteinbezieht. Dass eine solche Untersuchung hier aber nicht stattfindet, hat zum einen damit zu tun, dass die Differenzen innerhalb der Frankfurter Schule zwischen der Kritischen Theorie von Horkheimer, Fromm, Marcuse und Adorno auf der einen Seite und Habermas Diskurstheorie auf der anderen Seite beträchtlich sind und den gemeinsamen Rahmen sprengen würden.[13] Zum anderen gibt es zum Forschungsgegenstand Freire und Habermas bereits abgeschlossene Untersuchungen, so dass eine solche Ausweitung der Untersuchung nicht notwendig ist.[14]

Einige weitere Begriffe bedürfen der Erläuterung. Wenn Freire oder Adorno beispielsweise von Erziehung sprechen, so ist damit zum einen gemeint, was Erziehung im traditionellen Sinn ist, der von der erziehenden Person gesteuerte Prozess gegenüber dem Zögling, zum anderen das, was Erziehung eigentlich sein sollte. In welcher Art ein solcher Begriff verwendet wird, sollte aber aus dem Zusammenhang in dieser Arbeit stets deutlich werden. Entsprechend meint Freire mit Erzieher die Gesamtheit der Personen die pädagogisch tätig sind.

---

[13]Vgl. beispielhaft Bolte 1989

[14]Vgl. dazu auch das Kapitel *Exkurs: Andere Interpretationsmöglichkeiten Freires* in dieser Untersuchung.

Ähnliches gilt auch für andere Begriffe.[15] Besonders deutlich wird dies beim Begriff der Anthropologie, der dazu in einem eigenen Kapitel behandelt wird. Die Forderung nach einer geschlechtergerechten Sprache ist in den letzten zwanzig Jahren lauter geworden.[16] Sie war zu Zeiten von Horkheimer, Adorno, Marcuse und Fromm noch leise. Alle vier nutzten ein generisches Maskulinum. Freire nutzte ebenfalls zunächst das generische Maskulinum. Erst später stieß er deswegen auf Kritik und änderte deswegen seinen Stil, in dem er abwechselnd das generische Maskulinum und das generische Femininum verwendete.

Für Sekundärliteratur stellt sich immer die Frage, inwiefern Sprache angepasst und übersetzt werden sollte. Um möglichst nahe am Text zu bleiben wird in dieser Untersuchung die Geschlechternennung der Primärliteratur weitgehend beibehalten. Das bedeutet dass in Bezug auf die Kritische Theorie ein generisches Maskulinum verwendet wird, in Bezug auf Freire, insbesondere wenn es um sein Spätwerk geht, generisches Maskulinum und Femininum. Wenn es der Kontext nicht anders vermuten lässt, zum Beispiel, weil es direkt um Geschlechterverhältnisse geht, sind daher stets alle Geschlechter gemeint.

[15]Dabei variiert auch die Bedeutung der Begriffe im Portugiesischen. Eine Diskussion portugiesischer Begriffe und ihrer deutschen Übersetzung, beispielsweise des Lehrers findet sich bei Funke 2010, S. 133.

[16]Während es für eine geschlechtergerechte Sprache spricht, dass auch Sprache in gesellschaftliche Machtverhältnisse eingebettet ist und diese damit reproduziert, wird für ein generisches Maskulinum häufig mit einem besseren Leseverständnis argumentiert. Wissenschaftliche Untersuchungen zeigen jedoch, dass geschlechtergerechte Sprache für das Leseverständnis der Lesenden förderlich ist. Vgl. Braun u.a. 2007, S. 183ff.

2 Das Institut für Sozialforschung

2.1 Die Frankfurter Schule

Am 20. Mai 1923 beginnt im einem Bahnhofshotel in Thüringen eine achttägige *Erste marxistische Arbeitswoche.* Sie gilt als erstes Theorieseminar des *Instituts für Sozialforschung* beziehungsweise als dessen Gründungstreffen, auch wenn die nominelle Gründung sich erst später vollzog. Die Tagung geht maßgeblich auf Karl Korsch zurück, der gemeinsam mit dem ebenfalls anwesenden Georg Lukács, als einer der wichtigsten Erneuerer marxistischer Philosophie gilt. Eingeladen und organisiert hatte Richard Sorge. Ermöglicht wurde die Arbeitswoche durch Felix Weils finanzielle Unterstützung.

Zu den etwa zwei dutzend Teilnehmenden gehörten des Weiteren Eduard Ludwig Alexander, Gertrud Alexander, Béla Fogarasi, Kazuo Fukumoto, Julian und Hede Gumperz, Margarete Lissauer, Paul Massing, Friedrich Pollock, Karl Schmückle, Christiane Sorge, Käthe Weil, Karl August und Rose Wittfogel und Konstantin Zetkin.

„Bis auf Korsch, Lukács und Alexander waren sie alle jünger als 30 Jahre. [...] Nahezu die Hälfte der Teilnehmenden hatte später in der ein oder anderen Form mit dem Institut für Sozialforschung zu tun."[17] Einleitend wurde „Über die Behandlungsarten des gegenwärtigen Krisenproblems" gesprochen. Die beiden weiteren Themen hießen „Zur Methodenfrage" und „Organisatorische Fragen der marxistischen Forschung". Weil hatte zuvor schon den Malik-Verlag zu wesentlichen Teilen finanziert, in dem bereits Georg Lukács' *Geschichte und Klassenbewusstsein* erschienen war.[18] Die marxistische Arbeitswoche

[17]Wiggershaus 1988, S. 25
[18]Wiggershaus 1988, S. 24

schien Weil in seinem Versuch zu bestätigen, eine „Institutionalisierung marxistischer Diskussion jenseits der Zwänge des bürgerlichen Wissenschaftsbetriebs wie der ideologischen Engstirnigkeit einer kommunistischen Partei“[19] voranzutreiben.

So konnte mit dem Geld von Felix Weils Vater 1923 das *Institut für Sozialforschung* in der liberalen Stadt Frankfurt entstehen. Im Juni 1924 bezog es die eigenen Räume. Verbunden mit der Wirtschafts- und Sozialwissenschaftlichen Fakultät der Universität Frankfurt war es dank der umfangreichen Stiftung in Personalauswahl und der Ausrichtung der Forschung von Anfang an eigenständig. In einer Zeit, in der die Soziologie als wissenschaftliche Disziplin kaum anerkannt war, sollte das Institut mit marxistischem Hintergrund die Arbeiterbewegung und -klasse erforschen. Als ersten Direktor hatte Weil ursprünglich einmal Kurt Albert Gerlach vorgesehen, der aber bereits 1922 gestorben war. Nach dessen Tod fiel die Wahl stattdessen auf den Austromarxisten Carl Grünberg. Mit Grünberg wurde auch das „Archiv für die Geschichte des Sozialismus und der Arbeiterbewegung“ Teil des Instituts.

In dieser frühen Zeit wurde die programmatische Ausrichtung neben dem Direktor selbst besonders von Grünbergs beiden Assistenten Friedrich Pollock und – nachdem Richard Sorge 1924 das Institut nach Moskau verließ – Henryk Grossmann geprägt. Des Weiteren arbeitete Rose Wittfogel in der Bibliothek und ihr Mann Karl August Wittfogel wurde 1924 ständiger Mitarbeiter. Vor 1933 erschienen folgende Bände der *Schriften des Instituts für Sozialforschung*: 1929 von Grossmann *Das Akkumulations- und Zusammenbruchsgesetz des kapitalistischen Systems*, 1929 von Pollock *Die planwirtschaftlichen Versuche in der Sowjetunion 1917 – 1927* und von Wittfogel 1931 *Wirtschaft und Gesellschaft Chinas.*[20] Außer den Forschungen und eigenen Veröffentlichungen war besonders das Vorhaben einer Marx-Engels-Gesamtausgabe in Zusammenarbeit mit dem Marx-Engels-Institut in Moskau von Bedeutung.[21] Teil davon war auch die Veröffentli-

[19] Wiggershaus 1988, S. 26

[20] Vgl. Wiggershaus 1988, S. 42

[21] Nachdem mehrere Mitarbeiter des Marx-Engels-Instituts in Moskau im Zuge der „Stalinistischen Säuberungen“ hingerichtet wurden, konnte diese Aufgabe auch in Moskau nicht fortgeführt werden.

chung der marxschen Schrift *Die Deutsche Ideologie*. Die Vielzahl der Aktivitäten des Instituts und die Besonderheit der Möglichkeit, marxistische Theorien studieren zu können, führten dazu, dass unter den Mitarbeitenden, Doktoranden und Gästen unterschiedlichste politisch linke Lager zusammen kamen. Die Bedeutung des Instituts kommentiert Michael Schwandt mit den Worten: „Wer zu dieser Zeit studierte und Marxist war oder werden oder zumindest als einer erscheinen wollte, kam um das bald 'Café Marx' genannte Institut in Frankfurt nicht herum."[22] Als Grünberg 1928 infolge eines Schlaganfalls die Arbeit dauerhaft nicht fortsetzen konnte, wurde er zunächst von Pollock vertreten. Auf Initiative Felix Weils übernahm 1931 Max Horkheimer als Direktor des Instituts die Leitung. Gleichzeitig erhielt er den von Weil dazu extra gestifteten Lehrstuhl für Sozialphilosophie.

Unter Horkheimer veränderte sich die inhaltliche Ausrichtung des Instituts: Gemeinsam „mit [seinen] Mitarbeitern will er eine Diktatur der planvollen Arbeit über das Nebeneinander von philosophischer Konstruktion und Empirie in der Gesellschaftslehre errichten."[23] In seiner Rede *Die gegenwärtige Lage der Sozialphilosophie und die Aufgaben eines Instituts für Sozialforschung* gab er dem Institut ein neues Programm: Im Zentrum steht nun die Frage, „nach dem Zusammenhang zwischen dem wirtschaftlichen Leben der Gesellschaft, der psychischen Entwicklung der Individuen und den Veränderungen auf den Kulturgebieten".[24] Er beschrieb den Versuch einer selbstreflexiven Forschung jenseits von idealistischer Philosophie auf der einen Seite und positivistischer Soziologie auf der anderen Seite durch eine interdisziplinäre Zusammenarbeit von Philosophie, Soziologie, Nationalökonomie, Geschichtswissenschaft und Psychologie. Zugleich erteilte er aber jenen eine Absage, die glaubten, Wirtschaft als das materielle Sein sei die einzig wahre Realität, die Psyche und die Persönlichkeit der Menschen sei als Spiegelbild der Ökonomie restlos aus

---

[22] Schwandt 2009, S. 28

[23] Horkheimer 1988, S. 31. Die Diktatur des Direktors gegenüber der Kollegialverfassung bestand schon bei Grünberg. Zur Frage der Abkehr Grünbergs im neuen Programm und ein Rückgriff auf Ideen Gerlachs. Vgl. auch Wiggershaus 1988, S. 19ff.

[24] Horkheimer 1972, S. 43

der Wirtschaft abzuleiten. Dies nannte er einen schlecht verstandenen Marx.[25]

Zunächst sollte sich die Erforschung auf „die qualifizierten Arbeiter und Angestellten in Deutschland“[26] konzentrieren. Die soziologischen Forschungen sollten bei den Fragebogen auf US-amerikanischen Vorarbeiten aufbauen. Damit waren Methode und Ziel klarer umrissen als zu Grünbergs Zeiten, der sich auf die Geschichte der Arbeiterbewegung konzentriert hatte und unter dem sich die unterschiedlichsten marxistischen Richtungen um das Institut sammelten. Indem Horkheimer sich zunehmend von bestimmten Marxismen distanzierte, konnte er ein klareres Forschungsumfeld schaffen. Nicht davon beeinträchtigt werden sollte hingegen die selbstständige Forschungstätigkeit der einzelnen Mitglieder des Instituts. So konnte das entstehen, was im Folgenden Kritische Theorie genannt werden soll. Erste Ergebnisse wurden in der ab 1932 herausgegeben *Zeitschrift für Sozialforschung* veröffentlicht.

Max Horkheimer (1895–1973) hatte sich selbst mit Philosophie, Ökonomie und Psychologie beschäftigt und war für die programmatischen Texte des Instituts verantwortlich, die maßgeblich auf seinen wissenschaftstheoretischen Texten und seiner Kritik an bestehender, traditioneller Theorie beruhten.

Aus einem konservativ jüdischen Elternhaus stammend war er als Sohn eines reichen Textilfabrikanten zunächst dazu bestimmt, dessen Nachfolge anzutreten. Es war wahrscheinlich auch der Einfluss seines Jugendfreundes Friedrich Pollock, der einen langsamen Emanzipationsprozess gegenüber den eigenen Eltern auslöste. Horkheimers Schriften aus dieser Zeit sind geprägt von Sozialkritik und Mitgefühl gegenüber den im Elend arbeitenden Massen. Gegen den Willen seiner Eltern ging er 1916 eine Beziehung mit der acht Jahre älteren Rose „Maidon“ Riekher ein, die die Privatsekräterin des Vaters war. Sie verlor ihre Stellung und es kam zum Konflikt zwischen Max Horkheimer und seinem Vater. Trotzdem blieb die Beziehung bestehen und beide sollten 1926 heiraten. Aufgrund seines eher kränklichen Gesundheitszustandes wurde er im ersten Weltkrieg nicht an die Front gerufen.

[25] Vgl. Horkheimer 1972, S. 43

[26] Horkheimer 1972, S. 44

Er begann 1919 in München ein Studium in Psychologie, Philosophie und Nationalökonomie. Dort zeigte er Sympathien für die Münchner Räterepublik. In dieser bedrohlichen Situation wechselte er zur eigenen Sicherheit an die Universität Frankfurt, wo er beim Gestaltpsychologen Friedrich Schumann und dem Philosophen Hans Cornelius studierte. Letzterer empfahl ihn an Edmund Husserl, so dass Horkheimer zwei Semester in Freiburg studierte und dort auch Husserls Assistenten Martin Heidegger kennenlernte. Nachdem Horkheimer zunächst eine Dissertation in Psychologie geplant hatte, promovierte er 1922 bei Cornelius mit einer philosophischen Dissertation unter dem Titel *Zur Antinomie der teleologischen Urteilskraft.* Cornelius bot ihm anschließend an, sein Assistent zu werden. Es war die endgültige Entscheidung gegen den väterlichen Beruf. 1925 habilitierte er sich mit einer Arbeit zu *Kants Kritik der Urteilskraft als Bindeglied zwischen theoretischer und praktischer Philosophie.* Bevor er die Leitung des Instituts übernahm, erscheinen von ihm 1930 *Anfänge der bürgerlichen Geschichtophilosophie* und *Ein neuer Ideologiebegriff.*

Im Institut für Sozialforschung versammelte er zu dieser Zeit eine Schar von Mitarbeitern, die so wichtig für die Kritische Theorie wurden, dass sie hier kurz vorgestellt werden sollen:

Theodor Wiesengrund-Adorno (1903–1969) wurde erst nach Horkheimers Antritt der Institutsleitung Privatdozent und 1938 vergleichsweise spät Vollmitglied des Instituts. Trotz seines späten Einstiegs wurde er neben Horkheimer vielleicht zum wichtigsten Vertreter der Kritischen Theorie, in jedem Fall aber zum unversöhnlichsten. In Frankfurt geboren, erlebte er eine behütete Kindheit. Sein Vater war ein jüdischer Weingroßhändler, der später zum Protestantismus übertrat. Seine Mutter, eine Katholikin, war ausgebildete und erfolgreiche Sängerin. Adorno selbst wurde katholisch getauft. Nicht nur für seine musikalische Ausbildung prägend war zudem die Schwester seiner Mutter, die Sängerin und Pianistin Agathe Calvelli-Adorno. Erich Fromm, Leo Löwenthal und Theodor Adorno kannten sich bereits seit ihrer Jugend. Über seine Eltern lernte Adorno Siegfried Kracauer kennen, der ein bedeutender Freund und Mentor wurde. Mit ihm arbeitete er samstags Immanuel Kants *Kritik der reinen Vernunft* durch. Später setzte sich Adorno intensiv mit den gerade erschienenen Büchern *Theorie des Romans* von Lukács und den *Geist der*

Utopie von Ernst Bloch auseinander. 1921 machte er, nachdem er zwei Klassen übersprungen hatte, mit 17 Jahren als Jahrgangsbester Abitur. Anschließend begann er ein Studium an der Universität Frankfurt in Philosophie, Musikwissenschaften, Psychologie und Soziologie. 1923 lernte er, zum einen über Kracauer Walter Benjamin kennen, mit dem er später eine besonders enge Freundschaft knüpfte, zum anderen Margarete „Gretel" Karplus[27] kennen, die in Berlin lebte und die er 1937 schließlich heiratete. Zudem freundete er sich mit Horkheimer und Pollock an. Seinem Freund Löwenthal schrieb er am 16.07.1924:

> „[Zur Prüfungsvorbereitung] setzte ich mich hier für 10 Tage nach Kronberg, wo Max Horkheimer und sein Freund Pollock, beides sehr ungewöhnliche Menschen, mich aufs liebevollste aufnahmen und aufs strengste schumannpsychologisch drillten. Beide sind übrigens Kommunisten und wir hatten langwierige und leidenschaftliche Gespräche über materialistische Geschichtsauffassung, in denen wir uns gegenseitig viel zugestanden."[28]

1924 promovierte Adorno bei Cornelius. Seine Dissertation trägt den Titel *Die Transzendenz des Dinglichen und Noematischen in Husserls Phänomenologie.* Der Schwerpunkt seines Interesses lag aber in dieser Zeit in der Musikwissenschaft, so erschienen 1921 bis 1932 etwa 100 ästhetisch-theoretische Artikel von ihm.[29] Anfang 1925 ging er nach Wien, um sich von Alban Berg in Komposition und von Eduard Steuermann als Konzertpianist ausbilden zu lassen. Berg hatte Adorno zuvor mit *Drei Bruchstücke für Gesang und Orchester aus Wozzek*, der vorläufigen Vertonung Georg Büchners *Woyzeck*, beeindruckt und war selbst Schüler des von Adorno sehr verehrten Arnold Schönberg gewesen. Die Verehrung traf auf keine Erwiderung: Schönberg hielt Adornos „Schreibstil für [zu] manieriert, die musiktheore-

[27] Gretel Adorno stand in Berlin mit der linksintellektuellen Szene in Kontakt. Später trug sie zu Arbeiten der Kritischen Theorie bei, protokollierte die Gespräche zwischen Horkheimer und Adorno, die zur *Dialektik der Aufklärung* führten. Sie übernahm nach dem zweiten Weltkrieg eine Assistenz am Institut und wurde schließlich Mitherausgeberin von Adornos und zu Teilen auch Benjamins Nachlass.

[28] Adorno in Löwenthal 1980, S. 248f. Vgl. auch Wiggershaus 1988, S. 60

[29] Vgl. Wiggershaus 1988, S. 87

tische Begriffsbildung für zu unverständlich“[30], und Adorno schade damit der öffentlichen Wirkung der Neuen Musik. In Wien lernte er zudem Georg Lukács und Karl Kraus kennen. Enttäuscht kehrte Adorno 1925 nach Frankfurt zurück. Seine erste Habilitationsschrift *Der Begriff des Unbewußten in der transzendentalen Seelenlehre* zog er nach Bedenken von Cornelius[31] zurück. Stattdessen habilitierte er Anfang 1931 beim Theologen Paul Tillich über *Kierkegaard – Konstruktion des Ästhetischen.* Mit der Antrittsvorlesung *Die Aktualität der Philosophie* wurde er Privatdozent für Philosophie am Institut für Sozialforschung. Um dem Nationalsozialismus zu entgehen, emigrierte er nach Oxford. Als schließlich Horkheimer ihm das Angebot machte, Vollmitglied des Instituts zu werden, zoger Anfang 1938 nach New York.

Herbert Marcuse (1898–1979) beschäftigte sich im Studium mit Literaturwissenschaft, sowie Philosophie und Nationalökonomie. Auch er stieß zu einem späteren Zeitpunkt zum Institut für Sozialforschung. Marcuse wurde in Berlin geboren. Sein jüdischer Vater stammte aus der pommerschen Provinz und hatte sich zum Teilhaber einer Textilfabrik und einer Baugesellschaft hochgearbeitet. Nach dem „Notabitur“ wurde Marcuse 1916 zum Militärdienst einberufen. Er trat 1917 gegen den Willen seiner Eltern in die SPD ein und wurde nach Kriegsende in den Tagen der Novemberrevolution in einen Soldatenrat gewählt. Kurt Eisner, den Ministerpräsidenten des räterepublikanischen Freistaats Bayern, bewunderte er.[32] Er trat aus dem Soldatenrat aus, als frühere Offiziere in ihn hinein gewählt wurden.

Nachdem Anfang 1919 Rosa Luxemburg und Karl Liebknecht von Freicorps-Offizieren ermordet werden, brach Marcuse zudem völlig mit der SPD, deren Führung er eine Mitschuld vorwarf.[33] Er widmete sich daraufhin seinem Studium, dass er bereits kurz zuvor begonnen hatte, studierte zunächst vier Semester in Berlin, dann vier Semes-

[30]Schönberg in Müller-Doohm 2003, S. 147

[31]Nach Wiggershaus verdächtigte Adorno Horkheimer, der zu dieser Zeit Assistent von Cornelius war „sich nicht genügend für die Arbeit eingesetzt [zu haben], weil sie ihm nicht marxistisch genug [gewesen] sei.“ Wiggershaus 1988, S. 99

[32]Vgl. Wiggershaus 1988, S. 113

[33]Tatsächlich erklärte Waldemar Papst, der wohl für die Ermordung verantwortlich war, in den 1960er Jahren, dass er dabei die Rückendeckung des Reichminsters Noske und des Reichspräsidenten Ebert gehabt hätte.

ter in Freiburg neuere deutsche Literaturgeschichte, Philosophie und Nationalökonomie.[34]

Unter anderem bei Husserl. Seine Dissertation von 1922 trägt den Titel *Der deutsche Künstlerroman.* 1924 heiratete er Sophie Wertheim. Sein Vater stattete ihn mit einem Buchhandel- und Verlagsgeschäft in Berlin aus. Nach der Lektüre von Heideggers *Sein und Zeit* beschloss er eine Zukunft als Philosoph. Mit seiner Frau und seinem Kind zog er deswegen 1928 nach Freiburg, wurde, nachdem Heidegger Husserls Lehrstuhl erbte, dessen Assistent. Von der konkreten Philosophie Heideggers war Marcuse, trotz Kritik am Individualismus und auch wenn er eine historische Herangehensweise vermisste, sehr beeindruckt.[35] Noch mehr prägten ihn allerdings die *Ökonomisch-philosophischen Manuskripte* von Marx, die 1932 erstmals erscheinen. Ein Habilitationsversuch bei Heidegger mittels der Arbeit *Hegels Ontologie und die Theorie der Geschichtlichkeit* blieb ohne Erfolg, die Schrift wird aber trotzdem 1932 veröffentlicht. Von Heideggers offenem Bekenntnis zum Nationalsozialismus 1933 wurde Marcuse völlig überrascht.[36] Husserl empfahl Marcuse ans Institut für Sozialforschung, aber erst Löwenthals Fürsprache bei Horkheimer ermöglichte es Marcuse 1933, dann in Genf, zum Institut dazuzustoßen.

Erich Fromm (1900–1980) hatte bereits Soziologie studiert und eine Ausbildung als Psychoanalytiker abgeschlossen, als er über Leo Löwenthal an das Institut für Sozialforschung herangeführt wurde. Da die Psychoanalyse dort bereits als wesentlich für Gesellschaftskritik angesehen wurde, war er eine willkommene Unterstützung. Über Fromm entstand zudem eine fruchtbare Zusammenarbeit mit dem „Süddeutschen Institut für Psychoanalyse“, das 1929 in Frankfurt gegründet wurde. Fromm wurde Leiter der sozialpsychologischen Abteilung.

Erich Fromm wuchs in Frankfurt als einziges Kind in einer sehr religiösen jüdischen Familie auf. Beide Elternteile entstammten Rabbinerfamilien, sein Vater war Obstweinhändler. Auch Fromm nahm

---

[34]Vgl. Wiggershaus 1988, S. 114 In der Literatur werden zu Marcuses Biografie gelegentlich auch andere Fächer genannt.

[35]Das gilt begrenzt auch für Horkheimer, der ja ebenfalls Heidegger in Freiburg hörte.

[36]Vgl. Wiggershaus 1988, S. 120

über Jahre Talmud-Unterricht. Nach seinem Abitur 1918 studierte er zunächst Rechtswissenschaften in Frankfurt und ab 1922 in Heidelberg Soziologie, Psychologie und Philosophie. Seine Dissertation bei Alfred Weber von 1922 trug den Titel *Das jüdische Gesetz. Ein Beitrag zur Soziologie des Diasporajudentums.* Er wurde Dozent am Frankfurter Freien Jüdischen Lehrhaus. An diesem lernten Anfang der 1920er Jahre über tausend Menschen vor allem die hebräische Sprache anhand des Tanach. Zu den Lehrenden gehörten zeitweise auch Löwenthal, Kracauer, Martin Buber, Gershom Scholem, und Bertha Pappenheim. Unter Leitung von Franz Rosenzweig wurde ein pädagogisches Konzept entwickelt, dass nicht auf Frontalunterricht setzte, sondern darauf, dass Lernende sich in der Gruppe mit Dozierenden die Texte selbst aneigneten. Fromm heiratete 1926 Frieda Reichmann, die bereits seit 1924 als Psychoanalytikerin in Heidelberg eine Praxis hatte. Am Berliner Psychoanalytischen Institut ließ er sich von dem Freud-Schüler Hanns Sachs als Psychoanalytiker ausbilden, gleichzeitig lösten sich Fromm und seine Frau langsam von einer streng jüdischen Lebensweise. Ab 1927 praktizierte Fromm selbst als Psychoanalytiker. Im gleichen Jahr erscheint seine religionssoziologische und psychoanalytische Schrift *Der Sabbat.*

Zum einen stand er in der darauf folgenden Zeit über Berliner Kreise mit den linksfreudianischen Wilhelm Reich, Siegfried Bernfeld und Otto Fenichel in Kontakt, aus diesem Kreis wurden die entscheidenden Beiträge zur Verbindung von Freuds Psychoanalyse und Marx' Kritik der politischen Ökonomie geleistet.[37] Zum anderen konnten Anfang 1929 schon länger andauernde Pläne aus Heidelberger und Frankfurter Kreisen verwirklicht werden: das Psychoanalytische Institut in Frankfurt zu eröffnen. Nach dem Berliner Psychoanalytischen Institut war es erst das zweite in Deutschland überhaupt. Das Institut stand unter der Leitung von Karl Landauer und Heinrich Meng. Fromm und seine Frau wurden Dozierende. In seiner Rede über *Die Anwendung der Psychoanalyse auf Soziologie und Religionswissenschaft* zur Eröffnung des Psychoanalytischen Instituts nannte

[37] Diese Verbindung wird gelegentlich auch als Freudomarxismus bezeichnet. Der Begriff führt insofern in die falsche Richtung, dass es nicht darum geht, mit Freud Marx zu verstehen, sondern mit Marx und Freud gesellschaftsanalytische Erkenntnisse zu gewinnen.

er als Forschungsziel, herauszufinden, welche „Zusammenhänge zwischen der gesellschaftlichen Entwicklung der Menschheit, speziell ihrer ökonomisch-technischen, und der Entwicklung des seelischen Apparats, speziell der Ich-Organisation des Menschen bestehen"[38]. 1930 wurde er Leiter der Sozialpsychologischen Abteilung des Instituts für Sozialforschung. In dieser Zeit konnte ein fruchtbarer Austausch zwischen Landauer, Horkheimer, Löwenthal, Fromm und seiner Frau entstehen. Zudem erschien 1930 seine nach seiner Dissertation erste größere Studie. Eine Studie mit Bezug zu Freud und Marx: *Die Entwicklung des Christusdogmas. Eine psychoanalytische Studie zur sozialpsychologischen Funktion der Religion.* Darin war es ihm anhand der Veränderungen der christlichen Bekenntnisformeln gelungen zu zeigen, dass die Menschen nicht über ihre Ideen und Ideologien verstanden werden können, sondern das die Ideen und Ideologien erst verstanden werden, wenn die Menschen die sie erstellten, wirtschaftlich, politisch und psychosozial verstanden werden. 1931 kam es zur Trennung zwischen ihm und seiner Frau, es blieb aber eine lebenslange Freundschaft.

Auf die vier zuletzt genannten Theoretiker werden sich die Ausführungen zur Kritischen Theorie in dieser Arbeit im Wesentlichen konzentrieren, da sich entweder Freire selbst auf sie bezieht oder sie für entsprechende Erläuterungen unerlässlich sind. Trotzdem müssen noch weitere Mitglieder des Instituts kurz vorgestellt werden:

Leo Löwenthal (1900–1993) wuchs in Frankfurt bei Eltern auf, die sich von ihrer jüdischen Tradition weitgehend gelöst hatten. Sein Vater, der selbst ursprünglich streng orthodox erzogen wurde, hatte sich als Arzt einem naturwissenschaftlichmaterialistischen[39] Denken zuge-

[38]Fromm in Wiggershaus 1988, S. 70

[39]Gemeint ist eine Denkrichtung, die auf Feuerbachs Religionskritik aufbaut, wie sie in *Das Wesen des Christentums* von 1841 vertreten wird. Daraufhin hatten die Naturwissenschaftler Carl Vogt, Jakob Moleschott und Ludwig Büchner gegen den deutschen Idealismus Position bezogen und eine rein physiologische Regulierung des Lebens postuliert. Sie lösten damit eine Kontroverse aus, die als Materialismusstreit bekannt wurde. Auftrieb und Einfluss bekam der Naturwissenschaftliche Materialismus durch Charles Darwins Arbeit *Über die Entstehung der Arten* von 1859 und durch die Arbeiten von Ernst Haeckel. Über seinen Vater kam Leo Löwenthal in Kontakt mit den Werken von Darwin und Haeckel. Marx kritisierte, dass Feuerbachs Materialismus sich auf bloße Naturwissenschaft beschränkt und damit gesellschaftliche und ideologische Prozesse ignoriert. In Ab-

wandt und prägte so auch Löwenthal. Als Schüler beschäftigte sich dieser unter anderem mit Schopenhauer, Goethe, Dostojewski und Freud. Ebenfalls noch in seiner Schulzeit lernte er Adorno kennen. Eine besondere Freundschaft entwickelte er später zu Kracauer. Zwischen seinem „Notabitur“ im Juni und dem September 1918 leistete er Militärdienst bei einem Eisenbahnregiment. Die Erfahrungen des ersten Weltkriegs und der Novemberrevolution führten zu einer Abkehr vom bürgerlich aufgeklärten Optimismus des Vaters. Stattdessen wendete sich Löwenthal in der folgenden Zeit Marx, aber auch dem Judentum zu. Von 1918 bis 1923 studierte er in Frankfurt, Gießen und Heidelberg mit philosophischem Schwerpunkt. Er selbst sagt, er studierte „ohne festes Ziel [...] eigentlich alles [...] außer Medizin“[40].

In Frankfurt gründete er mit Franz Neumann eine sozialistische Studentengruppe, in Heidelberg schloss er sich jüdisch-sozialistischen Studenten an. Ab 1921 war er Dozent am Freien Jüdischen Lehrhaus. Seine Dissertation von 1923 trägt den Titel *Die Sozialphilosophie Franz von Baaders. Beispiel und Problem einer religiösen Philosophie.* Mit Ernst Simon gab er das *Jüdische Wochenblatt* heraus. Zusammen mit seiner ersten Frau gehörte er Mitte der 1920er Jahre zum psychoanalytischen Heidelberger Kreis um Fromms spätere Frau Frieda Reichmann. Wie Adorno mit seinem ersten Habilitationsversuch scheiterte auch Löwenthal 1926 mit seiner Arbeit *Die Philosophie des Helvétius* bei Cornelius. Von 1927 bis 1930 arbeite er als Lehrer für Deutsch, Geschichte und Philosophie an einer Oberrealschule. Ab 1925 arbeitete er nebenberuflich und ab 1930 hauptberuflich am Institut für Sozialforschung mit. Als Literatursoziologe war er für die Analysen literarischer und künstlerischer Werke zuständig und untersuchte die gesellschaftliche Bedingtheit der Rezeption von Literaturgattungen und Werken. Er war wie Fromm einer der Spezialisten des Instituts. Ebenfalls mit Fromm gehörte er zu den detailliertesten Kennern des religiösen Judentums. Seine Hauptaufgabe bestand in der Vorbereitung und Herausgabe der *Zeitschrift für Sozialforschung.*

---

grenzung dazu hatte Marx 1845 den Historischen Materialismus entwickelt. Eine Entwicklung der auch Leo Löwenthal folgte. Engels kritisierte den Naturwissenschaftlichen Materialismus gar als mechanischen bzw. mechanistischen Materialismus oder auch als Vulgärmarxismus.

[40]Löwenthal 1980, S. 50

Über ihn kamen viele Mitarbeiter wie Fromm überhaupt erst an das Institut. Er war es auch, der auf die Zweigstelle in Genf und eine rasche Emigration drängte.[41]

Friedrich Pollock (1894–1970) wurde in Freiburg als Sohn eines Lederfabrikanten geboren, der sich vom jüdischen Glauben abgewandt hatte. Seit Pollock in der Zeit seiner kaufmännischen Ausbildung Horkheimer kennengelernt hatte, band ihn eine lebenslange Freundschaft an diesen. Nach seinem von 1915 bis 1918 andauernden Militärdienst studierte er in München, Freiburg und Frankfurt Nationalökonomie, Soziologie und Philosophie. In seiner Dissertation von 1923 hatte er sich mit der Geldtheorie von Marx beschäftigt. Pollock war als Grünbergs Stellvertreter bereits an der Gründung des Instituts für Sozialforschung beteiligt. Nach einer Reise durch die Sowjetunion im Jahr 1927 habilitierte er 1928 mit seinem Werk *Die planwirtschaftlichen Versuche in der Sowjetunion 1917-1927*. Darin hatte er zwar auch auf dortige Probleme hingewiesen, im Grunde aber wohlwollend über wirtschaftliche Veränderungen berichtet, die für ihn die grundsätzliche Möglichkeit von Planwirtschaft bewiesen. Nach Grünbergs Tod hatte er vertretungsweise für kurze Zeit die Leitung des Instituts inne, beharrte aber nicht darauf, so dass sein Freund Horkheimer, der darauf drängte, diesen Platz schlussendlich übernahm. Mit seinen ökonomischen Analysen leistete er einen Beitrag für die anderen Arbeiten des Instituts. Ansonsten entlastete er Horkheimer durch die Übernahme der administrativen und finanziellen Verwaltung. Er war zudem der Vorsitzende der Gesellschaft für Sozialforschung.

Walter Benjamin (1892–1940) wuchs als Sohn eines Antiquitäten- und Kunsthändlers in Berlin auf, der zum assimilierten Judentum gehörte. Nach seinem Abitur 1912 studierte er Philosophie, Germanistik und Kunstgeschichte zunächst in Freiburg und später in Berlin. Er war in der republikanischen Freien Studentenschaft aktiv. 1917 ging er nach Bern, wo er 1919 seine Dissertation *Der Begriff der Kunstkritik in der deutschen Romantik* fertig stellte. In der folgenden Zeit lebte er unter teils prekären Verhältnissen als Schriftsteller und Publizist in Berlin. 1921 lernte er Alfred Sohn-Rethel kennen und Benjamins Schrift *Zur Kritik der Gewalt* erschien. In der folgenden Zeit arbeitete

[41] Vgl. Löwenthal 1980, S. 67

er in Frankfurt an einer Habilitationsschrift und freundete sich mit Adorno und Kracauer an. 1925 muss er seine Habilitationsschrift *Ursprung des deutschen Trauerspiels* zurückziehen, nachdem Cornelius und Horkheimer sie als unverständlich einschätzen.[42]

In den kommenden Jahren reiste Benjamin viel und arbeitete unter anderem an der *Berliner Kindheit um neunzehnhundert.* Er freundete sich mit Bertold Brecht und Hannah Arendt, Hermann Hesse und Kurt Weill an. Daneben begann er seine Arbeit über die Metropole Paris im 19. Jahrhundert, das *Passagen-Werk*, und arbeitete an der *Zeitschrift für Sozialforschung* mit. 1936 erschien darin sein Text *Das Kunstwerk im Zeitalter seiner technischen Reproduzierbarkeit.* In dieser Zeit ist Benjamin in prekären Verhältnissen auf sein geringes Mitarbeitergehalt des Instituts für Sozialforschung angewiesen. Obwohl seine formelle Anbindung ans Institut nur gering war, waren seine Thesen *Über den Begriff der Geschichte* und sein Aufsatz *Das Kunstwerk im Zeitalter seiner technischen Reproduzierbarkeit* für die Entwicklung der *Dialektik der Aufklärung* von großem Wert. Insbesondere Adorno wurde von Benjamin beeinflusst und gab nach dessen Tod zusammen mit Gershom Scholem Benjamin Schriften heraus.

Des Weiteren sind wenigstens noch zu nennen:

Henryk Grossmann (1881–1950), der unter Grünberg neben Pollock einer der beiden Hauptassistenten gewesen war. Nach Horkheimers Neuausrichtung des Instituts passte er allerdings nicht mehr so recht ins Institut. Seine Thesen, insbesondere die des baldigen, zwangsläufig zusammenbrechenden Kapitalismus und später seine Moskautreue während des Zweiten Weltkriegs stießen auf Ablehnung. Er blieb zwar bis 1948 offiziell Mitarbeiter und war damit Teil des Diskussionsprozesses, hatte aber keinen großen direkten Einfluss auf die Entwicklung der Kritischen Theorie.

Karl August Wittfogel (1896–1988) der zunächst Philosophie, Geschichte, Soziologie und Geographie, später dann noch Sinologie studiert hatte. Dieser war Mitglied der USPD und später der KPD und hatte im Malik-Verlag mehrere Bühnenstücke veröffentlicht. Am Institut für Sozialforschung veröffentlichte er mehrere Arbeiten, in denen er die Produktions- und Herrschaftsverhältnisse Chinas untersuch-

[42]Vgl. Wiggershaus 1988, S. 98

te. Unter Horkheimers Neuausrichtung wurde er zunehmend an den Rand gedrängt und gehörte nicht zu denen, die die weitere inhaltliche Entwicklung bestimmten.

Außerdem Franz L. Neumann (1900–1954), der ein promovierter Jurist und Mitglied der SPD gewesen war, bevor er nach London emigrieren musste. Dort studierte er unter anderem bei Karl Mannheim Politikwissenschaft und Soziologie. 1936 ging er nach New York und arbeitete dort am Institut für Sozialforschung. Bis Ende des zweiten Weltkrieges erschienen mehrere Versionen seines Werks *Behemoth*. Darin arbeitete er die Besonderheiten des Nationalsozialismus innerhalb des Faschismus heraus. In Anlehnung an Thomas Hobbes' Schriften *Leviathan* und *Behemoth* charakterisierte er den Nationalsozialismus als gesetzlosen und chaotischen Unstaat, der die Rechte der Menschen verschlungen hat.

Das Institut für Sozialforschung bemerkte auch anhand ihrer eigenen Forschungen die Gefahr des aufkommenden Nationalsozialismus. Marcuse betont rückblickend „die ausgezeichnete Analyse der politischen Situation. Niemand im Institut hat z.B. daran gezweifelt, daß Hitler an die Macht kommen würde und daß er [...] auch an der Macht bleiben würde."[43] Im Sommer 1932 eröffnete das Institut ein Zweigstelle in Genf als Ausweich- und Fluchtort. Im Februar 1933 wurde Genf zum Hauptsitz und das Institut zog Vermögenswerte aus Deutschland ab. Im März wurde das Frankfurter Institut von den Nazis zwangsweise geschlossen und im Juli dessen Besitz von der Geheimen Staatspolizei beschlagnahmt. Karl August Wittfogel wurde als einziger Angehöriger des Instituts gefasst, kann aber nach seiner Freilassung aus einem Konzentrationslager im November 1933 über England in die USA fliehen. Die *Zeitschrift für Sozialforschung* erschien in einer weiteren neuen Zweigstelle in Paris auch in deutscher Sprache. Gleichzeitig erlaubten die Restriktionen in der Schweiz keine Fortführung der wissenschaftlichen Arbeiten; Horkheimer erhielt selbst nur eine befristete Aufenthaltsgenehmigung.

Ein Angebot der Columbia-Universität in New York, das Institut dorthin zu verlegen, nahm Horkheimer im Juli 1934 an. Nach und

---

[43] Marcuse in Habermas u.a. 1978, S. 13. Für Adorno kann das nicht gelten. Rückblickend gibt er an, die Situation falsch eingeschätzt zu haben. Vgl. Müller-Dohm 2003, S. 271

nach stießen seine wichtigsten Mitarbeiter hinzu, darunter Marcuse, Fromm, Pollock und Löwenthal. 1934 kam Wittfogel hinzu, 1938 auch Adorno und Grossmann. Benjamin aber misslang die Emigration in die USA. An der französisch-spanischen Grenze nahm er sich – aus Furcht den Nazis in die Hände zu fallen – das Leben.

Mit den *Studien über Autorität und Familie*, die noch auf der Flucht begonnen wurden, erschien 1936 in Paris die erste große Studie des Instituts. An ihr waren vor allem Horkheimer (allgemeiner Teil), Marcuse (ideengeschichtlicher Teil) und Fromm (sozialpsychologischer Teil) beteiligt. In ihnen entwickelte Fromm den Begriff des autoritären Charakters.

In jener Zeit geriet das Institut in finanzielle Schwierigkeiten und war mit der Akquise von finanziellen Mitteln beschäftigt und in der Forschung eingeschränkt. Dies führte zu Konflikten zwischen den einzelnen Mitgliedern, die um Stellen und Gehälter konkurrieren und dabei von Horkheimers Entscheidungen abhängig waren. Ende 1939 kam es deswegen und aufgrund von inhaltlichen Differenzen – insbesondere zwischen Adorno und Fromm – zu Fromms Entlassung und damit zum Bruch zwischen Fromm und dem Institut. Horkheimer, Pollock und Adorno zogen an die Westküste. Marcuse, Löwenthal und andere Mitarbeiter arbeiteten unterdessen beratend im *Office of Strategic Services* für das amerikanische Militär.[44] In den folgenden Jahren entstand Horkheimers und Adornos *Dialektik der Aufklärung* unter der Mitarbeit von Gretel Adorno und Löwenthal, die als ein Hauptwerk der Kritischen Theorie gelten darf. Anschließend verstärkte Adorno seine Untersuchungen zu Antisemitismus und arbeitete an den Studien zum autoritären Charakter.

Nach Ende des Zweiten Weltkrieges wurden Horkheimer und Weil eingeladen, das Institut für Sozialforschung in Frankfurt wieder aufzubauen. Der unter der NS-Herrschaft abgeschaffte Lehrstuhl für Soziologie und Philosophie wurde 1949 an der Universität Frankfurt wieder eingeführt. Nach längerem Zögern wurde das Institut für Sozialforschung 1950 in Frankfurt neu eingerichtet. Von der früheren Generation begleiteten Horkheimer nur Adorno, als stellvertretender

[44] Die Übersetzung ihrer Arbeiten ist kürzlich erschienen. Vgl. Neumann u.a. 2016

Direktor, und Pollock. Alle drei übernahmen Professuren. Horkheimer wird Dekan der Fakultät und 1951 Rektor der Universität. Im Jahr 1958 überniahm Adorno die Leitung des Instituts vollständig, Horkheimer und Pollock zogen sich in dieser Zeit vom Lehr- und Institutsbetrieb in die Schweiz zurück. Zwei zentrale Publikationen sollen hier herausgestellt werden: Die 1966 veröffentlichte *Negative Dialektik* Adornos und das 1967 wieder veröffentlichte Buch von Horkheimer *Zur Kritik der instrumentellen Vernunft*.

Die Zeit um 1968 war geprägt von den studentischen Protesten, die sich stark auf die Werke der Kritischen Theorie beziehen. In Erwartung einer Einheit von Theorie und Praxis erhofften sich die protestierenden Studierenden eine starke Beteiligung der Kritischen Theoretiker. Zwar hatten diese zunächst durchaus Sympathien für die Forderung nach Aufarbeitung der Vergangenheit und gegen restaurative Bestrebungen, aber nur Marcuse schlug sich ausdrücklich auf die Seite der Studierendenrevolte. Bei Adorno hingegen überwog das Befremden über den Bezug auf realsozialistische autoritäre Herrscher und nationale Befreiungsbewegungen, war das Institut doch bewusst nicht in den 30er Jahren nach Moskau gezogen. Das Befremden schaukelte sich hoch zu einer klaren Distanzierung über die Methoden der Studierendenrevolte: Aktionismus, erzwungene Solidarität, Gewalt. Adorno wurde zuletzt als „Büttel des autoritären Staates“[45] verunglimpft. An Marcuse schrieb er damals, er sehe „die Gefahr des Umschlags der Studentenbewegung in Faschismus viel schwerer als“[46] jener.

Als eine Gruppe Studierender im Januar 1969 in das Institut für Sozialforschung stürmte, rief Adorno die Polizei um das Hausrecht durchzusetzen. Er sah sich genötigt, im anschließenden Verfahren gegen seinen einstigen Schüler Hans-Jürgen Krahl auszusagen. Diese Geschehnisse setzten Adorno schwer zu. Mit seinem Tod 1969 endete für das Institut für Sozialforschung nicht nur die personelle Bindung an diese erste Generation der Kritischen Theorie, sondern die Veränderungen in der inhaltlichen Ausrichtung markieren ebenfalls einen Bruch. Für Horkheimer, dessen Lehrstuhl für Philosophie und Sozio-

[45] Kraushaar 1998 Bd. 1, S. 382
[46] Kraushaar 1998 Bd. 2, S. 652

logie 1964 von Jürgen Habermas übernommen wurde, galt Habermas noch als ein „Sicherheitsrisiko"[47] am Institut.

2.2 Ideengeschichtliche Bezüge der Kritischen Theorie

Die Wurzeln der Kritischen Theorie liegen in der durch die Aufklärung entstandenen bürgerlichen Philosophie. Die Aufklärung setzt die Vernunft als Instanz des menschlichen Zusammenlebens ein und soll nach Immanuel Kant dem Menschen und seiner selbst verschuldeten Unmündigkeit einen Ausweg zeigen. Nach dem amerikanischen Unabhängigkeitskrieg und der französischen Revolution wartet eine humane Welt nicht mehr im Jenseits, sondern ist schon im Diesseits möglich, so das Diktum der Aufklärungsanhänger. „Das Werk Kants ist der Versuch, die philosophischen Ideen, die zutiefst mit den politischen theologischen zusammenfallen, Freiheit, Gerechtigkeit, Mensch und Gottheit, so zu fassen, daß sie vor radikalster Kritik bestehen können."[48]

Der Höhepunkt der bürgerlichen Philosophie und die Vollendung des deutschen Idealismus finden sich schließlich in der Philosophie Hegels. Der Weltgeist dränge zum Fortschritt; Geschichte wird als Verwirklichung der Vernunft begriffen. Treibendes Moment dieser Entwicklung ist bei Hegel die Dialektik. Sie ist sowohl als Methode, als auch als Prinzip der Dinge selbst sowohl für Marx, als auch für die Kritische Theorie zentral.[49] Doch beim Fortschritt der kapitalistischen Industrialisierung im 19. Jahrhundert treten die Schattenseiten offen

[47]Walter-Busch und Fink 2010, S. 35

[48]Horkheimer 1985, S. 39

[49]Der Bezug zu Hegel ist für Adorno, aber auch für Marcuse zunächst wichtiger als für Horkheimer, war aber schließlich Teil des gemeinsamen Diskussionsprozesses. Grundkonsens ist bei allen dreien die Auseinandersetzung mit der Kritik von Marx an Hegel. Eine Ähnlichkeit zu Hegel findet sich bei Adorno in der Art und Weise des Philosophierens: Begriffe werden antinomisch, d.h. als Widerspruch entfaltet, also wird (wie bei Hegel) ihr reales Scheitern aufgewiesen, das zu neuen Erfahrungen führt. Geteilt wird also der Denk- und Argumentationsstil sich übersteigender und gegenseitig aufhebender dialektischer Zusammenhänge, wobei Adorno sich der positiven Dialektik verweigert. Zur weiteren Analyse des hegelianischen Denken bei Adorno. Vgl. auch Klein 2011

hervor. Obwohl die Möglichkeiten endlich zur Verfügung stehen sollten, eine Welt vernünftig einzurichten und allen Menschen ein Leben ohne unmittelbare Not zu ermöglichen, lebt die überwiegende Zahl der Menschen in Angst und Elend.

Eine Kritik der bürgerlichen Philosophie findet sich in der bürgerlichen Philosophie selbst: Ein vernunftloser Weltwille wie in der pessimistischen Philosophie Arthur Schopenhauers oder der Wille zur Macht bei Friedrich Nietzsche. Zudem finden sich in den Schriften Adornos u. a. Einflüsse von Søren Kierkegaard, bei Marcuse u.a. von Husserl und Heidegger. Eine jede solche Aufzählung muss aber unzureichend und willkürlich scheinen.

In der Auseinandersetzung um die hegelsche Philosophie lieferten sich Alt- und Junghegelianer heftige Diskussionen. Ergebnisse dieser Debatten waren unter anderem *Die heilige Familie* von Marx und Engels, *Thesen über Feuerbach* von Marx und *Die deutsche Ideologie*, geschrieben von Marx, Engels und Moses Hess. Der in diesen Schriften entwickelte Materialismus sieht sich als dialektische Überwindung von Hegels Idealismus.

Marx hatte das bürgerliche Glücksversprechen an den eigenen Ansprüchen gemessen, aber festgestellt, dass es nicht oder nur für jene eingelöst wird, die zur herrschenden bürgerlichen Klasse gehören. So wie einst die feudale Gesellschaft sich aufgelöst hatte, sollte auch die kapitalistische Gesellschaft durch die Revolution der Arbeiterklasse verschwinden. Doch der erste Weltkrieg und die Novemberrevolution hatten den Marxismus in eine Krise gestürzt. Erst war die proletarische Klasse mit Begeisterung in einen Krieg gezogen, obwohl dieser ihren ureigensten Interessen zuwider laufen musste, der real Elend und Tot bedeutete und die ganze Gesellschaft barbarisierte. Dann war auch noch die damit verknüpfte proletarische Revolution gescheitert, die alles ändern und endlich mit den Verhältnissen Schluss machen sollte, die jenes alltägliche Elend reproduzierten.

Die Auseinandersetzung damit bildete die Motivation zur Entstehung der Kritischen Theorie, erforderte die Kenntnis der bürgerlichen Philosophien und der marxistischen Lehre. Dieses tiefe Verständnis sowohl philosophischer und marxistischer Einsichten und die Möglichkeit eine Verbindung daraus zu ziehen, beschreibt van Reijen folgendermaßen:

> „Man kann ohne Übertreibung behaupten, daß Horkheimer, Adorno und Marcuse in den zwanziger Jahren die einzigen waren, die sowohl eine gründliche philosophische Kenntnis hatten als auch mit dem Werk von Marx vertraut waren, daß sie wie kaum sonst jemand davon überzeugt waren, daß nur auf der Grundlage empirischer Forschung die Philosophie auf die gesellschaftliche Wirklichkeit und letztlich auch auf ihre eigene Geschichte bezogen werden kann. Es ist von daher betrachtet vielleicht kein Zufall, daß sie eher als die Marxspezialisten Wittfogel, Neumann, Pollock, Borkenau und Grossmann, einen bleibenden, nicht nur philosophischen Einfluß ausgeübt haben.“[50]

Der Begriff Marxismus[51] wurde zunächst abwertend benutzt, dann aber auch als Selbstbezeichnung und schließlich erkannte Engels , „daß fast alle Sozialisten in Europa 'Marxisten' sind“[52]. Der Marxismus gründet sich zwar auf die Lehren von Marx, seine Bedeutung wurde jedoch stark von Engels Marx-Rezeption geprägt, sowie durch den *Anti*-Dühring, der unter Mitarbeit von Marx von Engels 1877 herausgegeben wurde. Engels schematisierte und vulgarisierte Marx' Kritik. Während bei Marx „nicht nur der Gegenstand, sondern auch seine Anschauung historisch-praktisch vermittelt“[53] ist, ist bei Engels die materialistische Naturanschauung „weiter nichts als einfache Auffassung der Natur so, wie sie sich gibt, ohne fremde Zutat“[54]. Findet sich bei Marx eine Prognose als Fazit revidierbarer Analysen der gesellschaftlichen Verhältnisse, findet sich bei Engels eine den Naturgesetzmäßigkeiten gleiche Entwicklungslehre.[55]

---

[50]van Reijen 1986, S. 40

[51]Der Begriff Marxismus wurde zunächst abwertend von Anhängern Wilhelm Weitlings und 1873 von Michail Bakunin und anderen Anarchisten gebraucht. Spätestens 1879 wird er von Franz Mehring zum ersten Mal als Selbstverständnis verwendet. Vgl. Elbe 2015, S. 97. Vgl. auch Walther 1982 S. 941 und S. 948. Marx selbst erklärte: „Alles, was ich weiß, ist, dass ich kein Marxist bin.“ So zumindest die briefliche Überlieferung durch Engels („Tout ce que je sais, c'est que je ne suis pas Marxiste.“). Vgl. Engels in MEW Bd. 37, S. 436 und in MEW Bd. 35, S. 388

[52]Vgl. Engels in MEW Bd. 37, S. 235

[53]Vgl. Elbe 2015, S. 98f.

[54]Engels in MEW Bd. 20, S. 469. Vgl. außerdem Elbe 2015, S. 98f.

[55]Engels' Marxismus ist darum kaum weniger mechanistisch-deterministische

> „Der noch in der Deutschen Ideologie auch von Engels vertretene negative Begriff von Naturwüchsigkeit wird nun in einen positiven verwandelt. Nicht mehr die *Aufhebung* von auf Unbewusstheit der Beteiligten beruhenden, spezifisch gesellschaftlichen Gesetzen, sondern die bewusste *Anwendung* von 'Gesetzen der Bewegung (...) der äußeren Welt' werden nun postuliert."[56]

Im Leninismus ist die Arbeiterklasse gar nicht in der Lage ein klassenkämpferisches Bewusstsein selbstständig herauszubilden. Es muss ihr von der Partei als Vorhut der Arbeiterklasse anerzogen werden. Marxismus wird spätestens hier, von einer Kritik zu einer geschlossenen Weltanschauung gewandelt und damit Ideologie oder gar Religionsersatz. Mit der Entstehung der Sowjetunion und dem Ausbleiben der Revolutionen in den westlichen Industrienationen wurde die Orthodoxie des Marxismus zunehmend aus Moskau bestimmt.

Schon 1930 hatte Horkheimer in seinem Aufsatz *Ein neuer Ideologiebegriff* erklärt: „Bei der Eingliederung der Lehren von Karl Marx in die Geisteswissenschaft der Gegenwart wird der Sinn seiner Grundbegriffe in das Gegenteil verkehrt."[57] Damit befand er sich auf umkämpften Terrain. Die fehlende intellektuelle Auseinandersetzung mit dem Werk war auch schon Lenin aufgefallen. Dieser war der Ansicht, dass „nach einem halben Jahrhundert nicht ein Marxist Marx begriffen" habe. Denn: „Man kann das ‚Kapital' von Marx und besonders das 1. Kapitel nicht vollstaendig begreifen, ohne die ganze Logik von Hegel durchstudiert und begriffen zu haben."[58]

In *Marxismus und Philosophie* von 1923 untersucht Korsch das Scheitern der Novemberrevolution in Deutschland, in dem er den historischen Materialismus auf den Marxismus selbst anwendet, und kritisiert so auch den Leninismus. „Lukács gilt als erster marxistischer Theoretiker, der auf gesellschaftstheoretisch-methodologischer Ebene die bis dahin geradezu selbstverständliche Annahme der völligen

als der des naturwissenschaftlichen Materialismus. Dessen Anhängern hatte er noch Vulgärmaterialismus vorgeworfen. Vgl. die biographischen Anmerkungen zu Löwenthal im vorherigen Kapitel.

[56] Elbe 2015, S. 98. Kursivsetzung im Original.

[57] Horkheimer 1987, S. 271

[58] Lenin 1964, S.170. Zitat im Original teilweise kursiv.

Gleichheit von marxscher und engelsscher Theorie in Frage stellt."[59] In *Geschichte und Klassenbewusstsein* von 1923 entwickelt Lukács aus der marxistischen Ideologiekritik die Theorie der Verdinglichung. Während im traditionellen Marxismus dieser als „geschlossene proletarische Weltanschauung und Lehre der Evolution von Natur und Geschichte"[60] interpretiert wurde, interpretiert Lukács Marxismus als „kritischrevolutionäre Theorie gesellschaftlicher Praxis"[61]. Dieser Art und Weise der Lektüre von Marx folgt auch die Kritische Theorie. Nach der Auseinandersetzung mit Korsch und Lukács, sowie mit den *Thesen über Feuerbach* von Marx kommen weitere Schriften von Marx hinzu: Das Institut für Marxismus-Leninismus in Moskau veröffentlicht unter Vermittlung des Frankfurter Instituts für Sozialforschung 1932 *Die Deutsche Ideologie* und die *Ökonomisch-philosophischen Manuskripte* von 1844 zum ersten Mal in Gänze. Wie Korsch und Lukacs ist die Kritische Theorie damit Teil einer Marx-Lektüre, die heute auch als Westlicher Marxismus bezeichnet wird. Zu Grünbergs Zeiten war das wissenschaftliche Projekt des Instituts für Sozialforschung noch stark an der Arbeiterbewegung und den marxistischen Strömungen ausgerichtet. Unter Horkheimer wurde daraus einer interdisziplinärer[62] Materialismus. Damit ist sowohl das Forschungsprogramm klarer umrissen, als auch eine Abgrenzung zu anderen Marxismen aufgestellt. Es umschreibt die kritische Auseinandersetzung mit den Lehren Marx'. Erst später kam dazu der Begriff Kritische Theorie auf.

> „Wenn ich mich recht erinnere, wurde der Begriff [Kritische Theorie] von den Mitgliedern des Instituts zu dem Zweck genutzt, die traditionelle marxistische Theorie kritisch zu prüfen, ihre Tragfähigkeit und Reichweite zu untersuchen, eine Anstrengung, die angesichts der strukturellen Veränderungen des kapitalistischen Systems für unerlässlich erachtet wurde.

---

[59]Elbe 2015, S102f. Vgl auch Mehringer und Mergner 1973, S. 189

[60]Elbe 2015, S. 108

[61]Elbe 2015, S. 103

[62]Die Umsetzung der geforderten Interdisziplinarität fand am Institut für Sozialforschung nur begrenzt statt. Zwar ist es richtig, dass das Institut nicht nur auf philosophische und soziologische Erkenntnisse, sondern in großem Stil auf psychoanalytische Erkenntnisse setzte, es ist aber darauf hinzuweisen, dass außer Fromm als ausgebildetem Psychoanalytiker und Pollock als Ökonom keine Spezialisten aus anderen Disziplinen zum engeren Kreis um Horkheimer gehörten.

> Der Begriff bezeichnet die Wendung der analytischen Arbeit von der ökonomischen Sphäre hin zur gesellschaftlichen Totalität."[63]

Horkheimer hat den Begriff in seinem Aufsatz *Traditionelle und kritische Theorie* 1937 schließlich wissenschaftstheoretisch abgegrenzt und begründet. Kritische Theorie ist kein neues wissenschaftliches Paradigma, dass das Alte ablösen will, sondern die notwendige Selbstreflexion des traditionellen. Klar wird dadurch, dass nichts über dem geschichtlichen Prozess schwebt und dieser nur in seiner historisch-gesellschaftlichen Dynamik begriffen werden kann.

Das zweite große Standbein zur Entwicklung der Kritischen Theorie war neben dem kritischen Marxismus die von Freud entwickelte Psychoanalyse. Auf die Frage, warum die Arbeiterklasse im ersten Weltkrieg nicht solidarisch zusammen stand, konnten die Ausführungen von Marx über die sozioökonomischen Bedingungen des 19. Jahrhunderts keine zufriedenstellende Antwort bieten, auch weil der ideologische Überbau bei Marx vage blieb. Es stellte sich die Frage wie die Vermittlung zwischen ökonomischer Basis und ideologischen Überbau verläuft. Neue moderne sozialpsychologische Erkenntnisse lieferte die Psychoanalyse. Freud hatte gezeigt, dass der Mensch psychisch nicht Herr im eigenen Hause ist, sondern seine Entscheidungen im Unbewussten liegen und von einer Triebstruktur beeinflusst werden. Horkheimer, Pollock, Marcuse, Löwenthal und Adorno waren alle mit der Psychoanalyse in ihrem Studium in Kontakt gekommen. Fromm war ausgebildeter Psychoanalytiker. Horkheimer, Löwenthal und Fromm hatten sich zudem – im Gegensatz zu Adorno, Marcuse und Pollock – analysieren lassen. Freud hatte die Psychoanalyse als Therapieform offensichtlich für Individuen entwickelt und sie als Methode zur Gesellschaftsanalyse abgelehnt. Dennoch finden sich bei Freud nicht nur in *Das Unbehagen in der Kultur* starke gesellschaftliche Bezüge. Entgegen Freuds Wünschen entwickelten linke Psychoanalytiker wie Reich, Fenichel, Bernfeld und Fromm auf der Basis von Psychoanalyse und Marxismus soziologische Theorien. Auf dieser Basis wurde das psychoanalytische Denken in Forschungen und Theorien Teil der Kritischen Theorie, die so zu erkennen versucht, wie Beein-

---

[63]Marcuse in Habermas u.a. 1978, S. 124

flussung des Menschen durch gesellschaftliche Umstände verläuft.

Trotz dieses einheitlichen Zugangs ist die Kritische Theorie keine geschlossene oder völlig einheitliche Schule. Schon die verschiedenen Autoren, von denen Horkheimer, Adorno, Marcuse, Fromm und Löwenthal nur die wichtigsten sind, unterscheiden sich in ihren Analysen und Schwerpunktsetzungen. Eine gemeinsame Schule in allem zu entdecken, kann schwer fallen: Habermas erklärte 1981 rückblickend über seine Zeit in den fünfziger Jahren: „Für mich gab es keine zusammenhängende Lehre. Adorno schrieb kulturkritische Essays und machte im übrigen Hegelseminare. Er vergegenwärtigte einen bestimmten marxistischen Hintergrund – das war es.“[64] Damit übersah Habermas aber die Gemeinsamkeiten: Die Motivation, das Verständnis, das Projekt und das Ziel, das nicht nur Horkheimer antrieb. Die Motivation der Kritischen Theorie ist, zu erforschen, warum eine Gesellschaft, die endlich über die notwendigen Mittel verfügt, sowohl materielles Elend allgemein hinter sich zu lassen, als auch die Mythen der Vergangenheit aufzuklären, trotzdem neues Elend und neue Ideologien produziert.

> „der Philosophie stellt sich heute die Aufgabe, den realen Lebensprozeß der Menschen, die daraus resultierenden Institutionen in ihrer dialektischen Vermitteltheit zu begreifen, um den offenkundigen Widerspruch zu erklären, der zwischen den objektiven Möglichkeiten der Befreiung von Furcht und Not und dem tatsächlichen Zustand der Ohnmacht und Angst besteht, in dem die Individuen der materiell fortgeschrittensten Gesellschaftsordnungen Westeuropas leben. Wie ein Leitmotiv zieht sich die beunruhigende Feststellung, daß die Menschheit trotz des beispiellosen Reichtums, über den sie inzwischen verfügt, von einem Rückfall in die Barbarei bedroht ist, durch die großen Aufsätze Horkheimers in der *Zeitschrift für Sozialforschung.*“[65]

Es war Horkheimer, der den Anspruch und das Selbstverständnis einer Kritischen Theorie der Gesellschaft artikulierte, ein gemeinsames Projekt in der aufklärerischen Tradition von Kant und Hegel, das den Menschen helfen sollte Bewusstsein über sich und die Gesell-

[64]Habermas in Wiggershaus 1988, S. 10f.

[65]Negt 1994, S 152 Kursivsetzung im Original.

schaft zu erlangen, und der diese Aufgabe auch seinen Mitarbeiter auftrug.

> „Die verschiedenen für Horkheimer charakteristischen Ansichten – die Annahme eines keiner Begründung bedürftigen Glücksanspruchs der in ihrer Vergänglichkeit und angesichts einer jenseitslosen Welt auf Solidarität angewiesenen Menschen; Betonung des gesellschaftlich-historischen Index von Triebstruktur und Erkenntnis der Menschen; die Überzeugung, daß der Glücksanspruch der Menschen angesichts einer hochentwickelten Naturbeherrschung auf die reale Vereinigung von besonderem und allgemeinem Interesse auf der Grundlage einer planmäßigen Wirtschaft ziele – alle diese Ansichten gingen nun ein in die Konzeption einer sich ihrer philosophischen Grundlagen bewußten Theorie der Gesellschaft, in der – so Horkheimer – die Menschheit Stimme und Bewußtsein erlangte."[66]

Hinzu kommt ein Wissenschaftsverständnis, das sich gegen die positivistische Theoriebildung und einen bestimmten Rationalismus richtet und sich mit dem Problem beschäftigt, dass die soziologisch Forschenden Teil der Gesellschaft sind und dadurch ihrem sogenannten Verblendungszusammenhang unterworfen sind. In Fortführung von Hegel und Marx setzt für die Frankfurter jede soziologische Fragestellung die gesamtgesellschaftliche Totalität voraus. Im Bewusstsein der notwendigen Parteilichkeit entscheidet sich die Kritische Theorie, die Gesellschaft vom Standpunkt ihrer möglichen Emanzipation zu begreifen, ohne, dass darüber Gewissheit bestünde, so wie im Marxismus-Leninismus. Die Kritische Theorie entstand damit auch in der Abgrenzung zur Soziologie Mannheims, der sich noch auf die freischwebende Intelligenz berufen hatte, die davon nicht betroffen sei.[67]

Schließlich muss noch der Fokus des gemeinschaftlichen Programms auf autoritäres Denken und dessen Vorkommen bei Arbeitenden und Angestellten betont werden, sowie die Untersuchung der Familie, als bedeutender Teil der Gesellschaft.

---

[66] Wiggershaus 1988, S. 156

[67] Es sei angemerkt, dass es im wissenschaftlichen Diskurs auch Stimmen gibt, die betonen, dass Mannheim und der frühe Horkheimer keineswegs so weit auseinanderliegen. Vgl. dazu beispielsweise Korthals 1985, S. 315 – 329.

3 Paulo Freire

3.1 Biografie

Katholischer Marxist, radikaler Aufklärer, gefeierter Pädagoge: Einen zutreffenden Einblick in Freires Leben zu geben, stößt auf einige Schwierigkeiten. Für eine Annäherung an seine pädagogische Theorien und Praktiken erscheint es jedoch notwendig, sich mit dem Kontext ihrer Entstehung zu beschäftigen, denn sie sind von den historischen und soziologischen Verhältnissen Südamerikas, insbesondere Brasiliens, und von den biografischen Erfahrungen Freires geprägt.

Wie auch Freires theoretische Arbeiten wird seine Biographie in der wissenschaftlichen Literatur unterschiedlich dargestellt: Nicht nur Analyse, Schwerpunktsetzung und Interpretation seines Lebens fallen verschieden aus, bisweilen finden sich gar eindeutig widersprüchliche biographische Angaben. Freire konnte selbst nur begrenzt Klarheit bringen, stattdessen räumte er ein, „dass sich rückblickend Fakten und Vorstellungen zu mischen vermögen und dass er Einzelheiten seines Lebens nicht vollständig rekonstruieren könne“[68]. Die neueren Forschungsergebnisse von Kira Funke diesbezüglich erhellten nicht nur für die deutschsprachige Rezeption den Forschungsstand. Funke hatte dazu zahlreiche Biografien gesichtet und Angehörige und Weggefährtinnen interviewt.[69]

Paulo Freire wurde am 19. September 1921 in Recife in Pernambuco geboren, einem der ärmsten Teile des Landes im Nordosten Brasiliens. Freire wuchs zunächst in kleinbürgerlichen Verhältnissen auf. Sein Vater arbeitete als Offizier bei der Militärpolizei, seine Mutter war Hausfrau und gläubige Katholikin. Sie ermöglichten es ihm Privatschulen zu besuchen. Nach Freires eigenen Worten war die Er-

[68]Funke 2010, S. 30

[69]Vgl. Funke 2010, S. 31

ziehung durch seine Eltern von einer Basis gegenseitigen Respekts geprägt:

> „[Mein Vater] war immer auf der Suche, und jeder von uns hatte das Recht, nein zu ihm zu sagen. Ich erinnere mich daran, wie ich als siebenjähriger Junge zu meinem Vater sagte: Vater, am nächsten Sonntag habe ich Erstkommunion in der katholischen Kirche. Er schaute mich an und sagte: Herzlichen Glückwunsch, mein Sohn! Dies ist deine Entscheidung. Ich werde mit dir gehen. Und er ging in die Kirche, ohne Glauben, aber mit totalem Respekt für die Entscheidung seines Sohnes. [...] So lernte ich von klein an, mit ihm und mit meiner Mutter zu dialogisieren. Dies war die erste Quelle aus der ich schöpfte."[70]

Die Basis aus gegenseitigem Respekt und gemeinsamen Dialog wurde später zur Grundlage seiner Pädagogik. Noch vor der Einschulung lernte Freire von seinen Eltern Lesen und Schreiben. „Sie zerlegten, wie es in Brasilien zum Lesen und Schreiben lernen üblich war, die Wörter in Silben und bildeten daraus neue Wörter – eine Vorgehensweise, die Freire später selbst auch in seiner Alphabetisierungsmethode verwendete."[71] Im Zuge der Weltwirtschaftskrise brach die brasilianische Wirtschaft, deren Exporte zu weit über der Hälfte aus Kaffee bestanden, zusammen. Im Alter von zehn Jahren lernte Freire wie so viele Armut und Hunger kennen. Bereits zu dieser Zeit bedeutete die Existenz von Hunger für Freire ein In-die-Verantwortung-nehmen: „Mit elf Jahren legte er ein Gelübde ab: er wollte sein Leben dem Kampf gegen den Hunger widmen, dem Kampf der Hungernden."[72] Mit dreizehn starb sein Vater.

Diese Zeit der Entbehrungen war für Freire zugleich eine Lehre über alltägliche Bedürfnisse und deren Erfüllung, die im Gegensatz zu dem steht, was er in der Schule lernen sollte. Rückblickend beschrieb Freire jene Zeit so:

> „[Des öfteren] konnte ich in der Schule vor Hunger nichts verstehen oder kaum mitarbeiten. Ich kenne die Erfahrung mit dem Hunger. Mein Bruder und ich kannten die Geographie

[70] Freire in Simpfendörfer 1991, S. 4
[71] Funke 2010, S. 32
[72] Lange in Freire 1973, S. 10

der Hinterhöfe, der [Häuser unseres Stadtviertels] [...] Wir wußten, in welchem Hinterhof welchen Hauses es Früchte gab. Wir kannten die Schleichwege, um hinzukommen. Wir kannten den Reifungsprozeß der Früchte. Die gestohlenen Bananen mußten versteckt werden, bis sie reif waren. Die Bananen mußten in trockene und warme Blätter eingewickelt werden, um den Reifeprozeß zu fördern. In der Schule konnte ich das Viereremaleins nicht, kannte auch nicht die Hauptstadt Englands. Ich kannte aber die Geographie des Hungers und konnte ausrechnen, in wieviel Tagen ich zurückgehen mußte, um die reifen Bananen abzuholen."[73]

Der Mangel an materiellen Gütern begleitete ihn durch die weitere Schulzeit. Zwischenzeitlich musste er zwei Schuljahre wiederholen. Um seinen Abschluss machen zu können war er auf die Hilfe eines Stipendiums angewiesen. An seiner letzten Schule unterrichtete er im Anschluss selbst Portugiesisch und machte so frühe Erfahrungen in der Pädagogik.

Danach studierte Freire Jura und Philosophie an der Universität von Recife, „interessierte sich aber auch für Sprachwissenschaften."[74] Der Beruf des Anwalts konnte ihn anschließend nicht überzeugen, da das herrschende Recht für ihn das Recht der Herrschenden ist: „Ich bin immer gegen die Herrschenden aufgetreten. Deshalb möchte ich nicht zu denen gehören, die sie verteidigen."[75] Noch während seines Hochschulstudiums heiratete Freire 1944 Elza Maia Costa Oliveira[76], eine engagierte, katholische Grundschullehrerin, die Freire fast vierzig Jahre begleitete und beeinflusste. Mit ihr bekam er fünf Kinder. Sie „beschäftigte sich vor allem mit Fragen des Spracherwerbs und der Kommunikation,"[77] die später auch Freires pädagogische Grundfragen wurden. Daraufhin beschäftigte er sich mit erziehungswissenschaftlichen Theorien, aber auch mit katholischen sozialkritischen Autoren. Sie brachte ihn mit „Dom" Hélder Câmara[78] zusammen, der

[73]Freire in Mädche 1995, S. 79

[74]Funke 2010, S. 33

[75]Freire in Simpfendörfer 1991, S. 5

[76]Vgl. Funke 2010, S. 33 Der Name wird in der Literatur verschieden wiedergegeben.

[77]Freire in Simpfendörfer 1991, S. 5

[78]„Dom" Hélder Câmara war unter anderem als Staatssekretär für Erziehungs-

später einer der bekanntesten Vertreter der Befreiungstheologie wurde. Alle drei engagierten sich bei der Katholischen Aktion mit enger Verbundenheit zu Gewerkschaften. Ab 1947 arbeitete er für den Sozialdienst des Arbeitgeberverbandes der Industrie im Bundesstaat Pernambuco (SESI - Serviço Social da Industria), zunächst als Abteilungsleiter für Erziehung und Ausbildung, von 1954 bis 1957 als Direktor.[79] Seine Erfahrungen bei SESI in jener Zeit haben seine zukünftige Pädagogik maßgeblich geprägt. Freire gibt rückblickend an, dass er seine Arbeit dort am Anfang kaum politisch verstanden hätte und seine Arbeit in pädagogischer Hinsicht zunächst durchaus traditionell und nicht kritisch gewesen sei und damit letztendlich autoritär. Ein Vorwurf, den er später generell SESI gegenüber hervorbrachte.[80] In diesen zehn Jahren erkannte er, dass es zur Alphabetisierung umfangreicher Forschungen bei der Zielgruppe bedurfte. Er entdeckte die *Kultur des Schweigens* und arbeitete intensiv zum Thema der Alphabetisierung. Dabei kritisierte er das herrschende Bildungssystem und analysierte seine eigenen biographischen Alphabetisierungserfahrungen, als auch die der Teilnehmenden. „Er verglich das aktuelle Lernen mit seinen Erfahrungen als Kind, wo er, unter zwei Mangobäumen sitzend, im Dialog mit seinen Eltern mit Hilfe selbst ausgesuchter Wörter lesen gelernt hatte."[81]

Gleichzeitig arbeitete er von 1952 bis 1962 als Dozent an der Escola de Belas Artes (Hochschule der Schönen Künste) der Universität von Recife. Anfangs war er dort als Professor für Philosophie und Geschichte der Erziehung tätig, später als Assistent eines anderen Professors. Seine Bewerbungsschrift, mit der er sich vergeblich um die Fortführung seiner Professur bewarb, trägt den Titel *Erziehung und brasilianische Wirklichkeit*.[82] Ab 1962 arbeitete er als Beauftragter

wesen zuständig. Er wurde 1952 Weihbischof und 1962 Erzbischof von Olinda e Recife. Beim zweiten Vatikanischen Konzil 1962 – 1965 tat er sich als einer der Sprecher der Kirche der „Dritten Welt" vor. Zur Zeit der Militärdiktatur, die er anprangerte, wurden mehrere Attentate auf ihn verübt. Er starb 1999.

[79]Vgl. Funke 2010, S 35. Die Tätigkeiten und Beschäftigungszeiten werden in der Literatur widersprüchlich angegeben.

[80]Vgl. Funke 2010, S. 35ff.

[81]Mädche 1995, S. 81

[82]Es handelte sich um eine Tese de concurso mit dem Originaltitel Educação e Acualidade Brasileira.

Vgl. Funke 2010, S 36f. In der übrigen Literatur wird sie bisweilen als Disser-

für studentische Angelegenheiten für den Rektor der Universität im neu gegründeten Dienst der kulturellen Ausbreitung der Universität, das sich mit Bildungsangeboten wie Fortbildungen und Alphabetisierungskursen an nicht-akademische Teile der Gesellschaft richtete.[83]

Er verließ SESI nach Unstimmigkeiten 1957 und engagierte sich in der edução popular und der Movimento de Cultura Popular - MCP. Die MCP war christlich und marxistisch orientiert und hatte sich einer kooperativen, öffentlichen Bildungsarbeit verschrieben. Wichtige Bestandteile ihrer Aktivitäten waren die Erwachsenenalphabetisierung und die Kulturzirkel.[84] Von Paulo Freire geprägt, konnte die Alphabetisierungskampagne rasch Erfolge aufweisen. Mit Unterstützung des SESI, der katholischen Kirche und politischer Gruppen entsteht in diesen Jahren eine immer größer werdende Alphabetisierungskampagne.

Der 1961 gewählte Präsident Brasiliens João Goulart unterstützte die Kampagne und entkoppelte das Wahlrecht von der bisher vorausgesetzten Alphabetisierung. Von Juni 1963 bis März 1964 wurden Freiwillige aufgerufen, sich als Unterrichtende zu beteiligen. Allein im Bundesstaat Guanabara meldeten sich sechstausend Menschen.[85] Neben solchen Sozialreformen führte eine hohe Inflation und eine Bodenreform am 1. April 1964 zum Putsch des brasilianischen Militärs mit Unterstützung der USA. „Wäre das Nationale Bildungsprogramm nicht durch den Militärputsch beendet worden, hätte es 1964 mehr als 20 000 Kulturzirkel im ganzen Land gegeben.“[86], so Freires Einschätzung.

Freire kam zunächst unter Hausarrest, anschließend für zweieinhalb Monate ins Gefängnis. Hier begann er sein Buch *Erziehung als Praxis der Freiheit* zu schreiben.

Um weiteren Repressalien zu entgehen floh er nach Chile. Dort arbeitete er mit verschiedenen Bildungseinrichtungen zusammen; sein

---

tation bezeichnet, die Vorbedingung seiner Professur war. Vgl. u.a. Hagleitner S. 78

[83]Titel im Original: Serviço de Extensão Cultural da Unversidade. Vgl. Funke 2010, S. 37

[84]Vgl. Funke 2010, S. 37 Eine ausführliche Darstellung der Kulturzirkel findet sich im weiteren Verlauf dieser Arbeit.

[85]Vgl. Mädche 1995, S. 85

[86]Freire 1977, S. 61

Alphabetisierungsprogramm wurde noch 1965 für alle staatlichen Kampagnen übernommen. Nach einem kurzen Aufenthalt an der Universität in Harvard wurde er 1970 Berater für Bildungsfragen in Entwicklungsländern des ökumenischen Weltkirchenrats in Genf. Zuvor warnte er: „Meine Sache ist die Sache der Armen dieser Erde. Sie sollten wissen, dass ich mich für die Revolution entschieden habe."[87] Zur gleichen Zeit erschien die *Pädagogik der Unterdrückten.*

In der Folgezeit erlangte sein Pädagogikkonzept zunehmenden Einfluss in afrikanischen, südamerkanischen und asiatischen Ländern, woran das von ihm gegründete Institut für kulturelle Aktion (IDAC) Anteil hatte. Er übernahm beratende Tätigkeiten unter anderem in Angola, Guinea-Bissau, Sao Tomé, den Kapverden und in Nicaragua. Über seine Erfahrungen in Guinea-Bissau fertigte er eine seiner wenigen Schriften in dieser Zeit an: *Dialog als Prinzip.* Mit der Demokratisierung des Landes kehrte Freire 1980 nach Brasilien zurück. In monatelangen Reisen versuchte er das aktuelle Land kennenzulernen. Er übernahm verschiedene Lehr- und Beratungstätigkeiten. Zum ersten Mal engagierte er sich parteipolitisch in der Partei der Arbeiter (PT), die strömungsübergreifend von Gewerkschaften gegründet worden war.[88] Seine Frau Elza starb 1986 und er heiratete 1988 Ana Maria Araújo Freire, die selbst umfangreich zu Paulo Freire publizierte. In den 1990er Jahren veröffentlichte er wieder vermehrt Schriften. Darin kritisiert er neoliberale Tendenzen in der Bildung und nahm stärker demokratische und pluralistische Positionen ein. 1994 nahm er an einem Kongress zu kritischer Pädagogik in Barcelona teil.[89] Freire starb 1997 in São Paulo.

[87] Freire 1973, S. 17f.

[88] Konsens war zunächst eine sozialistische Haltung. Es engagierten sich undogmatisch linke, demokratische sozialistische, befreiungstheologische, ökologische, orthodox kommunistische und trotzkistische Gruppen. Inzwischen entwickelte sich die PT in eine zunehmend sozialdemokratische Richtung. Von 2003 bis August 2016 stellte die PT ununterbrochen den brasilianischen Präsidenten bzw. die Präsidentin Präsidentin Dilma Rousseff wurde am 31. August 2016 vom Senat in einer umstrittenen Entscheidung abgesetzt.

[89] Vgl. Funke 2010, S. 44

3.2 Ideengeschichtliche Bezüge in Paulo Freires Schriften

Paulo Freires Wirken beruht auf einer christlich motivierten Grundlage. Seit seiner Zeit bei der Katholischen Aktion bis zur Tätigkeit beim Weltkirchenrat waren es christliche Gruppen und Diskurse die ihn prägten. Auch Freire selbst nannte Christus als Auslöser seiner Pädagogik: „Ich bin nicht wegen Marx in die Elendsviertel meines Landes gegangen. Ich ging dorthin weil mich Christus dorthin schickte.“[90] Gleichzeitig lehnte Freire die Jenseitsorientierung der katholischen Kirche ab, die die Menschen dazu treibt, ihr Leben als gottgewolltes Schicksal zu akzeptieren. Explizit theologisch argumentierte Freire dabei höchst selten.[91]

Das zweite Fundament von Freires Wirken auf der anderen Seite bildet das Werk von Karl Marx. Wenn das Christentum die Motivation für Freires Wirken ist, dann liefert Marx das Konzept und die Erkenntnisse der Gesellschaftsanalyse. Diese ermöglichen den Blick auf die Ursachen gesellschaftlicher Prozesse, deren Verständnis notwendig für Freires Pädagogik ist.

> „In meiner Jugend bin ich zu den Bauern gegangen, später als Lehrer zu den Arbeitern und immer habe ich es aufgrund meines christlichen Glaubens gemacht. Wenn ich dann bei diesen Menschen war, schickten mich diese zu Marx [...] Dann ging ich also zu Marx, und ich sah überhaupt keinen Grund, weshalb ich mich nicht weiter mit Christus treffen sollte.“[92]

Freire ging aber noch weiter: Er nahm nicht nur abwechselnd christliche und marxistische Positionen ein, die beide gleichrangig behandelt werden, sondern bei ihm verschmelzen beide Positionen zu einer gemeinsamen Perspektive:

> „Je mehr ich Marx begreife [...] desto mehr verstehe ich die Evangelisten [...] D.h. im Grunde genommen hat mich Marx gelehrt, die Evangelien wieder neu zu lesen. Für viele Leute

[90] Freire 1981, S. 114

[91] Eine Ausnahme macht Freire, als er argumentiert, dass sich das Recht auf gewalttätige Auflehnung und Revolution schon bei der „seditio“ in Thomas von Aquins *Summa theologica* findet. Vgl. Freire 2007, S. 104

[92] Freire 1981, S. 95

klingt das absurd [...] [aber ich bin] ein Mann voller Widersprüche [...] Ich sehe keinen Widerspruch in meiner christlichen Haltung, für eine Gesellschaft zu arbeiten und zu kämpfen, die sich nicht auf Ausbeutung einer Klasse durch eine andere gründet. Nicht zuletzt möchte ich sagen, daß sowohl meine christliche Haltung wie meine Annäherung an Marx sich nicht auf der Ebene eines Intellektuellen vollzogen, sondern immer im Konkreten."[93]

Freire betonte, dass er kein Christ oder Marxist sei, sondern sich bemühe es zu werden.[94] Beides hatte für ihn also einen prozesshaften Charakter. Mit dieser im westlichen Diskurs eher unüblichen befreiungstheologischen Sichtweise steht Freire aber im lateinamerikanischen Diskurs keineswegs alleine dar: Ende der 1950er und zu Beginn der 1960er Jahre bildete sich in Lateinamerika aus *Basisgemeinden* eine sozialkritische katholische Bewegung, die sich diesseitsorientiert auf die Seite der Armen stellte. Diese *Option für die Armen* wurde 1968 auf der zweiten allgemeinen lateinamerikanischen Bischofskonferenz diskutiert und schließlich offiziell unterstützt. Schon dort wird eine befreiende Erziehung als andere Seite der Theologie der Befreiung gefordert. Den Begriff Theologie der Befreiung machte der peruanische Theologe Gustavo Gutiérrez 1968 populär.[95] Vom Vatikan wurde selbige Theologie 1984 schließlich als Irrlehre bezeichnet.[96]

Freire war in Basisgemeinden aktiv, stand schon früh mit Dom Hélder Câmara und später mit anderen Befreiungstheologen im engen Austausch. Die Enge der Verbundenheit zwischen der Theologie der Befreiung und Freires Pädagogik wird bereits im Begriff der Pädagogik der Befreiung[97] deutlich. Dabei ist nicht nur Freire von der

---

[93]Freire 1981, S. 48f.

[94]Vgl. Freire 1981, S 48f.

[95]Vgl. Gutiérrez 1992

[96]Die Theologie der Befreiung war von Anfang an umstritten. Teile der Kirche unterstützten autoritäre Regime, so lange diese die Macht der Kirche nicht antasteten oder sich antikommunistisch gaben. Die Angst vor marxistischen und kommunistischen Einflüssen war auch im Vatikan verbreitet. Der polnische Papst Johannes Paul II erwählte Kardinal Joseph Ratzinger zum Präfekt der Glaubenskongregation, der beispielsweise den einflussreichen Befreiungstheologen Leonardo Boff vorlud und ihn mit einem zeitlich befristeten Rede- und Lehrverbot disziplinierte. In der Folge ging der Einfluss der Befreiungstheologie zurück.

[97]Während im Spanischen ebenfalls von der *teología de la liberación* die Rede

Theologie der Befreiung, sondern auch diese umgekehrt von ihm beeinflusst.

> „[Damit die] Befreiung authentisch und vollgültig sein kann, wird sich das unterdrückte Volk selbst für sie einzusetzen haben. [...] Unter diesem Gesichtspunkt stellen die Erfahrungen und Arbeiten von Paulo Freire eines der schöpferischsten und fruchtbarsten Werke dar, die in Lateinamerika je entstanden sind: seine 'Pädagogik der Unterdrückten'. Mittels einer 'kulturellen Aktion', die Theorie und Praxis miteinander verbindet, der Entfremdung entgegentritt und so befreiend wirkt, erfährt der unterdrückte Mensch seine Beziehung zur Welt und zu anderen Menschen."[98]

Freires Beschäftigung mit Marx' Gesellschaftskritik konzentriert sich vor allem auf dessen frühes Werk. Wie unter anderem schon zuvor Marx sieht Freire die Gesellschaft als historische Entwicklung und damit vom Menschen gemacht. Er kritisierte deswegen kirchliche Positionen, die überwiegend elende Lebensrealität von Menschen als gottgewolltes Schicksal darstellen.[99] Über Marx beschäftigte sich Freire mit Georg Wilhelm Friedrich Hegel, sowie mit marxistischen Revolutionären wie Antonio Gramsci, Lenin, Ernesto „Che" Guevara und Mao Tse-Tung. Kira Funke und Leszek Kolakowski betonen außerdem die Bezüge zur Dialektik des Konkreten von Karel Kosík.[100]

Freires Bezug auf dogmatisch-marxistische Autoren mag überraschen und nicht zu seiner freiheitlichen Positionierung passen. Es ist wichtig festzustellen, dass der unmittelbare Einfluss jener autoritären Theoretiker auf das Werk selbst gering ist. Gerade deswegen stellt sich jedoch die Frage, warum sie überhaupt zu finden sind. Gleichwohl war Freire nicht der einzige Marxist in dieser Zeit, der falsche Vorstellungen von realsozialistischen Bewegungen, Staaten und Anführern hatte. Tatsächlich hat er selbst autoritäre marxistische Theorien durchaus kritisiert:

> „Für mich [...] war es nicht der sozialistische Traum, der in der Erfahrung des so genannten 'realistischen Sozialismus' nicht

ist, spricht man nicht von einer Befreiungspädagogik, sondern von der educación popular, also einer öffentlichen Bildung bzw. Volkspädagogik.

[98] Gutiérerez 1992, S.157f. Vgl. auch Funke 2010, S. 73f.

[99] Vgl. Freire 1981, S. 95

[100] Vgl. Funke 2010, S. 75 und Kolakowski 1979 S. 243ff.

brauchbar war, sondern [...] [sein] autoritärer Rahmen – der ihm widerspricht und an dem auch Marx und Lenin ihre Schuld hatten und nicht nur Stalin – genauso wie das Positive an der kapitalistischen Erfahrung nicht das kapitalistische System war und ist, sondern der demokratische Rahmen, in dem er sich befindet."[101]

Der Bezug auf marxistisch-leninistische Theorien durch Freire mag sich durch sein generelles Vorgehen bei Bezugnahmen auf andere Theorien erklären. Freire benutzte Begriffe und Theorien gelegentlich anders, als sie ursprünglich intendiert waren. Am Beispiel der marxschen Theorie erklärte er, dass seine Annäherungen „sich nicht auf der Ebene des Intellektuellen vollzogen, sondern immer im Konkreten."[102] Er benutzte Begriffe und Theorien zur Erklärung einer vorhergehenden Beobachtung und Praxis. Eduard und Tödt schreiben gar: „Freire benutzt Zitate und Begriffe nur als Hilfsmittel (die durch andere ersetzt werden könnten) zum Aufrütteln von Menschen in pädagogischen Situationen."[103] Hinzu kommt ein stellenweise fast literarischer Stil. Eine wissenschaftlich exakte Analyse der Ideengeschichte in Freires Werk wird so verunmöglicht.

Freire selbst wiederum wandte sich gegen diese Kritik: „Ihr, die Europäer, neigt zu klassifizieren, einzuordnen. Deswegen sage ich immer, ich wäre Eklektiker, um jeder Klassifizierung aus dem Weg zu gehen."[104] Kritisch anmerken muss man, dass eine genaue Definition der Begriffe bisweilen nicht erfolgt. Auch die Hinwendung an autoritäre marxistische Theoretiker mag sich daraus erklären, dass Freire Gemeinsamkeiten entdeckte; warum er dann aber die Unterschiede nicht benannte, macht sein Werk an dieser Stelle angreifbar oder lässt zumindest Raum für unterschiedlichste Interpretationen.

Freires eklektischer Zugang hat dazu geführt, dass die potenziellen Einflüsse auf ihn kontrovers diskutiert werden. In jedem Fall müssen Erich Fromm, Antonio Gramsci, Edmund Husserl, Ivan Illich, Karl Jaspers, Karl Mannheim, Herbert Marcuse, Karl Marx, Jean-Paul Sartre, Ferdinand de Saussure und Claude Lévi-Strauss genannt wer-

[101] Freire in Funke 2010, S. 76
[102] Freire 1981, S. 48f.
[103] Eduard und Tödt 1991, S. 40
[104] Hernández 1977, S. 168

den. Wer außerdem hinzukommt und in welcher Reihenfolge sie genannt werden müssen, ist umstritten.

Der Theologe und Philosoph Illich stand der Befreiungstheologie nahe und kritisierte insbesondere die Schule, sowie das institutionalisierte Lernen generell.[105] Er arbeitete intensiv mit Freire zusammen. Gemeinsam entwickelten sie eine pädagogische Forderung nach Dialog, Entschulung und Bewusstseinsbildung.[106] Insbesondere in der Frage der Bewusstseinsbildung dürfte Illich Freire beeinflusst haben. Gramsci gilt als einer der großen Erneuerer marxistischer Philosophie der ersten Hälfte des 20. Jahrhunderts. Von Bedeutung sind vor allem seine Hegemonietheorie, sowie die daraus entstandenen Konzepte des organischen Intellektuellen und der Politisierung und Reorganisierung von Bildung und Kultur. Mit den Ideen Gramscis hatte sich Freire erst im Exil beschäftigt, musste dort aber feststellen, dass sein eigenes Denken bereits von Gramsci sehr beeinflusst wurde.[107]

Lévi-Strauss gilt als Begründer des ethnologischen Strukturalismus. Er untersuchte durch teilnehmende Beobachtung die kulturellen Bedürfnisse und in welchen systematischen Strukturen der Gesellschaft sich diese wiederfinden. Dabei übertrug er linguistische Konstrukte auf die Ethnologie und untersuchte Kulturkreise phonologisch. – Es ist von einem Einfluss Lévi-Strauss' auf Freires Untersuchungsmethoden der teilnehmenden Beobachtung, die kulturelle Bedeutung von Sprache und die generativen Wörter und Themen auszugehen. Dimas Figueroa hat sich in seinem Werk *Paulo Freire Zur Einführung* intensiv mit einer ideengeschichtlichen Aufarbeitung Freires theoretischer Arbeit beschäftigt:

> „Beeinflußt ist sie u.a. durch die aufklärerischen Theorien von Descartes, Kant und Hegel, die Theorie-Praxis-Vermittlung des frühen Marx, die Existenzphilosophien Jaspers', Sartres und Gabriel Marcels, die Theorien von Bernanos, den Personalismus Mouniers und Maritains, die Ethnologien Gilberto Freyres und Lévi-Strauss', die analytische Sozialpsychologie Erich Fromms, die kritische Theorie Herbert Marcuses, den

---

[105]Vgl. Illich 1971

[106]Vgl. Freire und Illich 1975

[107]Die Nähe zwischen Freire und Gramsci wird im Kapitel *Exkurs: Andere Interpretationsmöglichkeiten Freires* weiter besprochen.

Utopiebegriff Leszek Kolakowskis, die Sprachtheorie Bubers und Chomskys und die Abhängikeitstheorie André Gunder Franks. Am entschiedensten geprägt ist sie aber durch die Wissenssoziologie Karl Mannheims, die Sprachtheorien Ferdinand de Saussures und Charles Ballys sowie durch die Phänomenologie Edmund Husserls."[108]

Hier stellt sich die Frage ob Figueroa nicht exemplarisch theoretische Bezüge in Freires Werk überschätzt und begriffsgeschichtliche Bezüge stärker in dessen Werk hinein liest, als Freire sie selbst intendiert hat.[109] Insbesondere die Setzung Mannheims, de Saussures, Ballys und Husserls als entscheidende Prägung sogar gegenüber Marx scheint bei nüchterner Betrachtung kaum nachvollziehbar, schon gar nicht, wenn Freire weniger als Gesellschaftsanalytiker und mehr als praxisverändernder Pädagoge gesehen wird.

Ana Maria Araújo Freire, die als Witwe von Paulo Freire nicht nur aus persönlicher Erfahrung sprechen konnte, sondern zu Paulo Freires Werk auch umfangreich geforscht und publiziert hat, sieht Bezüge zu

> „Marx, Georg Lukács, Jean-Paul Sartre, Emmanuel Mounier, Albert Memmi, Erich Fromm, Frantz Fanon, Maurice Merleau-Ponty, Antonio Gramsci, Karel Kosík, Herbert Marcuse, Agnes Heller, Simone Weil, Amilcar Cabral und Aluízio P. de Araújo."[110]

Drei Elemente werden bei der Interpretation von Freires Ideengeschichte immer wieder genannt: Erstens wird die Theorie Karl Mannheims gelegentlich als Grundlage von Freires Bewusstseinsbildung genannt. So soll Freire die Entwicklung der Bewusstseinsstufen bei Mannheim entlehnt und dann umbenannt und umdefiniert haben.[111] Wenn dies in diesem Punkt zutreffend sein mag, müssen jedoch noch mehr die Unterschiede betont werden. Insbesondere zwischen Mannheims freischwebender Intelligenz und Freires dialektischer Sozialforschung könnten die theoretischen Unterschiede kaum größer sein. Diese Zusammenhänge und Unterschiede werden im Verlauf dieser Untersuchung noch besprochen werden.

---

[108] Figueroa 1989, S. 14f.

[109] Vgl. auch Funke 2010, S. 62ff.

[110] Funke 2010, S. 66. Vgl. auch Araújo Freire 1996, S. 63

[111] Vgl. beispielsweise Figueroa 1989, S. 37f. Das Bewusstseinsstufenmodell wird im Kapitel *Weiterführende Kategorien in Freires Gesellschaftsanalyse* weiter ausgeführt.

Zweitens werden in Freires Werk gelegentlich Bezüge zur Phänomenologie Husserls gesehen. So wird in der Regel behauptet, dass Freire „die Idee des Erforschens des Bewusstseins selbst als Voraussetzung für das Erforschen und Verstehen der Wirklichkeit“[112] von Husserl übernimmt oder an ihn anlehnt.[113] In der bisherigen Rezeption von Freire wurde hingegen vernachlässigt, das Freire diese theoretischen Voraussetzungen auch in der kritischen Auseinandersetzung mit den Lehren Marx', der Psychoanalyse, dem Positivismus und den Theorien Karl Mannheims gewonnen haben könnte.

Drittens werden in der Sekundärliteratur die Einflüsse der Existenzphilosophie auf Freires Werk genannt. John Elias sieht existenzphilosophische Bezüge in Freires Werk zu:

> „Gabriel Marcel (Beschreibung der Volksmassen), Karl Jaspers (Unterschied zwischen Mensch und Tier, Leben und Existieren, Bedeutung von Liebe, Hoffnung, Vertrauen, Glaube und Demut, Idee der Grenzsituation), Jean-Paul Sartre (Ähnlichkeit der Kritik an der Erziehungskonzeption nach dem Bankiers-Konzept, Subjekt-Objekt), Martin Buber (Idee des Ich-Du Verhältnisses) und Fromm (Furcht vor der Freiheit)“[114].

In allen drei Punkten kann festgestellt werden, dass die ideengeschichtliche Analyse schwierig und stellenweise spekulativ ist. Wenn Freire Begriffe und Fragestellungen aus Theorien übernimmt, kennzeichnet er dies in der Regel nicht und der Bezug zum wissenschaftlichen Diskurs ist uneindeutig, so dass die Bedeutung und der Kontext vor allem direkt aus Freires Werk entnommen werden muss.

Funke findet zudem einen Einfluss auf Freires Spätwerk durch die Diskussion mit der nordamerikanischen Critical Pedagogy. Die Entstehung der Critical Pedagogy war einst insbesondere durch die Auseinandersetzung mit dem Werk von Paulo Freire sowie dem Werk der Kritischen Theorie geprägt gewesen. Inzwischen orientiert sie sich stärker an den Cultural Studies. Freire war mit den Diskussionen vertraut. Der Einfluss der Critical Pedagogy auf ihn darf aber nicht überbewertet werden. „Lediglich Neil Postman und Francois Jacob

[112] Funke 2010, S. 82

[113] Vgl. auch Figueroa 1989, S. 66ff, sowie Freire 1998 S. 67

[114] Elias, John in Funke S. 81 Eine ausführliche Darstellung der Verbindung zwischen Freire und Marcel findet sich in Hernández 1977 S. 42ff.

geben ihm in dieser Hinsicht einige Impulse [...]. Diese sind auch so gut wie die einzigen Autoren, die die ideengeschichtlichen Einflüsse im Vergleich zu seinen frühen Schriften erkennbar bereichern."[115]

Zusammengefasst kann festgestellt werden, dass sich Freires Vorstellungen im Kontext verschiedenster theoretische Einflüsse aus der Praxis entwickelten. Für die weitere Analyse werden insbesondere die Verweise auf Karl Marx, Erich Fromm und Herbert Marcuse aufschlussreich sein.

[115]Funke 2010, S. 63 vgl. auch Funke 2010, S. 281ff.

4 Von der empirischen Sozialforschung

4.1 Traditionelle Sozialforschung

Als sich im 19. Jahrhundert die Soziologie als eigenständige Wissenschaft herausbildete und Anerkennung erlangte, war sie zunächst durch ihren Namensgeber, den Franzosen Auguste Comte (1798-1857), geprägt, der Soziologie als soziale Physik verstand.[116] Als Naturwissenschaft der Gesellschaft gedacht, sollte die Soziologie den gleichen wissenschaftlichen Kriterien folgen.

Auguste Comte begründete damit die Denkrichtung des so genannten Positivismus; Erkenntnisgewinn wird ausschließlich auf die Analyse positiver Befunde beschränkt. Gemäß naturwissenschaftlichen Untersuchungen wird unter definierten Bedingungen eine Probe durchgeführt, deren Ergebnis positiv oder negativ ist. Erkenntnis entwickelt sich hierbei von Beobachtungen ausgehend zur Theoriebildung. Dementsprechend werden abstraktere Erkenntnistheorien, wie beispielsweise die Möglichkeit apriorischen Erkenntnisgewinns, genauso abgelehnt, wie holistische Erklärungskonzepte. Statt letzterer wird die Wirklichkeit mittels Analysen der Einzelteile erforscht. Aus den Naturwissenschaften leitet der Positivismus vier wissenschaftliche Kriterien ab:

> „(1) Gegenstand der Forschung können nur Sachverhalte sein, die der sinnlichen Beobachtung und dem Experiment zugänglich sind; (2) diese Gegenstände müssen im Prozess der For-

[116] Vgl. Stapelfeldt 2004, S. 12. Neben Comte macht Marcuse auch Friedrich Stahls positive Philosophie des Staates und Friedrich Schellings Vorlesungen über positive Philosophie für den Positivismus verantwortlich, obwohl zwischen diesen gesellschaftstheoretischen Positivismen doch grundlegende Unterschiede bestehen. Vgl. Marcuse 1989, S. 283

> schung aus ihrem ursprünglichen Zusammenhang isoliert werden können; (3) diese Isolation muss nach reproduzierbaren Regeln erfolgen; (4) die Systematisierung der einzelnen Untersuchungsergebnisse muss widerspruchsfrei möglich sein."[117]

Aufgabe der Soziologie sei es, so Comte, menschliches Handeln und Zusammenleben zum größten Nutzen aller zu organisieren. Mit dem Positivismus entwarf er unwillentlich eine darauf basierende Utopie verwalteter Welt[118], als zwangsweise ablaufende gesellschaftliche Entwicklung, die auf Fortschritt und Wissenschaft basiert und Religion, sowie alles Transzendente hinter sich lässt.

Anfang des 20. Jahrhunderts kam mit dem logischen Empirismus – auch logischer Positivismus oder Neopositivismus genannt – eine Weiterentwicklung und philosophische Wissenschaftstheorie auf, deren bekanntestes Forum wohl der *Wiener Kreis* ist. Sowohl bei Comte, als auch beim Wiener Kreis kommen dabei jedoch andere Theoriemodelle hinzu, die unabhängig von den Grundsätzen positivistischer Theorie sind. Das liegt auch daran, dass diese weniger eine eigenständige wissenschaftliche Disziplin darstellt, sondern es sich eher um eine Methode handelt, die auf einer Auffassung der Wirklichkeit basiert und Konsequenzen durch Befunde aus Analysen zieht.

Da dieses Denkmodell in den Sozialwissenschaften zumindest in seiner Reinform nicht zur Anwendung kommt, sondern lediglich Sozialwissenschaftlern einen methodologischen Anlass oder Inspiration geben kann, handelt es sich beim Positivismus in der Regel um eine gegenüber Empirikern hervorgebrachte Fremdbezeichnung, die die Kritik äußern soll, dass ihre Theorien die grundlegende Problematik der Sozialwissenschaften, die bei Comte deutlich wird, nicht durchdrungen haben: Der Theoretiker ist als untersuchendes Subjekt gleichzeitig Teil des zu untersuchenden Objekts, der Gesellschaft. Sie kann den Gegenstand, dem sie selbst angehört, nicht von außen betrachten. Eine wissenschaftliche Objektivität ist damit unmöglich, das heißt immer an den historischen gesellschaftlichen Kontext und seine sowohl unreflektierten als auch bewussten Bedingungen geknüpft.

Unter anderem bei Max Weber wurde der Positivismus einer Selbst-

[117] Feltes 2009, S. 328

[118] Vgl. Stapelfeldt 2004, S. 111

reflexion unterzogen.[119] Im Verein für Sozialpolitik kam es 1914 zu einem vorläufigen Abschluss des Werturteilstreits. Webers Position gilt seitdem als Inbegriff des Positivismus.[120] In seinem Aufsatz *Der Sinn der ‚Wertfreiheit‘ der soziologischen und ökonomischen Wissenschaften* schreibt er:

> „Was aber heute der Student [...] von seinem Lehrer lernen sollte, ist 1. die Fähigkeit, sich mit der schlichten Erfüllung einer gegebenen Aufgabe zu bescheiden; – 2. Tatsachen, auch und gerade persönlich unbequeme Tatsachen, zunächst einmal anzuerkennen und ihre Feststellung von der bewertenden Stellungnahme dazu zu scheiden; – 3. seine eigene Position hinter die Sache zurückzustellen und also vor allem das Bedürfnis zu unterdrücken: seine persönlichen Geschmacks- und sonstigen Empfindungen ungebeten zur Schau zu stellen.“[121]

Im zweiten Punkt findet sich bereits Webers Werturteilsfreiheitpostulat. Darin setzt er sich dafür ein, Tatsachenbehauptungen, die „rein logisch erschlossen oder rein empirische“[122] Tatsachenfestellungen sind, und normative Werturteile, also „praktisch wertende, d. h. die Tatsachen [...] als erfreulich oder unerfreulich beurteilende, in diesem Sinne ‚bewertende‘ Stellungnahmen unbedingt“[123] auseinander zuhalten. Mit diesem „Gebot der intellektuellen Rechtschaffenheit“[124] wollte er verhindern, dass subjektive Beurteilungen als Teil wissenschaftlicher Argumentation selbst als wissenschaftlich dargestellt und angesehen werden.

Weber stellte die These auf, dass wissenschaftliche Werturteile nicht möglich seien. Wissenschaftliche Theorien würden durch Fakten beschreiben, wie die Welt sei, nicht wie sie sein solle. Damit sprach er sich nicht gegen wertende Stellungnahmen an sich aus, sondern forderte eine Unterscheidung in der Darstellung. Gleichzeitig verstand auch Weber schon Wissenschaft ausdrücklich nicht als wertfrei, sondern von Interessen motiviert und gesteuert.

---

[119] Vgl Stapelfeldt 2004, S. 112.

[120] Vgl. Keut 1989, S. 6. Vgl. auch Habermas 1981, Bd. 1, S. 497

[121] Weber 1973, S. 493

[122] Weber 1973, S. 490

[123] Weber 1973, S. 500

[124] Weber 1973, S. 491

„Es gibt keine schlechthin 'objektive' wissenschaftliche Analyse [...] unabhängig von speziellen und 'einseitigen' Gesichtspunkten, nach denen sie – ausdrücklich oder stillschweigend, bewußt oder unbewußt – als Forschungsobjekt ausgewählt, analysiert und darstellend gegliedert werden."[125]

Kritik an Webers Werturteilsthese oder Wertfreiheitsthese gibt es seitdem immer wieder und diese bezieht sich häufig nicht auf seine eigentliche Argumentation, sondern auf die Wertfreiheit im Allgemeinen. Insofern bestehen einige Missverständnisse, die bereits Weber beklagte, bis heute fort.[126] Zugleich kommt man nicht darum herum, auch die tatsächlichen Kritiken und Differenzen zu benennen.

Ein Gegengutachten zu Webers Gutachten zur Werturteilsdiskussion im Verein für Sozialpolitik kam von Eduard Spranger. Spranger wandte sich gegen Webers Behauptung, Werturteile seien nicht objektiv wissenschaftlich und gehören von Tatsachenbehauptungen getrennt. Objektivität gewinnen Wissenschaftler Sprangers Ansicht nach folgendermaßen:

„Um wissenschaftlich zu werten, muß der Forscher sich zunächst objektiv stimmen, darf sich nicht an eigenen Interessen orientieren, sondern an denen anderer Personen und Gruppen. In deren Namen muß er urteilen [...]. Die Frage nach der Wissenschaftlichkeit von Werturteilen ist dann gleichbedeutend mit der nach ihrem so konstruierten Träger. Wer kommt aber als Träger eines wissenschaftlichen Werturteils in Betracht? Die Wissenschaft selbst scheidet aus, weil sie als nicht wertend definiert ist, und die Menschheit wohl auch, weil sie alle umfasst und deshalb niemandes Standpunkt ausschließt, der Kampf aber zum Wesen des Wertens gehört. [...] Das Menschheitsideal der Nationalökonomen [und damit der Wissenschaftler im Generellen] ist nun gerade so beschaffen, daß sie im Namen der Nation und Sinne ihrer Bestimmung urteilen. Deshalb ist ein nationalökonomisches Werturteil dann wissenschaftlich, wenn es nationalistisch ist."[127]

Spranger greift Weber an, indem er nachzuweisen versucht, dass sozialwissenschaftliche Werturteile möglich sind. Dies geschehe, wenn

[125]Weber in Keuth 1989, S. 20
[126]Vgl. König 1979, S. 152
[127]Keuth 1989, S. 53f.

sich Wissenschaftler von jeder Subjektivität freimachen und im Sinne von Personen oder Gruppen, oder idealerweise im Sinne der eigenen Nation wertend handeln. Spranger verwechselt hier einen Nutzen für eine Gruppe, wie eine Nation, mit Objektivität. Er beschreibt das intersubjektive Entstehen eines Nutzenkalküls. Die Thesen Sprangers sind insofern nicht haltbar. Anhand von Spranger lässt sich jedoch lernen, dass Sozialforschung nicht objektiv, sondern intersubjektiv geschieht.

Für eine wertende Sozialwissenschaft setzt sich auch Leo Strauss ein. Er bezog sich auf eine antike Naturrechtslehre und sieht sich als Gegner des Positivismus, den er mit der Position Webers verknüpfte.

> „Strauss erhebt moralische Einwände auch gegen ‚das Verbot von Werturteilen in der Sozialwissenschaft'. Wer soziale Sachverhalte nur beschreibt, aber nicht bewertet, der handelt unredlich. Solch unredliches Handeln setzt natürlich voraus, daß die reine Beschreibung überhaupt möglich ist. Sie wird aber ihrem Gegenstand nicht gerecht."[128]

Strauss hält also die von Weber geforderte Unterscheidung für möglich, behauptet aber, Werturteile seien für eine vollständige Analyse notwendig, da eine wertfreie Wissenschaft nihilistisch und blind sei.[129] Nach Strauss lassen sich also gewisse Phänomene nur mit Hilfe von Wertungen angemessen beschreiben. Ohne Werturteile seien Sozialwissenschaften grundsätzlich unvernünftig, unvollständig und falsch; sie könnten weder gegebene Phänomene untersuchen, noch diese erklären. Als Beispiel forderte er bei der Analyse der Handlungen beziehungsweise Taten, wie sie in nationalsozialistischen Konzentrationslagern begangen wurden, sie als grausam zu benennen, was in einer bloßen Analyse ohne Wertung ausgeschlossen wäre. Obwohl diese Grausamkeit bei einer Untersuchung offensichtlich sofort empfunden wird, würde sie bei Weber nicht zu den Tatsachenbehauptungen zählen. Dadurch gehe nach Strauss Erkenntnis absichtlich verloren.[130]

Als ein anderes Beispiel führt er Prostitution an. „Man kann diesen Gegenstand nicht sehen, wenn man nicht zur gleichen Zeit das Ernied-

[128]Keuth 1989, S. 61f.
[129]Vgl. Strauss 1979, S. 73-91
[130]Vgl. Keuth 1989, S. 61-69

rigende an der Prostitution sieht."[131] Hier stellt sich jedoch sowohl die Frage nach dem erniedrigenden, als auch nach dem wissenschaftlich-wertenden Subjekt. Schließlich müsste ein wissenschaftliches Werturteil über bloße Meinung hinausgehen. Ungeklärt ist zudem, ob die Verwendung des Begriffs Prostitution gegenüber Sexarbeit nicht bereits ein von Meinung beeinflusstes Werturteil ist, um sexuelle Praktiken gegen Entgelt zu beschreiben.[132]

Jedoch werfen Strauss' Gedanken eine neue Frage auf, die hier berührt wurde: Ist es überhaupt möglich exakt zwischen Werturteilen und Tatsachenurteilen zu unterscheiden? Eine Frage, die beispielsweise bei Ralf Dahrendorf diskutiert wird. Er versuchte 1957 in seiner universitären Antrittsrede *Sozialwissenschaft und Werturteil* in Saarbrücken[133] „das Problem des Verhältnisses von Sozialwissenschaft und Werturteil aufs neue zu stellen"[134]. Anhand von sechs Aspekten soll das Problemfeld wertfreier und wertender Sozialforschung dargestellt werden: 1. Bereits die Auswahl des Themas könnte als Wertung begriffen werden oder wertende Konsequenzen nach sich ziehen. 2. Zum Problem der Theorienbildung gehört es, dass die selektiven Standpunkte der Forschenden dazu führen, dass verschiedene Aspekte hervorgehoben werden. So sieht der Wissenschaftler nur was er will und ist blind für anderes. 3. Wenn Werturteile als unwissenschaftlich gesehen werden, wie können gesellschaftliche Werte dann selbst zum Forschungsgegenstand werden? 4. Wie lässt sich verhindern, dass die Forschungsergebnisse ideologisch verzerrt werden? Wie kann die ideologische Verzerrung erkannt werden? 5. Zum Problem der Anwendung gehört die Frage: Ist der Wissenschaftler dazu imstande und befugt, aus seinen Forschungsergebnissen praktisches Handeln abzuleiten? 6. Welche soziale Rolle hat der Soziologe? Soll sich der Soziologe in der Darstellung dessen, was ist, erschöpfen, oder muss er nicht darüber hinaus gehen?[135]

---

[131]Keuth 1989, S. 63

[132]Der Begriff Sexarbeit wurde 1978 von Carol Leigh geprägt, um bewusst die negative Konnotation zu vermeiden.

[133]Vgl. König 1979, S. 158

[134]Dahrendorf 1961, S. 31

[135]Vgl. Dahrendorf 1961, S. 33-48 Vgl. König 1979, S. 158-165

Karl Poppers Standpunkt des kritischen Rationalismus richtet sich gegen den Positivismus. Absolut sichere Urteile sind dem kritischen Rationalismus nach nicht möglich. Stattdessen wird die methodologische Prüfung einer Theorie gegenüber Widerlegungsversuchen gefordert. Es handelt sich um einen Mittelweg zwischen Szientismus und Positivismus auf der einen Seite und Relativismus und Skeptizismus auf der anderen.

Als philosophische Prämissen setzt der kritische Rationalismus dabei den kritischen Realismus, wonach unsere Umwelt als Welt an sich tatsächlich existiert, unabhängig von den Menschen, der Mensch aber in seiner Erkenntnisfähigkeit beschränkt ist, und den Fallibilismus, welcher besagt, dass es keine endgültige Gewissheit geben kann, ob seine Urteile die Welt betreffend mit der Wirklichkeit übereinstimmen. Das Bewusstsein um eine mögliche Inkorrektheit führt zur ständigen Überprüfung bisheriger theoretischer Annahmen und zu rationalem und methodischem Vorgehen beim Aufstellen von Annahmen.

Popper spricht sich ebenfalls für eine wertende Sozialwissenschaft aus. Der Versuch wertfreier Wissenschaft sei naiv. „Wir können dem Wissenschaftler nicht seine Parteilichkeit rauben, ohne ihm auch seine Menschlichkeit zu rauben."[136]

> „Alle wissenschaftlichen Beschreibungen von Tatbeständen sind hochgradig selektiv ... Es ist nicht nur unmöglich, einen selektiven Standpunkt zu vermeiden, sondern auch gänzlich unerwünscht, dies zu tun, denn selbst wenn wir es könnten, würden wir nicht etwa eine ‚objektivere' Beschreibung erhalten, sondern nur eine bloße Anhäufung völlig zusammenhangsloser Aussagen. Ein Standpunkt ist natürlich unvermeidlich, und der naive Versuch, ihn zu vermeiden, kann nur zur Selbsttäuschung und zur unkritischen Anwendung eines unbewußten Standpunktes führen"[137]

Statt einer Trennung in Tatsachenbehauptungen und Werturteile fordert er die Trennung in wissenschaftliche und außerwissenschaftliche Werte.

---

[136]Popper in Adorno 1969, S. 113
[137]Popper in Dahrendorf 1961, S. 37

> „Was möglich ist und was wichtig ist und was der Wissenschaft ihren besonderen Charakter gibt, ist nicht die Ausschaltung, sondern die Unterscheidung jener nicht zur Wahrheitssuche gehörenden Interessen von dem rein wissenschaftlichen Interesse an der Wahrheit. Aber obwohl die Wahrheit der leitende wissenschaftliche Wert ist, so ist sie nicht der einzige [...] Mit anderen Worten, es gibt rein wissenschaftliche Werte und Unwerte und außerwissenschaftliche Werte und Unwerte. Und obwohl es unmöglich ist, die Arbeit an der Wissenschaft von außerwissenschaftlichen Werten Anwendungen und Wertungen frei zu halten, so ist es eine der Aufgaben der wissenschaftlichen Kritik und der wissenschaftlichen Diskussion, die Vermengung der Wertsphären zu bekämpfen, und insbesondere außerwissenschaftliche Wertungen aus den Wahrheitsfragen auszuschalten. [...] Die Reinheit der reinen Wissenschaft ist ein Ideal, das vermutlich unerreichbar ist, für das aber die Kritik dauernd kämpft und dauernd kämpfen muß."[138]

Die Diskussionen zum Positivismus und zur Wertfreiheit in der (empirischen) Sozialforschung verliefen demnach kontrovers. Trotzdem werden sie von der Kritischen Theorie einheitlich unter dem Begriff der traditionellen Theorie zusammengefasst.

4.2 Die Kritische Theorie der Gesellschaft

Die Kritische Theorie der Gesellschaft ist ein philosophisch-soziologischer Denkansatz, der von Horkheimer in seinem Aufsatz *Traditionelle und kritische Theorie* zum ersten Mal entwickelt wurde. In diesem beschreibt Horkheimer zwei verschiedene, sich teilweise konträr gegenüberstehende Verständnisse von Theorie, beziehungsweise zwei verschiedene Ansätze Theorie zu betreiben. Zunächst erläutert er das Vorgehen von Theorie im traditionellen Sinn. Dieses Verständnis entspricht durchaus dem gängigen Verständnis von Theoriebildung. Dabei bezieht sich Horkheimer historisch auf Descartes und andere Wissenschaftsphilosophen. Theorie gilt als

> „Inbegriff von Sätzen über ein Sachgebiet, die so miteinander verbunden sind, daß aus einigen von ihnen die übrigen abgelei-

[138] Popper in Adorno 1969, S. 113f.

tet werden können. Je geringer die Zahl der höchsten Prinzipien im Verhältnis zu den Konsequenzen, desto vollkommener ist die Theorie. Ihre reale Gültigkeit besteht darin, daß die abgeleiteten Sätze mit tatsächlichen Ereignissen zusammenstimmen. Zeigen sich dagegen Widersprüche zwischen Erfahrung und Theorie, so wird man diese oder jene revidieren müssen. Entweder hat man schlecht beobachtet oder mit den theoretischen Prinzipien ist etwas nicht in Ordnung. Im Hinblick auf die Tatsachen bleibt die Theorie daher stets Hypothese. Man muss bereit sein, sie zu ändern, wenn sich beim Bewältigen des Materials Unzuträglichkeiten herausstellen. [...] Als Ziel der Theorie überhaupt erscheint das universale System der Wissenschaft."[139]

Theorie im traditionellen Sinne macht dabei keinen Unterschied zwischen Geistes-, Natur- und Sozialwissenschaften, stattdessen arbeiten alle Wissenschaftsbereiche mit denselben Prämissen. Theorie baut auf einem Axiomensystem auf, eine Menge von Sätzen folgt logisch aus einer Teilmenge, je geringer die Anzahl der Axiome, desto einfacher und besser die Theorie. So werden Beobachtungen systematisiert, gegebene Ereignisse erklärt, aus denen Konsequenzen gezogen werden, die Prognosen ermöglichen. Qualitätskriterien der traditionellen Wissenschaftstheorie sind dabei Widerspruchsfreiheit, Einfachheit, Richtigkeit und Zweckmäßigkeit.[140]

Gerade aber an letztgenannter knüpft die Kritische Theorie an. Der historische Gebrauch der traditionellen Theorie wird an der Kategorie der Nützlichkeit illustriert. Wissenschaft ist nämlich ein Teilbereich der kapitalistischen Produktionsweise, als solcher nicht unabhängig von ihr,[141] sondern vielmehr sind Aufgaben und selbst die Betrachtungsweise vom Gegebenen bestimmt. Da sich die traditionelle Theorie nur mit dem Gegebenen beschäftigt und dieses auf eine messbare Größe reduziert, reproduziert sie so das Gegebene.

Sie reflektiert nicht die Beziehungen zwischen Wissenschaft und Herrschaftsverhältnissen, das heißt ihre eigenen Entstehungsbedingungen. Wissenschaft ist immer in Machtverhältnisse eingeordnet

[139]Horkheimer 1992, S. 205
[140]Vgl. auch Dahms 1998, S. 157f.
[141]Vgl. Horkheimer 1992, S. 214

und somit eben gerade nicht objektiv, sondern immer auch politisch.

> „Soweit der Begriff der Theorie jedoch verselbstständigt wird, als ob er etwa aus dem inneren Wesen der Erkenntnis oder sonstwie unhistorisch zu begründen sei, verwandelt er sich in eine verdinglichte ideologische Kategorie."[142]

Jede Untersuchung ist in doppeltem Sinne „gesellschaftlich präformiert: durch den geschichtlichen Charakter des wahrgenommenen Gegenstands und den geschichtlichen Charakter des wahrnehmenden Organs."[143] Da der Mensch im Gegensatz zum Tier die Mittel zur Befriedigung seiner Bedürfnisse selbst produziert, schafft er seine Lebensumstände im wechselseitigen Prozess der Vergesellschaftung mit anderen. „In dem Maße, wie der Mensch seine Lebensumstände selber produziert, produziert er auch das, was ihm als Natur erscheint."[144] Der traditionellen Theorie, die gesellschaftlich geprägt ist, stellt Horkheimer die Kritische Theorie gegenüber. Auf einer Metaebene beschäftigt sich diese mit der Gesellschaft selbst. Aus der Problemstellung der Soziologie, dass Gesellschaft Erkenntnisgegenstand und Erkenntnisvoraussetzung in einem ist, verwirft die Kritische Theorie die Forderung nach wissenschaftlicher Neutralität, weil diese „mit der Natur des Gegenstandes und der Anweisung auf eine aus seiner Analyse abgeleitete menschliche Praxis unvereinbar"[145] ist. Während die traditionelle Theorie einen Gegenstand isoliert von seiner Geschichte betrachtet, mechanistisch Lehrsätze von beziehungslosen Einzelphänomenen ableitet, die ökonomisch abhängig als Ware gehandelt werden, analysiert die Kritische Theorie die kapitalistische Verwertungsgesellschaft als eine Ganzheit der Widersprüche, die in dialektischem Verhältnis zueinander stehen. „Die dialektische Theorie der Gesellschaft kehrte die wesentlichen Möglichkeiten und Widersprüche innerhalb dieses gesellschaftlichen Ganzen hervor und legte dabei Nachdruck auf das, was mit der Gesellschaft getan werden könnte"[146].

[142] Horkheimer 1992, S. 211
[143] Horkheimer 1992, S. 217
[144] Behrens 2002, S. 11
[145] Marcuse 1989, S. 330
[146] Marcuse 1989, S. 330

Die Kritische Theorie der Gesellschaft geht damit über das Bestehende hinaus:

> „Es gibt nun ein menschliches Verhalten, das die Gesellschaft selbst zu seinem Gegenstand hat. Es ist nicht nur darauf gerichtet, irgendwelche Mißstände abzustellen, diese erscheinen ihm vielmehr als notwendig mit der ganzen Einrichtung des Gesellschaftsbaus verknüpft. Wenngleich es aus der gesellschaftlichen Struktur hervorgeht, so ist es doch weder seiner bewußten Absicht noch seiner objektiven Bedeutung nach darauf bezogen, daß irgend etwas in dieser Struktur besser funktioniere. Die Kategorien des Besseren, Nützlichen, Zweckmäßigen, Produktiven, Wertvollen, wie sie in dieser Ordnung gelten, sind ihm vielmehr selbst verdächtig und keineswegs außerwissenschaftliche Voraussetzungen, mit denen es nichts zu schaffen hat."[147]

Der Begriff der Kritischen Theorie wurde von Horkheimer und Marcuse in den dreißiger und vierziger Jahren des 20. Jahrhunderts geprägt. Allerdings wurde der Begriff in der Frankfurter Schule schon früher benutzt. Horkheimer hat die Kritische Theorie nicht entwickelt, sondern mit *Traditionelle und kritische Theorie* lediglich erstmals bestimmt.

Ihr Charakter ist selbstreflektierend, unterscheidet sie sich doch von traditioneller Theorie durch das Bewusstsein, den gesellschaftlichen Zusammenhängen totalitär unterworfen zu sein. Selbstreflektierend unterscheidet sie sich von traditioneller Theorie im Bewusstsein, den gesellschaftlichen Zusammenhängen totalitär unterworfen zu sein. Sie kann „keine Spezialwissenschaft neben anderen Wissenschaften sein, weil sie die gesellschaftlichen Beziehungen als etwas ansah, was alle Bereiche des Denkens und Daseins umfaßt und bedingt."[148]

Wie schon Kants kategorischer Imperativ nur negative Aussagen über Moral machen konnte, bleibt auch die Vernunft mittels Kritischer Theorie rein negativ; sie kann nur Aussagen darüber tätigen, was an der Gesellschaft falsch ist: was in seiner Widersprüchlichkeit über die sozialen Verhältnisse hinausweist.

> „Nur durch das, was die Gesellschaft nicht ist, zeigt sie sich der kritischen Theorie als das, was sie ist. Die Gesellschaft

[147] Horkheimer 1992, S. 223f.

[148] Marcuse 1989, S. 330

> ist als Ganzes widersprüchlich; in der Bewegung dieser Widersprüche entfaltet sie ihre strukturelle Dynamik. Selbst die augenscheinlich positiven Errungenschaften der Geschichte und menschliche Eigenschaften können ohne weiteres ins Gegenteil umschlagen, nicht das Glück befördern, sondern das Elend verfestigen. Deshalb ist kritische Theorie negativ – in dreifacher Hinsicht: 1. Kritische Theorie kritisiert radikal, das heißt sie 'vernichtet' das Bestehende, lehnt es grundsätzlich ab; 2. Kritische Theorie analysiert die bestehenden Verhältnisse als negativ, also schlecht und falsch; 3. Kritische Theorie sieht keine Ansatzmöglichkeit, dem Bestehenden etwas Positives entgegenzusetzen, und bleibt auch im Gegenentwurf einer besseren Gesellschaft negativ.“[149]

Die Radikalität der Kritischen Theorie drückt sich nicht nur in ihrer Erkenntnisphilosophie aus, sondern auch in der Analyse des sozialen Alltags. Das Elend, die eigentlich nicht hinnehmbaren Zustände, die Glück und Freiheit für praktisch alle verhindern, obwohl sie es doch versprechen, können jeden Tag erlebt werden. Für die Kritische Theorie trägt jeder weitere Tag, den die Menschheit blind, das heißt unbewusst agiert, zu einer globalen Katastrophengeschichte bei, deren Extreme im 20. Jahrhundert zwei Weltkriege und Auschwitz darstellen.

4.3 Der Positivismusstreit

Die Kritik an der empirischen Sozialforschung und die daraus resultierenden Anforderungen an eine kritische Sozialforschung durch die Kritische Theorie traten deutlich beim Positivismusstreit hervor. Es war die Fortsetzung einer Kontroverse, die „in den 30er Jahren als Auseinandersetzung zwischen Wiener Kreis und Horkheimerkreis begonnen“[150] hatte.

Zwischen dem 19. und 21. Oktober 1961 fand am damals neu gegründeten Tübinger Institut für Soziologie zum Thema *Die Logik der Sozialwissenschaften* eine Arbeitstagung der Deutschen Gesellschaft

[149] Behrens 2002, S. 9
[150] Wiggershaus 1988, S. 629

für Soziologie statt. Vorangegangen war der Tagung eine Organisationskonkurrenz der Soziologieverbände: Während die 1946 wiederbelebte Deutsche Gesellschaft für Soziologie (DGS) sofort Teil des 1949 gegründeten International Sociological Association wurde, bildete sich 1951 eine deutsche Sektion des 1893 gegründeten Institut International de Sociologie. Zum Ende der 50er Jahre des 20. Jahrhunderts brachen die Konflikte offen aus. Dies führte dazu, dass Helmut Schelsky als Mitglied beider Organisationen sein Referat *Zur Ortsbestimmung der deutschen Soziologie* zum 1959 anstehenden fünfzigjährigen Jubiläum der DGS zurückzog. Als Ersatzredner sprang Adorno ein. Nach diesen Auseinandersetzungen und der von manchen als frustrierend empfundenen Jubiläumstagung folgte bis zur Tübinger Arbeitstagung dessen Restauration.[151]

Ralf Dahrendorf, der die Diskussionsleitung übernahm, hoffte mittels der Referate von Popper und Adorno die wissenschaftstheoretischen Grundlagen des Fachs zu erörtern und die bisherigen Kontroversen aufzuzeigen. Die Tübinger Tagung erfüllte dabei seine Erwartungen nicht.

> „Es ist kein Geheimnis, daß vielfältige Unterschiede der Forschungsrichtung, aber auch der theoretischen Position und darüber hinaus der moralischen und politischen Grundhaltung die gegenwärtige Generation der Hochschullehrer der Soziologie in Deutschland trennen. Nach einigen Diskussionen der letzten Jahre schien es nun, als könnte die Erörterung der wissenschaftslogischen Grundlagen der Soziologie ein geeigneter Weg sein, um die vorhandenen Differenzen sichtbar hervortreten zu lassen und damit für die Forschung fruchtbar zu machen. Die Tübinger Arbeitstagung hat diese Vermutung nicht bestätigt.“[152]

Nach der Tübinger Tagung nahm 1963 Jürgen Habermas in seinem, Adornos 60. Geburtstag gewidmeten, Aufsatz *Analytische Wissenschaftstheorie und Dialektik* zur Frage der Wertfreiheit der Wissenschaften Stellung, welcher eine Erwiderung von Hans Albert folgte, auf die wiederum Habermas antwortete, was erneut eine Stellungnahme Alberts nach sich zog. Habermas und Albert kannten sich

[151] Vgl. Dahms 1998, S. 320ff.
[152] Dahrendorf in Adorno 1969, S. 145

in den Theorien ihres jeweiligen Gegenüber besser aus, als dies bei Adorno und Popper der Fall war. Erst mit dem 1969 erschienenen *Positivismusstreit in der deutschen Soziologie* wurde aus der erkenntnisphilosophischen Debatte der Positivismusstreit unter diesem Namen bekannt. In diesem Buch finden sich neben den Referaten von Popper und Adorno sowie den zusammengezählt vier Texten von Habermas und Albert, auch Anmerkungen von Dahrendorf und Harald Pilot. Dass Adorno das Buch mit einer langen Einleitung aufblähte und dadurch ein asymmetrisches Textverhältnis im Buch aufbaute, kritisierte Albert in *Kleines verwundertes Nachwort zu einer großen Einleitung*. Er verweist darauf, dass Adorno nur seine ihm eigenen Missverständnisse reproduziere. Auch Dahms und Dahrendorf vermuteten, dass Adorno und Popper nur mangelhaft über die theoretische Positionierung ihres jeweiligen Gegenübers informiert waren und deshalb aneinander vorbeireden mussten. Popper selbst nannte den Positivismusstreit einen „Eiertanz sondergleichen“ und lies ihn in seiner Autobiographie unerwähnt.[153] Auch wenn die Bezeichnung Positivismusstreit von Adorno gewählt wurde und insofern nicht unumstritten ist, sah auch Popper einen Dialektikstreit zwischen Kritischer Theorie und kritischem Rationalismus mit bedeutenden Differenzen:

Bereits in Poppers erster von siebenundzwanzig Thesen distanzierte er sich von logischpositivistischen Positionen: „Die Erkenntnis beginnt nicht mit Wahrnehmungen oder Beobachtungen oder mit der Sammlung von Daten oder von Tatsachen, sondern sie beginnt mit Problemen.“[154] Trotzdem nennt Adorno Poppers Position positivistisch:

„Daß Popper und Albert vom spezifischen logischen Positivismus sich abgrenzen, sei vorweg wiederholt. Warum sie trotzdem als Positivisten betrachtet werden, muß aus dem Text hervorgehen.“[155]

In der sechsten These, seiner Hauptthese, erklärt Popper die Grundzüge des kritischen Rationalismus. „Die Methode der Sozialwissenschaften wie auch der Naturwissenschaften besteht darin, Lösungsversuche für ihre Probleme – die Probleme von denen sie ausgeht –

---

[153] Vgl. Dahms 1998, S. 9 und S. 349, sowie Dahrendorf in Adorno 1969, S. 146
[154] Popper in Adorno 1969, S. 104
[155] Adorno 1969, S. 7

auszuprobieren. [...] Kritik besteht in Widerlegungsversuchen."[156] Objektivität der Wissenschaft bestehe in der kritischen Methode, keine Theorie sei von Kritik befreit.[157] Die Theorie wird also zunächst gesetzt, um sie anschließend einer Kritik zu unterziehen. Im Gegensatz zum logischen Positivismus erkennt Popper, dass „es ein vortheoretisches, unmittelbares Tatsachenwissen nicht gibt."[158] Objektive Beobachtungen sind nicht möglich, stattdessen werden sie aktiv erfahren und theoretisch interpretiert. „Da es keine theoriefreie Beobachtung und keine theoriefreie Sprache geben kann, kann es natürlich keine theoriefreie Regel, kein theoriefreies Prinzip der Induktion geben; also keine Regel, kein Prinzip, auf dem alle Theorien beruhen."[159] Nach Popper wird Erkenntnis nicht induktiv, sondern deduktiv gewonnen. Die Verallgemeinerung wird als wahr verstanden, solange die Hypothese nicht widerlegt wird. Poppers Methode ist also nicht die positive Verifikation, sondern der ständige Versuch der Falsifikation. Die Theorie soll dadurch eine zunehmende Übereinstimmung mit den Tatsachen erhalten: „Übereinstimmung eines Satzes mit einer Tatsache"[160] gilt als Wahrheit. Das Prinzip der Falsifikation von Hypothesen führt zur Objektivität in der Forschung, da Theorien sich so zwangsläufig den Tatsachen anpassen. Diese wissenschaftliche Vorgehensweise von Falsifikation und Anpassung nennt Popper eine „Auslese durch die Umwelt", das Prinzip „darwinistisch".[161]

Obwohl der kritische Rationalismus dem logischen Positivismus in den meisten Punkten widerspricht, bezeichnet die Kritische Theorie ihn als positivistisch, da er dem Begriff Positivismus verpflichtet bleibt, ihn nur weiter fasst.

> „[Beim Positivismus] handelt es sich um einen kritischen Begriff Horkheimers, der alle diejenigen Strömungen in der Philosophie trifft, die jeden die Gegenwart transzendierenden Gedanken in der wissenschaftlichen Betrachtung von Gesellschaft eine Absage erteilen und sich mit einem an den Naturwissenschaften angelehnten Selbstverständnis mit Vorliebe an mess-

[156] Popper in Adorno 1969, S. 105f.
[157] Vgl. Popper in Adorno 1969, S. 106
[158] Stapelfeldt, S. 237
[159] Popper 1984, S. 214
[160] Popper 1984, S. 138
[161] Vgl. Popper 1984, S. 119

> und prüfbaren Fakten und deren Systematisierung orientieren."[162]

Logischer Positivismus und kritischer Rationalismus vereinen beide die gleichen, in diesem Sinn positivistisch genannten Grundlagen: Eine Bezugnahme auf die Natur, der Zweck von Forschung als Übereinstimmung zwischen Theorie und Tatsachen, eine Methode die den Wahrheitswert einer Theorie durch Überprüfung mit den Tatsachen positiv, beziehungsweise bei Popper negativ, testen lässt.

> „[Popper] setzte das empirisch-analytische – sich auf Experimente bzw. Tests und Theorien bzw. deduktive Aussagensysteme als Säulen stützende – Verfahren der Naturwissenschaften gleich mit wissenschaftlicher Rationalität überhaupt. Nur wurde er, indem er Hypothesen, denen momentan nichts experimentell Prüfbares zugrunde lag, nicht ausschloß, der Realität des naturwissenschaftlichen Erkenntnisfortschritts gerechter."[163]

Die Objektivität einer Theorie wird durch die Objektivität der Tatsachen möglich. Diese vorgefundene Objektivität der Fakten beziehungsweise Tatsachen aber ist ideologisch, denn Objektivität bildet sich letztendlich aus den subjektiven Anteilen der Beteiligten.

> „Eine solche Angleichung [von Theorie an Tatsachen] ist prinzipiell unmöglich, weil Tatsachen eben immer schon interpretierte Tatsachen, vermittelte Sachverhalte sind. Die Annahme, es könnten aus Protokollsätzen allgemeine Theorie abgeleitet werden, ist ebenso wie die gegensätzliche Annahme, allgemeine Theorien könnten den Tatsachen angeglichen werden, eine Bewußtlosigkeit über die theoretische Gegenstandskonstitution. Nur durch diese Bewußtlosigkeit erscheinen vermittelte Sachverhalte als unmittelbare Tatsachen. Poppers Reflexion auf den logischen Positivismus ist also zu radikalisieren durch Aufklärung über diese theoretische Bewußtlosigkeit, über das bewußtlose Moment von Theorien: über ihre Voraussetzungen, die sie ihrerseits nicht klären. Reflexion heißt: Rückgang hinter die theoretischen Voraussetzungen, Rekonstruktion der Gene-

[162]Schwandt 2009, S. 31
[163]Wiggershaus 1988, S. 632

> sis dieser Voraussetzungen (systematische Begriffsgeschichte), die in sozialen Tatsachen erscheinen."[164]

So der kritische Rationalismus eine Kritik am logischen Positivismus ist, so ist die Kritische Theorie eine Kritik am sich kritisch begreifenden Rationalismus. Bei diesem handelt es sich um eine positivistisch halbierte Rationalität, die nur die Mittel und nicht die Zwecke kritisiert, sowie die Historizität außer acht lässt.

> „Die Verpflichtung der Wissenschaft auf das Gegebene negiert dessen Gewordensein und damit auch dessen Veränderbarkeit; die Isolation der Tatsachen impliziert, Gesellschaft sei lediglich eine unbestimmte Menge bestimmter Partikularitäten; die angewandten Isolationsverfahren müssen, um reproduzierbar zu sein, die Statik des Untersuchten voraussetzen;"[165]

Eine kritische Sozialforschung hingegen untersucht die gesellschaftliche Dynamik. Sie untersucht die Gesellschaft durch ihre theoretische Konstitution und will ihre praktische Veränderbarkeit begreifen. Der kritische Rationalismus versucht sich positivistisch an einer formal widerspruchsfreien Beschreibung der Wirklichkeit. Die „verlangte Widerspruchsfreiheit der Untersuchungsresultate unterstellt gesellschaftliche Harmonie."[166]

> „Aber das Erkenntnisideal der einstimmigen, möglichst einfachen, mathematisch eleganten Erklärung versagt, wo die Sache selbst: die Gesellschaft nicht einstimmig, nicht einfach ist, auch nicht neutral dem Belieben kategorialer Formung anheimgegeben, sondern anders, als das Kategoriensystem der diskursiven Logik von seinen Objekten vorweg erwartet. Die Gesellschaft ist widerspruchsvoll und doch bestimmbar; rational und irrational in eins, System und brüchig, blinde Natur und durch Bewusstsein vermittelt."[167]

Poppers Wissenschaftstheorie schließt in letzter Konsequenz die Kritische Theorie als unwissenschaftlich aus. „Sie schloss aus, daß die Erfahrungen einzelner richtiger sein konnten als die im [...] Wissenschaftsbetrieb sich durchsetzenden Resultate [...], daß Wertung in

[164] Stapelfeldt 2004, S. 241
[165] Feltes 2009, S. 328f.
[166] Feltes 2009, S. 328f.
[167] Adorno 1969, S. 126

der Soziologie nicht etwas durch Selbsterkenntnis Neutralisierbares sei, sondern etwas die Erkenntnis so oder so Konstituierendes."[168]

Während für den kritischen Rationalismus die Aufgabe der Sozialwissenschaften darin besteht, gesellschaftliche Probleme zu lösen und gesellschaftliche Missstände zu beseitigen, hat die Methode der Sozialwissenschaften nach der Kritischen Theorie die Aufgabe, die der Gesellschaft zugrundeliegende Totalität zu analysieren, die für jene Probleme und Missstände verantwortlich ist. Denn eine tatsächliche Lösung für gesellschaftliche Probleme kann erst der aufgeklärte mündige Mensch bieten. Sozialwissenschaften können an diesem Emanzipationsprozess teilhaben und die Möglichkeit des Aufbrechens der Totalität sondieren. Dementsprechend endet Adornos Referat mit den Worten: „Die reductio ad hominem, die alle kritische Aufklärung inspiriert, hat zur Substanz jenen Menschen, der erst herzustellen wäre in einer ihrer selbst mächtigen Gesellschaft. In der gegenwärtigen jedoch ist ihr einziger Index das gesellschaftliche Unwahre."[169] Hierzu hält Stapelfeldt fest:

> „Der Positivismus, auch in der Version Poppers, folgt einer Utopie: der historischen Angleichung der Theorien an Tatsachen durch Evolution [...]. In diesem Telos der Evolution ist die Idee wissenschaftlicher Wahrheit enthalten. Die kritische Theorie der Gesellschaft transformiert diese Utopie. Indem sie die Selbstreflexion des Positivismus radikalisiert und Tatsachen als Verdinglichungen des Gesellschaftlich-Allgemeinen erkennt, zielt die Metakritik nicht auf eine wahre Theorie, sondern auf eine wahre Gesellschaft."[170]

Eine kritische empirische Sozialforschung muss auf die allgemeine Bewusstlosigkeit der Gesellschaft, in der durch Verdinglichung Tatsachen objektiviert und isoliert werden, eingehen. Sie muss Bezug auf die Subjekt-Objekt-Dialektik nehmen. Eine kritische empirische Sozialforschung muss daher eine dialektische Sozialforschung sein.

---

[168] Wiggershaus 1988, S. 632
[169] Adorno 1969, S. 143
[170] Stapelfeldt 2004, S. 243

4.4 Dialektische Sozialforschung

Das griechische Wort Dialektik bedeutet ursprünglich die Kunst der Unterredung. Es leitet sich von *dialegesthai*, ein Gespräch führen, ab. Die Wurzel „leg“ ist auch in dem Wort *logos* enthalten. Aristoteles nennt Zenon von Elea als ersten Dialektiker. Aufgrund seiner überzeugenden Kunst der Beweisführung bei der Verteidigung der Thesen seines Lehrers Parmenides galt er als Erfinder der Kunst des Argumentierens.

Bei Platon ändert sich der Begriff der Dialektik. Er unterscheidet die Dialektik vom rhetorischen Monolog und dem eristischen Streitgespräch. Dialektik gilt nicht mehr als Methode Recht zu behalten oder zu bekommen, sondern als Methode der Wahrheitssuche. „Dialektik, so hat es Platon bestimmt, ist Kritik bewußtloser Voraussetzungen“[171]. Im Dialog werden These und Gegenthese aufgestellt, untersucht und verworfen. Der Dialog endet in einer begrifflichen als auch gedanklichen Synthese oder in einer Aporie. Wenn Dialektik im Sinne der Methode eines kritischen Dialogs zum Erkenntnisgewinn gebraucht wird, kann Platons Lehrer Sokrates als erster Dialektiker gelten.

Sokrates, Sohn einer Hebamme und eines Bildhauers, brachte eine Wende des Philosophierens hervor. Er dachte über die Weisheit an sich nach. In Selbstreflexion betrieb er Aufklärung über das eigene Bewusstsein und Selbsterziehung. Er folgte der Inschrift des Orakels von Delphi „Erkenne dich selbst“. Untersuchungsgegenstand war nicht mehr die Natur, sondern der Mensch selbst. Während die Sophisten gemeint hatten, Weisheit zu besitzen und Wissen einzeln in Lehrsätze verpacken zu können, um diese als Wissende an Unwissende in Warenform zu verkaufen, verwickelte Sokrates die Menschen in Athen unverfänglich in Gespräche. Hierbei hinterfragte er bestehende Meinungen „und unterstellte damit, der Sprecher sei sich seiner Äußerungen nicht bewußt“[172]. Genau über jene Unbewusstheit wollte Sokrates aufklären. Er wollte keine Wahrheit im Monolog vermitteln, stattdessen entsteht diese Wahrheit durch den Aufklärungsprozess im gemeinsamen Dialog. Sokrates „fungiert weder als moralisches

[171] Stapelfeldt 2012, S. 262. Zitat im Original kursiv.
[172] Vgl. Stapelfeldt 2004, S. 261

Vorbild, noch als Autorität, sondern nur als Geburtshelfer. Die Fähigkeit zur Tugend hat der Schüler in sich selber, und er muss sie auch selbst hervorbringen."[173] Diese Vorgehensweise nannte Sokrates entsprechend Mäeutik, Hebammenkunst.

Wer selbst sich weise glaubte, wurde von Sokrates befragt, beispielsweise was Gerechtigkeit sei. Sokrates trat dabei nicht als Lehrer, sondern als Schüler auf. Wer sich davon geschmeichelt fühlte oder provozieren ließ, Weisheiten kund zu tun, verstrickte sich schnell in Unwägbarkeiten, weil Sokrates die Theorien annahm und deren Konsequenzen ausführte, was zu Widersprüchen führte. Wenn Sokrates von sich selbst sagte, „er wisse nichts außer eben dies, daß er nichts wisse"[174], erkannte er, dass in den Dogmen, die andere Weisheit nennen, keine Wahrheit liegt. Letztlich vernahm er daher auch vom Orakel in Delphi, dass niemand weiser sei als er.[175] Freire schloss daran an, als er erklärte: „Wissen beginnt mit dem Bewußtsein, wenig zu wissen. Mit dem Wissen wenig zu wissen, bereitet man sich darauf vor, mehr zu wissen."[176] Die eigenen Widersprüche ihres Selbst und die Widersprüche der antiken Gesellschaft die durch Sokrates offenkundig wurden, waren für die Menschen in Athen derart beschämend, dass sie anstatt die Missstände zu ändern, lieber den Boten angriffen, der mit Ironie den Missstand mittels einer fragenden Untersuchung überhaupt erst zur Entdeckung gebracht hatte. Dafür verurteilten sie ihn schließlich zum Tode. Sokrates' Dialektik besteht in der Reflexion der herrschenden Meinung (doxa), deren Gegensätze und Widersprüche im Dialog dargestellt werden. Hegel fasst Sokrates Methode zusammen mit den Worten: „Alle Dialektik läßt das gelten, was gelten soll, als ob es gelte, läßt die innere Zerstörung selbst sich daran entwickeln, – allgemeine Ironie der Welt."[177]

Adorno betont, dass der moderne Begriff der Dialektik ein anderer ist:

> „Trotzdem ist der Begriff von Dialektik, wie er uns aus der Antike überliefert wird, von dem, was ich meine, sehr verschieden.

[173] Pieper 2003, S. 142
[174] Stapelfeldt 2004, S. 263
[175] Stapelfeldt 2004, S. 266
[176] Freire 1974, S. 47
[177] Hegel in Stapelfeldt 2004, S. 264

Denn der antike Begriff der Dialektik ist der Begriff einer philosophischen Methode. [...] Dialektik ist beides, eine Methode des Denkens, aber auch mehr, nämlich eine bestimmte Struktur der Sache, die allerdings aus sehr grundsätzlichen philosophischen Erwägungen zum Leitmaß der philosophischen Betrachtung gemacht werden soll.“[178]

Die moderne Dialektik findet sich ausgebreitet zum ersten Mal in Kants *Kritik der reinen Vernunft*. Adorno erklärt, „daß eigentlich die Dialektik in einem eminenten Sinn die zu ihrem Selbstverständnis, zu ihrem Selbstbewußtsein gekommene Kantische Philosophie sei.“[179] Wenn auch erst Hegel die Konsequenzen daraus gezogen habe.

Kants Ausgangslage ist folgende:

> „Die menschliche Vernunft hat das besondere Schicksal in einer Gattung ihrer Erkenntnisse: daß sie durch Fragen belästigt wird, die sie nicht abweisen kann; denn sie sind ihr durch die Natur der Vernunft selbst aufgegeben, die sie aber auch nicht beantworten kann, denn sie übersteigen alles Vermögen der menschlichen Vernunft.“[180]

Die Vernunft verstrickt sich auf ihrem Weg notwendigerweise in Widersprüche. Diese Antinomien sind nicht auflösbar.[181] Da die Antinomien sich aus der reinen Vernunft ableiten, bedarf die Vernunft nun selbst der Kritik ihrer Verwendung. „Die Reflexion bei Kant bedeutet zunächst einmal, daß unsere Vernunft die Vernunft selber betrachtet, sich der Vernunft gegenüber sich als eine kritische verhält.“[182] Kant reflektiert die Problematik auf der Metaebene. Er fragt nach den Bedingungen der Möglichkeit von Erkenntnis selbst.

Bei Hegel wird dies erneut reflektiert, aber anders beantwortet. Nach Hegel ist bereits Heraklit Dialektiker, da er die Welt des Menschen als ein Ganzes von Gegensätzen sah. Der Dialektiker nach Hegel

---

[178] Adorno 2015, S. 9

[179] Adorno 2015, S. 27

[180] Kant AA IV, S. 7 (Kant 1974) Die Fragen lauten: Was kann ich wissen? Was soll ich tun? Was darf ich hoffen? Oder zusammengefasst: Was ist der Mensch?

[181] Beispielsweise „Alles Geschehen hat einen Anfang in der Zeit, oder: Alles Geschehen in der Zeit stellt eine unendliche Reihe dar.“ Adorno 2015, S. 87

[182] Adorno 2015, S. 95

erhebt sich über die Gegensätze. Für Hegel hat Kants Metaphysik-Kritik, „indem sie Subjekt und Objekt spaltete, einander entgegensetzte, Vernunft und Freiheit vorausgesetzt und dadurch in Dogmatismus verwandelt."[183] Hegel kritisiert Kants Gegensätze „von Sinnlichkeit und Verstand, von Denken und Erfahrung, [...][denn] es gibt schlechterdings nichts Sinnliches, was nicht durch den Verstand vermittelt wäre"[184]. Damit kann uns aber die Kantische Antinomienlehre nicht vor den Widersprüchen behüten „und eben deshalb bewegt sich das Denken wesentlich in Widersprüchen."[185] Hegel wirft Kant hierbei vor, These, Antithese und Synthese, die „erst durch den Instinkt wiedergefundene, noch tote, noch unbegriffene Triplizität zu ihrer absoluten Bedeutung erhoben [...] und damit zum leblosen Schema"[186] gemacht zu haben. Als bloßes Schema aber ist die Dialektik ein inhaltslose Methode.

Stattdessen meint Dialektik bei Hegel, „daß die dialektische Negation nicht die Korrektur, nicht der Gegensatz zu einem falschen Gedanken ist, sondern [...] die Erweiterung, oder [...] die Entwicklung des Gedankens und somit die Ergänzung seiner Mangelhaftigkeit."[187] Das dialektische Verfahren besteht daher darin, „daß die Antithesis aus der Thesis selber herausgenommen wird, daß als das, was ist, selber als mit sich selbst identisch und nicht-identisch begriffen wird."[188] In Anlehnung an Hegels Kritik erklärt Adorno:

> „Dialektik sei der Versuch, das Nichtidentische, also diejenigen Momente, die in unserem Denken nicht aufgehen, gleichwohl im Gedanken zu ihrem Recht zu bringen, dann ist es offenbar, daß in diesem Satz selbst ein Widerspruch gelegen ist, das heißt, daß Identität des Nichtidentischen, wenn man sie so einfach ausspricht, [...] ein falscher Satz wäre. [...] Die Dialektik könnte von diesem Satz her interpretiert werden als die Anstrengung, diese Paradoxie, die in der Situation des Gedankens überhaupt gelegen ist, zu bewältigen."[189]

[183] Stapelfeldt 2012, S. 267
[184] Adorno 2015, S. 88f.
[185] Adorno 2015, S. 89
[186] Hegel in Adorno 2015, S. 71
[187] Adorno 2015, S. 51f.
[188] Adorno 2015, S. 59
[189] Adorno 2015, S. 121

Hegels Ausgangspunkt war die Beobachtung der Französischen Revolution. Zunächst begrüßte er sie euphorisch als voranschreitende Weltgeschichte, musste aber feststellen, wie der bürgerliche Emanzipationsversuch in politischen Terror umschlägt.[190] Dialektisch untersucht Hegel, wie sich beides bedingt und was die Voraussetzungen dieser Bedingungen sind.

> Hegel „kritisiert zugleich die liberale Revolution und Philosophie: sie hätten Vernunft und Freiheit nur dogmatisch vorausgesetzt, so daß sich in dieser Freiheit die alte Geschichte in neuer Form reproduziere. Diese kritische Würdigung verwirft die revolutionäre libertas nicht als falsch, sondern bewahrt ihre Idee, indem die bürgerliche Aufklärung radikalisiert, gegen sich selbst gerichtet wird. [...] Hegel kritisiert, daß die Idee von Vernunft und Freiheit in den Terror der Französischen Revolution umschlug, weil sie nur als Dogma – als Voraussetzung, als bewußtlose Setzung – der bisherigen Geschichte entgegengesetzt wurde. Indem Vernunft und Freiheit unreflektiert vorausgesetzt wurden, mußten sie ihren Anspruch verfehlen und die bisherige Gewaltgeschichte perpetuieren – gleichsam als eine ‚Wiederkehr des Verdrängten' (Freud).“[191]

„In dieser Selbstproduktion der Vernunft gestaltet sich das Absolute in eine objektive Totalität“[192] Die Aufgabe der Dialektik besteht darin, diese Totalität zu analysieren und zu reflektieren. Dass Hegel Dialektik als Totalität fasst, zeigt sich in seinem Schlüsselsatz: „Das Wahre ist das Ganze“[193] und nur aus dieser bestehenden Totalität heraus ist das Ganze zu erklären. Das bedeutet, „daß im dialektischen Denken Ganzes und Teil immer aufeinander bezogen werden müssen“[194] und „daß es keinen Gedanken gibt, der, wenn man ihn isoliert [...], nicht zugleich auch falsch werden könnte.“[195] Die Totalität ist demzufolge der gesellschaftliche Zusammenhang der gesam-

---

[190] Stapelfeldt 2012 S. 38f. Diese dialektische Betrachtung bei Hegel von Herrschaft und Unterdrückung findet bei Freire kaum statt, obwohl sich Freire darauf beruft. Marcuse hingegen baut darauf in seinem Werk von Vernunft und Revolution auf.

[191] Stapelfeldt 2012 S. 39 und S. 43. Zitat im Original teilweise kursiv

[192] Hegel in Stapelfeldt 2012, S. 60

[193] Hegel 2005, S. 23

[194] Adorno 2015, S. 128

[195] Adorno 2015, S. 80

ten historischen Wirklichkeit. Der gesellschaftliche Zusammenhang ist nicht statisch sondern dynamisch, verläuft aber als Prozess unbewusst. Schon Hegel spricht von einer „Herrschaft der Verhältnisse“[196], die die geschichtliche Bewegungstendenz vorgibt. Die Entwicklung verläuft dialektisch: Sie wird angetrieben von Widersprüchen, verläuft widersprüchlich und erschafft neue Widersprüche. Die jeweilige historische Wirklichkeit prägt dabei die Gesellschaft. Bei Hegel und noch stärker bei Marx gilt: Die als fest und geschichtslos erscheinende Wahrheit ist in Wirklichkeit nur ihr geschichtliches Zerrbild.[197] Daher gilt: „Keine Philosophie geht über ihre Zeit hinaus.“[198] Die Besonderheit von Hegels Philosophie ist aber, dass sie dies reflektiert. Sie ist nicht einfach die Philosophie ihrer Gesellschaft und ihrer Geschichte, sondern eine Philosophie über die Geschichte selbst.[199]

„Die klassische Gesellschaftstheorie, die auf der Idee basiert, daß ein innerer Widerspruch ihren Gesellschaftszusammenhang durchzieht, ist natürlich die von Karl Marx.“[200] Dialektik ist auch bei Marx immanente Kritik. Bei seiner Kritik der kapitalistischen Produktionsweise stellt er ihr nicht die Ideale einer sozialistischen Gesellschaft gegenüber, sondern seine Kritik entwickelt sich aus dem Untersuchungsgegenstand selbst heraus. Marx' Kritik der politischen Ökonomie ist eine dialektische Analyse von Produktionsweise und Ideologie der bürgerlichen Gesellschaft im 19. Jahrhundert. Besonders der marxschen Dialektik wird – in Zusammenhang damit – vorgeworfen, verworren oder irrational zu sein: Dialektik verstoße gegen den Satz vom ausgeschlossenen Widerspruch und indem sie darüber hinaus Wissenschaft betreibe, potenziere sie die Irrationalität noch. Viele Anhänger der marxschen Philosophie haben seine Dialektik tatsächlich mystifiziert – das trifft nicht nur auf die realexistierenden Sozialismen bis 1989 zu.

Marx hat für seine Kritik der politischen Ökonomie derart viel empirisches Material verwendet (zeitgenössische Studien, Statistiken über Wirtschaft und Soziales, Fabrikgesetze, Berichte und Literatur),

[196]Vgl. Hegel in Stapelfeld 2012, S. 38
[197]Vgl. Adorno 2015, S. 22
[198]Hegel in Stapelfeldt 2012, S. 63
[199]Vgl. auch Stapelfeldt 2012, S.60 und S.63
[200]Postone 2010, S. 147

dass der Eindruck entstehe, es sei eine empirische Forschung gewesen.[201] Die Daten traditioneller empirischer Forschung sind Voraussetzung, um an diesen dialektisch forschen zu können. In ihrer Darstellung ist bereits Kritik möglich, da sie in sich widersprüchlich bleiben müssen: „Die Arbeit, um die es sich zunächst handelt, ist Kritik der ökonomischen Kategorien oder, if you like, das System der bürgerlichen Ökonomie kritisch dargestellt. Es ist zugleich Darstellung des Systems und durch die Darstellung Kritik desselben."[202]

> „Für Marx wie für Hegel geht die Dialektik von der Tatsache aus, daß die der Wirklichkeit immanente Negation ‚das bewegende und erzeugende Prinzip' ist. Die Dialektik ist die ‚Dialektik der Negativität'. Jede Tatsache ist mehr als eine bloße Tatsache; sie ist eine Negation und Beschränkung realer Möglichkeiten. Das Privateigentum ist eine Tatsache, aber zur gleichen Zeit ist es eine Negation gemeinschaftlicher Aneignung durch den Menschen."[203]

Trotzdem ist die von Marx entwickelte materialistische Dialektik „völlig anders strukturiert"[204] als die Hegelsche. Jene ist von dieser „nicht nur verschieden, sondern ihr direktes Gegenteil"[205]. Während Hegel glaubte, dass der Mensch die Wirklichkeit nach seinem Geist errichtet, dass die physische Welt die Folge einer Kopfgeburt sei, stellt Marx die Dialektik vom Kopf auf die Füße.[206] Die objektive Wirklichkeit entspringt aus den materiellen Bedingungen und den gesellschaftlichen Tatsachen, die das Denken erst prägen; konkret durch die ökonomischen Bedingungen beziehungsweise die Arbeit. Marx dreht damit die Hegelsche Kausalität um: „Es ist nicht das Bewusstsein der Menschen, das ihr Sein, sondern umgekehrt ihr gesellschaftliches Sein, das ihr Bewusstsein bestimmt."[207] Als eine gelungene Beschreibung der materialistischen Dialektik betrachtet Marx die folgende, die er selbst im Nachwort zur zweiten Auflage des 'Kapitals' zitiert:

---

[201] Vgl. Stapelfeldt 2004, S. 293
[202] Marx in MEW Bd. 29, S. 550. Zitat im Original teilweise kursiv.
[203] Marcuse 1989, S. 249
[204] Adorno 2015, S. 16
[205] Marx in MEW Bd. 23, S. 27. Vgl. auch Stapelfeldt 2012, S. 273
[206] Vgl. Marx in MEW Bd. 23, S. 27. Vgl. auch Stapelfeldt 2012, S. 131
[207] Marx in MEW Bd. 13, S. 9

„Marx betrachtet die gesellschaftliche Bewegung als einen naturgeschichtlichen Prozeß, den Gesetze lenken, die nicht nur von dem Willen, dem Bewußtsein und der Absicht der Menschen unabhängig sind, sondern vielmehr umgekehrt deren Wollen, Bewußtsein und Absichten bestimmen."[208]

Damit verabsolutiert er freilich eine vereinfachende Darstellung der Geschichte, in dem er sie Naturgesetzen gleich verlaufend ansah. Die Darstellung von Gesellschaft und Ökonomie bedeutet die Funktionsweise der Gesellschaft und die bestehenden Widersprüche aufzuklären und gesellschaftliche Prozesse und deren Gesetzmäßigkeiten bewusst zu machen.

„Wären die Gesetze der Gesellschaft 'Naturgesetze' [...], löste sich die Wissenschaft von der Gesellschaft in eine Naturwissenschaft auf. Wäre hingegen die gesellschaftliche Welt erschaffen mit Willen und Bewusstsein der Menschen, bedürfte es keiner Wissenschaft von der Gesellschaft, um deren Gesetze aufzufinden."[209]

Es gilt die unbewussten gesellschaftlichen Verhältnisse einer Kritik zu unterziehen, sie zu entmystifizieren: Sachzwänge und herrschende Verhältnisse sind nichts anderes, als abstrakt gewordene Beziehungen die ursprünglich selbst von den Individuen hervorgebracht wurden.

„Die *sachlichen* Abhängigkeitsverhältnisse im Gegensatz zu den *persönlichen* erscheinen auch so (das sachliche Abhängigkeitsverhältnis ist nichts als die den scheinbar unabhängigen Individuen selbständig gegenübertretenden gesellschaftlichen Beziehungen, d.h. ihre ihnen selbst gegenüber verselbstständigten wechselseitigen Produktionsbeziehungen), daß die Individuen nun von *Abstraktionen* beherrscht werden, während sie früher voneinander abhingen."[210]

Die Aufklärung über die politische Ökonomie, also über die gesellschaftlichen Verhältnisse stößt bei Marx genauso wie bei Sokra-

---

208 I. I. Kaufmann in Marx in MEW Bd. 23, S. 26. Vgl auch Stapelfeldt 2012, S. 132

209 Stapelfeldt 2004, S. 280

210 Marx in Stapelfeldt 2004, S. 285

tes auf Widerstände.[211] Die Offenlegung gesellschaftlicher Prozesse zeigt Missstände auf. Besonders deutlich wird dies an der immanenten Krisendynamik des Kapitals. Nicht nur periodisch durchläuft die Kapitalverwertung Produktions- und Absatzkrisen, wie Marx deutlich macht, ist das Kapitalverhältnis selbst krisenhaft. Die Menschen sind jedoch so sehr in der Herrschaft der ökonomischen Verhältnisse gefangen, dass ihnen eine andere Welt gar nicht möglich erscheint. Wie einst der Monarch wirkt nun der Kapitalismus als eingesetzt von Gottes Gnaden, als alternativlose bestmögliche Gesellschaft in der sich eben die scheinbar anthropologischen Grundlagen des Menschen ausdrücken:

> „Die klassische Ökonomie phantasiert deshalb den Biber und Hirsche jagenden Menschen einer imaginären Frühzeit als Bürger und Kapitalist. Weil die Abstraktionsgeschichte das Verhältnis des Menschen zur Natur als eine 'ewige Naturnotwendigkeit' [...] verselbstständigt, erscheint das Kapitalverhältnis als historische Konstante."[212]

Marx' Dialektik geht es nicht nur um das aufgeklärte Individuum, dass sich den herrschen Verhältnissen bewusst ist, sondern um eine aufgeklärte Gesellschaft mit deren Bewusstsein die unbewusste Herrschaft der Sozialverhältnisse aufgehoben werden kann. Daher schreibt er in seiner 11. Feuerbachthese: „Die Philosophen haben die Welt nur verschieden interpretiert, es kömmt darauf an, sie zu verändern."[213] Wenn es die Herrschaft der Verhältnisse ist, die das Nicht-Bewusstsein der Menschen formt, muss es zur Bewusstmachung gehören, die Gesellschaft zu verändern und in den geschichtlichen Prozess einzugreifen, der die allgemeine Bewusstlosigkeit hervorbringt. Daraus folgt die Forderung nach einer Gesellschaft, in der die Menschen sich ihrer Geschichte bewusst sind und die sie selbstständig gestalten können. Erst mit einer Gesellschaft der bewussten Menschen endet für Marx die „Vorgeschichte" der Menschen. Gleichwohl hat Marx selbst keine

---

[211]Wie in Athen die Menschen auf den Boten Sokrates und seine Aufklärung ablehnend oder mit Wut reagierten, anstatt auf sich selbst und die Verhältnisse zu besinnen, so erging es auch Marx. Im Vergleich zu jenem entschied sich dieser stets für Flucht beziehungsweise Exil.

[212]Stapelfeldt 2004, S. 290

[213]Marx in MEW Bd. 3, S. S. 7. Zitat im Original teilweise kursiv.

bewusstmachende Methode als Pädagogik konzipiert. Hieran knüpft Freire an, weswegen er die problemformulierende Methode auch Conscientizaçâo – Bewusstmachung nennt.

In seiner Antrittsrede 1931 nannte Horkheimer neben Marx' Kritik der politischen Ökonomie noch ein zweites dialektisches Prinzip explizit, auf das sich Kritische Theorie stützen muss: Freuds Psychoanalyse. Auch Freud widmete sich der Erforschung des Unbewussten. Er erkannte, dass es medizinische Krankheiten[214] gibt, die keine physische sondern eine psychische Kausalität aufweisen. Nicht der Körper wirkt hier auf die Seele, sondern die Seele auf den Körper. Freud nahm an, dass den Patienten diese Kausalität nicht bewusst war, die Krankheit und ihre Kausalität deshalb im Unbewussten zu suchen sei, etwa ein äußerer Einfluss als verinnerlichte soziale Herrschaft wirkt, die Teil der einzelnen Identität wird.

Als Therapie folgte er der Idee auf das Unbewusste einzuwirken, der pathologischen Kausalität eine heilende Kausalität entgegenzusetzen. Als Methode soll zunächst die Hypnose bewusst auf den Patienten einwirken, die Wirkung soll aber unbewusst eintreten. Im Trancezustand wird ihr eine Suggestion eingegeben, um sie zu manipulieren. Gegen diesen Eingriff entwickelt der Patient jedoch einen Widerstand, je kränker die Person ist, desto weniger Erfolg hat die Hypnose. Daraufhin entwickelte Freud die kathartische Methode. Hierbei setzte er zunächst noch auf die Hypnose, später aber auf die Drucktechnik. Während er mit seiner Hand Druck auf den Kopf des Patienten ausübt, sollen sich bei diesem Bilder und Gedanken einstellen. Der Patient solle in den Zustand versetzt werden, bei dem das Symptom zum ersten Mal aufgetreten ist.[215] Durch die Erinnerung und Äußerung der Geschehnisse kann ein Abreagieren erfolgen und das Symptom verschwindet. Die Methode kommt also ohne Eingriff ins Unbewusste aus, aber analysiert wird nur die Erscheinung der Symptombildung, nicht deren Ursprung.

In der im Jahre 1900 erschienenen *Traumdeutung* findet sich nun das erste Mal Freuds Ansatz der Psychoanalyse. Die Psychoanalyse

[214] Freud spricht nur dann von psychisch Kranken, wenn Personen ihr Leiden selbst als krank bezeichnen.

[215] Vgl. Freud in Stapelfeldt 2004, S. 327

ist eine Psychologie des Unbewussten, die ohne manipulativen Eingriff erfolgt und mittels Aufklärung über selbst Geäußertes wirkt.

Der Patient soll seine Krankheitsgeschichte durch freies Erzählen darstellen, ohne darauf zu achten, was unwichtig sei oder scheinbar nicht dazugehöre. Hierbei enthüllen sich Lücken der Erinnerung – ohne Amnesie gäbe es keine neurotische Krankheitsgeschichte. Durch spontane unpassende Einfälle kann der Patient seine Identität darstellen, ohne auf Kausalzusammenhänge und Widersprüche der Logik des Bewusstseins zu achten, um das eigene zerrissene Ich[216] dadurch ausdrücken zu können. Verdrängung und Widerstand „sind zwei Formen, wie das Ich eine widerspruchsfreie Identität scheinbar bewahrt, indem es das seiner Identität Widersprechende ins Nicht-Bewußtsein abschiebt."[217]

In der therapeutischen Arbeit gelangt die Erinnerung von der Peripherie mit geringem Widerstand zum zentralen Kern mit dem stärksten Widerstand. Die Untersuchung geht also vom Einzelnen zum Allgemeinen. Ein bloßes intellektuelles Erfassen des Problems und das Warten auf die Katharsis helfen nicht, stattdessen ist eine Rekonstruktion des unbewusst verdrängten Zusammenhangs als Prozess notwendig, es gilt beide Teile des gespaltenen Ichs zu versöhnen, anstatt sie nur einander vorzustellen. Dies geschieht durch Erinnerung und Sprechen. „Aufgabe des Arztes ist die Analyse der zerbrochenen Sprache des Patienten und der Versuch, diesem durch Erinnerung die Einheit des Bewußtseins und seines Ich zurückzugeben."[218]

Freud ist sich bewusst, dass es jeder Analyse droht „niemals etwas anderes zu finden, als was man bereits weiß"[219], da Fragen und Interpretationen der Analytikerin durch diese ja selbst geprägt sind; die Analyse des Unbewussten der Kranken wird auch durch das Unbewusste der Analytikerin vorgenommen. Freud fordert daher die Analytikerin auf, hinter die eigene Interpretation des Untersuchungsmaterials zurückzugehen und sie selbst zu reflektieren. Stapelfeldt kritisiert, dass Freud in diesem speziellen Punkt weder seiner eigenen Forde-

---

[216] Während das Es insgesamt unbewusst ist, sind Ich und Über-Ich bei Freud zu großen Teilen unbewusst. Vgl. Stapelfeldt 2004, S. 336

[217] Vgl. Stapelfeldt 2004, S. 329

[218] Vgl. Stapelfeldt 2004, S. 334

[219] Freud in Stapelfeldt 2004, S. 347

rung der Analyse der Analytikerin entspricht, noch der Forderung der dialektischen Methode:

> „Diese Selbstanalyse kann wesentlich nicht neben der Analyse des Patienten erfolgen, sondern nur durch diese: Sie ist ebenso an den Dialog gebunden wie die Aufklärung des Kranken. Freud mißachtet diesen Zusammenhang und gelangt so zur Illusion voraussetzungsloser Rezeption des Materials.“[220]

Psychoanalyse beruht auf kritischer Selbstbesinnung. Ihre Besonderheit liegt aber in ihrer Methode. Entsprechend kennzeichnete Habermas die Psychoanalyse „als das einzige greifbare Beispiel einer methodischen Selbstreflexion in Anspruch nehmenden Wissenschaft“[221]. Auch Freire wird daran anknüpfen. Obwohl sich Freud selbst zwar als Aufklärer[222] nicht aber als Dialektiker bezeichnet hat, kann seine Forschung trotzdem als dialektisch bezeichnet werden. In seinen Schriften nahm er Erkenntnisse der *Dialektik der Aufklärung* vorweg. Während des ersten Weltkrieges verwies er darauf, dass dem Fortschritt der Aufklärung anscheinend eine selbstdestruktive Potenz immanent sei. Ihm schwebte dagegen die Utopie einer Diktatur der Vernunft vor.[223] Erich Fromm, der Freud und Marx explizit beide als Dialektiker verstand, hat die Parallelen in der Bedeutung von Marx' Kritik der politischen Ökonomie und Freuds Psychoanalyse folgendermaßen zusammengefasst:

> „Die beiden gemeinsamen grundlegenden Ideen lassen sich am besten in drei kurzen Sentenzen ausdrücken, von denen die beiden ersten römischen, die dritte christlichen Ursprungs ist: 1. 'De omnibus est dubitantum' ('man muß an allem Zweifeln'); 2. 'Humani nil a me alienum puto dum' ('Nichts menschliches ist mir fremd'); 3. 'Die Wahrheit wird euch frei machen' “[224]

Eine Kritik an Marx' materialistischer Dialektik findet sich in der Kritischen Theorie. Nachdem abzusehen war, dass die Gesellschaft des 20. Jahrhunderts sich nicht in eine emanzipatorische Richtung

---

[220] Stapelfeldt 2004, S. 348

[221] Habermas 1968a, S. 262. Vgl. auch Stapelfeldt 2004, S. 487

[222] Vgl. Freud in Stapelfeldt 2004, S. 329

[223] Vgl. Freud in Stapelfeldt 2004, S. 318

[224] Fromm 1981, S. 19ff.

bewegen würde, rechnet die Kritische Theorie mit den geschichtsteleologischen Annahmen von Marx ab. Hatte dieser noch Geschichte als Naturgesetzen gleich ablaufender Prozess angesehen, analysieren Horkheimer und Adorno in der *Dialektik der Aufklärung* den widersprüchlichen Verlauf der Aufklärung und damit der Geschichte. Sie richten den Aufklärungsprozess gegen sich selbst. Marcuses Version einer *Dialektik der Aufklärung* – *Triebstruktur und Gesellschaft* – fällt als „triebdynamische Fundierung der kritischen Theorie“[225] deutlich stärker psychoanalytisch aus. In der *Negativen Dialektik* richtet Adorno schließlich das Augenmerk auf den Widerspruch identifizierenden Denkens – als Voraussetzung von Herrschaft – selbst. Was heißt das nun aber für eine dialektische Forschungsmethode der Kritischen Theorie? Josef Derbolav nennt folgende Punkte, die eine kritische Sozialforschung aus der Dialektik zu ziehen habe:

> „Solche Argumente sind etwa, daß (1) im Erkenntnisprozeß alles Unmittelbare immer schon vermittelt ist (Ablehnung des ‚tabula rasa-Standpunkts‘), daß (2) die Methode nicht von der Sache trennbar ist und daß damit auch (3) die Kritik nicht bei der Methode haltmachen und den Gegenstand unangetastet lassen darf; daß (4) die Wahrheit nicht in der strengeren (subjektfreien) Objektivität gesucht werden kann und daher auch (5) die Trennung von wertendem und wertfreiem Bewußtsein bereits als Ausdruck jener ‚Verdinglichung‘ angesehen werden muß, deren Ursache in der widerspruchsvollen Totalität der Gesellschaft liegt“[226].

Inwieweit sich dieses Verständnis von Dialektik auf die empirische Sozialforschung der Kritischen Theorie ausgewirkt hat, soll im folgenden Kapitel ausgeführt werden.

---

[225] Vgl. Wiggershaus 1988. S. 556. *Triebstruktur und Gesellschaft* erschien zuvor als *Eros und Kultur* und ursprünglich auf englisch als *Eros and Civilization.*

[226] Derbolav 1979, S. 94

4.5 Empirische Forschungen der Kritischen Theorie

Auch das Institut für Sozialforschung hat empirische Forschung betrieben, bekannt geworden sind die *Studien über Autorität und Familie* und *The Authoritarian Personality.* Beide Studien verbinden zum einen den Fokus auf die Familie als zentrale Institution der Sozialisation, zum anderen das Fundament, dass Menschen nicht das sagen, was sie denken, beziehungsweise dass es Menschen nicht möglich ist, psychische Motive zu erkennen die im Unbewussten liegen. „Was die Menschen sagen und in etwa auch, was sie wirklich denken, hängt weitgehend vom geistigen Klima ab, in dem sie leben; ändert sich dieses Klima, paßt sich der eine schneller an als der andere."[227] Mit den *Studien über Autorität und Familie* untersuchten die Mitarbeiter des Instituts am Vorabend des sogenannten Dritten Reichs die politische Einstellung, auch um zu analysieren, wer sich einem autoritären Regime bereitwillig unterordnen würde, wer demokratisch sei beziehungsweise wer es werden könne. Besonders interessant ist dabei die Arbeiter- und Angestelltenerhebung. Horkheimer führt aus, dass sich die Studien explizit gegen den Positivismus von Comtes richten und entsprechend konzipiert waren.

> „Wenn der Physiker bei seinen Forschungen von der Erkenntnis, dass jede Theorie selbst in den historischen Prozess verflochten ist, mit Recht absehen darf, so erwarten wir doch, dass der Geschichtsphilosoph und Soziologe bis in die einzelnen Theorien und Begriffsbildungen hinein sichtbar zu machen versteht, wie diese selbst und überhaupt jeder seiner Schritte in der Problematik seiner eigenen Zeit verwurzelt sind."[228]

Horkheimer beschreibt, wie sich die Forschenden grundsätzlich an eine materialistische Dialektik halten würden, weil sie die Umformungen der menschlichen Natur aus der „Gestalt des materiellen Lebensprozesses der Gesellschaft"[229] heraus in ihrer Widersprüchlichkeit begreifen würden. „Wenn wir vorläufig als autoritär jene inneren und

[227] Adorno 1980, S. 5
[228] Horkheimer 1936, S. 5
[229] Horkheimer 1936, S. 6

äusseren Handlungsweisen ansehen, in denen sich die Menschen einer fremden Instanz unterwerfen, so springt sogleich der widerspruchsvolle Charakter dieser Kategorie in die Augen."[230] Denn jedes planvolle Agieren von Gruppen ist insofern autoritär, als dass es die Individuen drängt, nicht in jedem Augenblick dem spontanen eigenen Willen zu folgen. Autorität meint sklavische Ergebung wie auch bewusste Arbeitsdisziplin, verinnerlichte und äußere Herrschaft. „Das bürgerliche Denken beginnt als ein Kampf gegen die Autorität der Tradition und stellt ihr die Vernunft in jedem Individuum als legitime Quelle von Recht und Wahrheit entgegen."[231] Die Auswahl der Familie lag in ihrer Funktion begründet. Damals mehr als heute war Familie, nicht nur für die seelische Prägung der Individuen durch bewusste und unbewusste Mechanismen verantwortlich, sondern war die patriarchale Verkörperung der kleinsten Zelle der Gesellschaft.

> „Infolge der scheinbaren Natürlichkeit der väterlichen Macht, die aus der doppelten Wurzel seiner ökonomischen Position und seiner juristisch sekundierten physischen Stärke hervorgeht, bildet die Erziehung in der Klein-Familie eine ausgezeichnete Schule für das kennzeichnende Verhalten in dieser Gesellschaft."[232]

Der Ausgangspunkt der Untersuchung war ein psychoanalytischer: „Durch das Über-Ich wird die äussere Gewalt transformiert und zwar, indem sie aus einer äusseren in eine innere Gewalt verwandelt wird."[233] Die eigentliche Fragebogenmethode der Erhebung hingegen war nach heutigen Maßstäben zunächst recht konventionell. Rückblickend erklärten die Forschenden, dass es den Charakter eines Experiments gehabt hätte und man sich „erst die richtige Anwendung der Fragebogenmethode erarbeiten"[234] musste.

Es wurden 3000 Fragebögen verteilt, von denen 1150 ausgefüllt zurückkamen. Darin fanden sich 271 Fragen in 6 Blöcken.[235] Aufgrund der zugesicherten Anonymität und als Folge der Auswertung

[230] Horkheimer 1936, S. 25
[231] Horkheimer 1936, S. 26
[232] Horkheimer 1936, S. 57
[233] Fromm 1936, S. 84
[234] Fromm u.a. 1936, S. 231
[235] Vgl. Fromm u.a. 1936, S. 240ff. Hier findet sich die vollständige Auflistung der Fragen.

wurde die größte Zahl als wahrheitsgetreu angesehen. Es gab Jaund Nein-Fragen, aber auch offene Fragen, auf die einfache Antworten beziehungsweise einfache Daten angegeben werden konnten. Der Studienzweck wurde den Versuchspersonen nicht mitgeteilt und aufgrund der Verschiedenheit der Fragen war der Zusammenhang für die Befragten kaum ersichtlich. Es wurden Tatsachen- und Meinungsfragen gestellt, um weltanschauliche und psychologische Typen konstruieren zu können.

> „man wollte Angaben erhalten, die Schlüsse auf die Triebstruktur und ganz besonders auch auf deren unbewusste Anteile erlauben. Bei allen Verschiedenheiten in den Antworten konnten versuchsweise folgende für das Deutschland dieser Jahre kennzeichnende Haupttypen aufgestellt werden:
>
> 1. Autoritärer Charakter
> 2. Revolutionärer Charakter
> 3. ‚Ambivalenter Charakter'
>
> [...] Der ‚ambivalente Charakter ist dadurch gekennzeichnet, dass er seinem Bewusstsein nach bis zu einem gewissen Grade optimistisch und fortschrittlich eingestellt ist, während er in den tieferen Schichten seiner Triebstruktur den Zug des autoritären Charakters zur Unterordnung enthält, wenn auch in weniger extremer Form.' "[236]

Diese einfache schematische Einordnung und Gegenüberstellung von autoritären und revolutionären Charakteren wirkt zunächst noch wenig dialektisch. Das Interviewmaterial ist noch heute ein beeindruckendes Dokument seiner Zeit und des damaligen Denkens der Arbeiterklasse und der Angestellten. Doch schon damals hätten die Forschenden den Fokus darauf setzen müssen, wie sich beide bedingen können, auf das, was später in der Kritischen Theorie thematisiert wurde: den konformistischen Rebell. Allerdings wurde durchaus versucht, zu klären, welche psychologischen Mechanismen und welche Strukturen sich hinter den Charakteren verbergen. In der Auswertung blieb die Studie dabei eben gerade nicht stehen, also lediglich

[236]Fromm u.a. 1936, S. 249 Anhand dieser Typen konnten Einstellungen und Aussagen vorhergesagt werden: „Wer Bilder von politischen Führern aufhängte, die modernen Siedlungshäuser schön fand, den gesellschaftlichen Bedingungen und der Erziehung die Schuld am Schicksal gab, war auch zur sexuellen Aufklärung geneigt und ein Gegner der Prügelstrafe." Fromm u.a. 1936, S. 271

die Antworten der Fragen als statisches Material positivistisch zu sichten. Stattdessen wurden die einzelnen Antworten mit den anderen in einen Zusammenhang gesetzt, um durch die Gesamtstruktur des Befragten seine Antwort zu verstehen.

> „Wenn zum Beispiel auf eine Frage nach der Lebensmaxime angegeben wird, ‚man müsse die Dinge so nehmen, wie sie sind‘, so kann diese Antwort einen verschiedenen Sinn haben, je nachdem welcher Typ sie gibt. Im einen Fall kann damit gemeint sein, man solle sich den Tatsachen fügen und in diesem Sichunterordnen unter die Notwendigkeiten des Lebens seine Befriedigung finden. Dann bildet diese Antwort die Indikation des masochistischen Typus. Es könnte jedoch auch der Sinn dieser Antwort sein, man solle sich keinen Illusionen hingeben, sondern dem Schicksal ins Auge blicken, nicht um die Unterwerfung zu geniessen, sondern um die widrigen Verhältnisse zu ändern, soweit es überhaupt möglich ist."[237]

Als Ergebnis konnte nicht nur festgestellt werden, wie sich die verschiedenen Haupttypen verteilen, sondern es konnte auch eine Analyse der Genese des autoritären Charakters in der Familie vorgenommen werden.

> „Für die Herausbildung des autoritären Charakters ist besonders entscheidend, dass die Kinder unter dem Druck des Vaters lernen, jeden Misserfolg nicht bis zu seinen Gesellschaftlichen Ursachen zurückzuführen, sondern bei den individuellen stehen zu bleiben und diese entweder religiös als Schuld oder naturalistisch als mangelnde Begabung zu hypostasieren. [...] Das Ergebnis der väterlichen Erziehung sind Menschen, welche von vornherein den Fehler bei sich selbst suchen. [...] Die heute vorherrschenden Menschentypen sind nicht dazu erzogen, den Dingen auf den Grund zu gehen, und nehmen die Erscheinung für das Wesen."[238]

Die Aufgabe an eine antiautoritäre Intervention, wie auch eine antiautoritäre Pädagogik, besteht darin, diesen Prozess umzukehren.[239]

---

[237] Fromm u.a. 1936, S. 236

[238] Horkheimer 1936, S. 59

[239] Die Aktualität der *Studien über Autorität und Familie* wurde 1966 von Frank Böckelmann unter dem Titel *Die schlechte Aufhebung der autoritären Persönlichkeit* einer Revision unterzogen. Vgl. Böckelmann 1987

Deutlich stärker als bei den *Studien zu Autorität und Familie* findet sich der Ansatz der Kritischen Theorie in den Methoden der *Studies in Prejudice*, obwohl diese lediglich in Kooperation mit dem Institut für Sozialforschung entstanden. Sie wurden von Horkheimer und Samuel Flowerman herausgegeben und vom American Jewish Comittee finanziert. Besonders mit der Studie *The Authoritarian Personality* von Adorno, Else Frenkel-Brunswik, Daniel Levinson und Nevitt Sanford gelang „die Kombination von europäischen Ideen und US-amerikanischen Methoden."[240]

„Im Mittelpunkt des Interesses stand das potentiell faschistische Individuum, ein Individuum, dessen Struktur es besonders empfänglich für antidemokratische Propaganda macht."[241] Der Schwerpunkt lag dabei in der Untersuchung des Antisemitismus. Durch die Studie sollte nicht nur eine dem Antisemitismus anfällige Charakterstruktur offengelegt werden, sondern auch ein Instrument entwickelt werden, um diese festzustellen und zu untersuchen. Eine Besonderheit lag in der Unterscheidung zwischen Einstellung, beziehungsweise Denkmuster, auf der einen Seite und der sie bedingenden zugrundeliegenden Charakterstruktur.

Die Forschenden gingen davon aus, dass bestimmte Dispositionen wie beispielsweise Stereotypie und Konventionalismus „häufig verborgenen Bedürfnissen der Charakterstruktur zuzuschreiben waren."[242] Mit welchen Techniken aber lassen sich entsprechende Oberflächenmeinungen und ideologische Trends bloßlegen, die nur in indirekten Manifestationen an die Oberfläche gelangen, und wie lassen sich die im Unbewussten wirkenden Charakterkräfte ans Licht bringen?[243] „Der Forscher muß sich auf das Wesentliche beschränken, und was wesentlich ist, kann nur von der Theorie her beurteilt werden."[244] „Bereits bestehende Erkenntnisse und Hypothesen zum antidemokratischen Individuum müssen durch umfangreiche und gewissenhafte Beobachtungen, in vielen Fällen auch durch Quantifizierung, erhär-

---

[240] Wiggershaus 1988, S. 456
[241] Adorno 1980, S. 1
[242] Adorno 1980, S. 38
[243] Vgl. Adorno 1980, 15f.
[244] Adorno 1980, S. 4

tet werden, bevor sie als endgültig zu betrachten sind."[245] Dazu gab es Gruppen- und Einzelstudien, beziehungsweise Fragebogen und klinische Studien. Anhand der Gruppenuntersuchungen per Fragebogen wurden bestimmte Einzelpersonen, die antidemokratische Aussagen stark ablehnten oder ihnen stark zustimmten, sowie einige neutrale Personen zum Vergleich identifiziert. Sie wurden durch Intensivstudien genauer erforscht. Die Ergebnisse dieser Intensivstudien dienten zur Kontrolle der Gültigkeit des Fragebogens und ermöglichten wiederum dessen Weiterentwicklung. Befragt wurden mehr als 2000 nicht repräsentative Personen, davon 1518 mit den Skalen in der endgültigen Fassung. Ihre Ergebnisse können nur „für Nichtjuden, Weiße, im Lande geborene, und für den amerikanischen Mittelstand"[246] als gültig gelten. Der erste Teil des Fragebogens betraf Fragen zur Person, beispielsweise Beruf, Parteipräferenz und Einkommen. Der zweite Teil enthielt antidemokratische Aussagen, die durch Angabe des Zustimmungs- oder Ablehnungsgrad beantwortetet werden sollten. Als Gegensatz zu sonstigen Meinungserhebungen waren die Forschenden dabei nicht an der „Verteilung einer Meinung zu einem speziellen Problem interessiert,"[247] sondern wollten „eine bestimmte Meinung auf ihre Relationen zu anderen Meinungen und Attitüden untersuchen."[248] Deswegen sollte jede Aussage mehrere Einzelmerkmale des autoritären Denkens betreffen.

Die Problematik bestand darin, dass zum einen den Menschen ihr eigenes Denken teils unbewusst ist, zum anderen zu den untersuchten Themen wie zum Beispiel Antisemitismus, Ethnozentrismus und politisch-wirtschaftlicher Konservativismus Menschen nicht offen ihre Meinung sagen wollten. Zum einen wurde deswegen versucht, die Menschen über den Zweck der Untersuchung im unklaren zu lassen, in dem die Aussagen verschiedener Skalen vermischt wurden. Zum

[245] Adorno 1980, S. 4

[246] Befragt wurden überdurchschnittlich viele College-Studenten, Menschen aus der Mittelschicht und aus Kalifornien. Damit nicht nur von sich aus motivierte Menschen an der Studie teilnahmen, wurden sie bezahlt. Minderheitenangehörige wurden von der Studie ausgeschlossen. „Keineswegs betrachteten wir etwa die ideologischen Trends in den Minderheitengruppen als unwichtig, ihre Erforschung implizierte jedoch spezielle Probleme, die nicht im Rahmen unserer Untersuchung lagen." Adorno 1980, S. 31

[247] Adorno 1980, S. 18

[248] Adorno 1980, S. 18f.

anderen wurde in der Formulierung darauf geachtet, dass es möglich ist, „solchen Aussagen zuzustimmen und doch die Überzeugung aufrechtzuerhalten, nicht ‚voreingenommen' oder ‚undemokratisch' zu sein."[249]

Einige beispielhafte Sätze lauteten:

> „Mögen auch viele Leute spotten, es kann sich immer noch zeigen, daß die Astrologie vieles zu erklären vermag. [...] Es sind so krass unamerikanische Dinge im Gange, daß, falls die verantwortlichen Stellen nichts unternehmen, der wachsame Bürger das Gesetz in die eigene Hand nehmen muß. [...] Ganz gleich, wie sie nach außen hin handeln, die Männer sind an den Frauen nur aus einem Grund interessiert. [...] Es wird immer Kriege und Konflikte geben, die Menschen sind nun einmal so. [...] Viel stärker als die meisten Menschen erkennen, wird unser Leben durch Verschwörungen bestimmt, welche die Politiker insgeheim aushecken. Heutzutage, wo so viele verschiedene Menschen ständig unterwegs sind und sich untereinander so frei bewegen, muß man sich besonders sorgfältig vor Krankheiten schützen. Was dieses Land braucht, sind weniger Gesetze und Ämter, als mehr mutige, unermüdliche, selbstlose Führer, denen das Volk vertrauen kann."[250]

Untersucht werden sollte, ob es einen Zusammenhang zwischen solchen Fragen gibt und worin dieser besteht. „Die Skala wurde in zwei Phasen erarbeitet: in der ersten wurden Sätze gesucht und formuliert, [...] in der zweiten folgte [über klinische Intensivstudien] die Beweisführung, daß diese [...] tatsächlich der Ausdruck eines antidemokratischen Potentials"[251] waren. Die statistisch erfolgreichsten Sätze galten damit auch als theoretisch fundiert.

In einem dritten Teil des Fragebogens waren „projektive" Fragen versammelt, auf die offen geantwortet werden konnte. Die Antworten sollten „als Ausdruck von Wertvorstellungen, Konflikten und dergleichen verstanden"[252] werden und konnten durch eine interpretierende

[249] Adorno 1980, S. 20

[250] Adorno 1980, S. 41 – 43. Dort und auf den folgenden Seiten findet sich auch eine vollständige Auflistung. Die Sätze orientierten sich an Aussagen aus Tageszeitungen oder an denen von Versuchspersonen in den Interviews.

[251] Adorno 1980, S. 21

[252] Adorno 1980, S. 22

Auswertung neue Erkenntnisse liefern oder diese abrunden. Nachdem verschiedene Fragen erprobt wurden, einigte man sich schließlich auf acht Fragen. Darunter beispielsweise: „Was würden Sie unternehmen, wenn sie nur noch sechs Monate zu leben hätten und alles tun dürften, was sie möchten?“[253]

Als klinische Techniken, womit eigentlich qualitative beziehungsweise psychoanalytische Methoden gemeint sind, gab es Interviews und den Thematic Apperception Test. Die Interviews umfassten wiederum zwei Teile. In einem freien Gespräch über „ideologische Themen wie Politik, Religion, Minderheiten, Einkommen und Beruf“[254] sollten die Gedanken und Themen untersucht werden, die die Befragten von sich aus spontan hervorbrachten. Im zweiten, genetischen Teil des Interviews – für den ein Interviewleitfaden[255] genutzt werden konnte – sollten die Befragten Angaben zu ihrer vergangen und gegenwärtigen Situation machen und dabei eine „möglichst freie Darstellung von Gefühlen, Überzeugungen, Wünschen und Ängsten [...] auf Themen wie Eltern, Geschwister, Freunde und sexuelle Beziehungen erzielen“[256]. Schließlich sollten die Befragten über deren Genese in Kindheit und Jugendzeit aufklären. Nach dem Interview folgte der – dazu leicht abgewandelte – projektive Thematic Apperception Test. Die Versuchsperson soll anhand einzelner Bilder möglichst dramatisch die Handlung mit Vor- und nach Nachgeschichte erzählen und über Gefühle und Denken der beteiligten Personen sprechen. Daraus sollen sich durch Interpretation verborgene Wünsche, Konflikte und Verteidigungsmechanismen der erzählenden Person aufdecken lassen.[257]

Als Ergebnis bildete sich zunächst eine Antisemitismus- und eine Ethnozentrismus- Skala, später eine Faschismus-Skala. In ihr finden sich folgende Kategorien:

> „a) Konventionalismus. Starre Bindung an die konventionellen Werte des Mittelstandes.

---

[253] Adorno 1980, S. 22

[254] Adorno 1980, S. 22

[255] Diese Interviews waren sehr verschieden. Teilweise sollten auch eher das Auftreten einzelner Vorurteile genauer untersucht werden, beziehungsweise damit die Aussagen aus dem Fragebogen bestätigt werden. Eine Liste der Fragen bezüglich des Antisemitismus findet sich unter Adorno 1980, S. 105

[256] Adorno 1980, S. 23

[257] Der Thematic Apperception Test wurde in den 1930ern von Henry Murray und Christiana Morgan entwickelt.

b) Autoritäre Unterwürfigkeit. Unkritische Unterwerfung unter idealisierte Autoritäten der Eigengruppe.

c) Autoritäre Aggression. Tendenz, nach Menschen Ausschau zu halten, die konventionelle Werte mißachten, um sie verurteilen, ablehnen und bestrafen zu können.

d) Anti-Intrazeption. Abwehr des Subjektiven, des Phantasievollen, Sensiblen.

e) Aberglaube und Stereotypie. Glaube an die mystische Bestimmung des eigenen Schicksals; die Disposition, in rigiden Kategorien zu denken.

f) Machtdenken und ‚Kraftmeierei'. Denken in Dimensionen wie Herrschaft – Unterwerfung, stark – schwach, Führer – Gefolgschaft; Identifizierung mit Machtgestalten; Überbetonung der konventionalisierten Attribute des Ich; übertriebene Zurschaustellung von Stärke und Robustheit.

g) Destruktivität und Zynismus. Allgemeine Feindseligkeit, Diffamierung des Menschlichen.

h) Projektivität. Disposition, an wüste und gefährliche Vorgänge in der Welt zu glauben; die Projektion unbewußter Triebimpulse auf die Außenwelt.

i) Sexualität. Übertriebene Beschäftigung mit sexuellen ‚Vorgängen'."[258]

Obwohl die Studie *The Authoritarian Personality* als besonders gelungene empirische Sozialforschung der Kritischen Theorie gelten darf und in mehreren Bereichen neue Standards setzte, fällt sie doch hinter die hohen Anforderungen dialektischer Sozialforschung zurück. Eine Reflexion der Subjekt-Objekt-Trennung fand nicht statt und auf die Psychoanalyse wurde ausschließlich inhaltlich und nicht methodisch zurückgegriffen.[259]

Dies geschah auch nicht bei späteren Untersuchungen zum gleichen Thema in Deutschland. Von besonderem Interesse sind dabei

[258] Adorno 1980, S. 45. Zitat im Original teilweise kursiv. Eine Nennung der Ergebnisse erfolgt hier auch, da Adorno mehrfach darauf verwiesen hat, dass die Forderung an die pädagogische Intervention sich hieran zu richten hat. Zum Themenkomplex Konventionalismus und autoritäre Aggression schreibt Schwandt: „Die äußerlich am besten an diese Normen Angepassten hegen aufgrund der dazu notwendigen Triebunterdrückung oft innerlich die stärksten Aggressionen gegen Unangepasste und Normverletzer." Vgl. Schwandt 2009, S. 77

[259] Stapelfeldt 2004, S. 225

Gruppenexperimente, die vom Institut für Sozialforschung ab 1950 angewandt wurden. Pollock und Adorno gingen davon aus, das Individuen nicht über statische Standpunkte verfügten, sondern über ein diffuses Potenzial an Einstellungen, die in einem dynamischen gesellschaftlichen Prozess sich befanden. Über teilweise standardisierte Gruppendiskussionsverfahren sollte diese Dynamik untersucht werden, die durch Auslösung eines Reizes, etwa durch das Vorspielen eines auf Tonband aufgenommenen Briefes aufkam.[260] Die Gruppendiskussionsmethode wurde anschließend für andere Studien genutzt.

In der Analyse der empirischen Forschungsprojekte der Kritischen Theorie fällt auf, dass die Gräben zwischen traditioneller und kritischer Sozialforschung nicht unüberbrückbar wirken. Die Forschungen der Kritischen Theorie wirken gegenüber traditioneller Forschung nicht wie der große Widerspruch der ins Gegenteil verkehrten Forschung. Dialektische Sozialforschung ist aber eben nicht die von außen herangebrachte Antithese, sondern das konsequente Weiterdenken der ursprünglichen These. Entsprechend betont auch Adorno:

> „Die positivistischen Sozialwissenschaftler [...] werden [...] den Einwand erheben, [...] [diese Formen der dialektischen Sozialforschung] seien ja ihrerseits durchaus mit dem Positivismus vereinbar, und schließlich hätte ich diese Gedanken selber in Untersuchungen hineingetragen, die mehr oder minder, um überhaupt durchführbar zu sein, nach positivistischen Spielregeln abgelaufen sind. Ich werde das gar nicht verleugnen und möchte dabei wiederholen, daß das dialektische Denken ja eben nicht Intuitionismus ist, nicht also eine Art des Denkens vollkommen anderer Gattung, anderer Bestimmtheit als das Denken, das innerhalb der wissenschaftlichen Logik gängig ist, sondern daß es eben nur diesen Denken gegenüber ein in sich selbst reflektiertes ist [...]. Ich glaube schon, daß in jeder wirklich ihrer selbst bewußten und in sich selbst konsequenten sogenannten positivistischen Untersuchung der Übergang zum dialektischen Denken zwangsläufig angelegt ist."[261]

Das heißt aber nicht, dass es keine scharfe Trennlinie zwischen traditioneller und dialektischer Sozialforschung gäbe. Sie bildet sich aus

---

[260] Vgl. Pollock 1955, S. 35ff.

[261] Adorno 2015, S. 179

der Differenz von traditioneller und kritischer Theorie im Wissenschaftsverständnis: Zur dialektischen Sozialforschung bedarf es nicht nur eines „Rekurses auf Gesellschaftsstrukturen oder auf gesamtgesellschaftliche Ideologien“[262], sondern es geht auch darum „diese Fakten selbst in ihrer Bewegung zu ergreifen, [und] das würde eben doch dem positivistischen Begriff der Hypothesenbildung durchaus widerstreiten.“[263] In seiner Vorlesung zur Einführung in die Dialektik vom 03.07.1958 erklärte Adorno den Unterschied zwischen traditionellen und kritischen beziehungsweise dialektischen Sozialforschungen anhand mehrerer Beispiele, darunter die Darmstädter Gemeindestudie und eine industriesoziologische Studie zum Betriebsklima im Ruhrgebiet. Bei der Darmstädter Gemeindestudie zeigte sich, dass erhebliche Teile der Bevölkerung „außerordentlich negative Urteile über die Beamten“[264] fällen. In einer traditionellen Untersuchung würde man davon ausgehen, dass die Menschen schlechte Erfahrungen mit den Beamten gemacht haben. Der Dialektiker hingegen wird die Frage aufwerfen, ob „die Menschen von außen her schon eine solche negative Einstellung an die Beamtenschaft heranbringen“[265]. Denn den Selbstständigen ohne Sicherheiten, erscheint das Bild der Beamten mit festem Gehalt und Pension als faul und sorglos, damit aber nicht einfach erstrebenswert, sondern als unberechtigt beziehungsweise parasitär. Umgekehrt erscheint den Beamten das Bild der Selbstständigen als beneidenswert, denn sie sind frei, selbstbestimmt und haben die größeren Verdienstmöglichkeiten. Adorno wollte also untersuchen, ob die Befragten

> „tatsächlich mit den Beamten überhaupt in Berührung gekommen sind, und zweitens, ob sie negative Erfahrungen gemacht haben. Da fragt man nun in der Technik der empirischen Sozialforschung wiederum nicht abstrakt: ‚Haben Sie negative Erfahrungen gemacht?‘, sondern man fragt nach bestimmten negativen Erfahrungen, weil man nur wenn solche angegeben werden können, überhaupt kontrollieren kann, ob irgend etwas zugrunde liegt.“[266]

[262] Adorno 2015, S. 180f.
[263] Adorno 2015, S. 181
[264] Adorno 2015, S. 174
[265] Adorno 2015, S. 174
[266] Adorno 2015, S. 175f.

Es zeigte sich „eine vollständige Diskrepanz zwischen den negativen Urteilen über die Beamten und den Erfahrungen mit den Beamten“[267]. Die Beamten wurden als nicht hilfsbereit wahrgenommen, ohne dass diese Beobachtungen auf tatsächliche Erfahrungen zurückzuführen waren. „Dieser Widerspruch also, [...] nötigt mich dazu, über die Gegebenheit hinauszugehen und an die Stelle dieser Gegebenheit ein Übergreifenderes und Allgemeineres anzusetzen.“[268] Anhand dieser Widersprüche lässt sich eine „Einsicht in die tatsächliche Beschaffenheit dieser Menschen“[269] gewinnen.

Bei der Untersuchung zum Betriebsklima stießen die Forschenden auf eine gewisse Feindseligkeit von Arbeitern gegenüber ihren Vorgesetzten. Die Forschenden verblieben aber nicht bei der bloß subjektiven Meinungsforschung, sondern untersuchten die dortigen objektiven Gegebenheiten. Dabei stellte sich heraus, dass die Vorgesetzten sich durchaus vernünftig und menschenfreundlich verhielten. Es stellte sich heraus,

> „daß die Menschen, gegen die die betreffenden Arbeiter feindselig reagiert haben, daß es gewissermaßen [...] bloße ‚Charaktermasken‘ waren, daß es gar nicht an diesen Leuten selbst eigentlich gelegen hat, sondern daß wenn die Arbeiter eine Art von Feindseligkeit gegen diese Menschen entwickelt haben, sie dabei nur ein objektives Verhältnis, nämlich das strukturelle Vorgesetztenverhältnis und gleichzeitig die spezifischen Produktionsverhältnisse [...] auf die Menschen übertragen haben, während in Wirklichkeit diese Menschen selber nur die Masken eben der Funktionen waren, die sie ausgeübt haben.“[270]

Eine Erkenntnis, die bei bloßer Sichtung der positiven Ergebnisse von Fragebögen zur Meinungsforschung nicht zu gewinnen wäre. „Wenn man aber naiv nun etwa stehenbleibt bei dem, was die Menschen im allgemeinen so denken, dann wird man selbst ein Opfer eben jenes Verblendungsmechanismus der Personalisierung“[271]. Dies stellt ein Problem des Positivismus dar, dem sich die dialektische Sozialforschung annehmen muss.

---

[267] Adorno 2015, S. 176
[268] Adorno 2015, S. 181
[269] Adorno 2015, S. 183
[270] Adorno 2015, S. 176f.
[271] Adorno 2015, S. 178

„Erstens muß ich von außen her gewissermaßen schon irgendetwas heranbringen. Ich glaube, das ist überhaupt ein wesentlicher Bestandteil dialektischen Denkens, daß es ein Denken ist, das immer sowohl in seinem Gegenstand ist wie auch außerhalb seines Gegenstands, denn die Bewegung, die wir in dem Gegenstand wahrnehmen, setzt immer schon ein Wissen von dem voraus, was außerhalb des Gegenstands sich zuträgt, also von dem Zusammenhang, in dem der Gegenstand selbst steht. Wenn ich also nicht eine Vorstellung davon habe, daß wir in einer Gesellschaft leben, in der etwa das Vorgesetztenverhältnis eine bestimmte objektive Struktur hat [...], dann kann ich auf einen solchen Gedanken wie den, daß der Vorgesetzte gewissermaßen die Charaktermaske seiner Funktion ist, natürlich überhaupt gar nicht verfallen."[272]

Etwas ausführlicher fasst Adorno die Mindestanforderungen an eine dialektische Forschungsmethode an einer anderen Stelle zusammen, als den Versuch,

„das Einzelphänomen so zu durchleuchten, bei dem Einzelphänomen so zu verweilen, das Einzelphänomen so zu bestimmen, bis es eben durch diese Bestimmung in sich über sich hinausgeht und dadurch transparent wird auf eben jenes Ganze, auf eben jenes System, innerhalb dessen allein es überhaupt seinen Stellenwert erst findet. Das also heißt einmal zunächst konkret gesprochen, die Forderung, die ein dialektisches Denken an uns zunächst wirklich als [...] Wissenschaftler richtet: auf der einen Seite, daß wir nicht als sture Fachleute bei den uns gegebenen Einzelphänomenen stehenbleiben, sondern sie innerhalb der Totalität erkennen, innerhalb deren sie überhaupt erst fungieren und ihren Sinn empfangen; daß wir aber auf der anderen Seite nun auch nicht diese Totalität, dieses Ganze, in dem wir stehen, hypostasieren, (es) nicht dogmatisch von außen heranbringen, sondern daß wir versuchen diesen Übergang immer aus der Sache zu vollziehen."[273]

Von dieser Position Adornos ist Bernhard Claußen etwas weiter entfernt. Für eine kritische Pädagogik – bezugnehmend auf die Position

[272] Adorno 2015, S. 181f.
[273] Adorno 2015, S. 41

der Kritischen Theorie im Positivismusstreit, sieht er es als notwendig an, dass Folgendes zur Methode der kritischer Forschung gehört:

> „Anwendung dialektischer Kategorien nach dem Dreischritt These - Antithese - Synthese; permanente Ideologiekritik; Ausrichtung der Mittel nach den Zielen; diskursive Verständigung; Insistieren auf dem Notwendigen; Einbeziehung betroffener Subjekte in die Interpretation gewonnener Daten"[274].

Damit geht Claußen aber über die Kritische Theorie hinaus. Die diskursive Verständigung und die Einbeziehung betroffener Subjekte findet sich entweder nur ansatzweise oder gar nicht in der tatsächlichen empirischen Sozialforschung der Kritischen Theorie. Sie kann daher auch in diesem Punkt als unzureichend bezeichnet werden. Vielleicht liegt darin ein Grund, dass Adorno 1957 die Methode von gesellschaftstheoretisch reflektierter Empirie zwar bereits explizit als dialektische Sozialforschung bezeichnet, gleichwohl aber feststellen muss, „daß das, worauf es eigentlich ankäme, die Verbindung empirischer Erhebungen mit theoretisch zentralen Fragestellungen, trotz vereinzelter Ansätze bis heute nicht gelungen ist."[275]

4.6 Ethnografische Forschung

Freire ist in seinen Forschungen geprägt von der ethnografischen Forschung Claude Lévi-Strauss' und Gilberto Freyres.[276] In ihrem Zentrum steht die teilnehmende Beobachtung, die als Spezifikum ethnografischer Forschung gelten darf.[277] Die teilnehmende Beobachtung als Standard der ethnografischen Forschung geht auf Bronislaw Malinowski und seinen Aufenthalt auf den Trobriand-Inseln von 1915 bis 1918 zurück. Er hat die teilnehmende Beobachtung zwar nicht als erstes angewandt, aber als erstes methodisch analysiert, begründet und reflektiert. Zuvor war es für Ethnologen üblich als Datenmaterial auf Reise- und Missionarsberichte zurückzugreifen oder Reisenden und Missionaren Fragebögen zu schicken. Forschungsmaterial

---

274 Claußen 1979, S. 77

275 Adorno in Stapelfeldt 2004, S. 74

276 Vgl. beispielsweise Figueroa 1989, S. 14f.

277 Vgl. beispielsweise Breidenstein u. a. 2013, S. 7f und Illius 2003, S. 74

waren damit Beobachtungen aus zweiter Hand oder von dem beliebten bildhaften Liegestuhl auf der Veranda des Missionsgeländes oder des Farmhauses. Malinowski forderte von den Forschenden die lokale Sprache zu beherrschen, mindestens ein Jahr den Kontakt zur eigenen Kultur weit möglichst abzubrechen und stattdessen als Teil der fremden Kultur zu leben. Die hier gewonnenen Beobachtungen, die in der Auseinandersetzung mit der Kultur gewonnen würden, wären wesentlich wertvoller, als die bloße Befragung von außen, da die Forschenden so selbst die Binnenperspektive gewinnen könnten. Erst durch dieses subjektive Eintauchen in das Forschungsobjekt wäre es überhaupt möglich, ein tatsächliches Verständnis des Forschungsobjekts zu gewinnen, da sonst nur Erkenntnisse des Forschungssubjekts über das Forschungsobjekt gestülpt werden. Die teilnehmende Beobachtung kann also als Ergebnis einer Reflexion des Subjekt-Objekt-Verhältnisses gesehen werden. Malinowskis Forderungen werden in der Regel als ein Paradigmenwechsel in der ethnografischen Forschung gesehen.[278]

Der grundlegende Ansatz der teilnehmenden Beobachtung ist bis heute in der Ethnografie aufzufinden. Er umfasst zum Einen Beobachten aus der Nähe: Nicht nur Rückblick per Fragebogen, sondern aktuelle und intensive Rohdaten, die die Versuchspersonen noch gar nicht selbst verarbeitet haben, um bei der Reflexion dabei zu sein. Zum anderen: Durch die Teilnahme wird einen Binnenperspektive gewonnen, anstatt äußerliches Beobachten ohne Verstehen.[279] Die ethnografische Forschung „kombinierte den geistes- mit dem naturwissenschaftlichen Ansatz: das Verstehen des Fremden aus dessen eigenen Voraussetzungen heraus und dessen Erklären als gesetzmäßigen Funktionszusammenhang."[280]

Die Feldforschung ermöglicht eine direkte Datengewinnung, bei der Interview und teilnehmende Beobachtung einander bedingen.[281] „Auf der Basis einer Begleitung von Praktiken an einem Ort über längere Zeit werden Vertrauensbeziehungen aufgebaut, informelle Gespräche geführt, Dokumente aller Art erhoben, Fotos geschossen, Gespräche

---

[278]Vgl. Breidenstein u. a. 2013, S. 16–18
[279]Vgl. Breidenstein u.a.. 2013, S. 7f.
[280]Stagl 2003, S. 49
[281]Vgl. Illius 2003, S. 74 und 88

der Teilnehmer aufgezeichnet."[282] Die Offenheit des Forschungsprozesses, die bei qualitativer Sozialforschung generell schon eine große Rolle spielt, wird in der Ethnografie nochmal besonders gestärkt.[283] „Feldforschung und Interpretation sind nicht voneinander trennbar und im Grunde nicht arbeitsteilig. Der Ethnologe schafft seine Quellen, die er selbst deutet."[284]

Dadurch ist die teilnehmende Beobachtung als Forschungsmethode verschiedener Kritik ausgesetzt: mangelnde Messbarkeit und Vergleichbarkeit der Daten, Veränderung des Untersuchungsobjekts durch die Forscherin und Fehlinterpretation durch mangelnde Reflexion der Forscherin. Es droht die Gefahr, dass die Forschenden durch ihre eigenen subjektiven Erfahrungen die Forschungsergebnisse beeinflussen und sich diese damit ebenfalls nach dem Forschungssubjekt richten. Als Antwort auf die zutiefst subjektiven Forschungsergebnisse versucht die Ethnografie diese Nicht-Objektivität beziehungsweise Subjektivität transparent vorzustellen und mitzudenken. Die teilnehmende Beobachtung befindet sich dabei in einem Spannungsverhältnis: Auf der einen Seite steht die starke Teilnahme, die zwar einen größeren Einblick in die Teilnehmerperspektive bietet, bei der aber die Ethnografin einer größeren Vereinnahmungsdynamik durch das Forschungsfeld ausgesetzt ist. Auf der anderen Seite steht eine schwache Teilnahme, die eine größere analytische Distanz bietet.[285]

Wie bei anderen soziologischen Beobachtungen stellt sich zudem die Frage, ob es sich um eine verdeckte oder offene Beobachtung handelt, also ob den erforschten Personen bewusst ist, dass sie das Forschungsobjekt sind. Während die Forschungsethik dazu drängt, das Forschungsobjekt in das Forschungsprojekt einzuweihen, hat sich auf der anderen Seite herausgestellt, dass Versuchspersonen anders reagieren, wenn sie wissen, dass sie beobachtet werden.

Die teilnehmende Beobachtung bei Freire findet grundsätzlich offen statt. Bevor das Forschungsprojekt beginnen kann, werden die Teilnehmenden um ihre grundsätzliche Erlaubnis gebeten. Anschließend werden sie umfassend über das Forschungsanliegen informiert.

---

[282] Breidenstein u. a. 2013, S. 34
[283] Vgl. Breidenstein u.a. 2013, S. 37
[284] Heidemann 2011, S. 36
[285] Breidenstein u.a. 2013, S. 67 und 69

Die ethnografische Vorgehensweise ist keine Methode im Sinne einer immer gleich anzuwendenden Verfahrensweise. „Stattdessen geht es um einen kaum zu stillenden Erfindungsbedarf für das empirische Vorgehen, einen Erfindungsbedarf, der vom klassischen Methodenbegriff geleugnet wird.“[286] Entsprechend ist es für Freire wichtig, dass die Methodik sich nach dem Objekt und nicht das Objekt nach der Methode richten sollte.

Ana Maria Araujo Freire beschreibt Paulo Freires Forschungsinteresse und die Rolle der teilnehmenden Beobachtung dabei folgendermaßen:

> „Die Schmerzen, die Ängste, die Bedürfnisse des brasilianischen Volkes zu spüren, seine Art und Weise zu denken und die Wirklichkeit zu interpretieren, seinem Aberglauben und seinen Mythen sowie den vielfältigen kulturellen Ausdrücken zuzuhören - all das hat Paulo nie davon abgehalten, seine Erkenntnisse wissenschaftlich und philosophisch zu begründen. Paulo – und das sei ausdrücklich betont – hat diese Wissensformen nie antagonistisch gegenübergestellt, bei der die eine als akademisch systematisch ausgearbeitet, die andere als aus dem Gemeinsinn entstammend, unorganisiert und naiv gilt.“[287]

Dabei stellte Freire die teilnehmende Beobachtung durchaus anderen Formen der empirischen Sozialforschung antagonistisch gegenüber. Allerdings entdeckte er gerade in der teilnehmenden Beobachtung eine für ihn nicht naive Form der Forschung.

> „Im dritten Kapitel von ‚Pädagogik der Unterdrückten‘ wurde als Hypothese eine Methodologie der begleitenden Untersuchung vorgeschlagen. Damit wollte ich die ‚Nichtbegleitenden Untersuchungsmethoden‘ anklagen. Wenn ich die Realität der Campesinos kennenlernen möchte, dann muß ich das doch mit ihnen, nicht über sie und nicht gegen sie, machen.“[288]

In seiner Darstellung einer Methodik zum Ablauf der teilnehmenden Beobachtung finden sich bei Freire in weiten Teilen ansonsten keine weiteren Besonderheiten. Dies mag auch daran liegen, dass sich

---

[286]Breidenstein u. a. 2013, S. 8

[287]Freire, Ana Maria Araujo: Zum Geleit in Freire, Paulo 2013, S. 13-17 hier S. 13

[288]Freire 1981, S. 71

Freire hier an den Forschungen von Levi-Strauss orientiert. Freire übernimmt dabei auch strukturalistische Aspekte. Der Begriff des Strukturalismus wird seit den 1950er Jahren gebraucht und entstammt ethnologischen und linguistischen Diskussionen. Ursprünge finden sich bereits bei Emile Durkheim. Lévi-Strauss prägte den Strukturalismus in der Ethnologie, während Ferdinand de Saussure als Begründer des linguistischen Strukturalismus gelten darf.[289]

> „Die strukturale Theorie geht davon aus, dass die Kategorien, in denen wir denken, (1) nicht aus bezeichneten Dingen direkt abzuleiten sind, (2) in logischen Beziehungen zueinander stehen, (3) von den Mitgliedern einer Gesellschaft geteilt werden, (4) direkt unser Denken und somit indirekt auch unser Handeln bestimmen, obwohl sie (5) uns nicht notwendigerweise bewusst sind und (6) letztlich als Produkte des menschlichen Geistes (7) einer universalen Logik unterliegen."[290]

Deutlich wird dies in Freires thematischer Forschung. Er sucht nach generativen Wörtern beziehungsweise Themen der Zielgruppe. Dazu werden die Lebenswelt, das Arbeitsverhältnis, die Sozialstruktur, das Denken und die Sprache untersucht.[291]

> „Was Freire mit ‚thematischem Universum' benennt, entspricht einer Strukturierung eben dieser ideologischen Vorstellungen, an denen er seine Untersuchung ansetzt: den Denk- und Sprachsystemen, durch die die Menschen in Beziehung miteinander und zur umgebenden Realität treten."[292]

Da Freires Forschungen Teil seines pädagogischen Programms sind und von diesem nicht getrennt werden können, finden sich in der Darstellung seiner Pädagogik im späteren Verlauf der vorliegenden Arbeit auch weitere konkrete Angaben zu seiner teilnehmenden Beobachtung und zu seinen Vorstellungen der generativen Themen. Freire folgt bei seinen Überlegungen zur empirischen Sozialforschung in den bisher genannten Punkten offensichtlich weitgehend der ethnografischen Forschung. Es gibt allerdings auch einen wesentlichen Punkt,

---

[289] Vgl. Platenkamp 2003, S. 295

[290] Heidemann 2011, S. 102

[291] Vgl. Valdivia Zárate 2011, S. 42–45

[292] Bendit und Heimbucher 1985, S. 49 Zumhof sieht hier vor allem eine Nähe zu Lévi-Strauss' erfolgreichstem literarischen Werk *Traurige Tropen*. Vgl. Zumhof 2012, S. 41

in dem Freires Forschung sich von der ethnografischen Forschung unterscheidet. Ethnografische Forschung beschreibt die Entdeckung und Erforschung des Unbekannten, Fremden.[293] Die Forscherin wird Teil des Fremden, um es zu erforschen. Zwar wird häufig in der Ethnologie berichtet , dass das Fremde damit auch Teil der Forscherin wird, die sich nach ihren Forschungen in ihrer früheren Welt mit ihren neuen Erfahrungen und Ansichten nun von der alten Welt entfremdet hat, tatsächlich aber bleibt das Fremde allein das Untersuchungsobjekt. Die Ethnografin erforscht das Untersuchungsobjekt und spricht von und damit auch für es.

Als Ergebnis ethnografischer Wissenschaft erfährt man mehr über die Forscherin, als über die Erforschten. „Eine Stimme, der autoritative Monolog des Ethnografen, ersetzt das Stimmengewirr eines kulturellen Zusammenhangs und jene Dialoge (etwa Interviews), in denen die Ethnografie erst entstand."[294] Freire möchte nun zum einen dafür sorgen, dass nicht das Fremde, sondern auch das scheinbar selbstverständlich Eigene erforscht wird, zum anderen möchte er, dass das Untersuchungsobjekt selbst zum Forschungssubjekt wird. Statt teilnehmende Beobachter fordert er dialogische Teilnehmer.[295] Er bleibt deswegen bei der ethnografischen Forschung nicht stehen, sondern entwickelt auf den genannten Grundlagen eine Aktionsforschung, die genau dies leisten soll.

4.7 Freires Aktionsforschung

Der Begriff action research stammt wahrscheinlich von John Collier und dessen Interaktion mit verschiedenen Native Americans 1933 bis 1945.[296] Theoretisch fundiert und ausgeführt wurde der Ansatz von Kurt Lewin das erste Mal 1946 in seinem Aufsatz *Action Research and Minority Problems.* Lewin wollte keinesfalls eine weniger wissenschaftliche methodische Variante empirischer Sozialforschung entwickeln, stattdessen vermutete er, dass die Sozialforschung eben gerade dann wissenschaftliche Erkenntnis erweitern würde, wenn sie nicht

[293] Vgl. auch Breidenstein u. a. 2013, S. 13
[294] Breidenstein u. a. 2013, S. 18
[295] Vgl. auch Bendit und Heimbucher 1985, S. 50
[296] Vgl. French und Bell 1994, S. 118f.

nur statische Daten, sondern auch Veränderungen untersuchen könne.[297] Nach Heinz Moser sind bei Lewin sowohl die Stärken, als auch die Schwächen des später weiterentwickelten Konzepts bereits enthalten.[298] Im Deutschen ist in der Regel von Aktionsforschung, Handlungsforschung oder aktivierender Sozialforschung die Rede.

Die wichtigsten Punkte der Aktionsforschung sind erstens die Aufhebung der rigorosen Trennung von Theorie und Praxis, zweitens der von Forschungssubjekt und Forschungsobjekt, drittens betrachtet sie keine statischen und isolierten Daten, sondern deren sich verändernder Zusammenhang. In der Aktionsforschung geht es nicht um Monolog und Experiment, sondern Dialog und Dynamik.[299] In der aktiven Auseinandersetzung zwischen Forscherin und Zielgruppe werden Fragestellung, Forschungsthema und Forschungsmethoden in einem interaktiven Prozess gemeinsam diskutiert. Die Methoden traditioneller Sozialwissenschaft sind erfolgreich, wenn sie den untersuchten Personen unbekannt bleiben. Aktionsforschung hingegen wird umso erfolgreicher, je besser ihr es gelingt, über ihre verwendeten Methoden aufzuklären.[300]

Als wichtiges Kriterium gilt seit Moser die Stimmigkeit zwischen Methoden und Zielen der Untersuchung. Wenn diese gelingt, „steht einer Adaption klassisch empirischer Methoden nichts im Wege."[301]

In der Geschichte der Aktionsforschung bestand die Zielgruppe häufig aus benachteiligten oder unterdrückten Gruppen, bisweilen wurde Aktionsforschung aber auch zur Steigerung der Arbeitsmoral oder zu sozialtechnologischen Befriedungsstrategien von möglicherweise aufrührerische Minderheiten eingesetzt.[302] Eine häufige Kritik an Aktionsforschung ist eine ähnliche wie an der teilnehmenden Beobachtung: Wenn Aktionsforscherinnen ihre subjektiven Erfahrungen interpretie-

---

[297]Vgl. Lewin 1953, S. 280, vgl. auch Moser 1975, S. 47ff.

[298]Vgl. Moser 1975, S. 48

[299]Vgl. Moser 1975, S. 9

[300]Vgl. Kramer u. a. 1979, S. 27f.

[301]Moser 1975, S. 128 Vgl. auch Kramer u. a. 1979, S. 26–28. Zur Darstellung solcher adaptierter klassisch empirischer Methoden durch die Aktionsforschung vgl. Moser 1975, S. 128-131. Darunter finden sich sowohl Methoden der Befragung, als auch teilnehmende Beobachtung. Das Design soll von allen Beteiligten zusammen ausgearbeitet werden. Zur Darstellung und grundlegenden Überlegungen zum Forschungsprozess in der Aktionsforschung vgl. Moser 1975, S. 143ff.

[302]Vgl. Kramer u. a. 1979, S. 22

ren, „so widerspreche das der Wissenschaftlichkeit, die immer auch die Möglichkeit der Falsifizierung bieten müsse."[303]

Als besonders bedeutend durfte die Aktionsforschung in Deutschland gelten.[304] Dort entwickelte sich beeinflusst von der Kritischen Theorie aus der 68er Studentenbewegung heraus eine breite Kritik an empirischer Sozialforschung und traditionellem Wissenschaftsverständnis und ein Interesse an Aktionsforschung. Dieses Interesse war zu großen Teilen eine Folge des Positivismusstreits. Im Zentrum der Kritik stand besonders die Unterteilung in Forschungssubjekt und -objekt und in Theorie und Praxis. Beide Probleme blieben bei der Kritischen Theorie ungelöst.[305] Als Lösung bot sich die Aktionsforschung an. Es ist so, „daß hier einige der gravierendsten Kritikpunkte der Kritischen Theorie an den etablierten Sozialwissenschaften eingelöst zu werden scheinen"[306] und „daß action research in der Folge der Auseinandersetzung zwischen den so bezeichneten ‚Positivisten' und ‚Kritischen Theoretikern' sich als Ausweg anbietet."[307] Lässt sich die Aktionsforschung aber so einfach als Ergebnis der Kritik der Kritischen Theorie im Positivismusstreit definieren? Jürgen Klüver und Helga Krüger kommen stattdessen zum Ergebnis, dass der „action-research-Ansatz als eine inhaltliche Komplettierung des kritischen Rationalismus aufzufassen"[308] sei. Deutlich ausführlicher hat sich Moser der Problematik gewidmet. Er schreibt in seiner Arbeit

Aktionsforschung als kritische Theorie der Sozialwissenschaften, „daß Aktionsforschung eben dennoch nicht jeder beliebigen Methodologie aufgesetzt werden kann. Vielmehr ergeben sich deutliche Verbindungen zur kritischen Theorie"[309] und es zeigt sich dass die Aktionsforschung nicht nur in der Genese sondern auch in der Methodik den Anforderungen der Kritischen Theorie entsprechen kann. Zu einem ähnlichen Ergebnis kommt Stapelfeldt, der zumindest in Freires Aktionsforschung eine Kritische Theorie der Sozialforschung sieht.[310]

---

[303]Heidemann 2011, S. 41
[304]Vgl. Barnard und Spencer 2004, S. 594. Vgl. auch Heidemann 2011, S. 41
[305]Vgl. Moser 1975, S. 8-35
[306]Klüver und Krüger 1975, S. 77
[307]Klüver und Krüger 1975, S. 77
[308]Klüver und Krüger 1975, S. 82
[309]Moser 1975, S. 62
[310]Vgl. Stapelfeldt 2004, S. 375ff.

Die Pädagogen Wolfgang Klafki und Klaus Mollenhauer, die sich in ihrer Pädagogik auf die Kritische Theorie berufen, lehnen eine Aktionsforschung als Gegenentwurf zu bisherigen Forschungsstandards zwar ab, da die Auswahl und Veränderung der Methode von Forschungsfeld und Fragestellung abhängig sind, grundsätzlich sehen sie aber Möglichkeiten für Aktionsforschung.[311] Auf der anderen Seite war es eine Forderung der Kritischen Theorie im Positivismusstreit, dass Sozialforschung die eigene Funktion zu hinterfragen habe. Dies geschieht zwar bei Freire, gleichzeitig stellt sich die Frage, ob eine kritische Aktionsforschung nur aufklärerisch aber eben nicht verbrüdernd wirken darf. Freire macht sich allerdings mit der Sache gemein. Hier liegt wohl ein Grund dafür, dass beispielsweise Habermas in der Aktionsforschung einen Aktionismus der Sozialwissenschaft befürchtete und die Aktionsforschung als „modisch“ bezeichnete.[312]

Nachdem die Aktionsforschung gerade in der Bundesrepublik Anfang der 1970er Jahre eine Euphoriewelle auslöste, folgte dieser recht bald eine Ernüchterungsphase.[313] Ihr Interesse nahm hier in den 1980ern kontinuierlich ab und wird heute nur noch vereinzelt angewendet. International und im angloamerikanischen Raum ist sie hingegen noch stärker vertreten und hat dort auch andere Formen der partizipativen Forschung geprägt.[314]

Freire prägte die Aktionsforschung und entwickelte sie weiter, indem er sie in einer Größe anwandte, wie wahrscheinlich niemand anderes. Freires Aktionsforschung dient zum einen der Erforschung der Teilnehmenden und ist damit eine Kritik an politischen und pädagogischen Projekten, die die Lebenswirklichkeiten der Teilnehmenden außer Acht gelassen haben. Zum anderen ist es bereits selbst ein politisches und pädagogisches Programm. „Viele politische und pädagogische Pläne sind gescheitert, weil ihre Autoren nur aus ihrer eigenen persönlichen Wirklichkeitsschau heraus geplant haben und den Menschen in der Situation überhaupt nicht in Rechnung gestellt haben

[311] Moser 1975, S. 60ff. Die Position von Klafki und Mollenhauer werden im pädagogischen Teil in dieser Arbeit noch etwas weiter ausgeführt.

[312] Vgl. Moser 1975, S. 63 und von Unger 2014, S. 14. Vgl. auch Habermas 1971, S. 18

[313] Vgl. Fiedler und Hörmann 1978, S. VII

[314] Vgl. von Unger 2014, S. 17ff.

(es sei denn als Objekt ihrer Aktion).“[315] In der Frage der Werturteilsfreiheit ist für Freire eine wissenschaftliche Neutralität absurd und positivistisch. Freires war „in keiner Weise daran interessiert, ein unparteiischer, neutraler, sicherer Beobachter von Fakten und Begebenheiten zu sein.“[316]

Weder die Wissenschaft noch die Erziehung können jemals neutral sein. „Entweder ist sie ein Instrument zur Befreiung des Menschen, oder sie ist ein Instrument seiner Domestizierung, seiner Abrichtung für die Unterdrückung.“[317] Wissenschaft könne für revolutionäre und reaktionäre Zwecke eingesetzt werden. Wem die Resultate der eigenen wissenschaftlichen Arbeit egal sind, handelt unmoralisch. In Ablehnung zum Positivismus stellt er in Bezug auf Edmund Husserl fest, dass dieser die Natur als gegeben betrachtet; dies führt zu einer Naturalisierung des Bewusstsein und seiner Werte. Stattdessen ist es das Bewusstsein, das bereits im Vorfeld die Natur verarbeitet wahrgenommen hat.[318]

Freire fragt nicht nach einem objektiven Gesellschaftsbegriff einer Systemperspektive sondern nach dem subjektiven Gesellschaftsbegriff der Lebensweltperspektive. Wobei er hier Mannheims Bewusstseinsstufenmodell folgt[319] und sich die Frage stellt, ob nicht auch bereits dieser Ansatz vernachlässigt, dass der Mensch einer Totalität gesellschaftlicher Herrschaftsverhältnisse unterworfen ist. Genau hier aber sieht Freire die Möglichkeit diese zu durchbrechen beziehungsweise zu transzendieren: In der Reflexion auf die empirische Sozialforschung erkennt er, dass Menschen nur so lange Untersuchungsobjekt sind, wie sie sich selbst objektivieren. Indem sie sich selbst im Gegenstand erkennen, werden sie sich dessen bewusst und sie werden zum potentiell handelnden Subjekt. Der Aktionsforschung geht es also nicht nur darum, die Befragten zu Wort kommen zu lassen und ihnen dabei weit möglichst keine Antwort vorzugeben, wie es genereller Anspruch in der empirischen Sozialforschung ist, sondern sie sollen sich ihres

[315]Freire 1998, S. 77

[316]Freire 2013, S. 18

[317]Freire 1998, S. 14

[318]Vgl. Figueroa 1989, S. 24

[319]Vgl. das Kapitel *Grundlegende Kategorien in Freires Gesellschaftsanalyse* in dieser Arbeit.

Status als Forschungsobjekt bewusst werden, um selbst als Subjekte Forscherinnen zu werden.

Gleichzeitig müssen sich Forscherin und Erzieherin über ihre Rolle bewusst werden: Freire bezieht sich in seiner Schrift *Acción cultural para la libertad* direkt auf Marx' dritte Feuerbachthese,[320] in dem er konstatiert, dass die „materialistische Lehre von der Veränderung der Umstände und der Erziehung vergißt, daß die Umstände von den Menschen verändert und der Erzieher selbst erzogen werden muß“[321]. Zwar befindet sich der Erzieher in Bezug auf ihr Gegenüber zunächst auf einer Metaebene der Reflexion, keinesfalls jedoch führt eine aufgeklärte Person eine unaufgeklärte einfach in die richtige Richtung. Stattdessen entsteht Aufklärung im wechselseitigen Dialog, daher kann auch keine fertige Lehre der aufklärerischen Gesprächsführung vorhanden sein. Wer sich selbst als emanzipatorische Avantgarde begreift, wird von Freire als „linkes Sektierertum“ bezeichnet, dass nicht weniger reaktionär ist als das „rechte Sektierertum“. Jene glauben den Weg zu einer aufgeklärten Zukunft als vorherbestimmtes Schicksal zu kennen und sind damit in einer Ideologie gefangen, die Reflexion verhindert, ja sie verleugnen dadurch jede Möglichkeit einer aufgeklärten Zukunft. Dem Erzieher bleibt statt seinem Privileg über esoterisches Wissen also nur die Selbstreflexion und das sich selbst entdecken lernen im Dialog. Darin besteht die einzige Weisheit – Freires Aktionsforschung steht damit ganz in der Tradition, die Sokrates eröffnet hat.

Freires Untersuchungsmethode zur Erforschung der sozialen Welt ist aufklärende Sozialforschung. Marcela Gajardo fand drei Methoden der Sozialforschung die von Freire stark beeinflusst wurden. Im Gegensatz zu Gajardo fordert Valdavia Zárate von drei Elementen innerhalb der Entwicklung der Forschungsmethode von Freire zu sprechen, denn spätestens ab der *Pädagogik der Unterdrückten* sollen die drei Elemente zusammen gedacht werden, auch wenn dies in von Freire beeinflussten Forschungsprojekten unterschiedlich gehandhabt wurde. 1. Die Thematische Forschung sucht nach den generativen Themen der Zielgruppe. Dazu werden die Lebenswelt, das Arbeitsverhältnis,

[320]Vgl. Figueroa 1989, S. 84
[321]Marx in MEW Bd. 3, S. 5

die Sozialstruktur, das Denken und besonders die Sprache untersucht. 2. Die Beteiligende Forschung sucht die Partizipation der Zielgruppe um mit ihnen gemeinsam den Forschungsprozess zu evaluieren, zu diskutieren und zu korrigieren. 3. Die Aktionsforschung ist bereits eine kulturelle Aktion der Zielgruppe selbst. Sie wird selbst zum Forschungssubjekt und bemüht sich um die Aufklärung der eigenen Lebenswelt. Es handelt sich um die Reflexion der eigenen Aktion.[322]

Freire betont, dass Programme Menschen nicht übergestülpt werden dürfen, dass kein fertiges Bildungsprojekt im Labor entwickelt werden darf, das man dann dorthin bringt. Vor vor Ort müssten Forschungsprojekt und Bildungsprojekt mit den Menschen gemeinsam entwickelt werden.[323] Freire liefert daher keine geschlossenen Methoden. Stattdessen gehört es zu den Hauptaufgaben „mit den Schülerinnen präzise Methoden zu entwickeln, wie sie sich den Objekten der Erkenntnis ‚annähern' sollten."[324] Freire ist es wichtig, dass die Teilnehmer von Anfang an auch in der Forschung eine aktive Rolle spielen. Als Beispiel kann gelten,

> „daß die Teilnehmer, wenn das Programm angenommen ist, sich einzeln oder in Gruppen aktiv am Sammeln von bestimmten lokalen Daten beteiligen, die sich auf bestimmte Programmpunkte beziehen. Zum Beispiel über den Reisanbau (im betreffenden Gebiet), über die Art und Weise, wie dieser Anbau geschieht, über die kultivierbare und angebaute Fläche (mit Angabe der Hektarzahl), über die Schwierigkeiten, denen die Bauern bei ihrer täglichen Arbeit begegnen [...] Dies ist eine Forschungstätigkeit, die einen hohen Bildungseffekt besitzt und deren Ergebnisse die Kenntnisse der Lehrenden erweitert oder ihnen erst diese Kenntnisse liefert."[325]

Hier wird ein Unterschied von Freires Aktionsforschung zu beispielsweise der Grounded Theory und der ethnografischen Forschung deutlich. Dort kommen die Themen der Forschungsobjekte aus dem Forschungsmaterial selbst. Dies reicht Freire noch nicht, da das Forschungsmaterial nicht vom Forschungsobjekt, sondern vom Forschungs-

---

[322] Vgl. Valdivia Zárate 2011, S. 42–45. Vgl. auch Gajardo 1991
[323] Vgl. Freire 1980, S. 14
[324] Freire 2013, S. 27
[325] Freire 1980, S. 126

subjekt angefertigt wurde. Erst in der Auseinandersetzung des vermeintlichen Forschungsobjekts mit dem Forschungsmaterial hören die Forschungsobjekte auf Objekte zu sein und erst in dieser Auseinandersetzung entstehen bei Freire die tatsächlichen Themen.

> „Genau aus diesem Grund verlangt die vorgeschlagene Methode, daß Forscher und Volk (normalerweise als Objekt dieser Untersuchung betrachtet) gemeinsam als Forscher handeln müssen. Je aktiver die Menschen im Blick auf die Untersuchung ihrer Themen eingestellt sind, um so mehr vertiefen sie ihre kritische Wahrnehmung der Wirklichkeit und nehmen sie von ihrer Wirklichkeit Besitz, während sie diese Thematik formulieren."[326]

Im Gegensatz zum externen Forscher sind die Teilnehmenden Teil des Untersuchungsobjekts. Gerade deswegen verfälschen sie aber Forschungsergebnis nicht, da ihre Lebenswirklichkeit ja nicht als reine Form außerhalb von ihnen existiert. Der externe Forscher ist es, der eine Lebenswirklichkeit mitbringt und damit den sozialen Kontext seiner Forschung beeinflusst.

> „Die eigentliche Gefahr der Untersuchung besteht nicht darin, daß die angeblichen Forschungs-‚Objekte', die sich selbst als Forschungsteilnehmer entdecken, die analytischen Ergebnisse ‚verfälschen' könnten. Im Gegenteil liegt die Gefahr darin, daß möglicherweise der Brennpunkt der Untersuchung von den sinnvollen Themen auf die Leute selbst verlegt wird und dadurch die Leute als Untersuchungsobjekte behandelt werden."[327]

Mittels der Aktionsforschung können die Unterdrückten „am Hebammendienst ihrer befreienden Pädagogik mitwirken."[328] Auch hier stellt Freire sich damit in die Tradition des Sokrates. Bei beiden artikuliert sich jede Kritik im Dialog. Weder kritische Pädagogik, noch jegliche Form der Dialektik, noch eine wissenschaftliche Untersuchung die auf Mensch und Gesellschaft abzielen, stehen außerhalb des Dialogs. Im Gegenteil:

---

[326]Freire 1998, S. 88
[327]Freire 1998, S. 88
[328]Freire 1998, S. 36

„Schon die Methodologie dieser Untersuchung muß dialogisch angelegt sein, sowohl um die Gelegenheit zu schaffen, die generativen Themen zu entdecken, wie auch um die Wahrnehmung der Menschen im Blick auf diese Themen zu fördern. Entsprechend dem befreienden Zweck der dialogischen Bildungsarbeit ist nicht der Mensch das Objekt der Untersuchung (als ob Menschen anatomische Gegenstände wären), sondern vielmehr die Denksprache, mit der Menschen sich auf die Wirklichkeit beziehen, die Ebenen, auf denen sie ihre Wirklichkeit begreifen, und ihre Sicht der Welt, in der sie ihre generativen Themen finden."[329]

Zwar beschreibt Freire den offenen Dialog als grundsätzliche Untersuchungsmethode, allerdings gibt es Berichte, dass Freire statt eines offenen Dialogs gelegentlich auch geleitete Frage-Antwort-Spiele praktizierte. Er nutzte den Sokratischen Dialog dann aber nicht um zu erklären, dass der Befragte nichts weiß, sondern um zu erklären, dass der Befragte schon etwas weiß.[330] Grundsätzlich ist die dialogorientierte Forschung aber als offener Prozess konzipiert. Forschungsergebnisse werden nicht verkündet, sondern gemeinsam erarbeitet. Der Inhalt der Forschungsmethode wird gemeinsam diskutiert. Das bedeutet, „daß der Ausgangspunkt für den Dialog in der Suche nach dem programmatischen Inhalt liegt."[331] Gelingt es Dialogpartnerinnen nicht sich gegenseitig verständlich zu machen, reden sie monologisch aneinander vorbei, selbst wenn sie scheinbar einer Meinung sind. Durch die Eroberung des Wortes gelingt aber die Teilhabe an Forschung und Gesellschaft. Das Wecken des eigenen Bewusstseins der Dialogpartnerinnen darüber ist bereits politische und pädagogische Praxis.

„Die Methode ist in so hohem Grade dialektisch, daß niemand sie anwenden kann, der sich nicht selbst mit einbezieht."[332] Freire betrachtet aber nicht nur die Einbeziehung der Forscherin und die Aufhebung von Forschungsobjekt und -subjekt als dialektisch, sondern auch die Aufhebung von Theorie und Praxis, das Abzielen auf gesellschaftliche Totalität, sowie Wahrheitsfindung im Dialog und durch

[329]Freire 1998, S. 80
[330]Vgl. Funke 2010, S. 98
[331]Freire 1974, S. 94
[332]Freire 1974, S. 89

Reflexion. Gleichzeitig findet sich bei Freire aber auch eine undialektische, binäre Schematisierung, wenn er Unterdrücker und Unterdrückte, Dialog und Antidialog, Domestizierung und Befreiung einander vereinfachend entgegensetzt.[333] Freire bezieht sich auf die Psychoanalyse Fromms. Psychoanalyse und Aktionsforschung folgen dem Imperativ des Orakels von Delphi: „Erkenne dich selbst!“ „Lesen und Schreiben lernen heißt verstehen, was man liest und schreibt. Impliziert ist in dieser Explikation die Utopie des sich selbst verstehenden Menschen“[334] „Je mehr wir aufzudecken vermögen, warum wir so sind wie wir sind, desto eher ist es uns möglich, hinter die raison d'être der Wirklichkeit zu kommen und können so ihr naives Verständnis durch ein kritisches ersetzen.“[335]

Entsprechend fordert Freire „eine historische und kulturelle Psychoanalyse. Wir müssen die Menschen dazu bewegen, sich vor sich selber zu enthüllen, indem wir die Wirklichkeit enthüllen, in der sie sich befinden“[336]. Diese sozialpolitische Psychoanalyse sei entweder Teil der Aktionsforschung oder müsse mit ihr gemeinsam durchgeführt werden.[337] Vor diesem Hintergrund ist es unverständlich, dass Funke die Bedeutung der Psychoanalyse in Freires Aktionsforschung nicht versteht. Sie schreibt: „Es kann weder Freires Ziel sein, unterdrückte oder marginalisierte, benachteiligte Menschen einer Art Gruppentherapie zu unterziehen, noch die Lehrperson als den entscheidenden und wissenden Therapeuten zu konstruieren.“[338] Es scheint, als habe Funke hier ein wesentliches Anliegen, sowohl der Psychoanalyse, als auch von Freire nicht beachtet. Freires gesamte Aktionsforschung kann als psychoanalytische Gruppenmethode bezeichnet werden. Eine genaue Grenzziehung zwischen einem empirisch forschenden Teil und einem pädagogischen Teil ist nicht möglich, weil in Freires Pädagogik stets im Dialog an der eigenen Aufklärung gearbeitet wird.

> „Denn ohne selbst zu forschen, ohne Praxis, können Menschen nicht wahrhaft menschlich sein. Wissen entsteht nur durch

[333]Vgl. auch Zumhof 2012, S. 50
[334]Stapelfeldt 2004, S. 419
[335]Freire 2007, S. 30
[336]Freire 2007, S. 98
[337]Vgl. auch Freire 2013, S. 77
[338]Funke 2010, S. 159

> Erfindung und Neuerfindung, durch die ungeduldige, ruhelose, fortwährende, von Hoffnung erfüllte Forschung, der die Menschen in der Welt, mit der Welt und miteinander nachgehen."[339]

Eine detaillierte Darstellung, wie Freires Aktionsforschung beispielsweise ablaufen kann, findet sich daher im pädagogischen Teil dieser Arbeit.

[339] Freire 1998, S. 58

5 Über theoretische Kategorien

5.1 Marxistische Grundlagen: das revolutionäre Subjekt

Die Kritische Theorie entstand in Abgrenzung zum orthodoxen Marxismus, ihre Bezüge auf Marx – im Kontext einer umfassenden, materialistischen Theorie der Gesellschaft – bleiben aber klar. Dies findet sich in Freires Werk so nicht, da er sich im marxistischen Diskurs mal auf Marcuse, ein anderes mal auf Lenin oder Che Guevarra bezieht und wiederum eigene Schlüsse daraus folgert.

Als Teil des Westlichen Marxismus betrachtet die Kritische Theorie das radikalhumanistische Frühwerk von Marx als Deutungsrahmen für sein Spätwerk.[340] Dabei ist die Sicht und Schwerpunktsetzung keineswegs einheitlich. Während sich Marcuse häufig auf den jungen Marx der Ökonomisch-Philosophischen Manuskripte bezieht, bezieht sich Adorno in seinem Werk stärker auf den späten, wertkritischen Marx. In Freires Werk ist deutlich zu erkennen, dass er ebenso die frühen marxschen Schriften rezipiert. Jene Bezüge in der Kritischen Theorie sowie bei Freire werden in diesem und den nächsten Kapiteln näher betrachtet werden.

„Die materialistische Anschauung der Geschichte geht von dem Satz aus, daß die Produktion, und nächst der Produktion der Austausch ihrer Produkte, die Grundlage aller Gesellschaftsordnung ist;"[341] Dem würde sowohl die Kritische Theorie als auch Freire nicht widersprechen. Übereinstimmend in der Kritischen Theorie, als auch

[340]Vgl. Elbe 2015 S. 108

[341]Engels in MEW Bd. 20, S. 248

bei Freire, darf gelten, dass Marx Hegels Systemphilosophie folgerichtig vom Kopf auf die Füße stellte; nicht das idealistische Bewusstsein bestimmt das Sein, sondern das gesellschaftliche und damit das politisch-ökonomische Sein bestimmt das Bewusstsein. Im Historischen Materialismus bei Engels führen diese ökonomischen Prozesse zwangsläufig – Naturgesetzen gleich – zu einer bestimmten höheren menschlichen Entwicklung.[342] Grossmann hat mit seinem Zusammenbruchsgesetz dieser Krisentheorie des Kapitalismus zugestimmt. Genau damit aber entfernte er sich von den Vertretern der Kritischen Theorie – Horkheimer, Fromm, Marcuse, Adorno und Löwenthal –, die auf eine anders geartete Dialektik der Entwicklung der menschlichen Gesellschaft hinweisen: den Zusammenhang von Fortschritt und Barbarei im Prozess der Aufklärung selbst Gerade die Infragestellung einer zwangsläufigen Zusammenbruchsdynamik war ein wichtiges Motiv zur Auseinandersetzung mit dem Überbau-Begriff von Marx, der Verdinglichung wie sie Lukács bestimmte und zur Aneignung der Psychoanalyse, als notwendigem Bestandteil einer materialistischen Theorie moderner Gesellschaften.

In seinen Untersuchungen zu den Stadien kapitalistischer Herrschaft sah Pollock einen Staatskapitalismus hervorgetreten, der sowohl in seinen demokratischen, als auch in seinen autoritären Varianten das Primat der Ökonomie durch das Primat der Politik ersetzt habe. Die staatliche Steuerungspolitik ermögliche das Auflösen von Krisen und verhindere so potenziell ein Zusammenbrechen des Kapitalismus.[343] Benjamin wendete sich in seinen 1940 abgeschlossenen The-

---

[342]Die Naturgesetzlichkeit des Historischen Materialismus bei Engels ist ein umstrittener, vielleicht sogar polemischer Begriff. Die Vorstellung von Naturgesetzen und ewig gültigen Wahrheiten ist bereits ein wesentlicher Bestandteil seiner Kritik an Eugen Dühring im Anti-Dühring. Grundlage für den Historischen Materialismus ist der dialektische Materialismus und dementsprechend durchaus die Analyse des Materiellen als Grundlage zur Untersuchung der „geschichtlichen Entwicklungsgesetze". Die ökonomische Entwicklung ist weit eher als eine Art inhärente Logik ökonomischer Entwicklungen zu sehen, also auf die Entwicklung der Produktivkräfte gestützt und damit auf der Vorstellung dass im Kern der alten Gesellschaft immer bereits die neue heranreift. Vgl. auch Engels in MEW Bd. 22, S. 298

[343]Vgl Pollock 1975. Einer aktuelle Diskussion zu Pollocks Theorien widmet sich die Zeitschrift *sans phrase* Heft 5 2014. Hier findet sich Pollocks Text *Die bessere Ordnung*. Vgl. Pollock 2014. Er entstand im Dezember 1941, also fast zeitgleich zu Horkheimers wichtigem Essay *Autoritärer Staat*. Die Thesen gehören in den

sen *Über den Begriff der Geschichte* ebenfalls gegen die Historisierung und Abstrahierung des gesellschaftlichen Prozesses, insbesondere wie ihn die deutsche Sozialdemokratie propagierte. In einem Gleichnis beschreibt er den historischen Materialismus als Schachtürken; die im 18. Jahrhundert entwickelte Maschine gab vor, selbstständig Schach zu spielen, während in Wirklichkeit ein Mensch in seinem Inneren sie bediente. „Gewinnen soll immer die Puppe, die man 'historischer Materialismus' nennt. Sie kann es ohne weiteres mit jedem aufnehmen, wenn sie die Theologie in ihren Dienst nimmt, die heute bekanntlich klein und häßlich ist und sich ohnehin nicht blicken lassen darf."[344]

Ab 1929 verteilte das Institut für Sozialforschung an Arbeiter und Angestellte Fragebögen, bei deren Auswertung das überwiegende Fehlen eines klassenkämpferischen, nicht-autoritaristischen Bewusstseins deutlich wurde. Fromm lehnt einen ökonomisch rationalisierten deterministischen Materialismus ab und untersuchte psychoanalytisch ideologische Strukturen.[345] Er schreibt in *Zum Problem Psychologie und historischer Materialismus*:

> „Der Charakter – und damit die in ihm verwurzelten Ideen – ändert sich langsamer als die gesellschaftlichen, ökonomischen Verhältnisse. Der Grund hierfür ist sehr einfach: Indem der Charakter des Kindes vom Charakter der Eltern, von generationsalten Traditionen der Kindererziehung, Religion, philosophischen Ideen etc. bestimmt wird, muss er notwendigerweise immer hinter der sich schneller vollziehenden ökonomischgesellschaftlichen Entwicklung zurückbleiben. (Der kleinbürgerliche Charakter eines großen Teiles des westlichen Proletariats und der Widerspruch zwischen diesem und der ökonomischgesellschaftlichen Rolle des modernen Proletariats ist nur eine unter den vielen Illustrationen dieses Prinzips.) Infolge dieser einzigartigen Entwicklung der Charakterstruktur wirkt immer die gesellschaftliche Struktur der Vergangenheit auf die Gegen-

---

Kontext der damaligen Diskussion der Institutsmitglieder über den Charakter des Nationalsozialismus, und in wie weit er eine neue Ordnung darstellt. Ein Diskussionsort dieser Art war die Wiederauflage der Marxistischen Arbeitswoche im Juli 1943 auf der Farm von Paul Massing in Pennsylvania. Karl Korsch führte Protokoll.

[344]Benjamin 1974, S. 693

[345]Nach Wiggershaus führt Fromm die materialistische Geschichtsauffassung damit „ad absurdum". Vgl. Wiggershaus 1988 S. 75

wart und trägt dazu bei, dass die Gedanken und Gefühle der Menschen immer wieder den gegebenen rationalen und nationalen Notwendigkeiten nicht entsprechen. [...]

Der geschichtliche Prozess wird nicht nur bedingt durch die Entwicklung und Entfaltung der Produktionsverhältnisse, sondern auch durch die fundamentalen Qualitäten der menschlichen Natur, die selbst als ein spezifischer und aktiver Faktor in diesem Prozess auftreten. Wenn, wie Marx sagt, wir mit dem 'wirklichen Menschen' beginnen müssen, dann eben nicht nur mit dem Menschen hinsichtlich seiner körperlichen, sondern auch seiner seelischen Qualitäten und seiner Reaktionsweisen. Von diesem Standpunkt aus wird man allerdings auch mehr Respekt haben für jene Beschreibungen des Menschen, die man in der Marx-Literatur als religiös-idealistisch verschrien hat."[346]

Marx sah den Klassenkampf noch als ökonomische und geschichtliche Notwendigkeit an. Da das Proletariat als leidtragende Klasse im Kapitalismus nichts gewinnen kann, müsse es von sich heraus ein Interesse zum Klassenkampf und also zur Transformation der Gesellschaft entwickeln.

Diese Vorstellung sind Horkheimer, Adorno, Fromm und Marcuse, unter dem Eindruck der gesellschaftlichen Entwicklung in der ersten Hälfte des 20. Jahrhunderts, gezwungen aufzugeben. Zwar wird an der Tatsache festgehalten, dass es weiterhin real Klassen gibt, deren reale Bedeutung hat sich jedoch verändert.

„Festgehalten: weil sein Grund, die Teilung der Gesellschaft in Ausbeuter und Ausgebeutete, nicht bloß ungemindert fortbesteht, sondern an Zwang und Festigkeit zunimmt.

Verändert: weil die Unterdrückten, heute nach der Voraussage der Theorie die übergroße Mehrheit der Menschen, sich nicht als Klasse erfahren können."[347]

Ohne Klassenbewusstsein kann es keinen dezidierten Klassenkampf geben. Für Adorno ist die Klassengesellschaft ökonomische Realität, ebenso die gesellschaftliche Herrschaft die aus ihr folgt, die Klasse der Ausgebeuteten als revolutionäre Akteurin aber ist Ideologie. So wie die Klasse der Kapitalisten untereinander in Konkurrenz stehen,

[346] Vgl. Fromm 1953 S. 27ff.
[347] Adorno 1975. S. 11

befinden sich auch die Ausgebeuteten in einer Situation der Konkurrenz, maßgeblich um den Arbeitsplatz. Letztere haben dabei aber im Spätkapitalismus genauso wie erstere einen gewissen Wohlstand zu verlieren. Die Konkurrenzsituation und Angst vor dessen Verlust steigern den Konformitätsdruck. Die zunehmende Differenzierung neuer und die Erosion tradierter sozialer Strukturen verstellen zudem den Blick auf die eigenen Klasseninteressen.[348] Die bloße gesellschaftliche Stellung des Proletariats ist darum kein Garant für Vernunfterkenntnis. Der ideologische Überbau versperrt die Sicht auf die realen gesellschaftlichen Verhältnisse. Selbst die aus dem Wunsch nach Veränderung der sozialen Verhältnisse sich entwickelnde Politik droht in Barbarei umzuschlagen. Kritische Theorie kennt daher kein historisch festgelegtes revolutionäres Subjekt mehr. Die Bedingung für eine revolutionäre Klasse oder eine revolutionäre Bewegung ist ein Interesse an einer befreiten Gesellschaft.

Eine Sonderstellung nimmt hier der späte Marcuse ein. Auch er erkennt die Arbeiterklasse nicht als revolutionäres Subjekt, sondern begreift sie als integriert, was sich auf ihre Politik systemstabilisierend auswirkt. Die Menschen, die diese Gesellschaft nicht als selbstverständlich annehmen und eine andere einfordern könnten, werden von der Gesellschaft sofort wieder integriert.. Das Besondere bei Marcuse liegt darin, dass dies nicht auf diejenigen zutrifft, die von der Gesellschaft ausgeschlossen sind:

> „Unter der konservativen Volksbasis befindet sich jedoch das Substrat der Geächteten und Außenseiter: die Ausgebeuteten und Verfolgten anderer Rassen und anderer Farben, die Arbeitslosen und die Arbeitsunfähigen. Sie existieren außerhalb des demokratischen Prozesses [...] Damit ist ihre Opposition revolutionär, wenn auch nicht ihr Bewußtsein. Ihre Opposition trifft das System von außen und wird deshalb nicht durch das System abgelenkt“[349]

Aus diesen Randgruppen schöpft Marcuse in seinen späteren Schriften die Hoffnung auf eine große Weigerung. Es handelt sich aber im besten Fall um ein vorrevolutionäres Bewusstsein, denn ein revolutionäres Subjekt entwickelt sich erst im Prozess der Revolutionierung

[348] Vgl. Horkheimer 1987, S. 373ff.

[349] Marcuse 1998, S. 267

selbst. Für Marcuse entsteht revolutionäres Bewusstsein daher am ehesten in einer Praxis von Gegenkultur, Regelüberschreitungen und Spontanität, fern der üblichen Institutionen und Strukturen.[350]

Freires Begriff vom revolutionären Subjekt ist in seiner Geschichte verschiedenen Änderungen ausgesetzt. Spricht Freire in *Erziehung als Praxis zur Freiheit* noch unspezifisch vom Volk, ist ab der *Pädagogik der Unterdrückten* von der Klasse der Unterdrückten die Rede, die vor allem in *Dialog als Prinzip* zur Klasse im marxschen Sinn wird. In seinem Spätwerk rückt Freire davon wieder ab. Die Unterdrückten sind nun als Klasse die Gesamtheit der benachteiligten sozialen Gruppen. Freire versteht die Unterdrückten zwar als benachteiligt und von den gesellschaftlichen Entscheidungen ausgeschlossen, er meint aber nicht wie bei Marcuse marginalisierte Gruppen, sondern die von den Unterdrückern beherrschten Massen. In Zusammenhang damit schreibt er von Mehrheiten, denen das Recht verwehrt wird, an der Geschichte als Subjekte teilzunehmen.[351]

Als revolutionäres Subjekt fällt den Unterdrückten die Aufgabe zu, sich gegen die Gewaltherrschaft der Unterdrücker aufzulehnen und die Gesellschaft durch Klassenkampf zu revolutionieren.

> „wozu bedarf es der sogenannten Gewalt der Unterdrückten, wenn nicht dazu, der Gewalt ein Ende zu bereiten? Das ist die historische Aufgabe der Unterdrückten, denn die Unterdrücker - nicht als einzelne, aber als Klasse - sind unfähig dazu. Sie können sich nur weigern, Unterdrücker zu sein.“[352]

Da die Gewaltherrschaft für Freire allein von den Unterdrückern ausgeht, sind die Unterdrückten nicht Urheber von dem, „was sie überhaupt erst zu Unterdrückten macht. [...] Die Gewalt wird niemals von den Unterdrückten ausgelöst.“[353] Die Gewalt der unterdrückten Klasse sei daher lediglich Gegengewalt. Zur Auflehnung gegen die Unterdrückerklasse brauchen die Unterdrückten Klassenbewusstsein.

---

[350]Vgl. Marcuse 1973, S. 9ff. Diese Kurzdarstellung soll nicht über den Wandel in Marcuses Darstellung des revolutionären Subjekts hinwegtäuschen. Eine ausführliche Darstellung findet sich in Breuer 1977, S. 203ff.

[351]Freire 1998, S. 110

[352]Freire 2007, S. 104

[353]Freire 2007, S. 104 Erst in seinem Spätwerk schwächt sich diese Position ab.

„Wenn ich entdecke, daß ich zu einer bestimmten Gesellschaftsklasse gehöre, dann erst kann ich in mir gesellschaftliche Verantwortung entwickeln, die stets eine historische ist und die Verantwortung einer Klasse mit einschließt."[354] Die Entstehung des Klassenbewusstseins, die Bewusstseinsbildung oder auch die kulturelle Aktion für die Befreiung werden als wichtigste Aufgabe genannt.[355] Diese Aufgabe fällt den revolutionären Erzieherinnen beziehungsweise den revolutionären Anführern zu. Die Rolle der revolutionären Anführer wird von Freire unterschiedlich beschrieben. Auf der einen Seite grenzt sich Freire von autoritären revolutionären Führern ab, die er als Sektierer bezeichnet. Diese würden die Unterdrückten ebenfalls als Objekte betrachten, die es zu befreien gilt. Sie übernehmen damit die Sichtweise der Unterdrücker, was dazu führt, dass sie die gleichen Methoden anwenden.[356] Freire warnt davor, dass autoritäre Anführer sich im revolutionären Prozess als Denker begreifen würden und die Unterdrückten als bloße Handelnden, als Aktivisten, „die durch Identifizierung mit charismatischen Führern das Gefühl bekommen, sie seien selbst aktiv und effektiv."[357] Solche linken Sektierer seien kaum schlimmer als recht Sektierer.

Angesichts dieser Äußerungen verwundert es sehr, auf welche revolutionären Anführer sich Freire positiv quer durch sein Werk bezieht: Mao, Lenin, Fidel Castro als auch Che Guevara. Während seiner Wirkungszeit in Afrika und der Phase seines Buches *Dialog als Prinzip* findet sich bei Freire nicht nur eine tiefe Bewunderung für Amilcar Cabral, sondern in seinen damaligen Schriften übernimmt er eine leninistische Haltung.[358]

Befürchtete Freire zuvor, die Praxis autoritärer Führer bestehe nicht aus intersubjektiver Befreiung, sondern aus Objektivierung bzw. Verdinglichung und Manipulation, heißt es nun lapidar: „Es kann oft der Eindruck entstehen, daß die Führer manipulieren. Jedoch sie manipulieren nicht."[359] Freire setzt nun also auf eine revolutio-

---

[354] Freire 2007, S. 102

[355] Vgl. beispielsweise Freire 1981, S. 57

[356] Vgl. Freire 1981, S. 58 und Freire 1998, S. 53

[357] Freire 1998, S. 63

[358] Freire erklärte später vor naiver Begeisterung die Verhältnisse in Guinea-Bisseau idealisiert zu haben. Vgl. Freire 1981, S. 44

[359] Freire 1981, S. 112

näre Avantgarde, die die Gemeinschaft mit dem Volk nicht verlieren darf:

> „Für mich gibt es keine Revolution ohne Avantgarde. Wenn ich die Rolle der Avantgarde nicht akzeptiere oder sogar zurückweise, werde ich automatisch in die Denkschemata des Spontaneismus der Massen verfallen. Und was dann? Der Spontaneismus hat – historisch gesehen – immer nur der herrschenden Klasse und nicht der unterdrückten Klasse gedient. Warum? Weil – so Lenin, der diese Zusammenhänge sehr klar sah – die Arbeiterklasse leicht zu reformistischen Lösungen tendiert und dem Ökonomismus verfallen könnte."[360]

In Freires Spätwerk geht es hingegen um Demokratisierung; statt von revolutionären Anführern spricht Freire von fortschrittlichen Erzieherinnen. Die Rolle der Avantgarde gibt Freire hiermit wieder auf.[361] Während er in seiner leninistischen Phase noch Kleinbürgern empfahl, „einen geschlossenen Klassenselbstmord [zu] machen um als revolutionäre Arbeiter wieder geboren zu werden"[362], erklärt er nun, jede Voreingenommenheit gegenüber der Klasse „eines Menschen beleidigt dessen Einzigartigkeit und ist eine radikale Absage an die Demokratie."[363] In der *Pädagogik der Unterdrückten* wandte sich Freire gegen jede Idee eines historischen Determinismus. Eine solche Position versteht er als sektiererisch. „Für den linken Sektierer ist das Morgen im voraus festgelegt, unerschütterlich vorherbestimmt."[364] Dazu im Gegensatz schreibt er in *Dialog als Prinzip*:

> „Rechte und linke Sektierer unterscheiden sich nur darin, daß der eine den Lauf der Geschichte anhalten will, der andere ihn dagegen vorwegnimmt. Andererseits ähneln sie sich darin, daß sie ihre eigenen Überzeugungen dem Volk aufzwingen und es damit in den Zustand bloßer Massen zurückversetzen."[365]

Dies deutet daraufhin, dass Freire zumindest zeitweise die Entwicklung der menschlichen Gesellschaft als durch ökonomische Prozesse

---

[360] Freire 1981, S. 66

[361] Vgl. Funke S. 106f.

[362] Freire 1981, S. 108. Freire zitiert dabei zustimmend Amilcar Cabral.

[363] Freire 2013, S. 36. Freire spricht sich hier auch gegen Rassismus und Sexismus aus. Themen die ebenfalls in seinem Spätwerk an Relevanz gewinnen.

[364] Freire 1998, S. 27

[365] Freire 1983, S. 17

gesetzmäßig bestimmt sieht.[366] Den Lauf der Geschichte könne man vorweg nehmen oder anhalten, es gäbe aber nur eine Richtung, so die deterministische Logik. Eine Position die Freire später wieder aufgibt.[367] Den Weg zur befreiten Gesellschaft würden linke Sektierer vorwegnehmen wollen, ohne die dazu vorher notwendigen sozialen Veränderungen anzustreben: die Stärkung der Freiheit und Selbstbestimmung des Individuums. Eine solche Emanzipation kann aber nicht vom linken Sektierer am Objekt, dem Anderen vollzogen werden, sondern lediglich intersubjektiv.

> „Wir können mit Recht sagen, daß im Prozeß der Unterdrückung einer einen anderen unterdrückt. Wir können jedoch nicht sagen, daß im Prozeß der Revolution einer einen anderen befreit, auch nicht, daß einer sich selbst befreit, sondern höchstens, daß Menschen in Kommunion einander befreien."[368]

Deswegen betont Freire eine Erkenntnis von Gajo Petrovic: „Der Kampf für eine freie Gesellschaft ist kein Kampf für eine freie Gesellschaft, solange er nicht ein immer wachsendes Maß individueller Freiheit schafft."[369] Dies erinnert an das Kommunistische Manifest, in dem die bürgerliche Gesellschaft einer klassen- und staatenlosen Assoziation weichen soll, in der „die freie Entwicklung eines jeden die Bedingung für die freie Entwicklung aller ist."[370]

5.2 Anthropologie

Karl Marx unterscheidet ganz in der Tradition der Geschichte der Anthropologie zunächst einmal den Menschen vom Tier. Während das Tier und seine Lebenstätigkeit unmittelbar eins sind und das

---

[366] Vgl. Engels in MEW Bd. 22, S. 298

[367] Vgl. Funke 2010, S. 78. Funke ist der Meinung, dass Freire stets jeden Zukunftsdeterminismus abgelehnte. Sie führt dazu aber nur ein Beispiel aus seiner Spätphase an.

[368] Freire 1998, S. 112

[369] Petrovic, Gajo in Freire 1998, S. 116. Gajo Petrovic begründete die Praxisgruppe Zagreb und stand als Redakteur der Praxis mit Bloch, Habermas, Lukács, Marcuse und insbesondere mit Fromm in Kontakt.

[370] Marx und Engels in MEW Bd. 4, S. 482. Keinesfalls ist Rede davon, dass die freie Entwicklung aller die Bedingung der Freiheit des einzelnen Menschen sei. Letzteres hingegen fasst die Maxime realsozialistischer Staaten zusammen.

Tier unbewusst seiner Lebenserhaltung folgt, ist der Mensch sich seiner Lebenstätigkeit bewusst, dass heißt er verfügt über sie und kann damit seine Lebenstätigkeit selbst zum Gegenstand machen. Genau dies nennt Marx in den *Ökonomisch-philosophischen Manuskripten* das Gattungswesen der Menschen.[371]

> „Der Mensch ist ein Gattungswesen, nicht nur indem er praktisch und theoretisch die Gattung, sowohl seine eigene als die der übrigen Dinge, zu seinem Gegenstand macht, sondern [...] auch indem er sich zu sich selbst als der gegenwärtigen, lebendigen Gattung verhält, indem er sich zu sich als einem universellen, darum freien Wesen verhält."[372]

Schließlich unterscheidet sich der Mensch vom Tier, indem er arbeitet und produziert. Zwar produzieren auch Tiere in dem Sinn, dass sie Nester bauen und Vorräte anlegen, aber sie produzieren nur, was sie für sich und ihre Jungen bedürfen. Der Mensch stellt sich insofern über die Natur, als dass er sie frei von einem unmittelbaren physischen Bedürfnis bearbeiten und planvoll verändern kann.[373] Die Bedeutung der marxschen Anthropologie um den Begriff des Gattungswesen ist umstritten. Marx kommt in seinen späteren Schriften ohne die Lehre eines menschlichen Gattungswesens aus.

Eine mögliche Interpretation ist, dass der Begriff des Gattungswesens von Marx eine idealistische oder biologistische Theorie, das heißt eine positive Anthropologie darstellt, die zu einer Zeit aufgestellt wurde, in der Marx noch in Teilen in Hegels Idealismus verfangen war. Von diesem idealistischen Überbleibsel befreit sich Marx in den *Thesen über Feuerbach* und noch stärker in *Die deutsche Ideologie*. In letzterem rechnet er mit dem Junghegelianismus auch in seinem eigenen vorhergehenden Denken, mit Blick auf Feuerbach, Stirner und Karl Grün, ab. Dieser Marxinterpretation nach gibt es also einen Bruch zwischen einem positiv anthropologischen frühen und dem späten Marx, der kein Gattungswesen mehr kennt, sondern nur eine materialistische negative Anthropologie, das heißt die Menschen sind durch die spezifischen gesellschaftlichen Produktionsbedin-

[371]Vgl. Marx in MEW Bd. 40, S. 516
[372]Marx in MEW Bd. 40, S. 515
[373]Vgl. Marx in MEW Bd. 40, S. 517

gungen geprägt.[374] Insofern heißt es schlicht in *Die deutsche Ideologie*:

> „Man kann die Menschen durch das Bewußtsein, durch die Religion, durch was man sonst will, von den Tieren unterscheiden. Sie selbst fangen an, sich von den Tieren zu unterscheiden, sobald sie anfangen, ihre Lebensmittel zu produzieren“[375].

Eine andere mögliche Interpretation geht davon aus, dass Marx bereits in den *Ökonomisch-philosophischen Manuskripten* keinen idealistischen Begriff des Gattungswesens mehr kennt, sondern das Bewusstsein des Menschen als Unterschied zwischen der Gattung Mensch und den Tieren empirisch begründet. Die Anthropologie des frühen Marx wäre dann bereits historisch aufgefaßt. Grundlage dafür ist, dass sich Marx bereits dort gegen einen vermeintlichen menschlichen Naturzustand philosophischer Anthropologie wendet: „Ein solcher Urzustand erklärt nichts.“[376] Demnach gäbe es weniger einen Bruch zwischen frühem und späten Marx, sondern vielmehr eine mangelnde Präzision des frühen Marx, die Anlass für Missverständnisse bot. Marx habe fortan den Begriff des Gattungswesens vermieden, um präziser sein zu können.

Egal welcher von beiden Interpretationen aber zu folgen ist, fest steht, dass Marx die Vorstellung einer positiven Anthropologie verwirft und betont, dass das Wesen des individuellen Menschen allein von der Gesellschaft her bestimmt werden kann:

> „Feuerbach löst das religiöse Wesen in das menschliche Wesen auf. Aber das menschliche Wesen ist kein dem einzelnen Individuum inwohnendes Abstraktum. In seiner Wirklichkeit ist es das ensemble der gesellschaftlichen Verhältnisse. “[377]

Jede Vorstellung von Anthropologie ist damit ebenfalls durch die gesellschaftlichen Verhältnisse bedingt. Dieser Erkenntnis zuwider lau-

[374]Die These des Bruchs zwischen dem frühen philosophischen Marx und dem späten wissenschaftlichen Marx geht auf Louis Althusserl zurück. Vgl. Postone 2010, S. 216 u. 126. Beispielhaft für eine solche Sichtweise der positiven Anthropologie in den Frühschriften des Marx, von der sich Marx später lösen würde sei hier die von Michael Heinrich aufgeführt. Vgl. Heinrich 2003, S. 111–118

[375]Marx und Engels in MEW Bd. 3, S. 21. Zitat im Original teilweise kursiv. Vgl. Fromm 1963, S. 24f.

[376]Marx in MEW Bd. 40, S. 511

[377]Marx in MEW Bd. 3, S. 6. Zitat im Original teilweise kursiv.

fend folgt Fromm einer dritten Interpretation. Er nimmt zunächst ebenfalls den Standpunkt einer Kontinuität zwischen den *Ökonomisch-philosophischen Manuskripten* und dem *Kapital* ein, was die Kategorie des menschlichen Wesens betrifft. Marx habe die historische Bedeutung im Kapital lediglich stärker betont.[378] „Marx hat nie seinen Begriff des ‚menschlichen Wesens' aufgegeben [...]. Das Wesen des Menschen kann aus seinen vielen Äußerungen (und Verzerrungen) in der Geschichte abgeleitet werden;"[379] Fromm unterscheidet bei Marx zwischen der ‚menschlichen Natur im allgemeinen' und der in jeder historischen Epoche ‚modifizierten Menschennatur' "[380]. Neben dem historischen Menschen als Ensemble der gesellschaftlichen Verhältnisse entdeckt er eine anthropologische Natur des Menschen, sein Wesen selbst. „Dieser Begriff der menschlichen Natur ist für Marx [...] das menschliche *Wesen* - im Unterschied zu den verschiedenen Formen seiner historischen *Existenz*"[381]. Fromm geht in seiner Leseart der Marxschen Schriften sogar soweit, darauf basierend selbst zwei Typen von Trieben zu konzipieren: Konstante oder fixierte Triebe, die der menschlichen Natur im allgemeinen , und relative Triebe, die nur der historisch modifizierten Menschennatur entsprechen.[382]

Fromm legt den Schwerpunkt seiner marxschen Anthropologie auf die Arbeit. „Unter dem ‚Gattungscharakter' versteht Marx das Wesen des Menschen, nämlich das, was allgemein menschlich ist, und was im Verlauf des Geschichtsprozesses vom Menschen durch seine produktive Tätigkeit verwirklicht wird."[383] Fromm sieht die Arbeit aber eben gerade nicht rein historisch. „Vor allen Dingen waren für Marx Arbeit und Kapital nicht lediglich ökonomische Kategorien. Sie waren für ihn vielmehr anthropologische Kategorien, die von seiner humanistischen Wertung bestimmt waren."[384] Fromm liest die Philosophie von Marx als einen „humanistischen Existentialismus" und ergreift dafür Partei.[385] In dieser Existenzphilosophie des Menschen

[378]Fromm 1963, S. 33 und S. 71
[379]Fromm 1963, S. 78
[380]Fromm 1963, S. 33
[381]Fromm 1963, S. 33
[382]Vgl. Fromm 1963, S. 33
[383]Fromm 1963, S. 41
[384]Fromm 1963, S. 45f.
[385]Vgl. Fromm 1963, S. 8. Fromm erklärt, dass er in seinem Buch Marx Position

ist die Arbeit „der Ausdruck des menschlichen Lebens, und durch die Arbeit wird die Beziehung der Menschen zur Natur verwandelt, daher verwandelt sich der Mensch selbst durch Arbeit."[386] Die befreite Gesellschaft ist bei Fromm nur die Verwirklichung der anthropologischen Veranlagung des Menschen. In dem Prozess der Befreiung der Arbeit „entwickelt sich der Mensch, er wird er selbst."[387]

In eine ähnliche Richtung wie Fromm argumentiert Marcuse: Auch er verbleibt in der Marxlektüre beim Gattungswesen und unterscheidet entsprechend zwischen gesellschaftlicher Erscheinung des Menschen und dem eigentlichen Wesen des Menschen.

Es ist aber für ihn möglich „in der Erscheinungsform das Wesen zu begreifen und die Differenz von Wesen und Erscheinung als eine geschichtliche Gestalt der gesellschaftlichen Verhältnissen zu erkenen. [sic]"[388] Die „Transzendierung der Tatsachen zum Wesen ist eine geschichtliche: sie versteht die gegebenen Tatsachen als Erscheinungen, deren Wesen nur im Zusammenhang bestimmter historischer Tendenzen zu begreifen ist, die auf eine Gestalt der Wirklichkeit abzielen."[389]

Wenn Marcuse von der Erscheinung das Wesen ableiten will und über dessen eigentliche Gestalt spekuliert, so beharrt er darauf, dass es einen „menschlichen Kern"[390] unter der Erscheinung gibt. In dem er erklärt, dass in der geschichtlichen Gestalt der positive Wesensbegriff verwurzelt sei,[391] entwickelt Marcuse wie Fromm eine positive Anthropologie. Das Wesen in Marcuses Theorie definiert sich zunächst lediglich „als *Möglichkeit* des Menschen in einer bestimmten

---

darstellt und darauf verzichtet, hinzuzufügen wann er mit dieser übereinstimmt und wann nicht. Da er aber klar stellt, dass seine Kritik an Marx sich auf dessen Geschichtsdeterminismus bezieht, während er dessen existentialistischer Entfremdungstheorie zustimmt, kann davon ausgegangen werden, dass Fromms Ausführungen zur Anthropologie und zur Entfremdung seine eigene Position wiedergeben. Vgl. dazu auch das Kapitel zu Entfremdung, Verdinglichung und Fetisch in dieser Arbeit.

[386] Fromm 1963, S. 26

[387] Fromm 1963, S. 47. Fromms Wortwahl lässt vermuten, dass der Mensch so nicht nur seine anthropologische Vervollkommnung erreicht, sondern auch seine Erlösung.

[388] Marcuse 1979, S. 70

[389] Marcuse 1979, S. 70

[390] Marcuse 1989, S. 247 f.

[391] Marcuse 1979, S. 83

gesellschaftlichen Situation, gespannt gegen sein unmittelbares Dasein."[392] „Die Spannung von Wesen und Erscheinung [liegt in] eigentlicher Möglichkeit und unmittelbarem Dasein"[393]. Warum dazu Marcuse jedoch überhaupt anthropologisch argumentiert, erschließt sich nicht. Schließlich zeigen sich Veränderungsnotwendigkeit und Veränderungspotenzial doch gerade auch in der Erscheinung des Menschen. In gewisser Weise folgt Marcuse selbst dieser Denkrichtung, wenn er schreibt:

> „Der materialistische Wesensbegriff ist ein geschichtlicher Begriff. Das Wesen wird nur faßbar als das Wesen einer bestimmten ‚Erscheinung', im Hinblick von ihr, von ihrer faktischen Gestalt, auf das, was sie an sich ist und sein könnte (aber faktisch nicht ist). Dieses Verhältnis aber entsteht in der Geschichte und ändert sich in der Geschichte."[394]

Fromm und Marcuse schöpfen aus ihrer anthropologischen Theorie die Hoffnung auf Versöhnung, das heißt auf eine Aufhebung der derzeitigen gesellschaftlichen Knechtung der Menschen. Marcuse argumentiert aber auch hierbei geschichtlicher als Fromm. Er betont, dass nur bestimmte geschichtliche Formen des Gegensatzes von Wesen und Erscheinung aufgehoben werden können.[395]

„Die Überzeugung von der anthropologisch begründeten Hoffnung in den Menschen und von seiner Bildungs- und Selbstbildungsfähigkeit durchzieht konsequent alle Schriften"[396] Freires. Der Begriff der Anthropologie bei ihm ist daher von großer Bedeutung, zugleich ist er aber auch komplex. Weniger wegen seiner theoretischen Grundlagen, sondern im Gegenteil, weil Freire seine theoretischen Grundlagen nicht benennt und seine Anthropologie nicht klar definiert. Dafür aber finden sich vielfältige Äußerungen von ihm über die Natur des Menschen. Nach Funke sind Freires Anthropologie und seine Gesellschaftstheorie „keine systematischen Theorien, sondern eine Zusammenstel-

[392] Marcuse 1979, S. 79f.
[393] Marcuse 1979, S. 83
[394] Marcuse 1979, S. 73
[395] Vgl. Marcuse 1979, S. 84
[396] Schreiner, Peter u.a.: Einführung. In: Freire 2007, S. 19

lung von Kernaussagen aus unterschiedlichen Theorietraditionen."[397] Zum besseren Verständnis der Freireschen Anthropologie lassen sich seine Äußerungen aber durchaus in drei Kategorien systematisieren: Erstens Anthropologie als Natur des Menschen im engeren Sinn, zweitens Anthropologie als Kulturgeschichte des Menschen und drittens Anthropologie als ontologische beziehungsweise ethische Kategorie, die begründet, was der Mensch Kraft seiner Existenz sei und sein sollte. Erschwert wird diese Betrachtung dadurch, dass nicht nur die Übergänge zwischen diesen Kategorien fließend sind, sondern es gelegentlich eine Frage der Interpretation ist, welche Aussage in welche Kategorie fällt. Entsprechend fallen Bewertungen seiner Anthropologie unterschiedlich aus.

In deren Herleitung differenziert Paulo Freire, wie auch schon Marx, den Menschen vom Tier. Während Tiere ahistorische Wesen in sich selbst sind, deren Verhaltensweise nach einem Reiz-Reaktions-Schema abläuft, sind Menschen sich selbst bewusst und in der Lage, das eigene Handeln und das eigene Selbst zu reflektieren und Handlungsabläufe zu planen.

> „Ich beginne mit der erneuten Unterstreichung, daß Menschen als Wesen der Praxis sich vom Tier als Wesen reiner Aktivität unterscheiden. Tiere bedenken nicht die Welt, sie sind in sie eingetaucht. Im Gegensatz dazu tauchen die Menschen aus der Welt auf, objektivieren sie, können sie damit verstehen und sie durch ihre Arbeit und Mühe verwandeln.
>
> Tiere, die nicht arbeiten, leben in einem Zusammenhang, den sie nicht transzendieren können. Deshalb lebt auch jede Tiergattung in dem Umkreis, der ihr entspricht, und diese Lebenszusammenhänge ihrerseits können miteinander nicht kommunizieren, während sie für den Menschen offen sind.
>
> Des Menschen Aktivität besteht aus Aktion und Reflexion: sie ist Praxis, sie ist Verwandlung der Welt."[398].

Was den Menschen also ausmacht, ist sein Arbeitspotential: die reflexive Veränderung der Umwelt. Wie der frühe Marx identifiziert Freire Praxis mit Arbeit. Der Mensch verändert mittels Arbeit die äußere und die eigene Natur. Da er als Gattungswesen ein sich selbst be-

[397] Funke 2010, S. 84
[398] Freire 1973, S. 105

wusstes Wesen ist, ist die bewusste Lebenstätigkeit sein Charakteristikum.[399] Freires Grundlage der Anthropologie sind die *Ökonomisch-philosophischen Manuskripte.*[400] Seine anthropologische Nähe zum frühen Marx führte zu einer vergleichbaren Kritik an Freire; der Zuschreibung einer naturwüchsigen Rolle des Menschen. Denn eine positive Anthropologie als Fundament einer intervenierenden Pädagogik führe zu idealistischen Sichtweisen über die Bedingungen der Emanzipation der Menschen.

Freire wandte dagegen ein, dass er Anthropologie ausschließlich geschichtlich denke: Menschen sind durch die bestehende Gesellschaft geprägt und schaffen selbst Geschichte.

> „Ich stelle mich damit gegen eventuelle Kritiken, die mich unberechtigterweise als naiv und idealistisch bezeichnen. Ich spreche von der universalen Ethik des Menschen in der gleichen Weise, wie ich von seiner ontologischen Berufung mehr zu sein, spreche, wie ich von seiner Natur spreche, sich als soziales und geschichtliches Wesen zu entwickeln und nicht als ein a priori der Geschichte. Diese Natur befindet sich in einem Prozess des Werdens auf der Basis grundlegender Elemente, ohne die die menschliche Gegenwart auf der Welt nicht als etwas Einzigartiges und Singuläres verstanden werden könnte."[401]

Der Mensch kann keinesfalls als „losgelöst von seiner Beziehung zur Welt verstanden werden [...], [da er] ein ‚situationsgebundenes' Wesen ist, ist er auch ein arbeitendes und die Welt veränderndes Wesen."[402] Jeder Mensch ist damit kulturbildend. Im Gegensatz zum Tier ist der Mensch aber seiner Geschichte nicht ausgeliefert. Er kann sowohl seine, als auch die gesellschaftliche Geschichte, seine Situationsgebundenheit und sein Selbst reflektieren. Er kann insofern aus der Natur ausbrechen und sich so über sie erheben. Für Freire ist aber gerade dies eine Besonderheit und Merkmal des menschlichen Wesens und damit der menschlichen Natur.[403] Der Mensch ist für Freire durch seine besondere Existenz zur Freiheit berufen. „Weil die Menschen jedoch

---

399 Vgl. Figueroa 1989, S. 79ff.

400 Vgl. Freire 1998, S. 80

401 Freire 2013, S. 21

402 Freire 1974, S. 27

403 Vgl. Freire 1974, S. 31

ihrer selbst und so auch der Welt gewahr sind – sind sie doch bewußte Wesen –, existieren sie in einem dialektischen Verhältnis zwischen der Bestimmtheit durch ihre Grenzen und ihrer Freiheit.“[404] Es ist diese ontologische Grundlage in Freires Anthropologie, die ihn zum Existenzphilosophen macht.[405]

Auf dieser Grundlage entwickelt Freire eine anthropologische Ethik: „Wenn ich jedoch von der universalen Ethik des Menschen rede, dann beziehe ich mich dabei auf die Ethik als Grundeigenschaft der menschlichen Natur, die absolut unverzichtbar für das menschliche Zusammenleben ist.“[406] Dieser allgemeinen Ethik soll gefolgt werden, weil dadurch das Potential der Menschen sich verwirklichen lässt. Beispielhaft dafür ist der Dialog. Er ist nach Freire nicht nur anthropologische Möglichkeit der Menschen zur Unterredung, er ist auch deren humane Bestimmung. Ebenso ist Anpassung für Freire tierisch und für Menschen entmenschlichend. Gerade weil die Gesellschaft auf Anpassung basiert, sollten die Menschen stattdessen eine permanent kritische Haltung entwickeln.[407] „Die zentrale Idee der befreienden Pädagogik ist, daß der Mensch seine Bestimmung als Subjekt verwirklicht.“[408]

Zwischen Freires Pädagogik der Befreiung und Marcuses Theorien über die Befreiung entsteht so eine eine existenzphilosophische Nähe. Beide eint der Bezug auf das menschliche Wesen, dass betontermaßen unter historischen Bedingungen erscheint. Hinzukommt die „Gegenüberstellung von unzureichender Realität und der denkbar möglichen Utopie“[409]. Wie bei Marcuse findet sich auch bei Freire eine utopische Anthropologie, die das fordert, „was durch die Macht der etablierten Gesellschaften daran gehindert wird, zustande zu kommen.“[410]

In der *Dialektik der Aufklärung* von Horkheimer und Adorno kann Odysseus als eine anthropologische Figur der Menscheitsgeschichte gedeutet werden. Horkheimer und Adorno unterlaufen aber bewusst die anthropologische Trennung von Gesellschaftlichem und Naturhaf-

[404] Freire 1998, S. 82
[405] Vgl. auch Stapelfeldt 2004, S. 407
[406] Freire 2013, S. 21
[407] Vgl. Freire 1983, S. 11
[408] Freire 1973, S. 25
[409] Zumhof 2012, S. 34
[410] Marcuse 1969, S. 16, vgl. auch Zumhof 2012, S. 34

tem. Die Anthropologie und die Existenzphilosophie beruhen nach Horkheimer auf der so genannten Phänomenologie. Hinter ihnen versteckt sich daher das gleiche Bedürfnis. „Der Wunsch, das Handeln in festen Wesenseinsichten zu begründen, hat die Phänomenologie seit ihrem Ursprung motiviert. Damit steht sie zur Theorie der Gesellschaft in Gegensatz.“[411] Horkheimer wendet sich gegen jeden Versuch ein Wesen des Menschen herzuleiten, also eine positive Anthropologie aufzustellen.

> „Die Aufgabe, die Max Scheler der Anthropologie gestellt hat, genau zu zeigen, wie aus einer ‚Grundstruktur des Menschseins... alle spezifischen Monopole, Leistungen und Werke des Menschen hervorgehen: so Sprache, Gewissen, Werkzeug, Waffe, Ideen von Recht und Unrecht, Staat, Führung, die darstellenden Funktionen der Künste, Mythos, Religion, Wissenschaft, Geschichtlichkeit und Gesellschaftlichkeit‘ - diese Aufgabe ist unmöglich [...] Sie widerspricht dem dialektischen Charakter des Geschehens, in das die Grundstruktur von Gruppen und Individuen jederzeit verflochten ist,“[412]

Nach Adorno will schon Marx – in der Wendung gegen einen anthropologischen Naturbegriff – „der Gestalt der Geschichte als Naturgeschichte sich entwinden.“[413] Die Kritische Theorie von Horkheimer und Adorno verwirft jede Vorstellung von positiver Anthropologie, stattdessen wird der Mensch als durch und durch vergesellschaftet betrachtet. Sein Wesen ist bedingt von sozialen Formen, welche durch die Geschichte bestimmt sind. Für Horkheimer ist der „Versuch, den Menschen als feste oder werdende Einheit zu begreifen, [...] eitel. [...] Die menschlichen Eigenschaften sind in den Gang der Geschichte verschlungen“[414]. Die Geschichte selbst ist zwar vom Menschen gemacht, nicht aber anthropologisch bestimmbar, gilt es doch festzustellen, dass Geschichte keineswegs die Entfaltung eines einheitlichen Menschenwesens ist und sie nicht von einem einheitlichen Willen geprägt wurde[415]. „Adorno und Horkheimer fragen nicht, was der Mensch

[411] Horkheimer 1988, S. 255
[412] Horkheimer 1988, S. 251
[413] Adorno 2001, S. 170
[414] Horkheimer 1988, S. 275
[415] Vgl. Horkheimer 1988, S. 275f.

unter Abzug seiner sozialen Realisation ist, sondern was ihn in ihr verhindert."[416]

Arbeit ist eben keine transhistorische Kategorie,[417] sondern ein Begriff, der zum Kapital als gesellschaftlichem Herrschaftsverhältnis gehört. Und vom heute arbeitenden Menschen kann auch nicht in eben jenen modernen Kategorien auf den Frühmenschen, der das Feuer entdeckte, geschlossen werden – Feuer gab es nicht nur nicht auf dem Markt zu kaufen, sondern die Stufe menschlicher Entwicklung war eine andere. Selbst den Versuch eine positive Anthropologie ableiten zu wollen, wie der von Marcuse, lehnen Adorno und Horkheimer als ideologisch ab. In Novissimum Organum schreibt Adorno, „es gibt kein Substrat solcher Deformationen, kein ontisches Innerliches, auf welches gesellschaftliche Mechanismen von außen bloß einwirkten: die Deformation ist keine Krankheit an den Menschen, sondern die der Gesellschaft, die ihre Kinder so zeugt, wie der Biologismus auf die Natur er projiziert: sie ‚erblich belastet'."[418]

Wenn Adorno von Anthropologie spricht, so meint er daher „die Beschaffenheit der Menschen, wie sie in unserer Gesellschaft tatsächlich sind"[419]. Gleichfalls können anthropologische Studien für Adorno und Horkheimer auch wertvoll sein. Dann beziehen sie sich nicht „auf den Menschen überhaupt [sondern] auf historisch bestimmte Menschen und Menschengruppen und suchen ihr Sein? und Werden nicht isoliert, sondern im Zusammenhang mit dem Leben der Gesellschaft zu begreifen."[420] Diesen Anthropologiebegriff gebraucht Horkheimer, wenn er schreibt: „Von der Utopie unterscheidet sich die Anthropologie wie eine tiefgründige Interpretation der Gegenwart vom eindeutigen Willen zu einer glücklicheren Zukunft, sofern er des Endpunkts, wenn auch nicht des Wegs gewiß ist."[421] Hier wird ein Unterschied zu Marcuse deutlich.

---

[416] Gruschlka 2004, S. 49

[417] Postone wirft der Kritischen Theorie und auch Horkheimer und Adorno vor, Arbeit transhistorisch zu betrachten. Vgl. Postone 2010, S. 41f. Ein Vorwurf der Fromm, Freire und auch Marcuse besser trifft.

[418] Adorno 2004, S. 262

[419] Adorno 1971, S. 101

[420] Horkheimer 1988, S. 260

[421] Horkheimer 1988, S. 254

Anthropologie ist die Beschreibung des Ist-Zustandes, Utopie der Wille einer glücklichen Zukunft. Denn auch für Horkheimer und Adorno gilt, „daß die Gesellschaft solange keine menschliche ist, wie [...] der Mensch in seinen Möglichkeiten beschränkt und verhindert bleibt, ja das Leben im materiellen Sinne durch die Gesellschaft nicht einmal überall gesichert werden kann."[422] Der Wunsch nach gesellschaftlicher Veränderung drückt sich hier anders aus als bei Marcuse oder gar bei Fromm. Eine Kritik der Anthropologie muss sich dem Primat beugen, dass der Blick auf den in der Totalität vergesellschafteten Menschen von dem, was aufgrund des Kapitalprozesses an Gesellschaftlichem durch ihn durch wirkt, verdeckt ist. Eine anthropologische Untersuchung kann negativ praktisch werden, indem sie feststellt, dass etwas nicht natürlich, sondern gesellschaftlich bedingt ist. Adorno weist daher in der *Negativen Dialektik* darauf hin, dass eine kritische Anthropologie stets nur negativ sein kann: „Ulrich Sonnemann arbeitet an einem Buch, das den Titel Negative Anthropologie tragen soll. Weder er noch der Autor wußten vorher etwas von der Übereinstimmung. Sie verweist auf einen Zwang in der Sache"[423]. Eine Betrachtung der Anthropologiediskussion bei Fromm, Marcuse, Horkheimer und Adorno fördert also keine einheitlichen Ergebnisse zutage.[424]

5.3 Theorie und Praxis

„Es ist nicht das Bewusstsein der Menschen, das ihr Sein, sondern umgekehrt ihr gesellschaftliches Sein, das ihr Bewusstsein bestimmt"[425], schreibt Marx in *Kritik der politischen Ökonomie.* In diesem Satz liegt die Bedeutung, dass es die gesellschaftliche Praxis der Menschen ist, die die erkenntnistheoretischen Zugänge der Menschen bestimmt. „Alles gesellschaftliche Leben ist wesentlich praktisch. Alle Mysterien [...] finden ihre rationelle Lösung in der menschlichen Praxis und

[422]Gruschka 2004, S. 49

[423]Adorno 2013, S. 11.

[424]Für eine Untersuchung und Weiterführung von Horkheimers, Adornos und Marcuses Kritik zur Anthropologie und Sonnemanns Negative Anthropologie vgl. auch Kamper 1979.

[425]Marx in MEW Bd. 13, S. 9

in dem Begreifen dieser Praxis."[426] Nicht nur dass Theorie von Praxis bestimmt ist, es ist auch erst die Praxis die eine gesellschaftliche Veränderung ausführt, denn „Ideen können nie über einen alten Weltzustand, sondern immer nur über die Ideen des alten Weltzustandes hinausführen. Ideen können überhaupt nichts ausführen. Zum Ausführen der Ideen bedarf es der Menschen, welche eine praktische Gewalt aufbieten."[427] Marx kritisiert all jene, die bloße Theorie betreiben..In seiner 11. These über Feuerbach erklärt er: „Die Philosophen haben die Welt nur verschieden interpretiert, es kömmt darauf an, sie zu verändern."[428] Dem würden die Vertreter der Kritischen Theorie nicht widersprechen. Marcuse weist aber darauf hin, dass keineswegs Praxis auf Interpretation und Begreifen der Welt verzichten könnte.[429] Auch Adorno erklärt, „daß die vernünftige Analyse der Situation die Voraussetzung zumindest von politischer Praxis ist"[430]. Etwas skeptischer wird Adorno aber, wenn er sich die revolutionäre Praxis aus Marx Vorstellung vor Augen führt:

> „Im Übrigen glaube ich, hat Marx sich doch wirklich vorgestellt – und wir müssen dabei vor allem an die Zeit denken, in der die hier in Rede stehenden Schriften verfaßt worden sind, nämlich um das Jahr 1848 –, daß die Philosophen nichts besseres tun können als einpacken und Revolutionäre werden, also auf die Barrikaden steigen,"[431]

Vom Verständnis von Theorie und Praxis des jungen Marx geprägt, gewährt Freire der Praxis den Vorrang, in dem Sinn, dass er erkennt, dass es die soziale Praxis ist, die die Menschen grundlegend prägt. Gleichzeitig fordert er die Einheit von Theorie und Praxis als notwendige Bedingung für das richtige Verständnis von Praxis Freires Zugang zur Praxis ergibt sich auch biographisch: „Seine Praxis hat ihn dazu angeregt, immer weiter nachzudenken, immer weiter darüber nachzudenken, seine Verbundenheit und sein Mitleid mit den Problemen der Menschen und Gesellschaften der Welt zu erspüren"[432].

[426] Marx in MEW Bd. 3, S. 7
[427] Marx und Engels in MEW Bd. 2, S. 126
[428] Marx in MEW Bd. 3, S. 7. Zitat im Original teilweise kursiv.
[429] Vgl. Voigts 2012, S. 28
[430] Adorno 1997, S. 765
[431] Adorno 2007, S. 80, vgl. auch Voigts 2012, S. 24
[432] Araujo Freire, Ana Maria in Freire 2013, S. 13

Freire knüpft beim Verhältnis der Menschen zu Theorie und Praxis an eine anthropologische Ebene an: Es unterscheidet den Menschen vom Tier, dass er überhaupt über Theorie und Praxis verfügt. Das Tier kann sich nicht theoretisch mit seinem Zustand auseinandersetzen. Der Mensch hingegen kann es nicht nur, es macht den Menschen, so wie wir ihn kennen, aus, dass er sich zwangsläufig theoretisch mit seiner sozialen Praxis auseinandersetzt. Diese Form von Praxis, die also theoretisch reflektiert ist, ist eine spezifisch menschliche Form von Praxis. In Freires Kontext verfügt das Tier daher weder über Theorie noch Praxis, sondern lediglich über Aktivität:

> „Ich beginne mit der erneuten Unterstreichung, daß Menschen als Wesen der Praxis sich vom Tier als Wesen reiner Aktivität unterscheiden. [...] Des Menschen Aktivität besteht aus Aktion und Reflexion: sie ist Praxis, sie ist Verwandlung der Welt. Als Praxis verlangt sie eine Theorie, die sie erhellt. Die Aktivität des Menschen ist Theorie und Praxis, sie ist Reflexion und Aktion und kann [...] weder auf Verbalismus noch auf Aktionismus reduziert werden."[433]

Wic bereits im Kapitel zur Anthropologie angemerkt, denkt Freire dabei nicht an das biologische Wesen Mensch, sondern sowohl an dessen kulturelle Wirklichkeit, als auch an dessen sozial-utopische Möglichkeit. Theorie und Praxis der Menschen stehen in einem dialektischen Verhältnis. „Getrennt von der Praxis gerät die Theorie zum einfachen Verbalismus; getrennt von der Theorie wird die Praxis zum blinden Aktionismus."[434] Dieses dialektische Verhältnis gilt es stets zu beachten. Aktion und Reflexion sind Bedingung der kritischen Auseinandersetzung mit der Welt und damit wird die „kritische Reflexion der Praxis [...] zu einer Anforderung in der Beziehung von Theorie und Praxis"[435]. Nur so kann für Freire überhaupt Erkenntnis entstehen.[436] Die Reflexion von Theorie und Praxis ist eine ständige menschliche Aufgabe. „Diese Anstrengung, die Diskrepanz zwischen Theorie und Praxis zu verringern, ist schon eine der unverzichtbaren

[433]Freire 1998, S. 105
[434]Freire 1981, S. 54
[435]Freire 2013, S. 24
[436]Vgl. Freire 2007, S. 30

Tugenden: die der Kohärenz."[437] Dies gilt insbesondere für die revolutionäre und damit auch für die pädagogische Arbeit: Die Form, die die richtige Praxis, also Aktion und Reflexion, beinhaltet, und so einen Erkenntnisgewinn ermöglicht, ist der Dialog.[438] Das Wissen über dieses Verhältnis von Theorie und Praxis ist nach Freire ein elementarer Bestandteil des politisch alphabetisierten, also bewussten Menschen. Denjenigen, die diesem Verhältnis von Theorie und Praxis nicht bewusst bleiben, droht, entweder selbstverschuldet oder durch fehlende Anleitung ihrer revolutionären Anführer, bloßer Aktivismus.

> „Gelegentlich gibt sich der politische Analphabet, statt sich in den Subjektivismus zu flüchten, aktivistischen Praktiken hin. In beiden Fällen vermag er den Menschen nicht als Präsenz in der Welt zu begreifen, als Wesen der Praxis, das heißt als Wesen von Aktion und Reflexion gegenüber der Welt."[439]

Umgekehrt lehnt Freire so genannten Verbalismus ab. Dies gilt gleichermaßen für Pädagoginnen und Revolutionäre, die für ihn an ihren Taten gemessen werden, welche sie dazu reflektieren müssen. Er lehnt daher die Forderung „‚Tu, was ich dir sage, und nicht, was ich tue' als falsch ab. Wer richtig denkt, weiß bis zum Überdruss, dass Worte, denen die beispielhafte Umsetzung fehlt, wenig oder nahezu nichts wert sind. Richtiges Denken heißt, richtig zu handeln."[440]

Freires hiesige Behauptung der Wert einer Theorie hänge von den Taten der Theoretikerin ab, ist absurd. Zwar folgt Freire Marx, dass es nicht darum gehen kann, die Welt bloß zu interpretieren, sondern sie vernünftig einzurichten. Aber zum einen sollte eine Betrachtung die Widersprüche analysieren, die die Diskrepanz zwischen Worten und Taten betreffen. Gerade auch Pädagoginnen müssen ihre fehlerhafte Vorbildfunktion thematisieren.

Zum anderen wendet sich Freire damit auch gegen bestimmte mögliche Formen der Arbeitsteilung. Entsprechend fordert Freire die „Überwindung der Dichotomie zwischen Kopfarbeit und Handarbeit"[441] und lobt etwa das Ausbildungszentrum Maxim Gorki in Guinea Bis-

---

[437] Freire 2013, S. 61

[438] Vgl. Freire 1998, S. 71

[439] Freire 2007, S. 37

[440] Freire 2013, S. 34

[441] Freire 1980, S. 114

seau, das es geschafft hat, sich durch Landwirtschaft weitgehend selbst zu versorgen.[442]

Der Kritischen Theorie wurde oft vorgeworfen, den praktischen Bezug verloren zu haben. Anstatt revolutionäre Politik zu betreiben oder zu ermöglichen, würde sie entgegen Marx' Forderung die Welt bloß interpretieren. Beispielhaft sei hier der Aufsatz von Georg Lukács *Grand Hotel Abgrund* von 1933 genannt. Darin wirft er den Vertretern der Kritischen Theorie vor, das Elend der Welt von der Terrasse eines Grand Hotels zu betrachten. Sie hätten sich unrettbar in einer intellektuellen Sackgasse verrannt und sich in der bürgerlichen Gesellschaft häuslich niedergelassen, statt den „salto vitale ins Lager des revolutionären Proletariats, [...] in eine lichtvolle Zukunft“[443] zu wagen.

Zur Verteidigung der Kritischen Theorie lässt sich zunächst erst einmal historisch argumentieren: Zur Zeit der Gründung des Instituts für Sozialforschung musste sich das Institut erst etablieren und eine soziale und wissenschaftliche Anerkennung wäre wohl ausgeblieben, wenn das Institut sich den Klassenkampf offen auf die Fahnen geschrieben hätte. Auch später vermied Horkheimer solche Bezüge. Nach der Machtübernahme der Nazis, in der Immigration, verbat sich für Horkheimer ebenfalls offene Agitation und er verordnete dem Institut eine gewisse Enthaltsamkeit was marxistische Begriffe anging. Neben einer gefühlten Dankbarkeit gegenüber den USA bestand die Sorge vor weiteren Komplikationen bei einem zu deutlichen Bestehen und Zeigen kommunistischer Inhalte.[444] Die aufkommende Stimmung der McCarthy-Ära in den USA unterstützte daher auch den Entschluss von Horkheimer und Adorno zurück nach Deutschland zu ziehen.

Das ist wahrscheinlich der Grund, warum sich die heutige Diskussion um das Verhältnis von Theorie und Praxis bei der Kritischen Theorie vor allem auf das Verhalten ihrer Vertreter nach der Rück-

[442]Vgl. Freire 1980, S. 58. Kritisiert wird Freires Begriff von Praxis außerdem insofern, dass er ihn mit Arbeit gleichsetzt, sowie Freires positiver Bezug auf „die Identifikation von Arbeit (instrumenteller Rationalität) und Reflexion.“ Stapelfeldt 2004, S. 404

[443]Lukács 1984, S. 188

[444]Vgl. Wiggerhaus 1988, S. 447

kehr des Instituts für Sozialforschung nach Deutschland konzentriert. So schrieb Marcuse 1969 an Adorno: „Du schreibst, [...] daß wir seinerzeit ja auch die Ermordung der Juden ertragen hätten, ohne zur Praxis überzugehen, 'einfach deshalb, weil sie uns versperrt war'. Ja, und genau heute ist sie uns nicht versperrt."[445] Während der Anfänge der deutschen Nachkriegsgesellschaft gab es kaum gesellschaftliche Akteure, die für eine freie, soll heißen kommunistische Gesellschaft eintraten. Insofern waren auch die in dieser Zeit erschienen Werke, wie Marcuses *Der eindimensionale Mensch* genauso wie die *Dialektik der Aufklärung* eine Flaschenpost ohne eindeutigen Adressaten. Dies änderte sich auch nicht mit den letzten Aktivitäten der alten Arbeiterbewegung, bei der Friedensbewegung und beim KPD-Verbot. Erst in den 1960er Jahren gab es eine studentische soziale Bewegung, die sich in ihrer politischen Praxis auch auf die Kritische Theorie bezog.

Marcuse hatte lange auf eine progressive Bewegung gewartet und reagierte positiv überrascht. Die Studentenbewegung, die Bürgerrechtsbewegung in den USA und Dekolonialisierungsbewegungen sah er weder als revolutionär, noch als vorrevolutionär, aber er schrieb ihr doch das Potenzial von notwendiger Veränderung zu. Für ihn begann ein Prozess gesellschaftlicher Umwandlung, den er unterstützen wollte, so dass er sich selbst als Teil einer Bewegung verstand und sich der Neuen Linken zurechnete. Zwar lehnte auch Marcuse bestimmte Elemente der Studentenbewegung ab, begriff deren Ursache – das „beinahe körperliche Bedürfnis nach einem anderen Leben"[446] – aber als progressives Fundament, auch wenn die Aktionen oder Inhalte unreflektiert seien. Für Adorno dagegen litt Marcuse an einer Selbsttäuschung, unreflektierte Gewalttätigkeiten wären tendenziell faschistisch.[447]

Adorno hatte ein stärker ambivalentes Verhältnis zur Studentenbewegung.[448]

---

[445] Marcuse in Kraushaar 1998 Bd. 2, S. 650, vgl. auch Voigts 2012, S. 23. Aus Adornos Sicht hingegen war nicht nur die Geschichte des Instituts für Sozialforschung ausschlaggebend, sondern die gesellschaftliche Entwicklung. Die Gesellschaft habe ihren revolutionär-praktischen Bezug verloren und die Kritische Theorie habe dies zu reflektieren.

[446] Voigts 2012, S. 22

[447] Vgl. Voigts 2012, S. 22

[448] Vgl. Voigts S. 13, Wiggershaus 1988, S. 695f und Demirovic 1999, S. 915-951

Zunächst reagierte er positiv auf sie,[449] hatte sich auch seine Flaschenpost der Kritik durchaus an diese Studierenden gerichtet. Nach dem Tod Benno Ohnesorgs sprach er gar in übertriebener Empathie davon, dass die Studenten die Rolle der Juden übernommen hätten.[450] Die Studentenbewegung sah er damals als Widerstandspotential gegen die Tendenz zur totalen Verwaltung.[451] Auch engagierte sich Adorno selbst ganz praktisch; er hielt einen Redebeitrag auf einer Demonstration gegen die Einführung der sogenannten Notstandsgesetze und rief diesbezüglich zum politischen Streik auf. Seine Kritik an den Studenten war keineswegs, dass sie Theorie und Praxis vermengen würden oder gar dass sie überhaupt Praxis betreiben würden. Adorno kritisierte den fehlenden beziehungsweise falschen theoretischen Hintergrund und konnte deswegen Marcuses Motivation nicht teilen.

> „Schließlich müßte er [Marcuse] doch zu uns mehr Vertrauen haben, als zu diesen Menschen, die eine bestimmte Konzeption so verstehen, daß sie die Einheit der Praxis mit einer nicht vorhandenen Theorie, kurz den puren begriffslosen Praktizismus betreiben. Unterdessen hat eine ihrer Splittergruppen in Berlin sich solidarisch erklärt mit den Leuten, die in Brüssel das Warenhaus angesteckt haben. Man müsse in Europa vietnamesische Zustände schaffen, um die Aufmerksamkeit auf Vietnam zu lenken. Damit ist nun auch die Grenze dessen überschritten, was wir auch nur im Sinn der Nachsicht des Wotan für den Siegfried tolerieren könnten, der ihm den Speer zerschlägt."[452]

Adornos Sorge um ein Abdriften der Bewegung mit immer autoritäreren Züge sowie seine fehlende Bereitschaft sich von der Bewegung vereinnahmen zu lassen,[453] führten zu öffentlichen Auseinandersetzungen und Angriffen zwischen Adorno und der Studentenbewegung.

Die Beurteilung der Studentenbewegung und die Diskussion über

---

[449] Vgl. Voigts 2012, S. 14

[450] Voigts 2012, S. 13

[451] Voigts 2012, S. 14

[452] Adorno in Demirovic 1999, S. 916

[453] „Wie intensiv auch immer er [Adorno] um Reformen sich bemühte, er hat abgelehnt, den Kollektiven, die auf seine Theorie sich beriefen, anstatt sie reflektierend auf die eigenen Aktionen anzuwenden, unbedingt sich anzuschließen." Horkheimer in Voigts 2012, S. 15

deren Praxis und Theorie waren zum einen so wichtig und die dabei zutage tretenden Unterschiede waren zum anderen so deutlich, dass die Differenzen zwischen Marcuse auf der einen Seite und Adorno und Horkheimer auf der anderen Seite zunahmen. Im Nachhinein ist es schwierig zu bewerten, inwiefern dieser Streit auf grundsätzlich verschiedenen Standpunkten zum Verhältnis von Theorie und Praxis beruht oder ob nicht eher der Dissens in der unterschiedlichen Beurteilung der Studentenbewegung im Vordergrund stand. Immerhin schrieb Adorno noch im Mai 1969 an Marcuse: „Ich weiß, daß wir in bezug auf das Verhältnis von Theorie und Praxis nicht weit voneinander sind, obwohl wir eben dies Verhältnis einmal wirklich durchdiskutieren müßten."[454]

Horkheimer sah zwar ebenfalls positive Elemente der Studentenbewegung, im Gegensatz zu Adorno stand er ihr jedoch eindeutig ablehnend gegenüber: „Es zeigt sich immer deutlicher, daß die Rebellion der Studenten eine konsequente Form des Positivismus darstellt. [...] Die Affinität zur Geisteshaltung der nach Macht strebenden Nazis ist unverkennbar."[455]

Die Praxis von Horkheimer und Adorno lag also eher in ihrer Publikations- und Lehrtätigkeit: „Ziel zahlreicher zeitaufwendiger Aktivitäten Horkheimers und Adornos zur Sicherung und Herstellung der Infrastruktur ihrer Theorie wie dieser selbst war es, zur Institutionalisierung des nonkonformistischen, gesellschaftskritischen Intellektuellen beizutragen,"[456] „Ich habe das Gefühl, daß das, was wir tun, schon irgendwie wirkt"[457] sagte Adorno einmal zu Horkheimer. Obwohl Horkheimer der Studentenbewegung ablehnend gegenüber stand, heißt das aber nicht, das Horkheimer grundsätzliche eine ablehnendere Haltung gegenüber der Praxis als Adorno einnahm oder mehr als Adorno eine Vorfahrt für Theorie gefordert hätte. Im Gegenteil sprach sich Horkheimer Adorno gegenüber für Praxis aus:

> „Adorno: „Zunächst muß man sagen, das Denken selber ist auch eine Form von Praxis, wenn ich denke, tue ich etwas. Auch in der höchsten geistigen Tätigkeit liegt das praktische

[454] Adorno in Kraushaar 1998 Bd. 2, S. 624, vgl. auch Voigts 2012, S. 27
[455] Adorno in Kraushaar 1998 Bd. 2, S. 531, vgl. auch Voigts 2012, S. 14
[456] Demirovic 1999, S. 15
[457] Horkheimer und Adorno 1996, S. 48, vgl. auch Voigts 2012 S. 27

immer bereits drin.

Horkheimer: Damit bin ich nicht ganz einig.

[...]

Horkheimer: Die Theorie ist nur dort im eigentlichen Sinne Theorie, wo sie der Praxis dient. Die Theorie, die sich selber genug sein will, ist schlechte Theorie."[458]

Während Horkheimer also die Praxis als notwendiges Fundament der Theorie sieht, argumentiert Adorno genau andersherum: „Praxis ohne Theorie, unterhalb des fortgeschrittensten Standes von Erkenntnis, muß misslingen, und ihrem Begriff nach möchte Praxis es realisieren. Falsche Praxis ist keine"[459], höchstens begriffsloser Betrieb. Theorie aber dürfe sich nicht ihren Inhalt von der Praxis vorschreiben lassen, denn „daß Theorie ihre Selbstständigkeit zurückgewinnt, ist das Interesse von Praxis selbst"[460]. Umgekehrt „zwingt [...] [die richtige Theorie] die [richtige] Praxis herbei"[461].

Die Trennung von Theorie und Praxis ist für Adorno notwendige Bedingung der menschlichen Emanzipation von der Natur. „Mit der Trennung von Theorie und Praxis erwacht Humanität; fremd ist sie jener Ungeschiedenheit, die in Wahrheit dem Primat von Praxis sich beugt."[462] Die Trennung von Theorie und Praxis sei also nicht per se zu verurteilen und die Forderung nach ihrer Einheit zweifelhaft. Adorno weist darauf hin, dass auch Marx schließlich die Notwendigkeit von Arbeitsteilung gesehen habe.[463] In der *Negativen Dialektik* schließlich streitet Adorno die fortbestehende Gültigkeit Marx' 11. Feuerbachthese ab: „Philosophie, die einmal überholt schien, erhält sich am Leben, weil der Augenblick ihrer Verwirklichung versäumt ward. Das summarische Urteil, sie habe die Welt bloß interpretiert [...] wird zum Defaitismus der Vernunft, nachdem die Veränderung der Welt mißlang"[464] Wer heute noch auf Praxis pocht, übersieht was aus ihr in den Schrecken des 20. Jahrhunderts wurde. „Praxis

[458] Horkheimer und Adorno 1996, S 60
[459] Adorno 1997, S. 766
[460] Adorno 2013, S. 146f, vgl. auch Voigts 2012, S. 25
[461] Adorno in Voigts 2012, S. 24
[462] Adorno 1997, S. 768
[463] Vgl. Adorno 1986, S. 407
[464] Adorno 2013, S. 15

[ist] auf unabsehbare Zeit vertagt, [...] Nachdem Philosophie das Versprechen, sie sei eins mit der Wirklichkeit oder stünde unmittelbar vor deren Herstellung, brach, ist sie genötigt, sich selber rücksichtslos zu kritisieren“[465] erklärt Adorno. „Die Philosophie kann von sich aus keine unmittelbaren Maßnahmen oder Änderungen empfehlen. Sie ändert gerade, indem sie Theorie bleibt“[466]. Adorno betont, dass sein Verhältnis zur Praxis seit jeher indirekt war.[467] Marcuse versteht die Skepsis Adornos gegenüber dem Ruf nach der Einheit von Theorie und Praxis durchaus. „Die Einheit von Theorie und Praxis, nach der wir alle schreien, läßt sich nicht organisieren, und sie läßt sich auch nicht kalkulieren.“[468] erklärte er 1966 auf einem Vietnamkongress des SDS. Entsprechend schrieb er 1969 auch an Adorno, dass er seinen Einwurf verständlich fände:

> „Du kennst mich gut genug, um zu wissen, daß ich eine unmittelbare Umsetzung der Theorie in Praxis genauso empathisch verwerfe wie Du es tust. Aber ich glaube daß es Situationen, Momente gibt, in denen Theorie von der Praxis weitergetrieben wird – Situationen und Momente, in denen die sich von der Praxis fernhaltende Theorie sich selbst untreu wird.“[469]

Dementsprechend hält Marcuse die Praxis für „die entscheidende Sphäre menschlicher Existenz“[470]. Dies ergibt sich bei Marcuse aus den Lehren Marx’ vom gesellschaftlichen Sein, dass das Bewusstsein bestimmt und sich über den Austausch mit der Natur als spezifische Arbeitspraxis äußert. Eine Praxis ohne Theorie, ohne Analyse der gesellschaftlichen Bedingungen, ist auch für Marcuse eine falsche Praxis. Dementsprechend kritisierte Marcuse den Anti- Intellektualismus in der Neuen Linken. Stattdessen gilt es, die alltägliche Praxis theoretisch zu reflektieren. „Die Theorie begleitet die Praxis in jedem Augenblick, indem sie die sich verändernde Situation analysiert und dementsprechend ihre Begriffe formuliert.“[471]

---

[465] Adorno 2013, S. 15
[466] Adorno 1986, S. 408, vgl. auch Voigts 2012, S. 27
[467] Vgl. Adorno 1986, S. 403, vgl. auch Voigts 2012, S. 24
[468] Marcuse in Voigts 2012, S. 29
[469] Marcuse in Kraushaar 1998 Bd. 2, 601f, vgl. auch Voigts 2012, S. 21
[470] Marcuse in Voigts 2012, S. 28
[471] Marcuse in Voigts 2012, S. 28

Marcuse versteht, warum Adorno die Praxis vertagen will und sich auf die Position des Theoretikers zurückzieht. Noch nie war Theorie für Marcuse „so nötig wie heute. Heute mehr als jemals zuvor kann es keine revolutionäre Praxis geben ohne die Theorie, die diese Praxis anleitet“[472]. Damit verneint er aber gleichzeitig Adornos Aussage, dass die Wirklichkeit keine Praxis mehr zulasse, sondern fordert diese weiterhin ein. Die Ablehnung dieser Forderung bei Horkheimer und Adorno führt letztlich dazu, dass er sich „mit der Haltung Horkheimers und Adornos nach ihrer Rückkehr nach Deutschland nicht“[473] identifizieren kann.

5.4 Entfremdung, Verdinglichung und Fetisch

Entfremdung, Verdinglichung und Fetisch sind Begriffe der materialistischen Kritik, die keineswegs als identisch betrachtet werden dürfen, aber einen gemeinsamen Zusammenhang in der kapitalistisch verfassten bürgerlichen Gesellschaft haben. Sie kritisieren gesellschaftliche Phänomene, die sich den sie verursachenden gesellschaftlichen Akteuren entzogen haben.

Karl Marx entwickelte zunächst 1844 in den *Ökonomisch-philosophischen Manuskripten* in kritischem Bezug auf Feuerbach die Entfremdungstheorie[474]: Unter kapitalistischen Verhältnissen erfährt der Mensch vier Formen der Entfremdung: Erstens ist das Produkt die physische Manifestation seiner Arbeit.[475] Dieses Produkt gehört aber nicht ihm, sondern einem anderen und tritt daher dem Arbeiter als ihm fremde und unabhängige Macht gegenüber. Je mehr er arbeitet, „um so mächtiger wird die fremde, gegenständliche Welt“[476]. Zwei-

[472] Marcuse in Voigts 2012, S. 28

[473] Marcuse in Kraushaar 1998 Bd. 2, S. 720, vgl. auch Voigts 2012, S. 31

[474] Der Begriff Entfremdung wurde zuvor vor allem durch Hegel geprägt.

[475] Die Vergegenständlichung eines Produktes ist zwar in gewisser Form eine Veräußerung, indem aus einem inneren Prozess ein äußerer Gegenstand wird, Vergegenständlichung muss nach Marx keineswegs immer Entfremdung sein. Diese fehlende Unterscheidung zwischen Vergegenständlichung und Entfremdung wirft Marx Hegel vor. Vgl. dazu auch Postone 2010, S. 247 und Marx in MEW 40, 510ff.

[476] Marx in MEW 40, S. 512

tens tritt auch die Arbeit selbst dem Arbeiter als fremd gegenüber auf, denn dieser verfügt nicht über sie, sondern hat sie verkauft. Die Arbeit „ist daher nicht die Befriedigung eines Bedürfnisses, sondern sie ist nur ein Mittel, um Bedürfnisse außer ihr zu befriedigen."[477] Dadurch entfremdet sich der Mensch drittens vom eigenen Gattungswesen: Als bewusstes Wesen verfügt er im Gegensatz zum Tier über seine eigene Lebenstätigkeit. „Nur darum ist seine Tätigkeit freie Tätigkeit. Die entfremdete Arbeit kehrt das Verhältnis dahin um, daß der Mensch eben, weil er ein bewußtes Wesen ist, seine Lebenstätigkeit, sein Wesen nur zu einem Mittel für seine Existenz macht." Der Mensch veräußert seine Tätigkeit und verfügt damit wie ein Tier nicht länger über sie. Viertens entfremdet sich der Mensch, so wie er sich von sich selbst entfremdet, auch von jedem anderen Menschen. In den *Thesen über Feuerbach* ändert sich das marxsche Verständnis der Entfremdung.

Es löst sich von der Vorstellung eines abstrakten menschlichen Wesens. In der *Deutschen Ideologie* distanzieren sich Marx und Engels vom Entfremdungsbegriff und entdecken in ihm Überreste des deutschen Idealismus in ihrer eigenen Theorie. Sie verwenden den Begriff jedoch weiter, „um den Philosophen verständlich zu bleiben".[478] In *Zur Kritik der politischen Ökonomie* taucht der Begriff wieder häufiger auf, aber „er ist nicht mehr der Leitbegriff der Theorie, sondern eher Metapher"[479]. Im *Kapital* schließlich ist kaum mehr die Rede vom sozialen Phänomen der Entfremdung.[480] Stattdessen zieht sich eine Kritik des Fetischverhältnis[481] im warenproduzierenden System

[477]Marx in MEW 40, S. 514

[478]Marx und Engels in MEW Bd. 3, S. 34

[479]Grigat 2007, S. 70

[480]Das Konzept Entfremdung ändert sich im spätmarxistischen Werk. Entfremdung ist dort im Doppelcharkter der warenförmigen Arbeit angelegt und Teil des Fetischismus. Vgl. Postone 2010, S. 247. Bisweilen wird trotz der Verwendung in Marx' Spätwerk angezweifelt, ob die Kategorie Entfremdung noch Stellenwert im Spätwerk besitzt. Vgl. den Artikel *Entfremdung* von Oppolzer, Alfred in Haug 1997, S. 460ff.

[481]Gemeint ist hier der Fetischbegriff, den Marx in den *Grundrissen* und *Zur Kritik der politischen Ökonomie* entwickelt hat und im Kapital ausgeführt hat. Marx benutzte den Begriff Fetisch in seinem Frühwerk in einem anderen konventionelleren Sinne. Zur Geschichte des Fetischbegriffs bei Marx vgl. Grigat 2007, S. 26f.

durch das Werk. Als Fetisch[482] wird der Ware in einem pseudoreligiösen Akt eine nicht natürliche Eigenschaft zugesprochen. Marx erklärt, dass die Ware „ein sehr vertracktes Ding ist, voll metaphysischer Spitzfindigkeiten und theologischer Mucken“[483] sei. Dabei geht er von folgender Formel aus, die den Wert einer Ware im Tausch darstellt: x Ware A = y Ware B. Die Ware B ist mit der Ware A tauschbar und kann den gleichen Wert wie Ware A ausdrücken. Marx nennt dies die Äquivalentform. Im alltäglichen Tausch ist es eine scheinbar natürliche Eigenschaft der Ware B den Wert der Ware A auszudrücken. Kein Ding kann aber von sich aus den Tauschwert eines anderen Gegenstandes ausdrücken, sondern der Tauschwert entsteht erst über die gesellschaftliche Zuschreibung, die allerdings nicht erkannt wird. Gleiches gilt für die Arbeitskraft. Die konkrete Arbeit wird – um mit anderer Arbeit und Waren auf dem Mark gleichgesetzt werden zu können – zu abstrakt menschlicher Arbeit, die gekauft und verkauft werden kann.[484]

„Das Geheimnisvolle der Warenform besteht also einfach darin, daß sie den Menschen ihre gesellschaftlichen Charaktere ihrer eignen Arbeit als gegenständliche Charaktere der Arbeitsprodukte selbst, als gesellschaftliche Natureigenschaften dieser Dinge zurückspiegelt“[485]. Die Menschen unterliegen damit einer sich verselbstständigten Produktion, der Herrschaft der Sachen. Ihr Mystizismus ist aber keineswegs einem subjektiven Irrtum geschuldet, sondern erklärt sich dadurch, dass der Fetischismus „den Arbeitsprodukten anklebt, sobald sie als Waren produziert werden, und der daher von der Warenpro-

---

[482]Begrifflich ist Marx auch hier nicht immer eindeutig. Folgende Benutzung der Begrifflichkeiten werden bei Grigat herausdestilliert: „Die konstitutiven Elemente des Fetischismus sind der Fetischcharakter und die Fetischisierung. Der Fetischcharakter bezeichnet einen objektiven Zustand und einen Prozeß zugleich. Die Fetischisierung ist subjektives Verhalten und Bewusstsein. Die Fetischisierung entspringt dem Fetischcharakter, ist aber zugleich Moment seiner Fortdauer. Fetischcharakter und Fetischisierung gemeinsam konstituieren den Fetischismus.“ Grigat 2007, S. 71

[483]Marx in MEW Bd. 23, S. 85

[484]So wie die Ware bei Marx Gebrauchswert und Tauschwert hat, so hat auch die Arbeit einen Doppelcharakter als konkrete und abstrakte Arbeit. Der Tauschwert der Arbeitskraft bei der Herstellung von Waren ist abhängig von der dafür durchschnittlich notwendigen Arbeitszeit in der Gesellschaft.

[485]Marx in MEW Bd. 23, S. 86

duktion unzertrennlich ist."[486] Fetischismus ist daher ein notwendig falsches Bewusstsein. Unter kapitalistischen Verhältnissen haben Gegenstände Tauschwert. Es handelt sich um eine gesellschaftlich gültige und damit objektive Gedankenform.[487] Hier liegt ein wichtiger Unterschied zwischen Entfremdung und Fetischismus: Während die Entfremdung erlebt wird und sich bemerkbar macht, wird der Fetischismus als natürlich wahrgenommen, das heißt nicht reflektiert. Der Warenfetischismus bedingt weitere Fetischismen: Obwohl Geld keinen Gebrauchswert besitzt und erst durch den Tausch einen Wert erhält, wird Wert in das Geldstück oder einer Entsprechung projiziert. Die Besonderheit des Geldfetischs liegt jedoch darin, dass der Wert des Geldes nicht im Wert der tauschbaren Waren gesehen wird, sondern umgekehrt der Wert der Waren in Geld.[488] Während Geld bloßes Zirkulationsmittel ist, unterscheidet sich das Kapital vom Geld dadurch, dass es mit der Absicht eingebracht wird, hinterher eine größere Summe Geld zur Verfügung zu haben. Der Kapitalfetisch beruht darauf, dass das Kapital scheinbar aus dem Nichts heraus Mehrwert erschafft. Seine reine Fetischform erhält das Kapital als zinstragendes Kapital. Geld schaffendes Geld: „die Kapitalmystifikation in der grellsten Form"[489].

Der Begriff Verdinglichung taucht zwar schon bei Marx auf, aber erst Georg Lukács entwickelt aus der Theorie des Fetischischarakters der Ware die Verdinglichung als theoretische Kategorie. Lukács gilt als der Erste, der den Fetischcharakter der Ware in das Zentrum der materialistischen Kritik gestellt hat und „als Wegbereiter einer Marxinterpretation, die die Totalität in den Mittelpunkt stellt."[490] Das Wesen der Warenstruktur beruht nach Lukács „darauf, daß ein Ver-

[486]Marx in MEW Bd. 23, S. 87

[487]Vgl. Marx in MEW Bd. 23, S. 90 Hierin liegt ein bedeutender Unterschied zum konventionell religiösen Fetisch. Diesem werden Eigenschaften zugeschrieben, die er nicht hat. Der Wert existiert aber ausschließlich in den Vorstellungen der Menschen, die ihm so eine gesellschaftliche Macht geben, die deswegen real wird. Vgl. Grigat 2007, S. 52f.

[488]„Eine Ware scheint nicht erst Geld zu werden, weil die anderen Waren allseitig ihre Werte in ihr darstellen, sondern sie scheinen umgekehrt allgemein ihre Werte in ihr darzustellen, weil sie Geld ist." Marx in MEW Bd. 23, S. 107

[489]Marx in MEW Bd. 23, S. 405. Die verschiedenen Formen der Mystifikation hat Marx in seinem Werk *Theorien über den Mehrwert* ausführlich behandelt.

[490]Grigat 2012, S. 339

hältnis, eine Beziehung zwischen Personen den Charakter einer Dinghaftigkeit und auf diese Weise eine 'gespenstige Gegenständlichkeit' erhält."[491]

Verdinglicht werden gesellschaftliche Verhältnisse, wenn sie als natürliche Eigenschaften von Dingen aufgefasst werden. Dadurch scheint es, als ob Dinge Autonomie und Möglichkeiten von Personen haben, als besäßen sie selbst etwas Subjekthaftes. Lukács beschreibt, wie „das Prinzip der auf Kalkulation, auf Kalkulierbarkeit eingestellten Rationalisierung"[492], insbesondere die Rationalisierungsmaßnahmen im Taylorismus, Entfremdung auslösen. Die Zerlegung des Arbeitsprozesses in Einzelschritte führt dazu, dass das Arbeitsprodukt und der Arbeiter kaum mehr als Einheit wahrgenommen werden. Die Unterscheidung zwischen Verdinglichung, Fetischismus und Entfremdung ist bei Lukács nicht immer eindeutig. Im Kapitalismus entfremden sich die Menschen von ihrem nicht verdinglichten Kern.[493] Verdinglichung bedeutet rationelle Objektivierung, also die Tendenz allen Elementen der eigenen Lebenswelt Warencharakter zuzuweisen und somit auch Menschen und sozialen Beziehungen einen ökonomischen Wert zu verleihen, beziehungsweise sie als Mittel zum Zweck zu bestimmen. Verdinglichung schleicht sich so in alle Lebensbereiche. Sie ist der resultierende, fortschreitende Prozess, der aus dem Fetischismus wie ihn Marx fasste und im Unterschied zu diesem sich entwickelt, weswegen das „Durchschauen [der] dinglichen Hülle immer seltener und schwerer geworden ist"[494], da die ökonomische Rationalisierung ständig voranschreitet.[495]

„Bereits Lukács sah, daß die Verdinglichung bis in die intimen Gefühlsäußerungen von Menschen, bis in die intimen Beziehungen hinein

---

[491] Lukács 1968, S. 257

[492] Lukács 1968, S. 262. Zitat im Original teilweise kursiv.

[493] Im Gegensatz zu Marx enthält das Werk Lukács hier eindeutig einen anthropologischen Kern. Vgl. Fechner 2012, S. 229 f. Vgl. auch Greven 1987, S. 117. Vgl. dazu auch das Kapitel *Anthropologie* in dieser Arbeit. Konkret behält aber das Proletariat bei Lukács stets diesen Kern, während Beamte oder gar Journalisten ihn rasch verlieren. Vgl. Grigat 2012, S. 350

[494] Lukács 1968, S. 260

[495] Hier irrt Lukács. Die Ökonomisierung und Rationalisierung aller Lebensbereiche kann durchaus zunehmen, das Erkennen der Mystifikation wird deswegen aber nicht schwieriger. Die Mystifikation kann sich nicht mystifizieren, dass scheinbar Naturhafte nicht natürlicher werden. Vgl. Fechner 2012, S. 227

wirkt, womit er spätere Gedanken der Kritischen Theorie bereits andeutet."[496]

Einen anderen Entfremdungsbegriff verfolgen Horkheimer und Adorno in der *Dialektik der Aufklärung*. Sie beschreiben, dass die sich einverleibte Macht des Menschen über die Natur automatisch mit einer Entfremdung dieser gegenüber einhergeht. In dem sich der Mensch über die Natur stellt, ist er nicht mehr nur Teil dieser. Entfremdung ist damit kein zu überwindender Status, sondern eine Konstante des modernen Menschen.[497] Sie ist so verstanden die Emanzipation von der Natur, ein Zivilisierungsprozess. Gesellschaft und Kultur sind ohne Entfremdung damit undenkbar. Im Gegensatz zum frühen Marx erfährt der Mensch nicht in der Ausbeutung durch Lohnarbeit allein Entfremdung, sondern auch in seiner freien Zeit und beim Vergnügen. Hier beginnt bereits das, was Adorno und Horkheimer mit dem Begriff Kulturindustrie fassen.

> „Das Kind wird, oft übrigens bereits im Kindergarten, aus der primary community, aus unmittelbaren, hegenden, warmen Verhältnissen herausgerissen und erfährt an der Schule jäh, schockhaft zum ersten Mal Entfremdung; die Schule ist für die Entwicklung des Einzelmenschen fast der Prototyp gesellschaftlicher Entfremdung überhaupt. [...] Agent dieser Entfremdung ist die Lehrerautorität und die negative Besetzung der imago des Lehrers die Antwort darauf. Die Zivilisation, die er ihnen antut, die Versagungen, die er ihnen zumutet, mobilisieren in den Kindern automatisch die imagines des Lehrers, die im Lauf der Geschichte sich angehäuft haben und die, wie aller Unrat, der im Unbewussten fortwest, nach den Bedürfnissen der psychischen Ökonomie wieder erweckt werden können."[498]

Bereits Freud hatte den Fortschritt der Kultur als Fortschritt von Verdrängung und Verarmung des Ichs gesehen. In der „Dialektik der Aufklärung" folgen Adorno und Horkheimer hierin Freud. Der Fokus der Kritischen Theorie ist nicht länger das Streben nach einer bes-

[496] Grigrat 2012, S. 344
[497] Vgl. auch Grigat 2007, S. 143
[498] Adorno 1971, S. 82

seren Gesellschaftsordnung in Ablösung des kapitalistischen Systems, sondern die Rolle des Subjekts in zunehmend totalitären Gesellschaften.

> „Die modernen Gesellschaften tendieren gegenüber den Individuen dadurch zum Totalitären, dass sie dazu neigen, jeden früher familiär oder individuell bestimmten Lebensbereich zu erfassen und zu durchdringen. Das ökonomische, politische und kulturelle System sind mehr oder minder einheitlich, nahezu umfassend und nach ihren eigenen Parametern höchst funktionsfähig. Die omnipräsente Kulturindustrie, gelenkte Massenorganisationen, umfassende staatliche Verwaltungsapparate (fürsorgende ebenso wie kontrollierende), eine Einbindung durch Vollbeschäftigung und Massenkonsum: Dies sind nur einige der Elemente, die das Individuum entmächtigen."[499]

Das Verschwinden des Individuums, indem es seiner Individualität beraubt wird, wurde mit Auschwitz in seiner krassesten Form demonstriert: Selbst der Tod erfolgte in nummerierter industrieller Massenabfertigung. Aber auch die spätkapitalistische Gesellschaft ist davon – freilich in nicht vergleichbarer Art und Weise – geprägt. Nach Adorno verschwindet mit der Vergesellschaftung aller Lebensbereiche und der zunehmenden Anpassung des Subjekts das Ich. „Der Begriff des Individuums, historisch entsprungen, erreicht seine historische Grenze"[500]. Adorno nennt dies die Verdinglichung des Bewusstseins. Obwohl die Menschen dies nicht durchschauen, nehmen sie sich selbst unbewusst als Objekte wahr.

> „Noch inmitten der Prosperität, selbst während des temporären Mangels an Arbeitskräften fühlt insgeheim wahrscheinlich die Mehrheit der Menschen sich selbst als potenzielle Arbeitslose, Empfänger von Wohltaten und eben damit erst recht als Objekte, nicht als Subjekte der Gesellschaft: das ist der überaus legitime und vernünftige Grund ihres Mißbehagens. Daß es im gegebenen Augenblick nach rückwärts gestaut und für die Erneuerung des Unheils mißbraucht werden kann, ist offenbar."[501]

---

[499] Schwandt 2009, S. 100
[500] Adorno in Schwandt 2009, S. 100
[501] Adorno 1971, S. 20f.

Die Begriffe Entfremdung und Verdinglichung bleiben integrale Bestandteile in Adornos Theorie, aber bieten Adorno immer dann Anlass zur Skepsis, wenn sie aus dem Zusammenhang der Theorie heraus gelöst werden und dadurch ihren Wahrheitsgehalt einbüßen, weil sie zu zentralen Problemfeldern in Theorien gemacht werden. Denn im philosophischen Diskurs hat das „Schimpfwort Entfremdung eine geradezu beängstigende Popularität erlangt“[502], die diese Kategorie nicht verdient:

> „Das Unheil liegt in den Verhältnissen, welche die Menschen zur Ohnmacht und Apathie verdammen und doch von ihnen zu ändern wären; nicht primär in den Menschen und der Weise wie die Verhältnisse ihnen erscheinen. Gegenüber der Möglichkeit der totalen Katastrophe ist Verdinglichung ein Epiphänomen; vollends die mit ihr verkoppelte Entfremdung, der subjektive Bewußtseinsstand, der ihr entspricht. [...] Wem alles Dinghafte als radikal Böses gilt, wer alles, was ist, zur reinen Aktualität dynamisieren möchte, tendiert zur Feindschaft gegen das Andere, Fremde, dessen Namen nicht umsonst in der Entfremdung anklingt;“[503]

Damit „wendet sich [Adorno] gegen die philosophische Konzentration auf Entfremdung und Verdinglichung als eine modische Ideologie, die vor einer religiösen Indienstnahme nicht gefeit sei; gegen den Kult um die Schriften des jungen Marx auf Kosten des Kapitals; gegen anthropozentrische Geschichtsauffassungen und die sie begleitende schwammige Rhetorik des Humanismus“[504]. Schon Lukács fällt nach Adorno in einen romantischen Antikapitalismus zurück, wenn dieser glaubt in vormodernen Ökonomien „wären zwischenmenschliche Beziehungen unmittelbar, also ohne die Vermittlung durch verdinglichte Objekte, das heißt gesellschaftliche Institutionen“ möglich gewesen.[505]

Adorno richtet sich gegen Lukács, aber auch gegen entfremdungstheoretische Anthropologieapologeten wenn er in der Negativen Dialektik schreibt: „Reine Unmittelbarkeit und Fetischismus sind gleich

[502] Adorno 2006, S. 287
[503] Adorno 2013, S. 191
[504] Anderson 1978. S. 109
[505] Hall 2012, S. 304. Die Schrift von Timothy Hall liefert einen tieferen Einblick in die Kritik Adornos an Lukács.

unwahr."[506] Damit fordert Adorno auch bei der Reflexion von Fetischismus und Verdinglichung eine dialektische Betrachtungsweise gegen jegliche Naturwüchsigkeit ein. Denn es gibt keine unvermittelte Identität; Verhältnisse sind stets vermittelt. Soweit sich Horkheimers Position hierzu eruieren lässt, ist davon auszugehen, dass er mit Adornos Position weitgehend übereinstimmt oder zumindest seine Skepsis an der Begeisterung am jungen Marx teilt und damit eher Adornos Position einnimmt, als die von Marcuse oder Fromm. Horkheimer hatte in einem Seminar Adornos 1956 die aufkommenden Entfremdungstheorien als entschärfende Interpretationen der marxschen Theorie gesehen. In einem nicht zuordenbaren Seminarprotokoll heißt es:

> „Im übrigen bezweifelte Herr Prof. Horkheimer, daß dem Begriff der Entfremdung bei Marx wirklich die Bedeutung zukomme, die ihm heute von Leuten, die Marx als Klassiker entschärfen möchten, zugeschrieben wird. Horkheimer warf die Frage auf, ob nicht im Zusammenhang mit der Entstehung der Ideologie der Begriff der Herrschaft von größerer Tragweite sei."[507]

Adornos und Horkheimers Kritik an den Entfremdungstheorien richtet sich demnach auch an Marcuse und Fromm. Die Kritik trifft aber ebenso Freire, sowie neuere Entfremdungstheorien.[508]

Auch für Marcuses Interpretation der marxschen Lehre stehen die genannten Begriffe Entfremdung, Verdinglichung und Fetischismus im Vordergrund und sind für seine Gesellschaftsanalyse von großer Wichtigkeit. Marcuse geht dabei von der Entfremdung in den marxschen Frühschriften aus, die er bereits als eine explizite Erläuterung des Prozesses der Verdinglichung versteht, der für ihn wiederum im *Kapital* als Warenfetischismus dargelegt wurde.[509] Das bedeutet, dass Marcuse nicht nur hierbei keinen Bruch zwischen früh- und spätmarxistischen Schriften erkennt, sondern er rückt den Fokus auf Marx' Frühschriften und folgert den Fetischismus aus der Entfremdung. In der Analyse von Fetischisierung und Verdinglichung ist Marcuse dafür wieder näher an den Texten von Marx und Lukács: „Ökonomische Be-

[506] Adorno 2013, S. 367

[507] N. N. in Demirovic 1999, S. 472

[508] Aktuelle Diskussionen zu Entfremdung, Verdinglichung und Fetischismus finden sich z. B. bei Honneth 2005, Jaeggi 2005, sowie bei Rosa 2009 und 2013.

[509] Vgl. Marcuse 1989, S. 246

ziehungen erscheinen nur wegen des Charakters der Warenproduktion als gegenständliche."[510] Die Verdinglichung „stellt die tatsächlichen gesellschaftlichen Beziehungen unter den Menschen als eine Totalität gegenständlicher Beziehungen dar, wodurch sie ihren Ursprung, die Mechanismen ihres Fortbestehens und die Möglichkeit ihrer Umgestaltung verbirgt."[511] Damit folgt Marcuse ein Stück weit Adornos Verständnis zur gesellschaftlichen Totalität und Verdinglichung, auch wenn Marcuse die Auflösung dieser Totalität für wahrscheinlicher hält als Adorno, und Marcuse den Bezug zur Entfremdung stark macht. Die Kritik der Entfremdung versteht Marcuse aber nicht nur als Grundlage sondern auch als im Zentrum der Gesellschaftskritik von Marx stehend. Marcuse setzt wie Marx Arbeit und entfremdete Arbeit gleich und sieht darin das Grundproblem des Kapitalismus.[512] Diese Grundannahme von Arbeit und Entfremdung darf als Konstante in Marcuses Werk bezeichnet werden. Dabei geht er relativ genau von dem Entfremdungsbegriff aus den *Ökonomisch-philosophischen Manuskripten* aus.

„Die Theorie der Entfremdung demonstriert die Tatsache, daß der Mensch sich nicht in der Arbeitsleistung realisiert, daß sein Leben ein Arbeitsinstrument geworden ist, daß seine Arbeit und ihre Produkte eine Form und eine Macht angenommen haben, die unabhängig von ihm als Individuum sind"[513]. Im Gegensatz zu Marx hat Entfremdung bei Marcuse aber einen graduelle Qualität: „Die Entfremdung hat ihre umfassendste Gestalt in der Institution des Privateigentums angenommen; eine Besserung wird mit der Abschaffung des Privateigentums eintreten."[514] „Die Negativität der kapitalistischen Gesellschaft"[515] liegt in der Entfremdung. Die vollständige Befreiung von der Entfremdung kann nur durch die Befreiung von der entfremdeten Arbeit gelingen.[516]

---

[510]Marcuse1989, S. 248
[511]Marcuse 1989, S. 247 f.
[512]Vgl. Marcuse 1968, S. 10ff.
[513]Marcuse 1979, S. 93
[514]Marcuse 1989, S. 250
[515]Marcuse 1989, S. 250
[516]Eine ausführliche Darstellung der Entwicklung des Begriffs der Entfremdung in Marcuses (Spät-)Werk findet sich in Zilbersheid 1986, S. 108ff.

Die Interpretation der marxschen Lehre von Marcuse hatte einen maßgeblichen Einfluss auf Fromm. Fromm stützt sich bezüglich „der philosophischen Grundlage des Marxschen Denkens [...] vor allem [auf] das scharfsinnige Buch von Herbert Marcuse: 'Vernunft und Revolution',"[517] Wie Marcuse legt auch Fromm bei der Analyse des marxschen Werkes einen Schwerpunkt auf dessen Frühwerk. Der „humanistische Existentialismus" den Fromm in Marx' Werk liest, bestimmt nicht nur die Anthropologie, sondern ist auch mit der Entfremdung verknüpft:

> „Die Philosophie von Marx stellt, wie der größte Teil des existentialistischen Denkens, einen Protest gegen die Entfremdung des Menschen, den Verlust seiner selbst und seine Verwandlung in einen Gegenstand, dar. Diesen Protest erhebt sie gegen die Enthumanisierung und Automatisierung des Menschen, die mit der Entwicklung des westlichen Industrialismus verbunden ist."[518]

In der Analyse des Entfremdungsphänomens folgt Fromm weitgehend der Interpretation Marcuses: Entfremdung ist die kontinuierliche Kategorie im marxschen Denken und die Folge der Entfremdung sind Verdinglichung und Fetischismus. „Für das Verständnis von Marx ist es von äußerster Wichtigkeit, sich klarzumachen, wie sehr der Begriff der Entfremdung Brennpunkt im Denken des jungen Marx, der die 'Ökonomischphilosophischen Manuskripte', und des älteren Marx, der 'Das Kapital' schrieb, war und blieb."[519] Daher kritisiert Fromm zwar auch die Verdinglichung, kapitalistische Totalität und Konformismus; die Menschen „haben einen Grad der Konformität erreicht, der die Individualität in beachtlichem Maß ausgelöscht hat"[520], die entscheidende Kritik des Kapitalismus durch Marx sei aber die der entfremdeten Arbeit. Fromm bezeichnet sie als das Herzstück in Marx Theorie.[521] „Das zentrale Thema von Marx ist also die Verwandlung der entfremdeten, sinnlosen Arbeit in produktive freie Arbeit"[522].

[517]Fromm 1963, S. 14
[518]Fromm 1963, S. 5
[519]Fromm 1963, S. 55
[520]Fromm 1963, S. 15
[521]Vgl. Fromm 1963, S. 79
[522]Fomm 1963, S. 48, vgl. auch S. 47

Zusammengefasst lässt sich über die Kategorie der Entfremdung bei Fromm sagen, dass dieser sie ins Zentrum der Marxschen Kritik stellt und den Wandel im Marxschen Spätwerk sowie dessen neue Schwerpunkte nicht sieht. Zugleich bleibt Fromm in seiner Analyse der Entfremdung weitgehend bei der Marxschen Bedeutung. Allerdings sind nach Fromm moderne Menschen noch entfremdeter als Arbeiter, denn sie veräußern und entäußern ihr Lachen. Die Entfremdung dringt in die intimsten Bereiche ein.

Freires Begriff der Entfremdung steht zwar in der gleichen Theoriegeschichte, er unterscheidet sich aber vom frühmarxistischen Gebrauch genauso deutlich wie vom Entfremdungsbegriff Adornos oder Marcuses. Grundsätzlich erschwert Freires fast schon beliebig wirkende Verwendung des Entfremdungsbegriffs eine genaue Definition. Entfremdung ist etwas Unbewussstes, das nur schwer zu entdecken ist, „denn wir haben die Tendenz, vor dieser Art Wissen zu fliehen."[523] Freire nennt eine große Menge von verschiedenen Phänomenen, die er als Entfremdung beschreibt. Auch wenn Freire stets nur einfach von Entfremdung spricht, lassen sich verschiedene Formen von Entfremdung aus Freires Arbeiten synthetisieren, die allerdings ineinander übergehen: Freire beschreibt zum einen die Entfremdung als eine Abkehr vom eigenen Ursprung und der sozialen Überlieferung. So spricht er von „‚entafrikanisierten' Intellektuellen, die ihren Ursprung leugnen."[524] Schwarze, die sich bemühen „‚Weiße' oder ‚Schwarze mit weißer Seele' zu werden."[525] „Wie ein Mensch, der seinen Wohnsitz verloren hat, ist er ‚entwurzelt'."[526]

> „Diese urbanen Minderheiten sind umso entfremdeter, je mehr sie sich bemühen, ihren Ursprung zu leugnen und ihre eigene, von der Kolonialmacht als Dialekt, als arm und minderwertig bezeichnete Sprache zu vergessen oder sie gar nicht erst zu lernen. Durch den Versuch, die Kultur der Herrschenden zu kopieren, negieren sie sich selbst,"[527]

[523] Freire 2007, S. 98
[524] Freire 1980, S. 67
[525] Freire 1980, S. 19
[526] Freire 1983, S. 39
[527] Freire 1980, S. 134

Diese Aussagen Freires lassen sich leicht falsch interpretieren. Dass Freire sie in Anführungszeichen setzt, soll verdeutlichen, dass er damit nicht naturalistisch oder biologistisch argumentiert. Vielmehr kritisiert er an der kulturellen Entfremdung eine fehlende Integration in die Wirklichkeit. Kulturelle Entfremdung bedeutet, dass Lösungen aus anderen Kulturen für die eigenen Probleme übernommen werden und diese aufgrund des fehlenden Verständnisses der realen Lebenssituation vor Ort sich als unbrauchbar und fruchtlos erweisen.[528] Freire bezieht sich dabei auf die brasilianische oder afrikanische Kolonialgesellschaft: Wenn beispielsweise brasilianische Wissenschaftlerinnen in europäischer Perspektive Brasilien betrachten, als sei es ein Fremdkörper, arbeiten sie entfremdet. Diese kulturelle Entfremdung ist eine Folge des Kolonialismus. Wird Brasilien als eigene Realität und eigenes Projekt anerkannt, handele es sich hingegen um ein Klima der Nichtentfremdung.[529]

Gleichzeitig wendet sich Freire auch in Aussagen zur Entfremdung gegen scheinbar natürliche Zuschreibungen und sieht die Abkehr vom vermeintlich eigenen Ursprung durchaus positiv. Beispielsweise wenn er schreibt, wie er erkenne, dass er afrikanischer sei, als er geglaubt hätte[530] oder wenn er erklärt: „Ich bin selbst sehr Frau“[531]. Die bisherige Formen von Entfremdung bei Freire lassen sich auch insofern definieren, dass etwas oder jemand dann entfremdet ist, wenn er oder es aus dem sozialen Zusammenhang herausgerissen ist und so die gesellschaftlichen Ursachen verschleiert sind: „Wir sind eingetaucht in die Entfremdung des Alltags, und der Alltag, das tägliche Leben übt einen so starken Druck aus, daß wir nicht fähig sind, die eigentlichen Ursachen ebendieser Alltäglichkeit wahrzunehmen.“[532]

Insbesondere die labile Beziehung zwischen Subjekt und Objekt im Sinne Freires erinnert an die allgemeine Definition von Rosa: „Entfremdung drückt eine pathologische, Leid verursachende Störung in der Beziehung zwischen Subjekt und Welt aus; und wo diese Störung

[528]Vgl. Freire 1983, S. 19

[529]Vgl. Freire 1977, S. 45

[530]Freire 1980, S. 11

[531]Freire 2001, S. 266, vgl. Funke 2010, S. 290. Die Aussage mag auf den ersten Blick irritieren. Freire spricht sich aber damit für eine gemeinsame menschliche Empathie aus.

[532]Freire 2007, S. 97

soziale Ursachen hat, tritt die Gesellschaftskritikerin in Aktion“[533]. Genauer ließe sich bei Freire diese zweite Form von Entfremdung folgendermaßen definieren: Entfremdet ist ein Individuum/Subjekt immer dann, wenn es als Objekt wahrgenommen wird oder sich selbst als Objekt wahrnimmt; wenn es die eigene Rolle als Subjekt nicht realisiert. Hier findet sich eine Bedeutung des Entfremdungsbegriffes bei Freire, der weitgehend analog zum Verdinglichungsbegriff erklärt werden kann. Beispielhaft nennt Freire sowohl die Unterdrücker, als auch autoritäre Führer, die die Unterdrückten nicht als Subjekte begreifen, sondern lediglich als Objekte, und dadurch in ihren „Reden nichts als entfremdete und entfremdende Rhetorik“[534] gebrauchen. „Nur wo Mehrheiten ihr Recht verwehrt wird, an der Geschichte als Subjekte teilzunehmen, werden sie beherrscht und entfremdet.“[535] Wieso Entfremdung keine Minderheiten betreffen kann, erschließt sich bei Freire nicht. Stapelfeldt definiert Entfremdung bei Freire als unbewusst verinnerlichte Herrschaft. Damit handelt es sich allerdings um eine weitere und damit dritte Form von Entfremdung die Freire kennt:

> „Dieses Unbewußte ist prinzipiell ein Gesellschaftlich-Unbewußtes, verinnerlichte soziale Herrschaft, weil es dem bewußten Individuum entzogen - entfremdet - ist; es ist unpersönliche soziale Herrschaft, ‚Herrschaft der Verhältnisse‘ (Marx), weil es als Unbewußtes das Subjekt wie eine ‚invisible hand‘ lenkt.“[536]

Durch die Verinnerlichung von Herrschaft wird den Menschen auch das Sprechen fremd und mit ihm ganze Gesellschaften.[537] Sie führt zu Gehorsam und wird ihrerseits durch Werbung verstärkt.[538] „In ihrer Entfremdung wollen die Unterdrückten um jeden Preis dem Unterdrücker gleichen, sie möchten ihn imitieren, sie möchten ihm nachfolgen.“[539] Entsprechend plädiert Freire für eine Bewusstmachung jener verinnerlichten Herrschaft, um die Entfremdung aufzuheben. Das reicht aber noch nicht: „Ohne Änderung der Strukturen ist es unmög-

[533]Rosa 2009, S. 38
[534]Freire 1998, S. 79
[535]Freire 1998, S. 110
[536]Stapelfeldt 2004, S. 394
[537]Vgl. Freire 1977, S. 19 und Freire 1973, S. 79
[538]Vgl. Freire 2007, S. 97f. und Freire 1980, S. 116
[539]Freire 1998, S. 48f.

lich.“[540] Anders könnte man argumentieren, dass Entfremdung bei Freire analog zu seinem Anthropologiebegriff zu verstehen ist.

Eine vierte Form der Entfremdung bei Freire lautet: Menschen entfremden sich, wenn sie sich von dem weg entwickeln, was sie utopisch zu sein hätten und sein könnten. So versteht Freire den Menschen als dialogisches Wesen. Jede nicht dialogische Beziehung wirkt daher entfremdend. Entfremdung ist damit nur ein Synonym für eine als schlecht bewertete Entwicklung beziehungsweise dessen Zustand. So muss Entfremdung auch als Verlust von sinnvollen eigenen Interessen definiert werden. Für Freire ist die Überwindung der Entfremdung deswegen auch ein Kampf um Humanisierung. Enthumanisiert wird der Mensch überall, wenn er seinen Möglichkeiten durch Unterdrückung entrissen wird und sich so von seinen Möglichkeiten entfremdet hat.[541]

Hinzukommt eine fünfte, wesentliche Form bei Freire: die Entfremdung durch Arbeit. Beispielsweise „die Entfremdung der Serienproduktion, die Chaplin vor vielen Jahren in ‚Modern Times‘ so genial dargestellt hat.“[542] Unter Entfremdung versteht Freire hier wenn Menschen derart ausdifferenziert arbeiten oder lernen, dass sie zwar komplexe Tätigkeiten ausüben können, aber ihr Wissen so spezialisiert ist, dass den Menschen das Bewusstsein um ihr Wirken fehlt.[543] Als sechste Form schließlich findet sich bei Freire die „Entfremdung der Unwissenheit“[544]. Damit meint Freire das eigene Wissen und die vermeintliche Unwissenheit der anderen zu verabsolutieren. Diese Unterteilung in die Wissenden und die Unwissenden ist Grundlage für die Bankiers-Erziehung.[545] In jedem Fall ist der Begriff Entfremdung bei Freire sehr unterschiedlich gebraucht und zudem zuweilen spekulativ und damit letztlich unspezifisch. Die theoretische Kategorie der Verdinglichung verwendet Paulo Freire ebenfalls. Er bezieht sich dabei direkt auf die Kritische Theorie von Fromm und Marcuse. Dabei überträgt er die Theorie auf seine Analysen der Situation Südameri-

[540] Freire 2007, S. 103
[541] Vgl. Freire 1998, S. 31
[542] Freire 2007, S. 103
[543] Vgl. Freire 1980, S. 49
[544] Freire 1974, S. 46
[545] Vgl. dazu das entsprechende Kapitel in dieser Arbeit zum Bankiers-Konzept.

kas und das Bewusstsein der unterdrückenden und der unterdrückten Menschen:

> „Abgesehen von dem direkten, konkreten und materiellen Besitz an Welt und Menschen kann sich das Bewußtsein des Unterdrückers nicht verstehen – es könnte nicht einmal existieren. Fromm sagt von diesem Bewußtsein, daß es ohne diesen Besitz 'den Kontakt mit der Welt verlieren würde'. Das Bewußtsein des Unterdrückers neigt dazu, alles um sich herum in ein Objekt seiner Herrschaft zu verwandeln. Die Erde, das Eigentum, Produktion, die Schöpfungen der Menschen, die Menschen selbst, die Zeit – all das wird auf den Status von Objekten reduziert, die ihm zur Verfügung stehen."[546]

Die Unterdrückten werden zu Objekten der Unterdrückenden und dienen diesen als Dinge. Die Technisierung aller Lebensbereiche des Menschen inklusive des Menschen selbst bis zur Vergötterung der Technik und der allgemeine Hang zur Destruktivität beschreibt Fromm als den in der modernen Zivilisation aufkommenden Hang der Nekrophilie, der aber auch Wesensmerkmal eines bestimmten Charaktertyps sein kann. Fromm erklärt das Aufkommen von Nekrophilie und die sich darin äußernde Destruktivität als Folge eines ungelebten Lebens. Bei Sigmund Freud war dafür noch der Todestrieb verantwortlich. Den Drang, Menschen als Objekte zu benutzen und sie damit zu unterdrücken, erläutert Freire in Bezug auf Fromm als „sadistische Nekrophilie":

> „'Das Vergnügen an vollständiger Beherrschung einer anderen Person (oder einer sonstigen beseelten Kreatur) ist das innerste Wesen des sadistischen Hangs. Anders ausgedrückt: das Ziel des Sadismus liegt darin, einen Menschen in ein Ding zu verwandeln, etwas Beseeltes in etwas Seelenloses, weil durch die vollkommene und absolute Kontrolle jedes Lebewesen eine entscheidende Qualität des Lebens verliert – die Freiheit.' [Erich Fromm] Sadistische Liebe ist eine pervertierte Liebe – sie ist Liebe des Todes und nicht des Lebens.
>
> Ein Charakteristikum des Unterdrücker-Bewußtseins und seiner nekrophilen Weltanschauung ist deshalb der Sadismus. Bei

[546] Freire 1973, S. 45

> seinem Versuch, um der Herrschaft willen den Hang zum Suchen, die Unruhe und kreative Kraft, die das Leben kennzeichnet zu unterdrücken, tötet das Bewußtsein des Unterdrückers alles Leben.“[547]

Die radikale Forderung Paulo Freires an die Unterdrückten, aber auch an eine intervenierende Pädagogik, die dies unterstützt, lautet daher, die Menschlichkeit wiederzugewinnen, aufzuhören sich gegenseitig als Objekte zu begreifen und als Menschen für ihre Würde zu kämpfen.[548]

Die Besonderheit von Freires Begriff der Verdinglichung liegt darin, dass es die Unterdrücker sind, die die Unterdrückten als Objekte verdinglichen. Dieser Prozess ist für Freire ein invasiver, herrschaftlicher Akt der Unterdrücker. „In der Theorie der antidialogischen Aktion gehört zur Eroberung [...] ein Subjekt, das eine andere Person erobert und sie in ein Ding verwandelt.“[549] Freire versteht nicht, dass Verdinglichung keine spezielle bewusste herrschaftliche Machtausübung ist, die Menschen in erobernde Subjekte und eroberte Objekte unterteilt, sondern dass unter kapitalistischen Bedingungen ständig Menschen sowohl andere, als auch soziale Beziehungen und sogar sich selbst unentwegt verdinglichen. Freires Idee von Verdinglichung als Anti-Dialog lässt vermuten, dass er Verdinglichung hier eher sprachlich, als materialistisch denkt. Es offenbart sich, dass Freire sich zwar auf Marx bezieht, aber dessen Kritik der politischen Ökonomie außer Acht lässt. Ohne eine Analyse der ökonomischen Beziehungen aber muss Freire nicht nur einen falschen Begriff der Verdinglichung entwickeln, sondern ihm bleibt auch der Fetischcharakter der Ware verborgen. Dass Freire auf den warenförmigen Fetischismus gar nicht eingeht, mag insofern überraschen, da in der Theologie der Befreiung eine Kritik am Fetischismus durchaus vorzufinden ist. Es war gerade eine „Methode der Theologie der Befreiung [...] von der Götzenkritik zur expliziten Fetischismusanalyse über[zugehen] und [...] diese zur Grundlage einer theologischen Kapitalismuskritik“[550] zu machen.

---

[547] Freire 1973, S. 46

[548] Vgl. Freire 1973, S. 54

[549] Freire 1998, S. 143

[550] Füssel und Ramminger 2015, S. 82. Vgl. auch Richard 1984, S. 11ff, sowie Hinkelammert 1985.

5.5 Halbbildung

Die Entfremdung spielt für Freire auch eine wichtige Rolle in der Bildung. Zum einen ist es die traditionelle Pädagogik, die entfremdend auf die Menschen einwirkt, zum anderen wäre es aber gerade Aufgabe der Pädagogik entfremdeten menschlichen Beziehungen entgegenzutreten. Letzteres versucht Freire mit seiner problemformulierenden Methode. Entsprechend seiner Theorie wirkt Bildung dann entfremdend, wenn sie den Menschen aus deren realen Lebensverhältnissen loslöst und nicht die gesellschaftlichen Zusammenhänge und Ursachen kritisiert. Freires Kritik richtet sich zum einen an die pädagogisch entfremdende Bildungsmethode, zum anderen an die entfremdete Bildung selbst. Entfremdend wirkt Pädagogik „durch eine Art formalistisches Denken, durch [...] fast immer wortreiche Schilderungen, deren ‚gegebener' Inhalt passiv aufgenommen und auswendig gelernt werden muß, um später wiederholt zu werden."[551] Die entfremdende Pädagogik geht nicht von der Welt der Lernenden, sondern vom Wissen der vermeintlich Wissenden aus. Die entfremdende Pädagogik gipfelt letztlich in der Bankiers-Erziehung.[552]

Entfremdete Bildung ist eine Sammlung von Kenntnissen, die aus dem Zusammenhang gerissen ist. Ihr fehlt das dynamische Moment: „Ein Wissen davon, dass Lehren nicht heißt, Kenntnisse weiterzugeben, sondern Möglichkeiten für ein eigenständiges Erarbeiten oder die Weiterentwicklung der Kenntnisse zu schaffen."[553] Es ist kulturell entfremdete Bildung, wenn Wissen aus anderen Kontexten unkritisch übernommen wird, oder wenn es derart spezielles Wissen ist, dass es völlig fragmentarisch ist, beispielsweise kontextloses Faktenwissen. Dies findet sich, wenn Menschen derart ausdifferenziert lernen, dass sie zwar komplexe Tätigkeiten ausüben können, aber das Bewusstsein um deren Wirken fehlt.[554]

Entfremdete Bildung bei Freire ist Halbbildung: Wissen, das zwar abrufbar ist und für bestimmte Aufgaben ausreicht, aber unvollständig bleibt. Es fehlt dieser Bildung derjenige Teil, der es ermöglicht,

551 Freire 1974, S. 53
552 Vgl. dazu das Kapitel zum Bankiers-Konzept in dieser Arbeit.
553 Freire 2013, S. 45 Zitat im Original teilweise kursiv.
554 Freire 1977, S. 45f.

Einsicht in die Gesamtheit der Vorgänge zu gewinnen, um diese zu kritisieren und überwinden zu können. Dies ist für Freire aber nicht nur halbierte Bildung, sondern ein grundsätzlich verkehrtes Verständnis von Bildung.

Eine *Theorie der Halbbildung* stellte auch Adorno auf. Nach ihr wird das, was Bildung einmal war, beziehungsweise das, was sie einmal sein sollte, immer mehr zur Halbbildung. Den Verlauf der Bildung sieht Adorno verwandt zu dem der Entfremdung:

> „Die philosophische Bildungsidee auf ihrer Höhe wollte natürliches Dasein bewahrend formen. Sie hatte beides gemeint, Bändigung der animalischen Menschen durch ihre Anpassung aneinander und Rettung des Natürlichen im Widerstand gegen den Druck der hinfälligen, von Menschen gemachten Ordnung."[555]

So begriffen ermöglichte Bildung sowohl die Anpassung der Individuen aneinander als Voraussetzung von Gesellschaft, als auch die Individuation gegenüber der Gesellschaft. Die Idee der Bildung „galt stillschweigend als Bedingung einer autonomen Gesellschaft."[556] Bildung wurde absolut gesetzt. Dies ignoriert allerdings die Erkenntnis, dass die Vorstellung von Bildung schon immer von den gesellschaftlichen Verhältnissen abhängig war. Wird sie, losgelöst von diesen, zum Selbstzweck idealisiert, verliert sich die Kritik an ihr. Eine kritisch-theoretische Betrachtung der Bildung wird also immer ihre Funktion innerhalb der sozialen Verhältnisse untersuchen.

> „Die perennierende Statusgesellschaft saugt die Reste von Bildung auf und verwandelt sie in Embleme des Status. Das war der bürgerlichen Bildung nie fremd. Sie hat von je dazu sich erniedrigt, ihre sogenannten Träger, früher jene die Latein konnten, vom Volk zu trennen, so wie es noch Schopenhauer in aller Naivität aussprach."[557]

Bildung ermöglicht Identifikation und Identität. Die sich selbst als gebildet wahrnehmenden Menschen machen Bildung zum kulturellen Habitus. Damit transformiert sich Bildung zur Kultur.

---

[555] Adorno 1962, S. 91
[556] Adorno 1962, S. 92
[557] Adorno 1962, S. 94

> „Bildung ist nichts anderes als Kultur nach der Seite ihrer subjektiven Zueignung. Kultur aber hat Doppelcharakter. Er weist auf die Gesellschaft zurück und vermittelt zwischen dieser und der Halbbildung."[558]

Wenn Bildung ein Kulturgut geworden ist, ist sie beliebig geworden und von den anderen Kulturgütern abhängig. Die deutsche Gesellschaft des Nationalsozialismus war weder eine ungebildete, noch eine kulturlose Gesellschaft. Stattdessen berief sie sich doch gerade auf eine deutsche Geschichte und auch auf die angebliche Überlegenheit der deutschen Kultur und der gebildeten Deutschen.

> „Wenn Max Frisch bemerkte, daß Menschen, die zuweilen mit Passion und Verständnis an den sogenannten Kulturgütern partizipierten, unangefochten der Mordpraxis des Nationalsozialismus sich verschreiben konnten, so ist das nicht nur ein Index fortschreitend gespaltenen Bewußtseins, sondern straft objektiv den Gehalt jener Kulturgüter, Humanität und alles, was ihr innewohnt, Lügen, wofern sie nichts sind als Kulturgüter. Ihr eigener Sinn kann nicht getrennt werden von der Einrichtung der menschlichen Dinge. Bildung welche davon absieht, sich selbst setzt und verabsolutiert, ist schon Halbbildung geworden."[559]

Adorno weiter:

> „Der Traum der Bildung, Freiheit vom Diktat der Mittel, der sturen kargen Nützlichkeit, wird verfälscht zur Apologie der Welt, die nach jenem Diktat eingerichtet ist. Im Bildungsideal, das die Kultur absolut setzt, schlägt die Fragwürdigkeit von Kultur durch."[560]

Neben der Eigenschaft als Kulturgut ist Bildung aber auch anderweitig ideologiebehaftet: In der kapitalistischen Gesellschaft werden Freiheit und Verantwortung auf das eigene Selbst beschränkt und so zum egoistischen Prinzip. Gleichzeitig ist in einer Gesellschaft der Konkurrenz jeder für die eigene Konkurrenzfähigkeit der eigenen Bildung verantwortlich.

---

[558] Adorno 1962, S. 90

[559] Adorno 1962, S. 90

[560] Adorno 1962, S. 92f.

Wenn Bildung in der kapitalistischen Gesellschaft eine Ware darstellt, wird sie nur so betrieben, dass sie nützlich ist und „cash value“ hat: die oberflächliche Analyse, das was einen Vorteil gegenüber den Anderen bringt, wie man aus dem Bestehenden einen Nutzen zieht; Bescheid wissen, verwert- und abfragbares Wissen. Dagegen ist unter diesen Kriterien eine fundamentale Kritik am Bestehenden, wie auch die Einordnung in die gesellschaftlichen Verhältnisse selbst wertlos.

> „Kritik aber ist zur puren Schlauheit erniedrigt, die sich nichts vormachen lässt und den Kontrahenten drankriegt, ein Mittel des Vorwärtskommens.“[561]

Und weiter:

> „Erfahrung die Kontinuität des Bewußtseins, in der das Nichtgegenwärtige dauert, in der Übung und Assoziation im je Einzelnen Tradition stiften, wird ersetzt durch die punktuelle, unverbundene, auswechselbare und ephemere Informiertheit, der schon anzumerken ist, daß sie im nächsten Augenblick durch andere Informationen weggewischt wird.“[562]

Die kapitalistische Gesellschaft, insbesondere der Komplex der Kulturindustrie verarbeitet Bildung zur Halbbildung. Adorno interpretiert die öffentliche Kritik zu den Bildungskrisen seiner Zeit als ein Aufbegehren der Ideen die der Bildung innewohnen. Davon ungeachtet aber streben die Menschen nach jener bloßen Informiertheit, die Halbbildung darstellt; nach jenem Teil, durch den man bei seinen Mitmenschen punkten kann, die den eigenen Erfolg des persönlichen Status darstellen. Der Halbgebildete ist stolz, sich der kapitalistischen Gesellschaft soweit angepasst zu haben, dass er keinerlei Zeit besitzt, sich Fragen zu stellen und zu reflektieren. „Nicht umsonst rühmt sich der Halbgebildete seines schlechten Gedächtnisses, stolz auf seine Vielbeschäftigkeit und Überlastung.“[563]

Adorno hält dazu fest: „Im Klima der Halbbildung überdauern die warenhaft verdinglichten Sachgehalte von Bildung auf Kosten ihres Wahrheitsgehalts und ihrer lebendigen Beziehungen zu lebendigen Subjekten. Das entspräche ihrer Definition.“[564] „Halbbildung ist

[561] Adorno 1962, S. 97
[562] Adorno 1962, S. 97
[563] Adorno 1962, S. 97
[564] Adorno 1962, S. 93

der vom Fetischcharakter der Ware ergriffene Geist."[565] Halbbildung muss folglich als das Resultat einer für die kapitalistische Gesellschaft verwerteten Bildung gelten:

> „Das Halbverstandene und Halberfahrene ist nicht die Vorstufe der Bildung sondern ihr Todfeind: Bildungselemente, die ins Bewußtsein geraten, ohne in dessen Kontinuität eingeschmolzen zu werden, verwandeln sich in böse Giftstoffe, tendenziell in Aberglauben"[566].

Der angepasste Mensch lernt Bildung gar nicht kennen, sondern verfällt dem Bescheid wissen, der Halbbildung, die er nicht ins gesellschaftliche Ganze einordnen kann. Innerhalb der Halbbildung ist der Geist dauerhaft beschädigt. Halbbildung ist daher weder ein Zwischenstadium, noch eine Hälfte der Bildung die noch vervollständigt werden muss, stattdessen steht sie als Gut mit ökonomischem Wert der Bildung gegenüber.

Die Idee der Bildung, losgelöst von der Realität der Halbbildung, beeinflusst dabei weiter das Bewusstsein. Gerade die Realität einer qualitativ halbierten Bildung ist es, die die Notwendigkeit der Forderung nach der Negation des Bestehenden stets postuliert. Das angepasste Individuum selbst aber betrügt sich über seine Autonomie:

> „Denn die einmal erreichte Aufklärung, die wie sehr auch unbewußt in allen Individuen der durchkapitalisierten Länder wirksame Vorstellung, die seien Freie, sich selbst Bestimmende, die sich nichts vormachen zu lassen, brauchen, nötigt sie dazu, sich wenigstens so zu verhalten, als wären sie es wirklich."[567]

Diese Form von Bildung zu überwinden, gestaltet sich schwierig. Da die Zwänge und Ursachen stets reproduziert werden, ist es kaum möglich, in der Totalität der gesellschaftlichen Zustände dieser falschen Bildung habhaft zu werden. Wahre Bildung kann es nicht geben, da sie des freien Denkens bedarf. Das Denken ist aber nicht frei, sondern gesellschaftlich geformt. Für Adorno muss zunächst das Problem der Halbbildung und der Verhältnisse generell erkannt werden. Anschließend könnte es höchstens Aufgabe von Pädagogik und Psychologie

[565]Adorno 1962, S. 94
[566]Adorno 1962, S. 95
[567]Adorno 1962, S. 93

sein, die Fähigkeit zur Kritik zu stärken und das bereits im frühen Kindesalter, bevor die Sozialisation das Individuum angepasst hat und der Geist bereits von Halbbildung vergiftet worden ist.[568] Reflektierte Bildung jenseits der Halbbildung muss also im Sinne der Kritischen Theorie die Verhältnisse als Ganzes betrachten und auf diese einwirken wollen, anstatt sich ihrer anzupassen, was in der Idee der Bildung so hervor leuchtet, dass es selbst in der Halbbildung noch zu erkennen ist.

> „Was ohne Schande, jenseits des Kulturfetischismus, kulturell heißen darf, ist einzig das, was vermöge der Integrität hindurch, in die Gesellschaft zurückwirkt, nicht durch unmittelbare Anpassung an ihre Gebote. Die Kraft aber dazu wächst dem Geist nirgendwoher als aus dem, was einmal Bildung war. [...] Sie hat aber keine andere Möglichkeit des Überlebens als die kritische Selbstreflexion auf die Halbbildung, zu der sie notwendig wurde."[569]

Adorno erklärt, wie aus Bildung Halbbildung wird und warum diese zu kritisieren ist. Andersherum stellt sich die Frage, ob Halbbildung wirklich keine Vorstufe von Bildung sein kann. Vielleicht ist Bildung daher ohne einen vorherigen Kenntnisstand der halbierten Bildung gar nicht möglich.[570]

5.6 Psychologische Annahmen

Wer Individuum und Gesellschaft sowie deren Verhältnis, verstehen will, wird auf die Psychologie nicht verzichten können. Horkheimer hält dazu fest:

> „Die Bedeutung der Psychologie als Hilfswissenschaft der Geschichte ist darin begründet, daß sowohl jede Form der Gesellschaft, die auf der Erde herrschend gewesen ist, einen bestimmten Entwicklungsgrad der menschlichen Kräfte voraussetzt und daher psychisch mitbedingt ist, als auch vor allem

[568] Vgl. Adorno 1962, S. 98
[569] Adorno 1962, S. 99
[570] Die neueren Entwicklungen zur Halbbildung werden von Konrad Paul Liessmann in *Theorie der Unbildung* untersucht. Vgl. Liessmann 2006

das Funktionieren einer schon bestehenden und auch die Aufrechterhaltung bereits versagender Organisationsformen unter anderem auf psychischen Faktoren beruht. [...] Sie [die Gruppenpsychologie] wird vor allem zu untersuchen haben, inwiefern die Funktion des Individuums im Produktionsprozeß durch sein Schicksal in einer bestimmt gearteten Familie, durch die Wirkung der gesellschaftlichen Bildungsmächte an dieser Stelle des gesellschaftlichen Raums, aber auch durch die Art und Weise seiner eigenen Arbeit in der Wirtschaft für die Ausgestaltung seiner Charakter- und Bewusstseinsformen bestimmend ist. Es wäre zu erforschen, wie die psychischen Mechanismen zustandekommen, durch die es möglich ist, daß Spannungen zwischen den gesellschaftlichen Klassen, die aufgrund der ökonomischen Lage zu Konflikten drängen, latent bleiben."[571]

Die Aufgabe der Psychologie für die Kritische Theorie ist die Erkenntnis gesellschaftlicher Faktoren und der herrschenden Triebstrukturen, um zu klären, wie die Gesellschaft trotz ihrer Widersprüche in ihrer Totalität bestehen kann. Die Psychologie der Kritischen Theorie ist damit die des Unbewussten, Sigmund Freuds Psychoanalyse. Sigmund Freud hat die Psychoanalyse als Erforschung des unbewussten Individuums und der Therapie durch Bewusstmachung entwickelt. Er stellte fest, dass nur jene als krank zu bezeichnen sind, die sich selbst als unter ihrer psychischen Verfassung leidend bezeichnen, da alle Menschen Verdrängung und Triebhaftigkeit statt aufgeklärter Vernunft erleben.

Freud bezeichnete die Psychoanalyse als dritte große narzisstische Kränkung; Kopernikus offenbarte, dass das Universum sich nicht um die Erde dreht, Darwin entdeckte, dass Menschen von Primaten abstammen und Freud selbst verkündete nun, dass der Mensch nicht einmal im eigenen Kopf Herr im Hause sei. Gleichzeitig entsteht dadurch als Negativ der Neurose das Telos der Autonomie – durch das was nicht ist, zeigt sich, was sein sollte.

Die Kritische Theorie hat sich besonders auf Freuds gesellschafts- und kulturkritische Texte bezogen. Adorno schreibt dazu:

„Unter den Einsichten von Freud, die wahrhaft auch in Kultur und Soziologie hineinreichen, scheint mir eine der tiefsten die,

[571] Horkheimer in Abl 2010, S. 156

daß die Zivilisation ihrerseits das Antizivilisatorische hervorbringt und es zunehmend verstärkt. Seine Schriften 'Das Unbehagen der Kultur' und 'Massenpsychologie und Ich-Analyse' verdienten die allerweiteste Verbreitung gerade im Zusammenhang mit Auschwitz. Wenn im Zivilisationsprinzip selbst die Barbarei angelegt ist, dann hat es etwas Desperates, dagegen aufzubegehren."[572]

Die Kritische Theorie gibt der Psychoanalyse endgültig eine gesellschaftstheoretische Bedeutung. Erich Fromm untersuchte als führender Psychoanalytiker am Institut für Sozialforschung die Auswirkungen ökonomischer Prozesse auf das Individuum und die Rolle libidinöser Kräfte als gesellschaftlichen Kitt.[573] Er strebte weder Psychologisierung des Menschen, noch eine triebgesteuerte biologistisch-deterministische Auffassung an, im Gegenteil ging es ihm um eine Aufdeckung des Unbewussten durch Analyse der wirkenden Kräfte der Gesellschaft auf das Individuum:

> „Die Psychoanalyse kann die Gesamtauffassung des historischen Materialismus an einer ganz bestimmten Stelle bereichern, nämlich in der umfassenden Kenntnis eines der im gesellschaftlichen Prozeß wirksamen Faktoren, der Beschaffenheit des Menschen selbst, seiner 'Natur'. [...] Der Triebapparat des Menschen ist eine der 'natürlichen' Bedingungen, die zum Unterbau des gesellschaftlichen Prozesses gehören; aber nicht der Triebapparat 'im allgemeinen', in seiner biologischen 'Urform'. Als solcher erscheint er in Wirklichkeit niemals, sondern immer schon in einer bestimmten, eben durch den gesellschaftlichen Prozeß veränderten Form. Die menschliche Psyche beziehungsweise deren Wurzeln, die libidinösen Kräfte, gehören mit zum Unterbau, sie sind aber nicht etwa 'der' Unterbau, wie eine psychologistische Interpretation meint, und 'die' menschliche Psyche ist auch immer nur die durch den gesellschaftlichen Prozess modifizierte Psyche."[574]

Der Psychoanalytiker und Kollege Fromms, Wilhelm Reich, der selbst eine *Massenpsychologie des Faschismus* entwickelte und Fromm

[572] Adorno 1971, S. 88
[573] Vgl. Abl 2010, S. 156
[574] Fromm in Abl. 2010, S. 139

bei den *Studien zu Autorität und Familie* entsexualisiertes Plagiieren seiner eigenen Texte vorwarf[575], kritisierte die Anwendung der psychoanalytischen Methode auf die Gesellschaft damit,

> „daß die bewußte oder unbewußte Anwendung des dialektischen Materialismus auf dem Gebiete der Psychologie die Ergebnisse der klinischen Psychoanalyse liefert, die Anwendung dieser Ergebnisse in der Soziologie und Politik zu einer marxistischen Sozialpsychologie führt, während die Anwendung der psychoanalytischen Methode auf Probleme der Soziologie und Politik zu einer metaphysischen, psychologisierenden und überdies reaktionären Soziologie enden muß"[576]

Allerdings war es Reich selbst, der sich anschließend in psychosexueller Spekulation verlor und zwar im antiaufklärerischen Sinn: Er entdeckte die Energie „Orgon" und verkündete fortan eine esoterische Heilslehre. Die menschliche Psyche hat schließlich auch viel auszuhalten: „Die Normalsten sind die Kränksten und die Kranken sind die Gesündesten"[577] erklärt Fromm in Bezug darauf, dass die, die noch Schmerzen spüren, sich glücklich schätzen können, dass bestimmte menschliche Bedürfnisse noch nicht soweit unterdrückt sind, dass sie noch nicht vollständig angepasst und entfremdet sind. Schließlich gehen „alle Veränderungen in letzter Instanz auf die ökonomischen Bedingungen" zurück, verändern und passen „sich die Triebregungen und Bedürfnisse im Sinne der ökonomischen Bedingungen, das heißt des jeweils Möglichen bzw. Notwendigen "[578] an.

Psychologische Betrachtungen der kritischen Theorie gehen aber auch über eine Kritik der politischen Ökonomie hinaus. Untersuchungen haben gezeigt, dass autoritäre Charaktere dazu neigten, KPD oder NSDAP zu wählen und dabei millionenfach vom einen ins andere Lager übertraten, aber auch, dass der autoritäre Charakter „gar nicht so sehr mit politisch-ökonomischen Kriterien zusammengeht."[579] Stattdessen verliert er sich in Ebenen der Macht, des Konformismus, der

---

[575]Worauf Fromm ihn als einen „sexuellen Anarchisten" bezeichnete. Vgl. Fromm 1979, S. 163f.

[576]Reich in Abl 2010, S. 139f.

[577]Erich Fromm im bayrischen Rundfunk, Titel Thesen Temperamente, Sendung vom 15.02.1977.

[578]Fromm in Abl 2010, S. 131

[579]Adorno 1997, S. 558

mangelnden Selbstbesinnung, oder ähnlichem. Autoritäre Charaktere, so Adorno, verfügen „über ein schwaches Ich und bedürfen darum als Ersatz der Identifikation mit großen Kollektiven und der Deckung durch diese."[580] Am weitesten geht Marcuse „mit der politischen Umdeutung der Freudschen Psychoanalyse"[581], um sie als radikale Kritik sozialer Verhältnisse zu nutzen.

Die Psychoanalyse als gemeinsamen psychologischen Ansatz der Kritischen Theorie zu nennen bedeutet jedoch nicht, von einer identischen psychoanalytischen Theorie innerhalb der Kritischen Theorie auszugehen. Beispielhaft sei auf die psychoanalytische theoretische Auseinandersetzung zwischen Marcuse und Fromm hingewiesen.[582]

Freires Pädagogik der Befreiung basiert ebenfalls auf psychoanalytischen Elementen und er greift dabei vor allem auf die Kritischen Theorie zurück. Für seine Ausführungen über die herrschenden Formen sozialer Kontrolle bezieht sich Freire auf Marcuses *Der eindimensionale Mensch* und *Triebstruktur und Gesellschaft.* Vor allem stützen sich Freires psychoanalytische Annahmen aber auf die vielfältigen Arbeiten von Fromm. Den Schwerpunkt bilden dabei Fromms *Die Furcht vor der Freiheit* und *Haben oder Sein.* Letztlich war es Fromm selbst, der Freire auf den psychoanalytischen Charakter in dessen Bildungsarbeit hinwies, so zumindest Freires Erinnerung an eine Begegnung in Cuernavaca.[583] Damit war er nicht nur für Freires psychoanalytische Gesellschaftskritik, sondern auch für dessen psychoanalytische Methodik in der Pädagogik maßgeblich prägend.

Freires Bezug auf Fromms Forschung wird bei der familiären Internalisierung von Herrschaft deutlich, wenn das Verhältnis von Autorität und Familie untersucht wird:

> „Wenn die Verhältnisse, die das Elternhaus bestimmen, autoritär, hart und herrschaftlich sind, wird das Elternhaus das Klima der Unterdrückung verstärken. Indem die autoritären Beziehungen zwischen Eltern und Kindern zunehmen, internalisieren die Kinder in ihrer Kindheit zunehmend die elterli-

[580] Adorno 1971, S. 17

[581] Negt 1994,S. 178

[582] So setzt sich Fromm in *Die Entdeckung des gesellschaftlichen Unbewußten* kritisch mit Marcuses Freudrezeption insbesondere in *Triebstruktur und Gesellschaft* auseinander. Vgl. Fromm 1990

[583] Vgl. Freire 2003, S. 56 und 106. Vgl. auch Funke 2010, S. 158

che Autorität. Fromm analysiert (mit der ihm eigenen Klarheit) die objektiven Bedingungen, die einen Zustand erzeugen – sei es im Elternhaus [...] oder im sozial-kulturellen Kontext –, und formuliert dabei das Problem der Nekrophilie und Biophilie."[584]

Analog kritisiert Freire lieblose Familienverhältnisse und Erziehungsstile, die von einem Klima der Unterdrückung geprägt sind. Wenn es den heranwachsenden Kindern nicht gelingt, sich daraus zu befreien, drohen Überanpassung und Frustration bleibende Merkmale in ihrer Charakterstruktur zu werden, die ein Gefühl der Ohnmacht erzeugen.

> „Wie Erich Fromm in 'Die Flucht vor der Freiheit' sagt: '[Der Mensch] ist frei geworden von äußeren Bindungen, die ihn davon abhalten könnten, das zu tun und zu denken, was ihm angemessen erscheint. Er würde frei sein, nach seinem eigenen Willen zu handeln, wenn er wüßte, was er will, denkt und fühlt. Aber er weiß es nicht. Er paßt sich anonymen Autoritäten an und übernimmt ein Selbst, das nicht das seine ist. Je mehr er das tut, desto ohnmächtiger fühlt er sich und desto stärker ist der Druck zur Anpassung. Trotz der Tünche des Optimismus und der Initiative wird der moderne Mensch von einem tiefen Gefühl der Ohnmacht überwältigt, das ihn auf kommende Katastrophen starren läßt, als sei er gelähmt.' "[585]

Dieses Gefühl der Ohnmacht droht in zerstörerische Formen umzuschlagen. Eine mögliche Folge der autoritären Charakterstruktur ist der Wunsch, „sich einem Menschen oder einer Gruppe zu unterwerfen, sich mit denen zu identifizieren, die Macht haben"[586], um so der Illusion zu folgen, selbst Macht zu haben. So entsteht dieser Wunsch „sich dieser Macht zu unterwerfen, und andererseits das Streben, totale Macht zu gewinnen. [...] Der angepaßte Mensch [...] fügt sich in die ihm auferlegten Lebensbedingungen und unterwirft sich einem autoritären und unkritischen geistigen Bezugsrahmen."[587]

Unter gewalttätigen Verhältnissen aufgewachsen neigen die Menschen dazu, Gewalt nicht beseitigen zu wollen, sondern geben Ge-

[584] Freire 1998, S. 131
[585] Freire 1977, S. 12
[586] Fromm in Freire 1998, S. 63. Zitat im Original kursiv.
[587] Freire 1983, S. 29

walterfahrungen nur weiter. In Machtphantasien sehnen sie sich danach, ihre Ohnmachtserfahrungen durch die Ausübung von Gewalt zu überwinden. Das erkannte auch Freire:

> „Im ersten Stadium des Kampfes freilich drohen die Unterdrückten fast immer zum Tyrannen oder zum ‚Sub-Tyrannen' zu werden, statt um Freiheit zu kämpfen. [...] Sie wollen die Agrarreform nicht um freie Menschen zu werden, sondern um Land zu bekommen und um so Landeigentümer zu werden – genauer gesagt, Vorgesetzte über andere Arbeiter. [...] Um die Situation der Unterdrückung zu überwinden, muß der Mensch zunächst ihre Ursachen kritisch erkennen"[588]

Das Erlangen dieser Einsicht in die sozialen Verhältnisse ist die eigene Bewusstwerdung, die Freire pädagogisch ermöglichen will.

> „Ein Weg besteht darin, sich einem Menschen oder einer Gruppe zu unterwerfen, sich mit denen zu identifizieren, die Macht haben. Durch diese symbolische Teilnahme am Leben eines Anderen haben die Menschen die Illusion des Handelns, wo sie in Wirklichkeit sich nur unterwerfen und ein Teil derer werden, die tatsächlich handeln."[589]

Freire schildert, wie die pathogene Identifikation mit dem Unterdrücker zur pathischen Ausbildung eines Über-Ichs führen kann, dass das Ich erdrückt.[590] In Freires Vokabular ist auch von einer Entfremdung des Ichs durch das Über-Ich zu lesen. Dieses pathische Über-Ich findet sich bei Freire wesentlich detaillierter dargestellt als die Triebsublimierung selbst.

Die Menschen erkennen also nach Freire ihre gesellschaftliche Situation nicht. Sie sehen ihre ökonomische Wertlosigkeit, geben sich selbst die Schuld für diese Situation und verinnerlichen die Form der sozialen Herrschaft, indem sie sich mit dem Unterdrücker identifizieren. Die Furcht vor der Freiheit besteht demnach aus Autoritarismus, Destruktivität, Rückzug und automatenhafte Konformität. Da im Kapitalismus das Denken durch die Verwertungslogik bestimmt ist, beschreibt Freire – mit Verweis auf Fromm – den Zusammenhang

[588] Freire 1998, S. 33f.

[589] Fromm in Freire 1998, S. 63. Zitat im Original kursiv.

[590] Ein fast gleich formulierter, aber inhaltlich abweichender Gedanke findet sich in Hagleitner 1996, S. 88. Vgl. auch Wölflingseder 1992, S. 134

zwischen Denken und Besitz. Die sich selbst und anderen zugeschriebene Rolle wird über Besitzverhältnisse definiert:

> „Geld ist das Maß aller Dinge und Profit das primäre Ziel. Für die Unterdrücker ist das einzig Wertvolle, mehr zu haben – immer mehr, selbst um den Preis, daß die Unterdrückten wenig oder gar nichts haben. Für sie ist *Sein* gleich *Haben*, und Sein bedeutet für sie, die Klasse der 'Habenden' zu sein.
>
> Die Unterdrücker verstehen nicht, daß ihr Monopol des *Mehrhabens* ein Vorrecht ist, das andere und sie selbst enthumanisiert. Sie vermögen nicht zu erkennen, daß sie bei der egoistischen Jagd, als besitzende Klasse zu haben, an ihren eigenen Besitztümern ersticken und nicht länger *sind*. Sie *haben* nur noch. Für sie ist *Mehrhaben* ein unveräußerliches Recht, ein Recht, das sie sich durch ihre 'Anstrengung' erworben haben, durch ihren 'Mut, Risiken einzugehen'. Wenn andere nicht mehr haben, dann kommt es daher, weil sie inkompetent und faul sind."[591]

Das Besitzdenken[592] verdrängt und ersetzt die menschlichen Bedürfnisse. Der Besitz und der scheinbare Wert seiner unbegrenzten Akkumulation verwehrt die vernünftige Auseinandersetzung mit dem eigenen Willen. Durch Entzug von Bedürfniserfüllung wird entweder das Abstumpfen und die Anpassung an die gegebenen Herrschaftsmechanismen erzwungen, oder die unerfüllbaren Bedürfnisse äußern sich in psychischen Leiden.

Marx und Freire setzen auf die Einsicht der Unterdrückten, ihren Wunsch, die Verhältnisse zu ändern, weil sie unter ihnen am meisten leiden, aber „wie, so fragt Adorno, sollte es möglich sein, daß diejenigen, die die ganze Last des Bestehenden zu tragen hätten, dieses zugleich zu revolutionieren imstande sein sollten?"[593]

Damit stellt sich die Frage, wie überhaupt dieses pathische Denken geheilt werden kann. Die Lösung der in der psychoanalytischen Methodik vorgefundenen Probleme liegt in der psychoanalytischen

---

[591] Freire 1973, S. 45

[592] Die Idee der Gleichsetzung des Seins eines Individuums mit dem Besitz bzw. primär dem Besitz am eigenen Körper und die daraus abgeleiteten Rechtfertigungen von Ungleichheitsverhältnissen bestehen seit den frühe liberalen Theorien. Vgl. Locke 1977, S. 216

[593] Vgl. Adorno 1963 S. 59. Vgl. auch Breuer 1977, S. 16

Therapeutik: „Es ist sehr schwierig, Menschen zur Freiheit herauszufordern, die sich vor Freiheit fürchten. In dieser Hinsicht ist die Art Aktion die ich verfechte, gleichsam eine historische und kulturelle Psychoanalyse."[594] Und mit Blick auf ein gelungenes Mündigwerden: „So hat zum Beispiel die Alphabetisierung in einem Elendsviertel in ihrer menschlichen Dimension erst dann Sinn, wenn, mit ihr gemeinsam, so etwas wie eine sozialpolitische und historische Psychoanalyse durchgeführt wird"[595]. Der Versuch einer solchen sozialpolitischen Psychoanalyse ist die Aktionsforschung der Pädagogik der Befreiung.

5.7 Weiterführende Kategorien in Freires Gesellschaftsanalyse

In den 60er Jahren befindet sich die brasilianische Gesellschaft im Wandel, aber die Menschen, die nicht wissen, dass sie es sind, die für die Gesellschaft verantwortlich sind, werden so von der Veränderung nur mitgerissen. Die Gesellschaft bezeichnet Freire in Anlehnung an Poppers Unterscheidung von offener und geschlossener Gesellschaft noch als geschlossen; insbesondere in Bezug auf Demokratie, Freiheit, Eigentum, Autorität und Erziehung.[596] Dieser brasilianischen Gesellschaft im Übergang droht die Vermassung, eine Gesellschaft angepasster und domestizierter Individuen.[597] Zu erhoffen ist hingegen die Entwicklung in eine offene Gesellschaft. Zentrale Bedeutung hat in dieser Übergangsphase die Erziehung.

In *Die offene Gesellschaft und ihre Feinde* beschrieb Popper 1945 die geschlossene Gesellschaft als starr, kollektivistisch und undemokratisch. Popper wendete sich zum einen gegen die magische, stammesgebundene Gesellschaft. Zum anderen wendete er sich besonders gegen totalitäre Gesellschaftsformen wie den Faschismus und den realexistierenden Sozialismus, die einen ideologisch festgelegten Plan verfolgen, der auf einem vermeintlich gesetzmäßig festgelegten Ablauf der Geschichte beruht. Demgegenüber steht die demokratische offene

[594] Freire 2007, S. 98
[595] Freire 2013, S. 77f.
[596] Vgl. Freire 1983, S. 14
[597] Vgl. Freire 1983, S. 15

Gesellschaft, „in der sich die Individuen persönlichen Entscheidungen gegenübersehen“[598] und in der die Individuen selbst ihre eigene Geschichte schreiben. Am wichtigsten ist jedoch dank Meinungsfreiheit die gesellschaftliche Fähigkeit zur Selbstkritik und die Möglichkeit, der Regierung das Misstrauen aussprechen zu können. Um zu einer offenen Gesellschaft zu kommen, bedarf es einer Gesellschaft sich bewusster kritischer Individuen. In Freires frühen Schriften unterteilt er das Bewusstsein in semi-transitive, naiv-transitive, und kritisch-transitive Stufen, deren Übergänge allerdings fließend sind. Hinzu kommt das fanatische Bewusstsein.[599]

Das semi-transitive, beziehungsweise nicht transitive Bewusstsein bezieht seine Erfahrungswelt aus seinen biologischen Bedürfnissen und reagiert offen auf Umweltreize. Probleme werden passiv als gegeben angenommen und die Menschen fühlen sich nicht für sie verantwortlich. Die Probleme werden nicht kausal sondern magisch begründet. Die Menschen können zwischen ihren eigenen Vorstellungen und denen, die von außen an sie herangetragen werden, kaum unterscheiden. Von Fatalismus geprägt leben die Menschen unweigerlich in einer geschlossenen Gesellschaft. Bei einem naiv-transitiven Bewusstsein entwickeln die Menschen ein Bewusstsein für sich selbst und können sich mit ihrer Umwelt und der Gesellschaft in Beziehung setzen. Probleme können analysiert werden, wenn auch nicht tiefgehend, sondern stark vereinfacht. Der entstandene, noch zerbrechliche Dialog ist emotional und polemisch geprägt. Wenn sich aus dem naiven transitiven Bewusstsein kein kritisches entwickelt, droht ein fanatisches Bewusstsein.

Das fanatische Bewusstsein ist der von Freire als Vermassung benannte Zustand. Der Dialog ist gescheitert und wird verweigert. Die Menschen lehnen sich gegen demokratische Prozesse auf; als Individuen befinden sie sich zugleich in einem Zustand extremer Angepasstheit. Probleme werden irrational angegangen. – Es handelt sich um eine autoritäre geschlossene Gesellschaft.

Das kritische transitive Bewusstsein ist das demokratische. Es ist bereit, Verantwortung zu übernehmen. Es begegnet Problemen offen

598 Popper 1992 S. 207

599 Vgl. Freire 1983, S. 21ff.

und selbstkritisch, versucht sie tiefgehend und in die Welt eingebettet zu analysieren, um sie kreativ aufzulösen. Der Dialog ist die prägende Form der Gesellschaft. In ihm kommen alle gleichberechtigt zu Wort und es zählt die Schlüssigkeit des Arguments.[600] Freire sieht die brasilianische Gesellschaft dieser Zeit als naiv-transitiv an, die einerseits in Fanatismus ab zu driften droht, andererseits aber die Möglichkeit hätte, eine kritische Transitivität zu entwickeln. Warum Freire den Begriff der Transitivität zur Beschreibung von Bewusstseinsstufen gebraucht, führt er nicht aus. Ein transitives Bewusstsein überschreitet die Verhältnisse, indem es seiner selbst bewusst wird. Transition wäre dann zu übersetzen mit Bloch: „Denken heißt Überschreiten“[601]. In der naiv-transitiven Bewusstseinsstufe sind die Menschen aber auch leichter zu manipulieren, weswegen die politisch Herrschenden kein Interesse haben, diese Bewusstseinsstufe zu verändern.

> „Diese rationalistische Vorstellung gesellschaftlicher Höherentwicklung durch Erziehung bezieht Freire aus Karl Mannheims wissenssoziologischen Schriften. Mannheim stellt eine unmittelbare Beziehung zwischen den in der Geschichte zu findenden gesellschaftlichen Formationen und den mit dem Denken verbundenen Bewusstseinszuständen der Individuen her“[602]

Die Theorien Mannheims als Grundlage von Freires Bewusstseinsstufen wurden von Seiten der Kritischen Theorie umfangreich kritisiert.[603] Ihr Verhältnis wird in der Regel als antagonistisch beschrieben.[604] Die einheitliche Kategorisierung des Bewusstseins und eine widerspruchsfreie linear verlaufende Identität widerspricht der Kritischen Theorie. Mannheim, der laut Adorno

> „damit nichts anderes versucht, als das dialektische Schema der Epochen als das fließend wechselnder Verhaltensweisen der vergesellschafteten Menschen schlechthin zu interpretieren, in denen die bestimmenden Gegensätze verschwinden [...] Der Vorstellung eines bruchlosen Übergangs von der liberalen zu

[600] Freire 1983, S. 24

[601] Vgl. Bloch 1959, S. 3f.

[602] Zumhof 2012, S. 31

[603] Vgl. Adorno 1986, S. 13-45

[604] Eine Ausnahme ist die versöhnlichere Gegenüberstellung von Barboza 2007, S. 63-87

> der 'planenden' Gesellschaft entspricht die Auffassung jenes Übergangs als eines zwischen verschiedenen Weisen von 'Denken'. Erweckt wird der Glaube, der geschichtliche Prozeß sei von einem in sich einstimmigen gesellschaftlichen Gesamtsubjekts gesteuert."[605]

Denn – vergleichbar dem Zauberlehrling, der die Geister, die er einst rief, nicht mehr los wird – ist der Mensch keineswegs nur als Subjekt der Geschichte zu begreifen. Der Mensch ist gleichzeitig Produkt einer verselbstständigten gesellschaftlichen Entwicklung. Mannheim aber unterwirft die Dialektik der Geschichte nicht einer Kritik, sondern interpretiert sie spekulativ.

Die spekulative Dialektik aber ist „hilflos gegen Gegenwärtiges und blind für die Zukunft"[606]. Freires Bewusstseinsstufenmodell widerspricht nicht nur den Grundannahmen der Kritischen Theorie. Die Darstellung des Bewusstseins in Stufen ist auch undialektisch und im übrigen auch unhistorisch. Gleichwohl findet es sich so explizit nur in seinen frühen Schriften und taucht später kaum mehr auf.[607] Für seine weiteren Analysen und seine Pädagogik spielen die Bewusstseinsstufen folgerichtig auch keine Rolle. In den späteren Schriften findet sich nur noch die generelle Forderung nach Unterstützung bei der Entwicklung eines kritischen Bewusstseins, der Fähigkeit von Reflexion und kritischem Denken.[608]

Gesellschaftsanalytische Kategorien, die sich auch später noch bei Freire finden, sind die kulturelle Invasion und die Kultur des Schweigens. Diese theoretischen Konzepte beruhen auch stärker auf Freires psychoanalytischen Annahmen. Die kulturelle Invasion wird vor allem in *Erziehung als Praxis zur Freiheit* dargestellt. Die Kultur des Schweigens wird dort zwar bereits impliziert, aber erst in *Die Pädagogik der Unterdrückten* explizit dargestellt.

Die zentrale Kategorie der kulturellen Invasion bezeichnet Paulo Freire als Eigentümlichkeit sozialer Herrschaft und antidialogischer Aktion. Wesensmerkmal dieser Invasion ist es,

[605]Adorno in Figueroa 1989, S. 45
[606]Bloch 1959, S.227
[607]Vgl. Funke 2010, S. 89
[608]Vgl. dazu das Kapitel *Die problemformulierende Methode* in dieser Arbeit.

„daß die Eindringlinge in den kulturellen Zusammenhang einer anderen Gruppe vordringen, ohne die Möglichkeiten der letzteren zu respektieren. Sie drängen ihre Sicht der Welt denen auf, bei denen sie eindringen, und blockieren die Kreativität der Überfallenen, indem sie ihre Ausdrucksmöglichkeiten lahmlegen."[609]

Die Überfallenen werden so an der Entdeckung der Möglichkeit ihres Potentials gehindert, sie werden von den Eindringlingen unterdrückt, die ihnen ihre Herrschaft aufzwingen.

„Jede Invasion setzt natürlich ein Subjekt voraus, das eindringt. Sein historisch-kultureller Bereich, der ihm sein Weltbild vermittelt, ist der Bereich, von dem aus das Subjekt in einen anderen historisch-kulturellen Bereich eindringt und den darin lebenden Menschen sein Wertsystem aufdrängt. Der Eroberer macht die Angehörigen des überfallenen Bereiches zu bloßen Objekten seines Handelns. Die Beziehungen zwischen Eindringling und Überfallenen sind autoritärer und widersprüchlicher Natur. Der eine handelt, und die anderen haben die Illusion, im Handeln des ersten selbst zu handeln; der eine sagt das Wort, die anderen, denen verboten wurde ihr Wort zu sagen, lauschen dem Wort des ersten."[610]

Die Eindringlinge brauchen also das Vermögen, den Überfallenen ein Wertesystem aufdrängen zu können und müssen der Überzeugung sein, es sei besser, als jenes oder eines, das im gemeinsamen Dialog zu finden wäre. Kulturelle Invasion erfordert daher Eroberung, Manipulation und den Messianismus des Eindringlings:

„Alle Herrschaft schließt Invasion ein, gelegentlich in physischer und offener Gestalt, gelegentlich in der Tarnung, daß der Eindringling die Rolle des helfenden Freundes annimmt. Im letzten Grund ist die Invasion eine Form wirtschaftlicher und kultureller Beherrschung. Invasion kann von einer Weltmacht-Gesellschaft gegen eine abhängige Gesellschaft geübt werden, oder sie kann zur Herrschaft einer Klasse über eine andere innerhalb derselben Gesellschaft gehören."[611]

---

[609] Freire 1973, S. 129
[610] Freire 1974, S. 41
[611] Freire 1973, S. 130

Dabei muss nicht jede Manipulation dem Wunsch der Steigerung der eigenen Macht entspringen. Ein Eindringling kann von seiner altruistischen Mission überzeugt sein, den Überfallenen dazu bringen zu wollen, einen Wertekanon zu befolgen, von dem er annimmt, dass er nur Nutzen mit sich bringt. In dem Augenblick aber, wo er missionieren will, wo er glaubt, er erklärt und sein Gegenüber hört zu, in dem Augenblick wo er sich für den Monolog und die Manipulation entschieden hat und sein vermeintliches Wissen absolut setzt, handelt es sich bereits um kulturelle Invasion. Dies trifft insbesondere auf die revolutionären Anführer zu. Wer versucht das Bewusstsein der Massen in eine bestimmte Richtung zu manipulieren, befreit niemanden, sondern errichtet nur eine neue Herrschaft. Eine solche linke Avantgarde führt die kulturelle Invasion fort: „Tatsächlich sind Manipulation und Eroberung Ausdrucksformen der kulturellen Invasion und gleichzeitig Instrumente zu ihrer Aufrechterhaltung; keine Wege zur Befreiung also, sondern Wege zur Domestizierung."[612]

Kulturelle Invasion ist demnach kein einmaliger Vorgang, sondern ein stetiger Prozess. Hat eine Gruppe kulturelle Invasion erlebt, folgen weitere Abläufe. Die Gesellschaft produziert und reproduziert kulturelle Invasion. Sie ist sowohl ein Instrument, als auch ein Ergebnis von Herrschaft.

Die Überfallenen nehmen die kulturelle Invasion an und verinnerlichen die damit verbundene gesellschaftliche Herrschaft. Das geht soweit, dass sie nicht nur das Ergebnis akzeptieren, sondern auch die Perspektive der Herrschenden annehmen und die kulturelle Invasion an sich akzeptieren. „Für die kulturelle Invasion ist es wesentlich, daß die Überfallenen ihre Wirklichkeit mit den Augen der Eindringlinge statt mit ihren eigenen sehen lernen. Je mehr sie die Eindringlinge nachahmen, um so stabiler wird deren Position."[613] Die so genannten Überfallenen sehnen sich schließlich selbst nach eben jener kulturellen Invasion.[614] Und selbst wenn die Überfallenen die Eindringlinge verachten, sind sie gleichzeitig voller Bewunderung für sie. Die Unterdrückten fühlen sich

---

[612] Freire 1974, S. 42

[613] Freire 1973, S. 130

[614] „Die Sklaven verlieren in ihren Fesseln alles, sogar den Wunsch, sie abzuwerfen, sie lieben ihre Knechtschaft" Rousseau 2015, S. 9

> „an einem bestimmten Punkt ihrer existenziellen Erfahrung vom Unterdrücker und seiner Lebensweise unwiderstehlich angezogen. Die Sehnsucht, diese Lebensweise zu teilen, wird übermächtig. In ihrer Entfremdung wollen die Unterdrückten um jeden Preis dem Unterdrücker gleichen, sie möchten ihn imitieren, sie möchten ihm nachfolgen."[615]

Durch die Annahme der Überhöhung der Eindringlinge verspüren die Überfallenen auch eine Selbsterniedrigung. Die kolonisierte Mentalität des ländlichen Proletariats und der Slumbewohnerinnen Südamerikas sind ein Beispiel dafür.

Wenn die Unterdrückten nicht nur gewillt sind dem Monolog der Unterdrückenden zuzuhören, sondern auch selbst aufhören als Individuen miteinander in Dialog zu treten, verstummen sie. Da sie weder sich selbst, noch der Welt um sich herum bewusst werden, können sie sich nicht ausdrücken. Diese Kultur, in der sich Menschen nicht ausdrücken können, weil sie aufgehört haben sich als selbstbewusste Subjekte zu begreifen, und gleichzeitig sich auch nicht ausdrücken wollen, weil sie glauben, sie wären nicht am Schaffen der Kultur beteiligt und hätten daher im Gegensatz zu den angeblich kulturschaffenden Menschen nichts zu sagen, nennt Freire eine Kultur des Schweigens. Die Kultur des Schweigens ist ein Zustand des gesellschaftlichen Analphabetismus:

> „Es ist nur natürlich, daß die Landarbeiter fast immer, wenn auch nicht immer, denen, die in den Dialog mit ihnen eintreten wollen, Mißtrauen entgegenbringen. Im Grunde zeugt diese Haltung auch von Mißtrauen ihnen selbst gegenüber. Sie sind sich ihrer eigenen Fähigkeiten nicht sicher. Sie verinnerlichen den Mythos ihrer absoluten Unwissenheit."[616]

Sie verinnerlichen den Mythos ihrer eigenen Geringschätzung. Sie ergeben sich ihrem Schicksal und akzeptieren das Los, das sie scheinbar zufällig von der chaotischen Welt erhalten haben, weil sie die Welt und sich selbst nicht verstehen. Die tief religiöse Landbevölkerung sieht diesen gesamten Zustand als Wille Gottes. In dieser apathischen Verfassung können sie sich nicht selbst erheben, sondern

[615] Freire 1998, S. 48f.
[616] Freire 1974, S. 49

vertrauen sowohl auf jene Gottheit, die die Welt so eingerichtet hat, als auch auf die Unterdrückenden, die in ihrer Weisheit schon das Richtige tun werden; in der Realität des ländlichen Lebens sind sie auf den Gutsherren ausgerichtet.

> „Das dem Dialog angemessene Klima findet sich in offenen Bereichen, in denen Menschen einen Sinn für Partizipation am Leben ihrer Gemeinschaft entwickeln können. Dialog setzt soziale und politische Verantwortung voraus. Er bedarf zumindest eines Minimums an transitivem Bewußtsein, das sich unter den abgeschlossenen Bedingungen der großen Landgüter nicht entwickeln konnte. Hier liegen die Wurzeln für das 'Verstummen' Brasiliens: Gesellschaften, denen der Dialog zugunsten von Anweisungen versagt wird, geraten überwiegend in den Zustand des 'Schweigens'."[617]

Eine besondere Rolle in der Gesellschaft als Katalysator der Kultur des Schweigens spielt allgemein die Schule. Dort wird nicht mit den Schülerinnen in einen Dialog getreten oder auf ihre Probleme eingegangen, stattdessen werden Inhalte der kulturellen Invasion mittels der Bankiers-Erziehung[618] den Schülerinnen eingetrichtert. Freire betont, dass die Kultur des Schweigens, die Apathie der Massen eine Folge der sozialen Unterdrückung ist und daher nicht als Begründung dafür gelten darf, dass diese Massen Führung benötigen.

> „Die 'Kultur des Schweigens' der lateinamerikanischen Bevölkerungen ist immer schon eine Folge der Unterdrückung. Es ist nicht die Apathie der Massen, die zur Herrschaft der Eliten führt, sondern es ist die Herrschaft der Eliten, die die Massen apathisch macht. Die Theorie von der „natürlichen" Unterlegenheit der Unterdrückten ist eine – oft genug bewußte – Zwecklüge der Unterdrücker"[619].

Es ist nicht klar, ob Freire, wenn er die Kultur des Schweigens als eine Folge der Unterdrückung bezeichnete, die Beziehung als historische, kausale oder gar moralische Folge sieht. Denn selbstverständlich ermöglicht eine Kultur des Schweigens auch Unterdrückung und

[617] Freire 1977, S. 30
[618] Das Konzept der Bankiers-Erziehung wird im Kapitel *Das Bankiers-Konzept* ausführlich erläutert.
[619] Freire 1973, S. 10

kann insofern auch Ursache sein. Ein historischer Zustand ohne Unterdrückung wird nicht zu finden sein, einer ohne eine Kultur des Schweigens ist fraglich. Insofern stehen Unterdrückung und die Kultur des Schweigens in einer wechselseitigen Beziehung, die auf die Gesellschaft wirkend beide reproduziert. Aber selbst wenn Unterdrückung durch eine Kultur des Schweigens bedingt ist, ist sie durch sie nicht gerechtfertigt oder als vernünftig zu bezeichnen, ist die Kultur des Schweigens doch durch den Glauben an den Mythos geprägt.

Paulo Freires Induktion „Alle Herrschaft schließt Invasion ein“[620] bedarf allerdings einer kritischen Betrachtung: Zwar ist es möglich, dass Menschen die kulturelle Invasion so sehr verinnerlichen, dass sie sich selbst als Objekte sehen, die beherrscht werden sollten oder zumindest keine Aussicht auf vernünftige Subjektwerdung haben, aber es ist eben genauso gut möglich, dass Menschen sich der verdinglichten herrschaftlichen Verhältnisse bewusst sind, dass sie die Wirklichkeit eben nicht durch die Augen der Eindringlinge sehen, sondern durch die eigenen und dass sie sich aufgrund dessen gegen die Ordnung auflehnen, womit diese aber noch nicht zwangsläufig überwunden ist.

Stapelfeldt sieht die westeuropäischen Industriegesellschaften im 19. Jahrhundert als Gegenbeispiel:

> „Das für die Länder des bürgerlichen Fortschritts zentrale Verhältnis von Kapital und Arbeit läßt sich kaum als Invasion begreifen. Die revoltierende Arbeiterklasse Westeuropas hat sich, vor allem im 19. Jahrhundert, in ihren Emanzipationsbewegungen auf die bürgerliche Idee einer Gesellschaft gleicher, freier und selbstbewußter Menschen berufen können. Hier ist es eine Kultur, die in sich entzweit ist, die sich durch ökonomische Krisen und Klassenkämpfe hindurch in ihrer Einheit verwirklicht.“[621]

In den südamerikanischen Gesellschaften des 20. Jahrhunderts konnte Freire hingegen durchaus auf jene Kultur des Schweigens und die kulturelle Invasion antreffen, die für seine empirische Forschung und pädagogische Arbeit von Bedeutung war.

[620] Freire 1973, S. 130
[621] Stapelfeldt 2004, S. 411

6 Zur Notwendigkeit pädagogischer Intervention

6.1 Gibt es eine kritische Pädagogik?

In der *Negativen Dialektik* hält Adorno in Bezug auf Kants kategorischen Imperativ und in Anlehnung an den marxschen einen neuen kategorischen Imperativ fest:

> „Hitler hat den Menschen im Stande ihrer Unfreiheit einen neuen kategorischen Imperativ aufgezwungen: ihr Denken und Handeln so einzurichten, daß Auschwitz nicht sich wiederhole, nichts Ähnliches geschehe. Dieser Imperativ ist so widerspenstig gegen seine Begründung wie einst die Gegebenheit des Kantischen."[622]

In seinem Rundfunkvortrag *Erziehung nach Auschwitz* überträgt er diesen auf die Pädagogik: „Die Forderung, daß Auschwitz nicht noch einmal sei, ist die allererste an Erziehung. Sie geht so sehr jeglicher anderen voran, daß ich weder glaube, sie begründen zu müssen noch zu sollen."[623] Beide Arbeiten entstehen zur gleichen Zeit.

Während Adornos Äußerungen die Pädagogik in der Bundesrepublik maßgeblich mitbestimmt haben, sind die Äußerungen Horkheimers weniger beachtet worden.[624] Obwohl gerade Marcuse stärker als Horkheimer, Adorno und Fromm für eine politische Praxis eintritt, gibt es keine ausschließlich bildungstheoretischen Schriften von

[622] Adorno 2013, S.358

[623] Adorno 1971, S. 88

[624] Zu nennen sind seine Briefe an Klaus von Dohnanyi vom 04.02.1963 und an Eugen Gerstenmaier vom 10.06.1963, publiziert in Horkheimer 1996a, S. 548ff sowie sein Aufsatz *Bewältigung der Vergangenheit*, erschienen in *Das Prisma*, vgl. Horkheimer 1967, S. 15f. Außerdem interessant sind seine Immatrikulationsreden über die Bildung an der Universität Frankfurt vom Sommersemester 1952, sowie die im darauf folgenden Semester 1952/1953.

ihm und es finden sich kaum Verweise auf die Pädagogik bei ihm.[625] Fromm hingegen stellte vor allem nach seiner Lösung vom Institut für Sozialforschung pädagogische Forderungen auf, die sich aber vom Kern Kritischer Theorie teilweise entfernt haben. Horkheimer und Adorno sehen infolge ihrer Forschungen das gleiche als sozialpsychologische Ursache dafür an, dass normale Menschen zu nationalsozialistischen Täter werden konnten: ein schwaches Ich, das durch ein kollektives Über-Ich kompensiert wurde. Daraus entsteht die Forderung an die Pädagogik, das Ich fortan zu stärken, um die Tendenz zu autoritären Charakterformen zu verhindern.

Nicht einheitlich hingegen ist der pädagogische Umgang mit dem gekränkten Narzissmus, der eine Folge von deutscher Schuld und Niederlage ist. Nach Adorno lebt dieser gekränkte Narzissmus im Unbewussten verdrängt fort und bildet damit ein gefährliches soziales Potenzial. Die Aufgabe der Pädagogik ist es, ihn durch eine intensive Auseinandersetzung mit der eigenen Vergangenheit bewusst zu machen. Dabei gilt es, die historische Einzigartigkeit der nationalsozialistischen Barbarei stets herauszustellen. Sie ist das Movens jeglicher Pädagogik nach Auschwitz. Der gekränkte Narzissmus wird zwar nicht aufgelöst, aber die Reflexion führt zu einer Rationalisierung, die das faschistische Potenzial eindämmt.[626]

Horkheimer erklärt hingegen:

> „[Die] Behandlung der Hitlerzeit in den Schulen [war] bei aller guten Absicht nicht dazu angetan, die historische Erkenntnis zu vertiefen. War die Rede von der eigenen Schuld vielen Deutschen gegenüber, die zuinnerst, ja in Wort und Tat, mit dem System nicht einig waren, fehl am Platze, so erweckt sie in den jungen Menschen, die an jener Schreckensherrschaft keinen Anteil hatten, berechtigen Widerstand. Zur Erkenntnis dessen, was im Dritten Reich geschah, bedarf es nicht der kollektiven Schuldbekenntnisse, sondern ehrlicher gesellschaftlich-historischer Aufklärung nicht nur über das Hitlerreich, sondern über Geschichte schlechthin.“[627]

Horkheimer befürchtet, das ständige Mahnen und moralische Ver-

[625] Vgl. Stederoth 2006, S. 145
[626] Vgl. Albrecht 2003, S. 181
[627] Horkheimer in Clemens 2003, S.182

urteilen löse in den Menschen eine Abwehrreaktion aus und bestätige nur den verletzten Narzissmus. Er fordert im Umgang mit zukünftigen Schülerinnen eine bewusste Trennung von der Schuld der Eltern und Großeltern. Dazu sei das Erlernen historischer Kompetenz notwendig und „der historische Vergleich mit anderen geschichtlichen Situationen“,[628] um fortan Verbrechen gegen die Menschheit als mündige Individuen verhindern zu können.

> „Während Adorno auf eine klassische freudianische Therapie durch kollektive Selbstanalyse setzt [...], möchte Horkheimer durch eine konsequente Universalisierung des Holocausts, seine Einordnung in die Geschichte der großen Menschheitsverbrechen, die Ich-Schwäche durch eine Individualisierung des Problems bekämpfen: Es kommt nicht auf die Zugehörigkeit zu bestimmten politischen Kollektiven an, die vor einer Wiederholung der Gefahr gefeit oder sie wahrscheinlich macht, sondern auf das Verhalten des Einzelnen in sich wandelnden historischen Kontexten.“[629]

Clemens Albrecht führt aus, dass gerade in einer Zeit, in der deutsche Täter und Opfer nicht mehr am Leben sind, die Perspektive Horkheimers zunehmend wichtiger wird.

In der wissenschaftlichen Rezeption wurden vor allem Adornos Äußerungen als erziehungswissenschaftliche Positionen der Kritischen Theorie diskutiert. Inwieweit er damit eine kritische Pädagogik begründet oder zumindest einfordert, ist umstritten. Bisweilen wird behauptet, die pädagogischen Ausführungen Adornos widersprächen seinen philosophischen Äußerungen. Gleichwohl erreichten gerade seine pädagogischen Vorträge und Thesen ein größeres Publikum, da sie ihrem Wesen nach leichter zu verstehen waren und bisweilen gar konstruktiv anmuteten. Als sein Vortrag *Zur Bekämpfung des Antisemitismus heute* im *Argument 29* abgedruckt werden sollte, eilte sich Adorno selbst einleitend anzumerken:

> „Der Autor [...] kann also für das hier Gedruckte die Verantwortung nicht übernehmen und betrachtet es lediglich als Erinnerungsstütze für die, welche bei seiner Improvisation zugegen

[628] Albrecht 2003, S. 183
[629] Albrecht 2003, S. 183f.

> waren und welche über die behandelten Fragen selbstverständlich weiterdenken möchten aufgrund der bescheidenen Anregungen, die er ihnen übermittelte."[630]

Hier stellt sich eine wichtige Frage: Weswegen lehnte Adorno es ab die Verantwortung für diese Texte zu übernehmen und was veranlasste ihn überhaupt dazu, einen Vortrag den Massenmedien, denen er misstraute, preiszugeben? Sein Ausführungen erlauben verschiedene Interpretationen: fehlende Exaktheit, bloße Oberflächlichkeit oder dogmatische Argumentation. Einige Interpretationen seien kurz vorgestellt. Zöller vermutet:

> „Der bildungspolitische Diskurs der späten 1960er Jahre war bestimmt von Fragen der quantitativen Bildungsexpansion und didaktisch-methodischen Neuorientierung des schulischen Lernens. Gegenüber dieser Dominanz der technokratischen Bildungsreform auf der Basis einer restaurierten Gesellschaftsordnung wollte Theodor W. Adorno die emanzipativen Dimensionen im pädagogischen Diskurs stärken, indem er die Zielperspektiven von Erziehung thematisierte. So ist zu erklären, dass Adorno, der die Bestimmung einer besseren Zukunft allein durch eine Negation des schlechteren Bestehenden zu erschließen beabsichtigte und ausdrücklich keine positive Utopie einer besseren Pädagogik beschreiben wollte, an einigen Stellen der ‚Erziehung zur Mündigkeit' doch sehr konkret auf die ihm wichtigen Erziehungsziele einging."[631]

Noch deutlicher wird Wolfgang Meseth, wenn er den Unterschied zwischen dem positiven pädagogischen und dem negativen philosophischen Adorno als Widerspruch begreift:

> „Daß Adorno mit seinem Vortrag 'Erziehung nach Auschwitz' entgegen seiner Kultur- und Vernunftkritik einen pädagogisch ausgerichteten Text verfaßte, hängt mit der spezifischen Entstehungsgeschichte des Aufsatzes zusammen. [...] Der Rundfunkvortrag richtete sich zum Zweck der gesellschaftlichen Aufklärung an eine breite Öffentlichkeit. Er war im Vergleich zu Adornos komplexen und dichten soziologisch-philosophischen

[630] Adorno 1971, S. 7

[631] Zöller 2009, S. 153. Zitat im Original teilweise kursiv.

> Texten allgemeinverständlich formuliert und widersprach geradezu dem der eigenen Philosophie geschuldeten Anspruch seines Schaffens [...] Vielmehr war die Form des Vortrags ein Zugeständnis an den common sense seiner Zeit“[632].

Meseth hat in seinen eigenen Arbeiten zu einer Erziehung nach Auschwitz, insbesondere zu Gedenkstättenpädagogik, durchaus einen praktischen Bezug zur kritischen Pädagogik. Dennoch scheint ihm der pädagogische Adorno nicht beachtet zu haben, dass nach Auschwitz „mit der hoffnungsvollen Kraft, die der Aufklärung bei der Gestaltung einer besseren Gesellschaft zugeschrieben wurde“[633], zu brechen ist. In *Theodor W. Adornos 'Erziehung nach Auschwitz'. Ein pädagogisches Programm und seine Wirkung* urteilt er, die Pädagogik, die an Adornos Erziehung zur Mündigkeit anschließt, „instrumentalisiere“ und „trivialisiere“ die kritische Theorie.[634] Den gleichen Widerspruch sieht Andreas Gruschka. Zum Gespräch zwischen Adorno und Hellmut Becker resümiert Gruschka: „Adorno hatte in jenem Gespräch gegen seine eigenen theoretischen Skrupel verstoßen, er war in die Rolle des 'Volkshochschullehrers' geschlüpft, er agierte dort als Pädagoge.“[635] Für ihn ist die Negativität der Geschichtsphilosophie Adornos und Horkheimers mit dem positiven Anspruch einer Handlungswissenschaft nicht vereinbar. Gruschka bestreitet, dass Horkheimer und Adorno implizit eine eigene Pädagogik geschrieben haben.[636]

> „Mündigkeit, das wußte schon die pädagogische Theorie, und die Psychoanalyse hat dies eindringlich bestätigt, kann nur als Leistung des Subjekts in der Regel in der Ablösung von Vorbildern gelingen. Erziehung aber verweist immer auf ein bewußtes Herbeiführen eines möglichst stabil veränderten Handlungsmerkmals beim zu Erziehenden. Sie wird damit die Leistung des Erziehers [...] Als Theorie vermag die Kritische erst in der Distanz zur Praxis, aber gleichzeitig mit der scharfen analytischen Durchdringung ihrer Voraussetzungen zur Grundlegung einer kritischen Pädagogik dienen.“[637]

---

[632] Meseth 2000, S. 22f.
[633] Meseth 2000, S. 28
[634] Vgl. Meseth 2000, S. 20f und vgl. auch Ahlheim, Klaus 2010, S. 39ff.
[635] Gruschka 2004, S. 57
[636] Vgl. Gruschka 1988
[637] Gruschka 2004, S. 57

Eine Erziehung zur Mündigkeit ist Gruschka generell verdächtig, da zum einen methodisch Mündigkeit nicht durch eine vom Zögling passiv erfahrene Erziehung, sondern nur durch den Menschen selbst erreicht werden könnte. Zum anderen stehen auch Mündigkeit und Emanzipation in der Gefahr, ideologisiert und instrumentalisiert zu werden, wenn sie als Besitz des Erziehers gelten, beziehungsweise als Produktionsziel des Erziehers in kapitalistischen Verhältnissen. Gruschka verabschiedet sich daher von der Vorstellung einer positiv praktischen Pädagogik im Sinne der Kritischen Theorie.

> „Daß die Berührung mit Kritischer Theorie so wenig Folgen für die Pädagogik hatte, deutet vor allem auf die Unfähigkeit der kritischen Pädagogen hin, ihr altes Paradigma einer praxisbezogenen, praxisauslegenden und praxisentwerfenden Wissenschaft in Frage zu stellen."[638]

Stattdessen stellt er eine negative Pädagogik auf. Dabei ist er sich beispielsweise des Einwurfs Herwig Blankertz bewusst, Pädagogik sei per Definitionem „auf die Auslegung der Praxis bezogen, sie ist nur als positive Pädagogik denkbar."[639] Umgekehrt, so argumentiert Gruschka, gelte aber auch für die positiv praktische Pädagogik die historische Unmöglichkeit des Einlösens ihrer Ansprüche. Eine negative Pädagogik untersuche genau diesen Widerspruch zwischen Norm und Funktion der Pädagogik und betreibt Ideologiekritik im Sinne Horkheimers Entwurf einer Kritischen Theorie.

> „Kritik im Sinne der Kritischen Theorie [...] verpflichtet sich, die Richtung und den Maßstab der Kritik empirisch-material am Zustand der Pädagogik in der Gesellschaft zu gewinnen. Zu ihm gehören die Versprechungen und Ansprüche der Pädagogik vor allem dort, wo sie in ihrem Selbstverständnis nicht bloß den utopischen Kern der pädagogischen Idee, sondern ihre bessere und empirisch mögliche Wirklichkeit beschreiben sollen. Die Pädagogik postuliert den Realitätsgehalt ihrer Idee mit den gesellschaftlichen Funktionen und Handlungsräumen der Praxis. Kritik fragt nun danach, ob das, was Pädagogik zu sein behauptet, dem entspricht, was sie in Wirklichkeit ist. Dabei fallen vielfältige Widersprüche auf, insbesondere der über-

---

[638] Gruschka 1988

[639] Gruschka 1988

greifende, daß die Theorie behauptet, Praxis abzubilden, wo sie diese in Wirklichkeit verklärt. Kritik bezeichnet aber nicht bloß den Widerspruch, sie steht unter dem Anspruch, ihn in seiner Bedingtheit aufzuklären. Dies geschieht in der Rückwendung auf das gesellschaftliche Verhältnis, das den Widerspruch hervortreibt."[640]

Klaus Ahlheim teilt zwar jene Kritik mit Meseth und Gruschka, insbesondere dass Auschwitz die Hoffnung der Aufklärung zugrunde richtete,

> „aber es ist, wie immer wenn es um Dialektik geht, nur die halbe Wahrheit, nur die eine Seite der Medaille. Es gibt zugleich, auch unter dem Eindruck von Auschwitz, einen unübersehbaren *edukativen* Grundzug in Adornos Arbeiten, der – kontrafaktisch – auf das Gelingen aufklärender Bildung setzt. Ein wenig dialektischer könnte der Kritiker [hier: Meseth] schon sein."[641]

Inwieweit Ahlheim hier mittels eines dialektischen Zaubertricks ein Kaninchen aus dem Hut zieht oder streng logisch argumentiert, muss an dieser Stelle ein Streitpunkt zwischen den Vertretern einer kritischen Pädagogik bleiben. Ahlheim behauptet: „Der pädagogische Adorno und seine Rezeption, das ist eben kein Verrat am philosophischen."[642] Denn zwischen beiden existiert ein starker Bezug. Die Forderung des einen erfolgt aus dem anderen. Nach Ahlheim dränge Auschwitz als Menschheitsverbrechen förmlich auf die Notwendigkeit von Erziehung und mehr, nicht weniger Aufklärung. Schließlich bleibt festzustellen, dass Adorno keine kritische Pädagogik aufstellen wollte, sondern lediglich skizzieren, was noch zu entwickeln sei: „Ich kann mir selbstverständlich nicht anmaßen, den Plan einer solchen Erziehung auch nur im Umriß zu entwerfen. Aber ich möchte wenigstens einige Nervenpunkte bezeichnen."[643] Im weiteren Verlauf wird daher auf die Folgen, die sich aus Ahlheims Argumentation ergeben, eingegangen. Es sei daher als Arbeitshypothese angenommen, dass eine kritische Pädagogik mehr als ein bloßer Widerspruch ist.

---

[640] Gruschka 2004, S. 302
[641] Ahlheim, Klaus 2010, S. 41
[642] Ahlheim, Klaus 2010, S. 43
[643] Adorno 1971, S. 91

Eine kritische Theorie der Erziehung teilt Adorno in zwei Bereiche:

> „Spreche ich von der Erziehung nach Auschwitz, so meine ich zwei Bereiche: einmal Erziehung in der Kindheit, zumal der frühen; dann allgemeine Aufklärung, die ein geistiges, kulturelles und gesellschaftliches Klima schafft, das eine Wiederholung nicht zuläßt, ein Klima also, in dem die Motive, die zu dem Grauen geführt haben, einigermaßen bewußt werden."[644]

Für den im Kapitalismus sozialisierten Menschen setzt Adorno ein erkenntnistheoretisches Bilderverbot, da eine emanzipierte Gesellschaft nicht gedacht werden kann, solange die Denkenden alle Vorstellungen der kapitalistischen Welt entnehmen müssen. Die Psychoanalyse zeigt, dass spezifische Denk- und Verhaltensweisen schon im frühen Kindesalter reproduziert werden. Eine wahrhaft emanzipatorische Pädagogik, die dem aufgezwungenen Imperativ folgt, müsse sich daher auf die früheste Kindheit richten.

Daraus ergibt sich aber nicht, dass die Kritische Theorie an sich Berührungsängste gegenüber jeglicher politischen Veränderung hat. Reformen, beispielsweise des Bildungssystems, müssen als mögliche, positive politische Veränderung der Gesellschaft nicht grundsätzlich abgelehnt werden. Bis dahin stimmt auch Gruschka zu.[645] In diesen Bereich fällt auch die aufklärerische pädagogische Intervention. Das ist Adornos Wendung aufs Subjekt.

> „Da die Möglichkeit, die objektiven, nämlich gesellschaftlichen und politischen Voraussetzungen, die solche Ereignisse ausbrüten, zu verändern, heute aufs äußerste beschränkt ist, sind Versuche, der Wiederholung entgegenzuarbeiten, notwendig auf die subjektive Seite abgedrängt. Damit meine ich wesentlich auf die Psychologie der Menschen, die so etwas tun."[646]

Über Marcuses Position zu den Möglichkeiten kritischer Pädagogik kann keine eindeutige Aussage gemacht werden. Aufgrund seiner sonstigen politischen Partizipation kann aber davon ausgegangen werden, dass er einer kritischen Pädagogik keinesfalls ablehnender als Adorno gegenüber stand. Marcuse wendet sich dabei ähnlich wie Adorno dem

---

[644] Adorno 1971, S. 91
[645] Vgl. Gruschka 2004, S. 47
[646] Adorno 1971, S. 89

Subjekt zu, wenn er erklärt, dass Aufklärung heute erziehungswissenschaftlich verstanden werden muss:

> „Unsere Aufgabe ist Aufklärung, aber Aufklärung in einem neuen Sinn. Als Verbindung von Theorie und Praxis, und zwar politischer Praxis, ist Erziehung heute mehr als Diskussion [...] Erziehung muss heute Geist und Körper, Vernunft und Phantasie, die Bedürfnisse des Intellekts und der Triebe einbegreifen"[647].

Die Möglichkeit von emanzipatorischer Bildung schätzt auch Horkheimer optimistischer als Adorno ein. Deutlich wird dies in seiner Immatrikulationsrede von 1952 und in seinem Vortrag über den Begriff der Bildung im Wintersemester 1952/1953. Die Entwürfe dazu gingen in beiden Fällen auf Adorno zurück. Interessant sind die Änderungen die Horkheimer an ihnen vollzog. Im Gegensatz zu Adorno sieht er im Studium an der Universität die Möglichkeit, kritische Subjekte zu bilden, die einen Gegengeist verkörpern, weil sie dort Zeit und Muße finden und nicht abhängig von blinden Mächten sind.[648] Damit folgt Horkheimer einem humboldtschen Bildungsideal und es stellt sich die Frage, ob er damit nicht auch einem Idealismus zu verfallen droht. Die Universität „will zugleich den Einzelnen stärken gegen das Leben und gegen die Gegenwart; nur so kann dem Leben und der Gegenwart geholfen werden. [...] [Die Universität ist] dem inhumanen Betrieb der Massengesellschaft genau entgegengesetzt"[649] erklärt Horkheimer.

Die tatsächliche Entwicklung der Universität widerspricht Horkheimers Vorstellung. Diese historische Verlauf ist aber noch kein direkter Beweis gegen Horkheimers Postulat der Möglichkeit eines kritischen Studiums. Fromm betreffend lässt sich sagen, dass seine Differenzen mit den anderen Mitgliedern des Instituts für Sozialforschung schließlich Ende 1939 dazu führten, dass Fromm das Institut verließ. Die Differenzen lagen auch darin begründet, dass Fromm die kritischen Möglichkeiten des Subjekts in der totalitären Gesellschaft als größer einschätzte, als es beispielsweise Adorno tat. Dies betrifft sowohl die Psychoanalyse, als auch die Pädagogik. Entsprechend aufgeschlossen stand Fromm verschiedenen pädagogischen Ideen gegenüber.

---

[647] Vgl. Marcuse in Voigts 2012, S. 31
[648] Vgl. Borst 2009, S. 122ff.
[649] Horkheimer 1972, S. 157

Eine notwendige Bedingung, um von einer kritischen Pädagogik im Sinne der Kritischen Theorie reden zu können, ist also insofern erfüllt, dass die Vertreter der frühen Kritischen Theorie keine Einwände gegenüber einer kritischen Pädagogik erhoben haben, sondern im Gegenteil Anforderungen an diese stellten.

6.2 Von der Gestalt der kritischen Pädagogik

In der Praxis der Lehre unterschied sich die Pädagogik Horkheimers deutlich von der Adornos. Oskar Negt beschrieb dies einmal folgendermaßen: Die Art und Weise, wie Adorno denkend redete, war „ohne die Absicht, sich um jeden Preis ‚verständlich' zu machen, ohne das Pädagogische"[650]. Adorno habe sich dem imaginären Zeugen mittels einer „Flaschenpost" zugewendet. Pädagogik habe für ihn etwas von Anbiedern und Propaganda gehabt. Horkheimers Pädagogik sei schauspielerischer gewesen mit einem – im Wortsinn – agitierenden Vortragsstil. Er „verhielt sich werbend gegenüber seinen Zuhörern, weckte sofort Vertrauen, den geringsten Anflug eines Gedankens aufgreifend, um ihn zu drehen und zu wenden"[651].

Für alle Vertreter der Kritischen Theorie gilt, eine Erziehung kann nur dann als reflektiert und damit kritisch gelten, wenn sie dem Individuum, die Gewalt die es durch traditionelle Erziehung erlebt, bewusst macht. Sie hat über die Spannungen und Widersprüche, die das Individuum durch die Vergesellschaftung und die anerzogene Anpassung erlebt, aufzuklären. Kritisch ist eine Erziehung, „die nicht die Aufhebung der Dialektik von Anpassung und Widerstand meint, aber den Anpassungsprozess als so maßlos forciert ansieht, dass es ‚eher die Aufgabe der Erziehung ist, Widerstand zu kräftigen, als Anpassung zu verstärken.' "[652] Stärker formuliert ließe sich sagen, dass es Aufgabe der kritischen Pädagogik ist, auf den Bruch mit der Gesellschaft hinzuarbeiten, mit dem Ziel der selbständigen Mündigkeit des Individuums. Voraussetzung für diesen Bruch wären aber bereits

[650] Negt 1994, S. 22
[651] Negt 1994, S. 38f.
[652] Zöller 2009, S. 156

mündige Individuen. Wie bei Marx hat der Erzieher die Aufgabe, sich selbst überflüssig zu machen und soll selbst erzogen werden. Es „ist im Wesen der Philosophie Horkheimers begründet, die sich dem Satz Nietzsches verpflichtet weiß, ‚daß deine Erzieher nichts zu sein vermögen, als deine Befreier'."[653]

Für Adorno sind der mündige, der befreite und der kritische Mensch letztlich eins.

> „Solcher Widerstand, als Vermögen der Unterscheidung des Erkannten und des bloß konventionell oder unter Autoritätszwang Hingenommenen, ist eins mit Kritik, deren Begriff ja vom griechischen 'krino', Entscheiden, herrührt."[654]

Als mündigen Menschen versteht Adorno folglich den autonomen Menschen im Sinne Immanuel Kants; ein Mensch der reflektiert und selbstbestimmt denkt und über die soziale Kraft zum Nicht-Mitmachen verfügt, d.h. die gesellschaftlichen Verhältnisse notwendig ändern will.[655] „Adorno schien der kategorische Imperativ als die historisch aufgehobene Idee der Gleichheit, Brüderlichkeit und Freiheit, als Versprechen und Möglichkeit einer Gesellschaft gegen ihre empirischen Reproduktionsbedingungen."[656] In den *Studien zum autoritären Charakter* hatte die Kritische Theorie untersucht, welche Erfahrungen und Einstellungen, welche Bedingungen einen autoritären Charakter ausmachen. Im Umkehrschluss kann man aus den Studien folgern, welche Bedingungen notwendig sind, dass ein Charakter sich nicht autoritär entwickelt. In *Vorurteil und Charakter* schreiben Horkheimer und Adorno hierzu:

> „Die Studien, von denen hier die Rede war, erwecken die Selbstbesinnung, während zugleich die Kenntnis der verwundbaren Zonen des totalitären Charakters es erlaubt, die wirksamsten gesellschaftlichen und psychologischen Gegenmittel systematisch zu erproben. Die Einsicht in die Tiefendimension des sozialen Vorurteils und des Gruppenhasses kann für weitausgrei-

---

[653] Negt 1994, S. 149

[654] Adorno 1997, S. 785

[655] Vgl. Adorno 1971, S. 93. Es darf allerdings nicht unerwähnt bleiben, dass Adorno und Horkheimer Kants Verständnis von Aufklärung durch Nietzsche, de Sade und andere in der Dialektik der Aufklärung kritisiert haben.

[656] Gruschka 1988

fende, schon in der frühen Kindheit ansetzende Erziehungspläne fruchtbar gemacht werden."[657]

Der autoritäre Charakter verfügt über ein schwaches Ich. „Als Teil einer rollenidentischen Identifikation mit dem Über-Ich betrachtet er die übertriebene Darstellung der eigenen Souveränität mit der eine Ich-Schwäche ausgeglichen werden soll."[658] Dem gegenüber fordert Adorno der Vormacht sozialer Kollektive entgegenzuarbeiten.[659] Es gilt daher das Ich gegen das gesellschaftlich vermittelte Über- Ich zu verteidigen. Was der Mensch dazu benötigt führt Rose Ahlheim wie folgt aus:

> „Er muss ein solides Selbstgefühl haben, ein zuverlässiges Erleben davon, was er ist, wer er ist, was er wert ist, ein Erleben auch von Kohärenz und von Kontinuität. [...] Er braucht außerdem eine hinreichende Sicherheit, etwas wert zu sein, anerkannt zu sein, so dass er nicht im Gegenzug andere verachten muss. Er braucht die Fähigkeit und auch die Bereitschaft zur Empathie, die Fähigkeit, sich in andere hinein zu versetzen. Das aber setzt voraus, dass er zunächst einmal sich selber wahrnehmen kann in allen Facetten auch widersprüchlicher Gefühlstönungen, die man oftmals gleichzeitig in sich trägt. Die Bereitschaft also, auch bei sich selber nicht zu vereinfachen oder wegzusehen oder Gefühle wegzuschaffen, weil sie unerträglich werden. Er braucht außerdem die Fähigkeit sich abzugrenzen gegen den Sog einer Gruppenregression."[660]

Als Beleg für Adorno können empirische Studien von Klaus Ahlheim gelten. Er untersuchte, inwieweit Fremdenfeindlichkeit und Antisemitismus bei jungen Menschen durch die Erziehung bedingt sind. Derartige Einstellungen finden sich bei Jugendlichen deutlich seltener, die liebevoll und gewaltfrei erzogen wurden und die ihre Eltern als zuverlässig und das Familienklima als demokratisch bezeichnen.[661]

Die Unfähigkeit zur Identifikation mit anderen Menschen nennt Adorno die wichtigste psychologische Bedingung dafür, dass Auschwitz möglich werden konnte. Entsprechend muss eine Erziehung nach

[657] Adorno in Ahlheim, Klaus 2010, S. 44
[658] Messerschmitt 2010, S. 130
[659] Vgl. Adorno 1971, S. 95
[660] Ahlheim, Rose 2010, S. 57
[661] Ahlheim, Klaus 2010, S. 47ff.

Auschwitz einen besonderen Schwerpunkt setzen, Empathie zu üben und diese Kälte zu durchbrechen. Den Menschen, die potenziell zur Teilhabe an der Barbarei fähig sind, gilt es, die Mechanismen aufzuzeigen, die sie dazu treiben könnten, um sie immun gegen die Regression zu machen.

Dazu muss Pädagogik dem Vergessen entgegenarbeiten und über die Gräuel der Vergangenheit aufklären sowie historische Kompetenz vermitteln. Im Fokus steht dabei die Geschichte der gesellschaftlichen Opfer. Dabei besteht die Gefahr, nur diejenigen zu erreichen, die für Empathie schon empfänglich sind, schlimmer noch, dass diejenigen, die das Ganze nicht an sich heranlassen, nur noch weiter abstumpfen. Eine Pädagogik im Sinne Adornos richtet sich aber auch gegen alle Varianten irrationaler Einstellung, so auch den Aberglauben.

> „Die Undurchsichtigkeit dieser Verhältnisse, die mehr in der Kompliziertheit der Apparatur als im Wesen besteht, läßt sich aber durchdringen. Die Veränderungen in den Menschen selbst, die sie zu bloßen Agenten der Verhältnisse machen, kann man bestimmen und in den Menschen die Ahnung erwecken, die sie insgeheim bereits hegen: daß sie betrogen werden und sich selber nochmals betrügen."[662]

Die Menschen fühlen sich als bloße Objekte, nicht als handelnde Subjekte der Gesellschaft. Es gilt, sie über ihre geschichtliche Verantwortung so aufzuklären, dass sie die machtförmigen Mechanismen der Gesellschaft verstehen. Dabei droht jedoch Gefahr von einer anderen Seite: Wenn die soziale Realität komplex, undurchschaubar und unsicher wirkt, gleichzeitig aber die Menschen ihr Glücksversprechen zu hinterfragen beginnen, locken vereinfachende Erklärungsansätze, falsche Zuschreibungen und Sündenbockstrategien: „Wahn ist der Ersatz für den Traum, daß die Menschheit die Welt menschlich einrichte, den die Welt der Menschheit hartnäckig austreibt."[663]

Da der Antisemitismus als Welterklärung nach Horkheimer und Adorno auf falscher Projektion beruht, ist diese auch Schwerpunkt kritischer Erziehung. Der Projektion liegen Spannungen zwischen Ich, Es und Über-Ich zugrunde. Eigene Wünsche und Bedürfnisse wider-

[662] Adorno in Ahlheim, Klaus 2010, S. 54
[663] Adorno 1971, S. 22

sprechen den internalisierten Normen und werden daher nicht akzeptiert. Falsche Projektion entlastet, in dem sie unliebsame Triebanteile, Unbewusstes und Verdrängtes auf eine andere Person oder Personengruppe überträgt. Eine solche Projektion ist bis zu einem gewissen Grad normal. Das Falsche oder Pathische besteht in der mangelnden Reflexion solcher Projektionen. Die Juden verkörpern für den Antisemiten das Bild „des Glücks ohne Macht, des Lohns ohne Arbeit, der Heimat ohne Grenzstein, der Religion ohne Mythos. Verpönt sind diese Züge von der Herrschaft, weil die Beherrschten sie insgeheim ersehnen."[664] Das heißt die Übertragung resultiert daraus, dass die eigenen Bedürfnisse, die damit im Zusammenhang stehen, vom Über-Ich unterdrückt und als etwas Schlechtes beziehungsweise Böses abgelehnt werden.[665] Was man sich nicht selbst zugesteht wird also unterdrückt, auf die Juden als sozialer Gruppe übertragen und an ihnen verfolgt. Darum stehen die Juden als Sinnbild für die negativen Seiten des Kapitalismus. Ihnen wird „das ökonomische Unrecht der ganzen Klasse aufgebürdet"[666].

Der Antisemitismus gestattet dem Einzelnen „schlecht zu sein und sich dabei für gut zu halten"[667]. Gäbe es keinc Juden, man hätte sie für das wahnhafte Weltbild der Antisemiten und dessen entlastende Auswirkungen auf die Psyche erfinden müssen, da das systemimmanente gebrochene Glücksversprechen im Kapitalismus sonst deutlich zutage treten würde. Die Pädagogik muss daher umfassend aufklären und solche falsche Kapitalismuskritik kritisieren. Die Kenntnis, wie Propaganda funktioniert, kann ebenfalls vor der Wirkweise solcher Welterklärungen schützen.

Gegen die Unfähigkeit der Menschen zu differenzieren und einer Sache aufgeschlossen ohne Vorurteile zu begegnen soll die Erziehung zur Erfahrung in Stellung gebracht werden. Die Erziehung soll gesellschaftliche und psychologische Mechanismen bewusst machen, die zur

[664]Horkheimer und Adorno 2004. S. 208f.

[665]Das wird umgekehrt auch beispielsweise deutlich an den Protokollen der Weisen von Zion. In dem verschwörungstheoretischen Hauptwerk der Moderne wird den Juden von seinen antisemitischen Verfassern vorgeworfen, genauso eine totalitäre Gesellschaft erschaffen zu wollen, wie es die Nazis später in Wirklichkeit taten. Vgl. Wolf 2015, S. 115

[666]Horkheimer und Adorno 2004. S. 183

[667]Horkheimer 1963, S. 6

Stereotypisierung führen, in der die geistige Grundlage für Hass und Gewalt steckt.[668]

> „Dieser tiefere Sinn von Bewußtsein oder Denkfähigkeit ist nicht einfach der formallogische Ablauf, sondern er stimmt wörtlich mit der Fähigkeit, Erfahrungen zu machen, überein. Denken und geistige Erfahrungen machen, würde ich sagen, ist ein und dasselbe. Insofern sind Erziehung zur Erfahrung und Erziehung zur Mündigkeit [...] identisch."[669]

Genauso gilt es, sich die Herkunft der eigenen Erfahrungen bewusst zu machen. „Ein aufklärendes Potential dürfte allein schon in der Fragestellung liegen, wie man so wurde."[670] Pädagogik bedeutet also auch zur biographischen Selbstreflexion anzuleiten. Eine Erziehung zur Erfahrung kann verhindern, dass aus dem Emotional-hart-gegensich- selbst-Sein, ein Hart-gegen-andere-Sein wird.

Generell stößt kritische Pädagogik nicht nur auf zur Totalität gewordene gesellschaftliche Verhältnisse, sondern ebenso auf bewussten Widerstand der Subjekte selbst. Denn, so stellen Horkheimer und Adorno fest, die autoritäre Persönlichkeit ist in der kapitalistischen Produktionsweise durchsetzungsfähiger, da sie dazu neigt „bis zu einem gewissen Grad sich selber [zu] mechanisieren und standardisieren"[671].

Sie agieren realitätsgerecht, indem sie die Welt als eine der Konkurrenz und des Kampfs wahrnehmen. Dieser Wettbewerb sei allenfalls dazu geeignet Sportler zu erziehen, aber keine entbarbarisierten Menschen.[672] Marcuses Ansprüche an eine kritische Pädagogik sind von ihm nur sehr wenig beschrieben worden. Er fordert wie Horkheimer und Adorno eine nicht repressive Pädagogik, die das Ich der Menschen stärkt, und die Kinder und Erwachsene gegen die Wirkweise der Massenmedien immunisiert.[673] Eine besondere pädagogische Nähe in der Erziehung zu Freire findet sich bei Marcuse im Aufruf zu

---

[668] Vgl. Zöller 2009, S. 159ff.
[669] Adorno 1971, S. 116
[670] Adorno 1971, S. 99
[671] Horkheimer und Adorno in Ahlheim, Rose 2010, S. 58
[672] Adorno 1971, S. 126
[673] Vgl. bspw. Stederoth 2006, S. 155

einer politischen Praxis, die als soziale Befreiung auf das Bewusstsein abzielt:

> „Ich halte die Entwicklung des Bewußtseins [...] heute in der Tat für eine der Hauptaufgaben des Materialismus [...] Eine der Aufgaben ist es, den Menschentypus freizulegen und zu befreien, der die Revolution will, der die Revolution haben muß, weil er sonst zusammenbricht"[674]

Die Betonung der Möglichkeiten des einzelnen Subjekts bei Fromm führen dazu, dass er verschiedenen pädagogischen Ideen deutlich aufgeschlossener gegenüber steht, als die anderen Vertreter der frühen Kritischen Theorie. Dies gilt insbesondere für die Phase nach seiner Loslösung vom Institut für Sozialforschung. Fromm stellte keine geschlossene Erziehungslehre auf. Sein pädagogisches Denken muss oft indirekt erschlossen werden.[675] Nach Helmut Wehr ist Fromm im reformpädagogischen Denken verortet und mit den Erziehungstheorien von Jean-Jaques Rousseau, Maria Montessori, Janusz Korczak und Hartmut von Hentig verbunden.[676]

Von Bedeutung für Fromms pädagogische Ausrichtung ist seine Zeit ab 1956 in Mexiko. In diesem Jahr gründete er zum einen die Sociedad Psicoanalítica Mexicana. Später traf er im unweit von Mexiko-Stadt gelegenen Cuernavaca unter anderem auf Illich, Pater Wasson, von Hentig und – was für diese Untersuchung von besonderem Interesse ist – Freire. Es kam zu einem wichtigen intensiven pädagogischen Austausch. Ab 1958 erforschte er zusammen mit Michael Maccoby den Sozialcharakter eines mexikanischen Dorfes und damit verbunden die Wirkung des Waisenhauses von Pater Wasson. Aufgrund der schwierigen sozialen Situation vor Ort hatte Fromm erwartet, ein Klima der Gewalt und der Autorität vorzufinden. Stattdessen fand er kooperative, verantwortungsbewusste, mitfühlende und liebende Kinder vor. Die beeindruckenden Ergebnisse führte Fromm auf die pädagogische Philosophie Pater Wassons zurück. Fromm entdeckte fünf Prinzipien bei Wasson: 1. Die vorbehaltlose Annahme, bzw. um-

---

[674]Marcuse in Voigts 2012, S. 18

[675]675 Georg Osterfeld hat dazu bei Fromm 150 Verweise auf Erziehung, 37 Verweise auf Bildung und 20 Verweise zur Schule gefunden. Vgl. Osterfeld 2009, S. 3

[676]Vgl. Wehr 2015, S. 193

gekehrt, kein Ausschluss von Kindern, 2. Jedes Kind muss die Rechte der anderen Kinder respektieren und hat Pflichten gegenüber der Gemeinschaft, 3. die Kinder werden an Entscheidungen, die sie betreffen, beteiligt, 4. Eine unbürokratische und liebevolle Atmosphäre und 5. Anregungen und Angebote sich sportlich, künstlerisch und intellektuell zu betätigen. Gemeinsam bilden sie nach Fromm eine Erziehung zur Lebensliebe. Fromms Forschungen zeigen auf, dass die Pädagogik die Möglichkeit barg, dem autoritären Charakter und der Nekrophilie etwas entgegenzusetzen.[677] Neben der Forderung nach einer politisch-ökonomischen Transformation sieht Fromm die Möglichkeit subjektorientierter Wege aus der sozial kranken Gesellschaft.[678]

In der Folge unterstützte Fromm verschiedene Arbeiten an pädagogischen Texten. Als von Hentig ein Buch über Illichs Cuernavaca schrieb und Illichs Texte in Deutschland publiziert wurden, schrieb Fromm dazu die Vorworte.[679] Später unterstützte Fromm Alexander S. Neills Summerhill-Konzept. In ihm sah er

> „einen geistesverwandten Pädagogen, der das gleiche Ziel des mehr Sein anstelle von mehr Haben verfolge [...]. Neills entscheidender Ansatz sei seine Liebe zum Leben, von der sich alle anderen Prinzipien wie Individualität, Freiheit usw. ableiten ließen. Das Projekt Summerhill erschien Fromm als ein Ausdruck von Biophilie, weil Neills Grundsätze die Liebe zum Leben bei jungen Menschen förderten."[680]

In seinen eigenen pädagogischen Schriften schildert Fromm Erziehung mittels des klassisch-reformpädagogischen Gärtner-Motivs. Es geht um die Förderung der individuellen Entwicklung, die aber aus eigener Kraft wachsen soll. Das grenzt an die Antipädagogik, die in der Pädagogik nur Manipulation und Entmündigung sieht. „Alle Anzeichen deuten darauf hin, dass heteronomes Eingreifen in die Wachs-

---

[677] Vgl. Wehr 2003, S. 39-41. Vgl. auch Fromm 1970, S. 458-462. Zum Begriff der Nekrophilie vgl. auch das Kapitel *Entfremdung, Verdinglichung und Fetisch* in dieser Arbeit.

[678] Vgl. Wehr 2015, S. 195

[679] Vgl. von Hentig 1972 und Illich 1972

[680] Osterfeld 2009, S. 6f. Im seinem Vorwort zu Neills *Theorie und Praxis der antiautoritären Erziehung* kritisierte Fromm allerdings Neills Überbewertung der kindlichen Sexualität für die Charakterentwicklung. Vgl. Fromms in Neill, 1969, S. 11 – 18

tumsprozesse des Kindes und des Erwachsenen die tiefste Ursache geistig-seelischer Störungen, speziell der Destruktivität sind."[681]

Das Gärtner-Motiv basiert auf Fromms anthropologischen Annahmen. Erziehung soll die Möglichkeiten des Menschen realisieren. Der Mensch soll sich entfalten und muss dazu die sozialstrukturellen Bedingungen bloßstellen, die ihn beschädigen.[682] In diesem Verhältnis aus utopischer und kritischer Pädagogik entsteht eine Nähe zur Pädagogik Freires, die Fromm stärker psychoanalytisch begründet. Beide wenden sich gegen manipulative Pädagogik. Die Tendenz der Lehrinstitutionen Faktenwissen zu überprüfen, statt dieses in den Kontext einzubetten und so selbständiges Denken zu lehren, lehnt Fromm wie Freire als Form entfremdeten Lernens ab. Stattdessen fordert Fromm wie Freire eine mäeutische Pädagogik, wobei die Geburtshilfe ein lebenslanger Prozess ist, denn Leben bedeutet für Fromm ein Prozess des Geboren-Werdens, der Entwicklung.[683]

6.3 Interpretationen kritischer Pädagogik

Die Kritische Theorie der Gesellschaft wirkte sich auf alle Sozialwissenschaften aus. Das darf auch für die Erziehungswissenschaft gelten. Insbesondere die Schriften von Horkheimer und Adorno beeinflussten den wissenschaftlichen Diskurs der Pädagogik. Kritische Theorie lieferte das Analysewerkzeug zur Auseinandersetzung mit der bis dahin hegemonialen geisteswissenschaftlichen Pädagogik. Ende der 1960er Jahre entwickelte sich eine Kritik an dieser. Es stellte sich die Frage, warum die geisteswissenschaftliche Pädagogik die Schrecken des Nationalsozialismus nicht nur nicht verhindert, sondern begünstigt hatte.

> „Wie keine andere Theorie hat in den 1970er Jahren die Kritische Theorie der Frankfurter Schule die erziehungswissenschaftlichen Diskussionen beeinflusst, weil sie die Verantwortung für die nationalsozialistische Gewaltherrschaft [...] einer

[681] Fromm 1976, S. 83. Zitat im Original teilweise kursiv. Vgl. auch Wehr 2015, S. 193f.

[682] Bierhoff und Bierhoff 1991, S. 41

[683] Vgl. Claßen 1987, S. 10

Praxis zuschreibt, die Kinder und Jugendliche [...] in einer zutiefst autoritären Geste an Führerpersönlichkeiten und an eine Gemeinschaft bindet, die sie der Möglichkeit zum mündigen Handeln beraubt und einer herrschaftlichen Fremdbestimmung ausliefert."[684]

Im Verlauf der Auseinandersetzung um die Kritische Theorie und um die Studentenbewegung bildete sich eine variantenreiche kritische Pädagogik. Das Jahr 1968 war nicht nur Schlüsseljahr einer internationalen Protestbewegung, sondern zeitgleich und damit verknüpft ein Jahr emanzipatorischer und kritischer Theorie. Eine zweibändige Auswahl bereits erschienener Schriften Horkheimers machte diese nun einem breiteren Spektrum von Lesern zugänglich. Adorno analysierte den sich fortsetzenden Spätkapitalismus auf dem deutschen Soziologentag. Von Habermas erschien *Erkenntnis und Interesse* sowie *Technik und Wissenschaft als Ideologie.* Vor allem aber markierte das Jahr daran anknüpfend einen Aufbruch kritischer Erziehungswissenschaft: Dahmer und Klafki entwickelten eine umfangreiche Kritik an der geisteswissenschaftlichen Pädagogik; während Mollenhauer in den Jahren zuvor entstandene Arbeiten als *Erziehung und Emanzipation* publizierte und damit eine erziehungswissenschaftliche Diskussion um soziale Emanzipation initiierte, die die folgenden Jahre prägten. Die Diskussion wurde so intensiv, dass ihre Gegner den Vorwurf einer Emanzipationsneurose hervorbrachten.[685]

Was dabei als kritische Erziehungswissenschaft zu verstehen ist, war zunächst umstritten. Unter dem Begriff wurden anfänglich verschiedene Ansätze gefasst, die die bisherige geisteswissenschaftliche Pädagogik kritisierten und gesellschaftskritische Theoreme in ihre Analysen einbauten. Es handelte sich weniger um ein einheitliches Paradigma.

„Vielmehr tauchte der Begriff ‚Kritik' in sehr unterschiedlichen theoretischen Zusammenhängen auf wie der am Neukantianismus orientierten transzendental-kritischen Pädagogik (Wolfgang Fischer), der auf Popper sich berufenden kritisch-ratio-

---

684 Borst 2009, S. 108

685 Vgl. Weiß 2009, S. 301. Vgl. auch Horkheimer 1968, Adorno, 1969, Habermas 1968a, Habermas 1968b, Dahmer und Klafki 1968 und Mollenhauer 1970. Zum Vorwurf der Emanzipationsneurose vgl. auch Wilhelm 1974, S. 22

nalistischen Pädagogik (Lutz Rössner), der auf der Basis von Habermas' argumentierenden kritischkommunikativen Didaktik (Klaus Schaller), der kritisch-materialistischen Pädagogik Gamms in Anlehnung an Marx, der kritisch-konstruktiven Pädagogik (Wolfgang Klafki) sowie den beiden mit unterschiedlichen Begründungen sich kritisch-emanzipatorisch verstehenden Ansätzen Herwig Blankertz' und Klaus Mollenhauers."[686]

Zwischen den verschiedenen kritischen Erziehungswissenschaften bestanden teilweise unüberbrückbare Gegensätze. Unter dem Begriff kritische Erziehungswissenschaft setzte sich schließlich jene Richtung durch, die sich mehr oder weniger stark auf die Kritische Theorie der Gesellschaft von Adorno und Horkheimer bezog.

> „Gemeinsam war diesen Ansätzen, dass sie das Ziel der Emanzipation des Menschen von überflüssig gewordener Herrschaft mit pädagogischen Mitteln anstrebten, also Erziehung normativ von entfalteter Subjektivität her dachten und analytisch als ein nur im gesellschaftlichen Kontext adäquat zu beschreibendes Handeln verstanden."[687]

Kritische Pädagogik greift also auf die Kritische Theorie der Gesellschaft zurück, um die Bedingungen zu reflektieren, unter denen sich biographische Bildungsprozesse abspielen, sowie um deren gesellschaftliche und ökonomische Hintergründe zu erfassen. Nach Simon Kunert benötigt die kritische Pädagogik die Theorie der bestehenden Gesellschaft, um ihr eigenes Handeln zu legitimieren, die eigenen Grenzen zu erkennen, sowie als grundsätzliche Bedingung von Selbstreflexion.[688]

Dennoch darf die Wirkung der Kritischen Theorie auf die kritische Pädagogik nicht überschätzt werden.

> „Trotz der grundlegenden Einsicht in die Notwendigkeit einer Theorie der Gesellschaft für die Erkenntnis der gesellschaftlich-historischen Bedingungen von Erziehungs- und Bildungsprozessen hat die kritische Erziehungswissenschaft weder umfangreich an die sozialistische Pädagogik der Vorkriegszeit angeknüpft noch materialistischerziehungswissenschaftliche Ansät-

[686] Dammer 2009, S. 55. Vgl. auch Bernhard 2012, S. 12ff.
[687] Dammer 2009, S. 56
[688] Vgl. Kunert 2015, S. 110

ze integriert oder direkt die Einsichten der Kritischen Theorie der Frankfurter Schule, ungeachtet ihrer bekundeten Sympathie für diese, berücksichtigt."[689]

Die sozialpsychologischen Studien der Kritischen Theorie blieben weitgehend unbeachtet. Statt einer tiefgreifenden Auseinandersetzung mit ihnen wurde in der Fachpädagogik lediglich lose an bestimmte Facetten der Kritischen Theorie angeknüpft. Dies führte dazu, dass von einer einheitlichen Rezeption oder Interpretation der Kritischen Theorie durch die kritische Pädagogik nicht gesprochen werden kann. Trotzdem soll im Folgenden ein kurzer Überblick über einige Ansätze skizziert werden.

Nach Klafki muss „Erziehungswissenschaft im Sinne kritischer Theorie [...] notwendig zur permanenten Gesellschaftskritik werden oder sich mit Gesellschaftskritik verbünden".[690] Kritische Pädagogik strebt nach Mündigkeit der Menschen. Im Zentrum des pädagogischen Handelns steht der soziale Emanzipationsprozess, wie es besonders von Mollenhauer unterstrichen wurde. Für Christoph Wulf liegt die Bedeutung kritischer Erziehungstheorie darin, „Prozesse der Unterdrückung, der sozialen Ungerechtigkeit, überflüssiger Herrschaft, der Verdinglichung und Selbstentfremdung im Bereich der Erziehung"[691] aufzudecken, deren Ursachen zu analysieren und Handlungskonsequenzen zu entwerfen. Nach Eva Borst soll kritische Pädagogik lehren, die Differenziertheit und Komplexität der Welt wahrzunehmen.[692]

Armin Bernhard hält die Ideologiekritik wesentlich und zwar im mehrfachen Sinne: Zum einen gilt es, den ideologischen Gehalt jeweiliger Bildungsplanung selbst zu reflektieren. Zum anderen soll sie die Fähigkeit zur Ideologiekritik selbst schulen. Drittens soll sie über die Bedürfnisse aufklären, die die Ideologie bedingen.[693]

„Die praktische pädagogische Ideologiekritik darf ihre Arbeit daher nicht auf aufklärerische Entlarvung von Ideologie begrenzen, sie muss die Blockierungen und Widerstände thema-

[689] Kunert 2015, S. 119f.
[690] Klafki, Wolfgang 1976, S. 46. Zitat im Original teilweise kursiv.
[691] Wulf 1983, S. 193
[692] Vgl. Borst 2009, S. 109
[693] Vgl. Bernhard 2015, S. 81

> tisieren, die mit ihrer gefühlsmäßigen Übernahme verknüpft sind. Insofern übersteigt pädagogische Ideologiekritik die bloße politische Bildung."[694]

Ideologiekritik als zentrales Thema der Pädagogik wurde maßgeblich von Klafki, Blankertz und Heinrich Kanz entwickelt. Den genannten Positionen gemeinsam ist „der Umstand, dass sie Ideologiekritik fern der Marxschen Gesellschaftstheorie entwickeln."[695] Klafkis Demokratiepädagogik bezieht sich zwar auf die Kritische Theorie und die Psychoanalyse, mehr noch aber auf die Diskurstheorien der zweiten Generation der Frankfurter Schule. Allerdings kommt Dietrich Hoffmann zu dem Ergebnis, dass Klafki und Blankertz „sich vom geisteswissenschaftlichen, dem historisch-hermeneutischen Paradigma nie vollständig gelöst"[696] haben. Lediglich Mollenhauer, der wie Klafki und Blankertz Schüler Erich Wenigers war, ist es nach Hoffmann gelungen, sich von der geisteswissenschaftlichen Pädagogik völlig unabhängig zu machen.[697] Auch Wulf nennt deshalb Mollenhauers „‚Theorien zum Erziehungsprozeß' den wohl bislang am weitesten ausgearbeiteten Entwurf einer kritischen Theorie der Erziehung"[698].

> „Mollenhauer schrieb in seiner Studie Erziehung und Emanzipation, dass die Aufgabe der Erziehung darin bestehe, die subjektiven Bedingungen für die denkbare und mögliche Veränderung gesellschaftlicher Praxis ‚mindestens nicht zu verschütten, im Grunde aber, diese selbst hervorzubringen.' Erziehung so Mollenhauer, sei nicht mehr allein die Integration des Einzelnen in bestehende gesellschaftliche Herrschaftsverhältnisse, sondern ebenso die Befähigung, den zunehmenden Prozess der Vergesellschaftung kritisch zu beurteilen und vernünftig in ihn einzugreifen, um sich letztlich aus dem ‚Gewebe der Zwänge' zu befreien. Der erziehungswissenschaftlichen Theorie fiele dann folglich zu, die in der Wirklichkeit enthaltene Spannung von Faktizität und Rationalität bzw. dem ‚Widerspruch wirklicher Unfreiheit und möglicher Freiheit' aufzudecken und dabei die Momente der Wirklichkeit zu entlarven,

[694] Bernhard 2015, S. 97f.
[695] Bernhard 2015, S. 91
[696] Hoffmann 1993 S. 307
[697] Vgl. Hoffmann 1993, S. 202-206, vgl. auch Weiß 2009, S. 307f.
[698] Wulf 1983, S. 195

> die eine rationale gesellschaftliche Praxis verhindern: ‚Unterdrückung, Verfälschung, Vorurteil, Ideologie.' Diese Kritik bleibe aber als ‚Verneinung der konstatierten Unfreiheit' negativ, weil sie lediglich im Namen einer besseren Erziehung und besser organisierten Gesellschaft die Mangelhaftigkeit des Faktischen durch die Konfrontation mit dem Möglichen registriere, aber keinen positiven Entwurf einer zukünftigen gesellschaftlichen bzw. pädagogischen Praxis biete."[699]

Für Mollenhauer ist die Wendung zum Subjekt der Kritischen Theorie nur beschränkt eine pädagogische Wendung. „Der Negativität der Kritischen Theorie ist es geschuldet, dass die Wendung zum Subjekt eben nicht positiv, praktisch und manipulativ sein darf, sondern aufklärerische Bewusstseinsforschung sein soll. Entsprechend fordert Lorenzer eine Psychoanalyse, die sich ‚als kritische Theorie der Subjektivität versteht' "[700]. Eine Methodik, die eine psychoanalytische aufklärerische Bewusstseinsforschung als Pädagogik ermöglichen soll, stellt aber auch Mollenhauer nicht auf. Dabei ist jedoch die Entwicklung einer solchen Methodik die Herausforderung, der sich kritische Pädagogik stellen muss.

Im Bereich der frühen kritischen Pädagogik wäre noch die befreiende Pädagogik Joachim Heydorns und die materialistische Pädagogik Hans-Jochen Gamms zu nennen. Bei beiden handelt es sich aber weniger um Interpreten der Kritischen Theorie, als dass sie eher lose an ihr anknüpfen und eigene pädagogische Wege gehen. Neuere Formen der kritischen Pädagogik beziehen sich häufig ebenfalls weniger auf die ursprüngliche Kritische Theorie, sondern stärker auf neue Ausprägungen der Frankfurter Schule, wie beispielsweise auf Axel Honneths Theorie der Anerkennung.

In den 1970er und 1980er Jahren schien die kritische Pädagogik tonangebend zu sein. Inzwischen haben jene Interpretationen kritischer Pädagogik, die eng an der Kritischen Theorie angelehnt waren, im erziehungswissenschaftlichen Diskurs an Einfluss verloren. Die kritische Pädagogik war angetreten, die Gesellschaft zu verändern, doch es scheint so, als wäre selbst der Versuch die Pädagogik nachhaltig

[699] Zumhoff 2012 S. 13

[700] Mollenhauer 1972, S. 183, vgl. auch Lorenzer 1971, S. 10

zu verändern, – zumindest im erhofften Umfang – misslungen.

Wie lässt sich dieses Scheitern erklären? Es ist zum einen in der kritischen Pädagogik selbst begründet: Weite Teile der kritischen Pädagogik bezogen sich weniger auf die frühe Kritische Theorie, als auf die Habermassche Sprachtheorie.

> „Die erziehungswissenschaftlichen Ansätze, die sich grundlegend an der Habermasschen Theorie orientierten (Klafki, Mollenhauer, Schäfer, Schaller), haben mit ihrer zunehmenden Konzentration auf interpretativ-kommunikative Vorgänge, auf Diskursethik und ‚Diskursfähigkeit' Fragen der Sozialstruktur, der Macht- und Hegemoniebeziehungen, der ökonomisch vermittelten Herrschaft an den Rand der erziehungswissenschaftlichen Forschung und Theoriebildung gedrängt."[701]

Durch Habermas' Diskursansatz erschien plötzlich der Pädagogik alles möglich, so lange bei den Menschen nur die Kommunikationsfähigkeit gestärkt würde. Der materialistische Ansatz, der Lebenswirklichkeit und Arbeit als wichtige Aspekte der gesellschaftlichen Totalität ansieht, wurde außer Acht gelassen. Damit aber war die kritische Pädagogik bloße Praxis, die ihr Kritisches zu verlieren drohte. Die Geschichte der kritischen Pädagogik bestätigte somit

> „die Bedenken Adornos, dass eine sich vorschnell aufs Konstruktiv-Positive wendende Kritik um ihre Vehemenz, ja ihres kritischen Gehalts gebracht und daher neutralisiert wird. Die Aporie einer wirklich Kritischen Pädagogik, die sich bei aller Notwendigkeit ihres Eingreifens in die gesellschaftlichen Bedingungen von Erziehungs- und Bildungsprozessen die gesamtgesellschaftlichen Strukturen als Objekt der Kritik beibehält, äußert sich demnach einerseits darin, dass sie sich nicht vorschnell, unreflektiert bzw. unter Ansehung eben dieses Kritikobjekts der Praxis zuwenden darf - dies wäre auch keine Praxis, sondern Aktionismus - , andererseits darf sie die Gestaltung der Praxis aber auch nicht sich selbst oder anderen, von außen drängenden Kräften überlassen, indem sie sich auf das Terrain einer abgeschotteten Theorie zurückzieht."[702]

---

[701] Bernhard 2012, S. 26

[702] Kunert 2015, S. 122f.

Die Idee, menschliche Emanzipation hänge von der Erziehung ab, führt zur maßlosen Selbstüberschätzung. Hier findet sich der andere Grund des historischen Scheiterns kritischer Pädagogik. Sie wurde mit der Erkenntnis der Kritischen Theorie über den Grad gesellschaftlicher Integration der Einzelnen konfrontiert und mit der politischen Problematik, die sich schon anhand Adornos pädagogischer Aussagen tätigen lassen:

> „[Dass] Reformen bei gleichzeitiger Aufrechterhaltung der Systemfunktionalität an ihre Grenzen stoßen und dass ein pädagogisch-politisches Bekenntnisprogramm kaum dazu angetan ist, in einer widersprüchlichen Gesellschaft ein Kontinuum zwischen Theorie und Praxis herzustellen, hätte sich in den Schriften Adornos und Horkheimers durchaus entnehmen lassen."[703]

Erziehung erschafft keine andere Gesellschaft, da die Subjekte in einem bislang ungekannten Ausmaß von der bestehenden Gesellschaft integriert bleiben. Selbst die Reflexionsfähigkeit über die alltäglichen, verdinglichten Bedingungen führt gerade nicht zur intendierten sozialen Veränderung, geschweige denn, dass die Menschen dadurch in die Lage versetzt würden, diese abschaffen zu können. „‚Erziehung' kann deshalb nicht mehr sein als organisierte Aufklärung; darin liegt ihre Macht wie ihre Ohnmacht"[704].

Das Scheitern des großen Ansatzes der kritischen Pädagogik in Deutschland führte zu ihrer Umorientierung: einer Phase der Selbstreflexion, einer fortgesetzten Reformpädagogik im Kleinen, der Rückbesinnung auf die pädagogische Perspektiven in Adornos Werk, einem Umschwenken auf die kritische Pädagogik Heydorns und die Entwicklung der Negativen Pädagogik Gruschkas.[705]

Eine Nähe zwischen Interpretationen kritischer Pädagogik, die sich auf die Kritische Theorie beziehen, und Freire finden sich an vielen Stellen in der Fachliteratur, deren Gemeinsamkeiten hier nicht vollständig aufzulisten sind. Eine der häufigen Forderungen aus der kritischen Pädagogik, die sich auch bei Freire finden, ist, dass eman-

---

[703]Dammer 2009, S. 57

[704]Mollenhauer, Klaus 1972, S. 81

[705]Vgl. Dammer 2009, S. 57. Als typisches Beispiel dafür kann auch Mit Adorno Schule machen von Norbert Hilbig gelten. Vgl. Hilbig 1995

zipatorische Pädagogik nicht anpassend oder konservierend erziehen darf, sondern auf einen gesellschaftlichen Bruch hinarbeiten muss. Eine Forderung, die sich in dieser Schärfe beispielsweise auch bei Mollenhauer findet.[706] Zudem versteht Mollenhauer Erziehung „als ein kommunikatives Handeln, dessen Ziel darin liegt, eine Kommunikationsstruktur zu etablieren, die den Erwerb von Fähigkeiten zum Diskurs ermöglicht."[707] Ein Verständnis, das auch Freire teilt, der sich dazu allerdings auf den Dialog beschränkt und dabei im Gegensatz zu Mollenhauer keine enge Verbindung zu der Diskurstheorie hat.

Eine Nähe bei Klafki zu Freire ergibt sich aus seinen Anforderungen an den menschlichen Dialog. Klafki verlangt „dem Leiter eines sokratischen Gesprächs ab, seine Argumente mit pädagogischem Takt als Beitrag zum produktiven Erkenntnisprozess einer Gesprächsgruppe einzubringen, zur Diskussion zu stellen"[708].

Auch Klafkis Forderung nach Allgemeinbildung erinnert an Freires Forderung nach politischem Alphabetismus:

> „Allgemeinbildung bedeutet in dieser Hinsicht [...] ein geschichtlich vermitteltes Bewußtsein von zentralen Problemen der Gegenwart und - soweit voraussehbar - der Zukunft zu gewinnen, Einsichten in die Mitverantwortlichkeit aller angesichts solcher Probleme und Bereitschaft, an ihrer Bewältigung mitzuwirken"[709]

Beiden geht es um das Bewusstsein und die Verantwortlichkeit für gesellschaftliche Probleme. Freire möchte eine Fähigkeit zur Reflexion ermöglichen. Ziel seiner utopischen Pädagogik ist eine Gesellschaft sich selbst bewusster Individuen, die ihre geschichtliche Verantwortung kennen, denn ganz im Sinne Marx' und der Kritischen Theorie können es nur diese Menschen selbst sein, die diese Gesellschaft ändern, und damit die Geschichte.

Bereits häufiger festgestellt wurden Ähnlichkeiten zwischen Freire und Negt. Negt bemüht sich um eine emanzipatorische Arbeiterbildung. Dabei nimmt er eine Analyse der Sprachbarrieren und der vorhandenen Lernmotivationen als Ausgangsbedingungen des pädagogi-

---

[706] Vgl. Mollenhauer 1970, S. 27, vgl auch Zumhof 2012, S. 34

[707] Mollenhauer 1972, S. 68

[708] Köpcke-Dutler 2008, S. 109f.Original teilweise kursiv.

[709] Klafki 1993, S. 56

schen Projekts an. Wie Freire geht es auch ihm um Bewusstseinsbildung und die Entwicklung eines geschichtlichen Klassenbewusstseins. Negts Begriff der sozialen Topoi erinnert an die generativen Themen Freires. Bei beiden werden diese Themen im pädagogischen Prozess auf etwas Konkretes reduziert. Wie bei Freires problemformulierender Methode möchte Negt im exemplarischen Lernen eine pädagogische Methode bereitstellen, die die Analyse der Problematiken des Konkreten betreibt, wodurch im pädagogischen Programm die Fähigkeit zur Analyse des Abstrakten gewonnen werden soll. Indem die Zielpersonen des pädagogischen Programms etwas über sich erfahren, erfahren sie etwas über ihre Stellung in der Welt.

René Bendit und Achim Heimbucher stellen entsprechend eine Reihe von Kongruenzen zwischen Freire und Negt fest. Freire und Negt ermöglichen zudem beide in ihren Spätwerken Anknüpfungsmöglichkeiten zum Beispiel auch für Schulen.[710] Im Vergleich zu Freire fehlt es Negt allerdings an Präzision und einer Methode. Das Problem der Manipulation durch Pädagogik bleibt bei Negt bestehen, anders bei Freire. Dieser versucht es mittels eines dialektischen Kniffs durch mehrfache Kodierung und Dekodierung zu lösen.

6.4 Das Bankiers-Konzept

Die positivistische Weltanschauung der Menschen, die auch Freire vorfindet und in den siebziger Jahren in Brasilien kritisiert, schlägt sich gleichermaßen in der kritischen Pädagogik nieder. Das Konzept der positivistischen Erziehungsmethoden nennt Freire das Bankiers-Konzept.

Im Bankiers-Konzept wird Bildung als Wissensvermittlung betrieben. Schülerinnen wird Wissen vorgegeben, das sie einfach auswendig lernen sollen. Dabei wird nicht auf die Bedürfnisse der Schülerinnen eingegangen, stattdessen wiederholen sie Lernstoff, zu dem sie aus ihrer Lebenswelt keinen Bezug haben, ohne dass dieser in einen sie betreffenden Kontext eingearbeitet wird, so dass sie ihn einordnen können. Die Schülerin wird zu einem lebendigen Behälter degradiert, der mit Wissen gefüllt wird. Eine gute Lehrerin füllt – folgt man dieser

[710] Vgl. Bendit und Heimbucher 1985, S. 127ff.

Logik – den ihr anvertrauten Behälter vollständig, eine gute Schülerin wiederum lässt sich bereitwillig füllen. Der Begriff Bankiers-Konzept steht also für die Analogie der Erziehung als Spareinlage. Mit Kommuniqués tätigt die Lehrerin Einlagen, das heißt die Schülerin wird zu einem Anlageobjekt und die Lehrerin wird zu einer Anlegerin. Jene können nur die Katalogisierung der Anlage wählen, die Anlage selbst unterliegt der Entscheidungsbefugnis der jeweiligem Lehrerin.[711]

Das Bankiers-Konzept betrachtet die Wirklichkeit rein quantitativ und beurteilt den Erfolg der Wissensvermittlung nach der Menge an Fakten, die sich auf dem Bildungskonto angesammelt haben und dort zunehmen sollen. Es prägt nicht nur den einzelnen erzieherischen Prozess, sondern die ganze institutionelle Erziehung ist danach ausgerichtet. „Die Schule wird also wie ein modernes Unternehmen verwaltet, das im Hinblick auf die Maximierung des Profits nach dem Prinzip der Anpassung an das Gegebene durch zweckrationale Beherrschung, Effizienz und Leistung arbeitet."[712]

Die Unterteilung des Bankiers-Konzepts in ein aktives, lehrendes Subjekt und ein passives, lernendes Objekt definiert Freire wie folgt:

> „a) Der Lehrer lehrt, und die Schüler werden belehrt.
>
> b) Der Lehrer weiß alles, und die Schüler wissen nichts.
>
> c) Der Lehrer denkt, und über die Schüler wird gedacht.
>
> d) Der Lehrer redet, und die Schüler hören brav zu.
>
> e) Der Lehrer züchtigt, und die Schüler werden gezüchtigt.
>
> f) Der Lehrer wählt aus, und setzt seine Wahl durch, und die Schüler stimmen ihm zu.
>
> g) Der Lehrer handelt, und die Schüler haben die Illusion zu handeln durch das Handeln des Lehrers.
>
> h) Der Lehrer wählt den Lehrplan aus, und die Schüler (die nicht gefragt werden) passen sich ihm an.
>
> i) Der Lehrer vermischt die Autorität des Wissens mit seiner eigenen professionellen Autorität, die er in Widerspruch setzt zur Freiheit der Schüler.
>
> i) Der Lehrer ist das Subjekt des Lernprozesses, während die Schüler bloße Objekte sind."[713]

---

[711] Vgl. Freire 1998, S. 57f.

[712] Figueroa 1989, S. 28

[713] Freire 1998, S. 58. Fehler im Original.

Die Schülerinnen werden nicht am Bildungsprozess beteiligt, sondern sie sind das Erziehungsobjekt der Lehrenden. Schwerpunkt der Bankiers-Erziehung ist diese Objektivierung der Schülerinnen. Sie werden zu Wissensautomaten erzogen. Das Bankiers-Konzept fördert zudem kulturelle Invasion, es steht exemplarisch für die soziale Verdinglichung und Entfremdung im Sinne Freires, die Schülerinnen im Leben und besonders in ihrer Schulzeit erfahren.

Dem Bankiers-Konzept fehlt somit ein dialektisches Verständnis von Lehren und Lernen. Zum einen ist der Lehrer als Wissender der völlige Gegensatz der Schülerin. In einer dialektischen Pädagogik sollte der Lehrer aber nicht bloße Antithese sein, sondern es müsste eine Synthese von Lehrer und Schülerin entstehen. Zum anderen wird Lehren und Lernen in zwei verschiedene Vorgänge getrennt, anstatt zu verstehen, dass beides aufeinander verweist. Freire betont, dass Erkenntnis nichts Statisches sein kann, sondern dass es sich um einen Prozess der Erkenntnisbildung handelt.[714]

Dass das Bankiers-Konzept eine dominierende Rolle in der Erziehung spielt, erklärt Freire durch das falsche herrschende Verständnis:

> „Das Bankiers-Konzept beruht auf der Voraussetzung einer Spaltung zwischen Mensch und Welt: der Mensch ist nur in der Welt, aber nicht mit der Welt oder mit anderen. Der Mensch ist Zuschauer, nicht Neuschöpfer. In dieser Sicht ist der Mensch nicht ein bewußtes Wesen (corpo consciente), vielmehr ist er Besitzer eines Bewußtseins: eines leeren 'Sinnes', der dem Empfang von Einlagen an Wirklichkeit aus der Außenwelt passiv offensteht."[715]

Diese erkenntnistheoretische Fehlinterpretation führt dazu, dass der Mensch als Wesen gilt, das zunächst ein leeres Bewusstsein besitzt, das über Erziehung gefüllt wird. Daher wird der Erfolg der Bildung quantitativ an dieser Füllung gemessen. Der Füllstoff ist zwangsläufig das, was in der als gebildet geltenden Gesellschaft vorgefunden wird. Die Lehrerin formt damit die bislang unvollständige Schülerin nach ihrem Ebenbild. Die gesellschaftlichen Herrschaftsverhältnisse werden so reproduziert.

---

[714] Vgl. Freire 2007 S. 30

[715] Freire 1998, S. 60f.

„Und da die Menschen die Welt wie passive Wesen 'empfangen', muß die Erziehung sie noch passiver machen und sie an die Welt anpassen. Der erzogene Mensch ist der angepaßte Mensch, denn er paßt besser in die Welt. In die Praxis übersetzt dient dieses Konzept in hervorragender Weise den Absichten der Unterdrücker, deren Ruhe davon abhängt, wie gut Menschen in die Welt passen, die die Unterdrücker geschaffen haben, und wie wenig sie sie in Frage stellen."[716]

Das Bankiers-Konzept führt zu domestizierenden Erziehungsmethoden. Die Menschen lernen weder sich kritisch mit ihrer Umwelt auseinanderzusetzen, noch dass sie bereits ein Bewusstsein über die Problematik der Verhältnisse mit sich bringen. Stattdessen werden sie zu Anpassung und Akzeptanz erzogen.

Freire betont zum einen die direkten Herrschaftsmöglichkeiten, zum anderen aber, dass zum Bankiers-Konzept gehört, dass Misserfolge nicht zur Kritik des Konzepts führen, sondern die Schuld den wenig Erfolgreichen gegeben wird. Diese Verabsolutierung des Bankiers-Konzepts macht es zudem kaum möglich überhaupt Gesellschaftskritik zu üben und alternative Modelle zu entwickeln.

„Je mehr nämlich die Unterdrückten dahin gebracht werden können, sich dieser Situation anzupassen, umso leichter lassen sie sich beherrschen. Um dieses Ziel zu erreichen, benützen die Unterdrücker das ‚Bankiers-Konzept' der Erziehung in Verbindung mit einem paternalistischen Sozialaktionsapparat, der den Unterdrückten den euphemischen Titel von ‚Wohlfahrtsempfängern' verleiht. Sie werden als Einzelfälle behandelt, als Randerscheinungen, die von der allgemeinen Norm einer ‚guten, organisierten und gerechten' Gesellschaft abweichen. Die Unterdrückten werden als pathologische Fälle der gesunden Gesellschaft betrachtet, die deshalb diese ‚inkompetenten und faulen' Leute an ihre Verhaltensformen anpassen muß, indem sie ihre Mentalität verändert. Diese Randfiguren müssen in die gesunde Gesellschaft, die sie ‚im Stich gelassen haben', ‚integriert und inkoporiert' werden.

In Wahrheit sind jedoch die Unterdrückten keineswegs ‚Randerscheinungen', keineswegs Menschen die ‚außerhalb' der Gesellschaft leben. Sie waren schon immer ‚innerhalb' - innerhalb

[716] Freire 1998, S. 61

der Struktur, die sie zu ,Wesen für ein Anderes' (Hegel) machte. Die Lösung besteht nicht darin, sie in die Struktur der Unterdrückung zu ,integrieren', sondern diese Struktur so zu verändern, daß sie ,Wesen für sich selbst' werden können."[717]

Das Bankiers-Konzept ist bei allem weder problemorientiert, noch bedürfnisorientiert. Statt der Anpassung menschlicher Bedürfnisse an die gesellschaftlichen Verhältnisse müsste es um die Anpassung der gesellschaftlichen Verhältnisse an die menschlichen Bedürfnisse gehen. Statt die Menschen an die Gesellschaft anzupassen, ist es die Aufgabe von Pädagogik das Individuum gegen die warenförmige Vergesellschaftung zu verteidigen. „Die Lösung besteht nicht darin, sie in die Struktur der Unterdrückung zu 'integrieren', sondern diese Struktur so zu verändern, daß sie 'Wesen für sich selbst' werden können."[718]

Statt die Lösungsansätze der Unterdrücker auswendig zu lernen, müssten die Probleme der Unterdrückten von diesen nicht akzeptiert, sondern kritisch hinterfragt werden. Nur so könnte sich die Schule von einem blind konkurrierenden Wissensmarkt zu einem demokratischen Institution entwickeln. Als erster Schritt einer *Pädagogik der Unterdrückten* gilt es daher, dass Schülerinnen sich ihre Rolle und das Bankiers- Konzept bewusst machen.[719] Bei der Entwicklung der theoretischen Analyse des Bankier-Konzepts bezieht sich Freire auf Jean-Paul Sartre. Seine eigenen Ausführungen entsprächen „dem, was Sartre das ,Verdauungs'- oder ,Ernährungs'-Konzept der Bildung nennt, demzufolge den Schülern die Erkenntnis vom Lehrer ,gefüttert' wird, um sie zu ,mästen'."[720] Obwohl Freire sich inhaltlich klar äußerte, dass jede Form von Bankiers-Erziehung in revolutionärer Erziehung nichts zu suchen habe, hat er die Problematik der Unterscheidung kaum thematisiert.[721] Gerade die revolutionären Bewegungen seiner Zeit hat-

[717]Freire 1998, S. 59

[718]Freire 1998, S. 59

[719]Mädche vergleicht Freires Pädagogik hier mit der von Hartmut von Hentig in *Die Schule neu denken.* Gerade die Schule müsse Raum zur Entwicklung von Lebensvorstellungen geben und dürfe nicht aus Bankiers-Erziehung bestehen. Freire befände sich hier in Übereinstimmung mit von Hentig, dass es die zentrale Aufgabe des Bildungssystems sei, Freiräume zu schaffen, in denen Menschen zu selbstständigen Subjekten werden können, die dialogisch miteinander leben. Nur so wäre eine intakte Gesellschaft möglich. Vgl. Mädche 1995, S. 167

[720]Vgl. Freire 1998, S. 61. Vgl. auch Sartre 1965, S. 106-108

[721]Vgl. Freire 1980, S. 14

ten durchaus autoritäre Elemente der Bankiers-Erziehung übernommen oder nur oberflächlich verändert. In seiner Zeit in Guinea-Bissau erklärte er apologetisch, dass jene, die im Ausland studieren wollen, einen „Nachweis ‚ihrer moralischen und kämpferischen' Qualitäten"[722] benötigen. Wenn aber der Kontakt zur Bankiers- Erziehung gefährlich wäre oder die Möglichkeit des Auslandsstudiums überhaupt reglementiert werden sollte, dann wäre doch viel mehr ein hinterfragender kritischer Geist eine sinnvolle Impfung. Freires Formulierung wirkt hier als würde einmal mehr die eigene Ideologie der anderen gegenübergestellt.

6.5 Grundlagen von Freires Pädagogik

Freires Menschenbild ist von starkem Respekt und tiefem Vertrauen in die Autonomie der einzelnen Menschen geprägt, was sich stets in seiner Pädagogik wiederfindet und wiederfinden soll. Zu seiner Pädagogik gehört es des Weiteren, dass die Pädagogik Teil der gesellschaftlich-historischen Bedingungen ist und sie diese zu reflektieren hat. Sowohl ihre Ziele, als auch ihre Methoden sollten daher ständig hinterfragt werden. In diesem Sinne ist das Ziel von Freires Pädagogik kritisches Bewusstsein zu fördern und hervorzubringen.

> „Gerade in den dialektischen Beziehungen zur Wirklichkeit soll Bildung als ein Prozeß beständiger Befreiung des Menschen behandelt werden; als Bildung, die deshalb weder den Menschen isoliert von der Welt begreift - ausgehend davon, daß er diese in seinem Bewußtsein schafft - noch die Welt ohne den Menschen, den man unfähig glaubt, sie zu verändern."[723]

Allerdings finden sich auch Textstellen bei Freire, die deutlich machen, dass Freire zu dieser Zeit insbesondere die Bildung von Klassenbewusstseins darunter verstand.[724]

Die weiteren Grundlagen seiner Pädagogik ergeben sich aus dem Antagonismus zur Bankiers-Erziehung. Entsprechend Freires zehn The-

[722] Freire 1980, S. 50
[723] Freire 1974, S. 82
[724] Vgl. Freire 1981, S. 57

sen über die Bankiers-Erziehung verhält sich sein Konzept genau andersherum:

a) Lehrerin und Schüler lehren und lernen gemeinsam.

b) Lehrerin und Schüler entdecken gemeinsam ihr Unwissen.

c) Lehrerin und Schüler denken gemeinsam nach.

d) Lehrerin und Schüler treten zusammen in einen Dialog.

e) Lehrerin und Schüler geben sich gegenseitig respektvolle Kritik.

f) Lehrerin und Schüler wählen gemeinsam und stimmen Entscheidungen gemeinsam zu.

g) Lehrerin und Schüler handeln gemeinsam. Das Handeln der Schüler darf dabei keine Illusion bleiben.

h) Lehrerin und Schüler entwickeln gemeinsam einen Lehrplan. Der Lehrplan passt sich an die Schüler an.

i) Der Lehrerin trennt die Autorität des Wissens von seiner eigenen persönlichen Autorität, die sie nicht in Widerspruch zur Freiheit ihrer Schüler setzt.

j) Lehrerin und Schüler sind Subjekte des Lernprozesses.

Zusammengefasst will Freire das Verhältnis und die Unterteilung in Lehrende und Lernende insgesamt aufheben, denn die Unterteilung in jene die wissend sind und jene die Wissen zu lernen haben, ist der für Freire grundsätzlich falsche Ansatz von Bildung. Lehren und Lernen bilden bei Freire keine Dichotomie, sondern eine Synthese. Dabei bezieht sich Freire auf Marx dritte These über Feuerbach, dass „der Erzieher selbst erzogen werden muß“[725] Freires antiautoritäre Pädagogik richtet sich zudem gegen eine Laissez-faire-Pädagogik.[726] Im Zentrum von Freires Pädagogik steht der Dialog. Der Titel eines seiner Bücher, *Dialog als Prinzip*, wäre daher auch ein passender Titel für seine anderen Werke. Der menschliche Dialog ist die Versinnbildlichung seiner Pädagogik. Er entspricht dem richtigen pädagogischen Handeln, da er die Dichotomien von Lehrerenden und Lernenden,

---

[725] Marx in MEW Bd. 3, S. 5. Beziehungsweise: „Der Erzieher selbst bedarf der Erziehung.“ Marx in Freire 2007, S. 41

[726] Vgl. Freire 2013, S. 61

Wissenden und Unwissenden, Subjekt und Objekt, sowie von Theorie und Praxis aufhebt.

> „Durch Dialog hört der Lehrer der Schüler und hören die Schüler des Lehrers auf zu existieren, und es taucht ein neuer Begriff auf: der Lehrer-Schüler und die Schüler-Lehrer. Der Lehrer ist nicht länger bloß der, der lehrt, sondern einer, der selbst im Dialog mit den Schülern belehrt wird, die ihrerseits, während sie belehrt werden, auch lehren."[727]

Den Dialog beschreibt Freire als „Liebevoll, bescheiden, hoffnungsvoll, vertrauensvoll, kritisch"[728], den Anti-Dialog hingegen als „Lieblos, arrogant, hoffnungslos, mißtrauisch, akritisch"[729].

> „Grundlegend ist, dass Lehrerin und Schüler wissen, dass die Haltung, die beide hierbei beziehen, dialogischer Natur ist: offen, neugierig, erfragend und nicht passiv dem gegenüber, was gesprochen oder gehört wird. Entscheidend ist, dass der Lehrer und die Schülerin sich als epistemologisch neugierig verstehen."[730]

Entsprechend lehnt Freire Lehrbücher ab. Diese steigern nur die Passivität der Lernenden, anstatt ihre Wissbegier zu stimulieren.[731]

Freire gibt durchaus praktische Hinweise, wie ein Dialog besser gelingen kann. Seine Hinweise verbleiben aber größtenteils auf Allgemeinplätzen; Beispielsweise dass man lernen muss, aktiv zuhören zu können, oder dass der Dialog einer Gruppe moderiert werden muss. Eine besondere Eigenheit seiner Pädagogik findet sich hier aber nicht. Gleiches gilt für einige allgemeine Aussagen Freires zum Unterricht. Dieser Unterricht soll herausfordernd sein. Die Schülerinnen verfolgen die Gedanken, Pausen, Zweifel und Unsicherheiten der Lehrerin und setzen sich mit diesen auseinander.[732]

Im Dialog soll auch sein Inhalt gemeinsam festgelegt werden. Die Frage nach dem Inhalt des Dialogs ist dabei dessen Ausgangspunkt.

---

[727] Freire 1998, S. 64f.
[728] Freire 1983, S. 50
[729] Freire 1983, S. 51
[730] Freire 2013, S. 79
[731] Vgl Freire 1980, S. 17
[732] Vgl. Freire 2013, S. 79f.

Der Inhalt des Dialogs ist nichts anderes als der Inhalt des Bildungsprogramms.[733] Dies wird in den folgenden Kapiteln deutlicher werden, wenn Freires Methodik näher ausgeführt wird.

Wissen soll eigenständig erarbeitet und weiterentwickelt werden. Nicht eine statische Kenntnis, die weitergegeben werden kann, sondern ein dynamisches Verständnis von Wissen geht dem voraus.

Neben den genannten Grundlagen befindet sich bei Freire die Methodenfrage im Fokus. Ihm geht es eben gerade nicht darum, bloße allgemeine Ratschläge an die Pädagogik zu erteilen oder bloße Anforderungen zu stellen, die sie erfüllen muss, sondern auch tatsächlich eine Pädagogik zu begründen, die das umsetzt. Dieser Punkt ist nicht nur eine Besonderheit, sondern mehr noch Wesensmerkmal seiner Pädagogik. Freires bereits angerissene Aktionsforschung erfüllt dabei methodisch zweierlei: Zum einen ist sie zur Erforschung der sozialen Situation der sozialen Gruppe gedacht und somit Vorbereitung des eigentlichen pädagogischen Programms, zum anderen ist sie aber bereits Teil dessen. Freire betont stets, dass es keine allgemein gültige richtige Methode geben kann, sondern die Methode den gegebene Bedingungen entsprechen muss und erst entwickelt werden kann, wenn die gesellschaftlichen Bedingungen zuvor erforscht und analysiert wurden. Gleichzeitig lassen sich anhand der von ihm entwickelten Methoden Aussagen über die Grundlagen seiner Pädagogik machen. Dies betrifft insbesondere seine Alphabetisierungsmethode, sowie seine problemformulierende Methode, die nicht umsonst jeweils Grundlagen seiner beiden Hauptwerke sind. Beide Methoden sollen im Folgenden vorgestellt werden.

6.6 Die Alphabetisierung

Anfang der 1960er Jahre war Brasilien zwar formal eine parlamentarische Demokratie, das Wahlrecht war aber an die Fähigkeit des Lesens und Schreibens gebunden. Von 34,5 Millionen Einwohnerinnen waren daher nur 15,5 Millionen wahlberechtigt. Es gab 16 Millionen Analphabetinnen, die älter als dreizehn Jahre waren.[734] Sie hatten nicht

[733] Vgl. Freire 1998, S. 76

[734] Vgl Figueroa 1989, S. 11

einmal indirekt oder passiv die Möglichkeit politisch zu partizipieren. Sie gehörten damit formal juristisch zu einer Bevölkerungsgruppe, deren Kultur Freire als Kultur des Schweigens bezeichnet. Diese Kultur des Schweigens aufzubrechen, ist Aufgabe von Freires pädagogischem Alphabetisierungsprogramm. Dabei traf Freire auf Widerstände einer Gesellschaft, die nicht vom Dialog geprägt war, sondern autoritär durch Kolonialismus und Großgrundbesitz. Freire nennt die Schülerinnen nicht Analphabetinnen sondern „Alphabetisanden".[735] Die Frage, was Analphabetinnen ausmache, beziehungsweise was Freire unter Alphabetisanden versteht, ist komplexer als es zunächst scheint. Im engeren Sinn bedeutet es, nicht lesen und schreiben zu können, also weder Zeichen in Laute noch Laute in Zeichen übersetzen zu können. Die bloße Erkennung von Zeichen bedeutet aber noch keine Lesekompetenz. Um Texte verstehen zu können und selbst welche zu verfassen bedarf es mehr: Alphabetisierung bedeutet, es Menschen zu ermöglichen, an der allgemeinen schriftlichen Kommunikation der Gesellschaft zu partizipieren.

> „Bildung erlangen bedeutet mehr als psychologisch und mechanisch die Lese- und Schreibtechniken zu beherrschen. Es bedeutet vielmehr, diese Techniken mit Bewußtsein zu beherrschen; zu verstehen, was man liest, und zu schreiben, was man versteht; es bedeutet graphisch zu kommunizieren. Bildung besteht nicht darin, Sätze, Wörter oder Silben – leblose Gegenstände ohne Beziehung zum existenziellen Universum – zu wiederholen, sondern sie ist eine schöpferische Haltung, eine Selbstveränderung, die zur Intervention in den eigenen Kontext führt."[736]

Damit geht Freire aber noch weiter. Nicht nur das „Lesen des Wortes" soll ermöglicht werden, sondern das „Lesen der Welt"[737]. Als wirklich lesend und schreibend gilt der Mensch nur, wenn er sich selbst und der Welt bewusst ist, wenn er sich und die Welt versteht. Während linguistischer Analphabetismus bedeutet, nicht über die Technik des Lesens und Schreibens zu verfügen und dadurch nicht an der gesellschaftlichen Entwicklung und ihrer Reproduktion beteiligt zu sein,

---

[735] Vgl. Freire 1983, S. 91
[736] Freire 1983, S. 53
[737] Freire 2013, S. 78

bedeutet politischer Analphabetismus nicht in der Lage zu sein, die Gesellschaft und sich selbst zu verstehen, zu kritisieren und wahrhaft schöpferisch tätig zu werden.

> „Ist der sprachliche Analphabet derjenige, der nicht weiß, wie man liest und schreibt, dann ist der politische Analphabet, ganz abgesehen davon, ob er lesen und schreiben kann, derjenige, der eine naive Vorstellung vom Menschen und seinem Verhältnis zur Welt hat, – ein naives Verständnis der sozialen Wirklichkeit. Für ihn ist diese Wirklichkeit eine bloße Gegebenheit, etwas, das ist wie es ist, und nicht etwas, das sich im Werden befindet. Er neigt dazu, von der konkreten Wirklichkeit abzugehen, wodurch er sich vollständig in abstrakten Vorstellungen von der Welt verliert. Damit entflieht er lediglich seiner geschichtlichen Verantwortung. [...] [Der] bildliche Ausdruck vom ‚politischen Analphabeten' weist auf den Mangel an kritischem oder dialektischem Verständnis des Menschen in seinem Verhältnis zur Welt hin."[738]

In diesem Sinn können heute alle Menschen als politische Analphabeten gelten. So wie auch jene Menschen die technisch lesen und schreiben können politische Analphabetinnen sind, sind auch die Menschen, die diese Technik nicht beherrschen, bei Freire kulturelle Wesen, „weil allein die Tatsache, daß der Mensch der Natur gegenüber steht, ihr bereits kulturellen Charakter verleiht."[739] Auch sie verfügen über ein intentionales Bewusstsein und es ist ein wichtiges Element der Alphabetisierung herauszustellen, dass alle Menschen kulturbildend sind:

> „Freire bezeichnet sein Konzept pädagogischer Praxis konsequent als eine Methode der Bewusstmachung, weil er nicht die Schaffung von etwas absolut Neuem intendiert, sondern nur den Anspruch erhebt, daß seine Alphabetisanden ein explizites Bewusstsein von dem gewinnen, was sie als Menschen immer schon sind."[740]

Hier wird der Unterschied zum Bankiers-Konzept deutlich: Weil Freire erstens die Vorstellung verwirft, dass Bewusstsein durch Fül-

[738] Freire 2007, S. 35 und 38
[739] Freire 1974, S. 34f.
[740] Figueroa 1989, S. 106

lung von Leere erst erschaffen werde und stattdessen das bereits bestehende intentionale Bewusstsein annimmt, versucht er zweitens nicht das Bewusstsein mit Wissen zu füllen, sondern versucht mit einer pädagogischen Hebammenkunst die Gewinnung eines reflexiven Selbstbewusstseins zu fördern.

Freire will die Achtung vor der Freiheit der Schülerinnen im Blick behalten. Die Hebammenkunst äußert sich in dem Ziel, die Schülerinnen zum Sprechen zu bringen, das im eigenen Kopf verborgene Denken soll in die Welt ausgedrückt werden. Die Entdeckung des Bewusstseins beginnt mit der Eroberung des Wortes.

> „Der zentrale Gegenstand befreiender Bildung sind sprachlich formulierte Gedanken: ein falsches Bewußtsein, das deshalb falsch ist, weil es Herrschaft verinnerlicht hat. Für Völker, die durch Kolonialismus und Neokolonialismus ausgebeutet wurden, ist der Prozeß des Selbstbewußtwerdens gleichbedeutend mit einer – nicht rückwärtsgerichteten – Ausbildung gesellschaftlicher Identität, mit der Konstitution einer wahrhaft eigenen Kultur – mit der 'Eroberung SEINES WORTES' "[741].

Die Alphabetisierung hat also nicht nur die Aufgabe der Überwindung der Kultur des Schweigens durch die Eroberung des Wortes, sondern auch die Überwindung der kulturellen Invasion durch das Selbstbewusstwerden der eigenen kulturellen Identität. Durch dieses Bewusstwerden der Kultur bildenden und damit aktiven Identität ist die Pädagogik Freires eine Erziehung als *Praxis der Freiheit* und Verantwortung.

Freires Alphabetisierungsprogramm lässt sich in mehrere Hauptabschnitte einteilen. Der erste Hauptabschnitt dient der Vorbereitung der eigentlichen Alphabetisierung. Bevor das Alphabetisierungsprogramm beginnen kann, werden Gespräche mit den örtlichen Autoritäten geführt und diese über das Programm informiert, um ihre Zustimmung zu erhalten. Im Zentrum der Vorbereitung stehen dann weitere informelle Gespräche mit den Bewohnerinnen, um über den Zweck des Besuchs der Pädagoginnen aufzuklären. Ziel ist es, nicht nur eine vertrauensvolle Basis aufzubauen, sondern von Anfang an die Selbst-

---

[741] Stapelfeldt 2004, S. 433

verantwortung der Schülerinnen zu stärken und sie zur Partizipation zu bewegen. Diese Phase der Vorbereitung dient also der Motivierung, so dass „einige sich bereit erklären, als Mitarbeiter unmittelbar aktiv teilzunehmen. So beginnt die Forschung mit einem offenen und direkten Dialog zwischen allen Teilnehmern."[742] Diese Mitarbeiterinnen sollen den Pädagoginnen assistieren und beim Lernprozess vermitteln. Sie sollen keine Lehrerinnen im Sinne des Bankiers-Konzepts sein, sondern Koordinatorinnen.

Freire setzt hier auf eine dialogische Untersuchungsmethode, die sich von positivistischen Methoden abgrenzen muss. Seine Aktionsforschung ist nicht nur teilnehmende Beobachtung, sondern macht die zu Untersuchenden selbst zu Sozialforscherinnen.

Diese erste Phase, die Untersuchung des Lebens und des Vokabulars in der Gemeinschaft, wird von Freire nur rudimentär beschrieben.

> „Diese Untersuchung wird in informellen Zusammenkünften mit den Einwohnern des Gebietes durchgeführt. Man sucht nicht nur die Wörter mit der größten existenziellen Bedeutung und damit mit dem größten emotionalen Gehalt, sondern auch typische Redeweisen, Wörter und Ausdrücke, die mit der Erfahrungswelt der jeweiligen Gruppe verbunden sind. Diese Interviews machen die Sehnsüchte, Frustrationen, den Unglauben, die Hoffnungen und das Bedürfnis nach Teilnahme deutlich."[743]

Aus dem untersuchten Wortschatz sollen fünfzehn bis achtzehn generative Wörter gewählt werden, die für die Alphabetisierung besonders wertvoll sind. Von dem aufgezeichneten Vokabular gilt es jene Begriffe herauszuarbeiten, die in ihrer Verwendung besonders häufig oder wichtig erscheinen. Freire greift bei der Auswahl der generativen Wörter auf die Definition von Jarbas Maciel zurück:

> Das „beste generative Wort ist dasjenige, das in sich vereint den höchsten 'Prozentsatz' an syntaktischen Kriterien (phonemischer Reichtum, Komplexitätsgrad an phonetischer Schwierigkeit, 'Manipulierbarkeit' der Zeichengruppen, Silben usw.) an semantischen Kriterien (größere oder geringere 'Intensität' der Verbindung zwischen dem Wort und dem bezeichnenden

[742] Freire 1998, S. 123

[743] Freire 1983, S. 54

> Ding), an größerer oder geringerer Entsprechung zwischen dem Wort und dem konkreten Ding, das es bedeutet, an größerer oder geringerer Qualität der Conscientização, zu der das Wort potentiell beiträgt, und schließlich an Gruppierung soziokultureller Reaktionen, die das Wort in der Person oder in der Gruppe, die es benutzt, hervorbringt."[744]

Die generativen Wörter sollen mit lokalen Situationen, Problemen und Perspektiven zusammenhängen. Sie können die ganze Situation umfassen oder einzelne Elemente darstellen. In der praktischen Anwendung wurden in Rio de Janeiro die siebzehn generativen Wörter Slum (favela), Regen (chuva), Pflug (arado), Land (terreno), Nahrung (comida), der afro-brasilianische Tanz (batuque), Brunnen (poço), Fahrrad (bicicleta), Arbeit (trabalho), Gehalt (selário), Beruf (profissâo), Regierung (govêrno), Sumpfland (mangue), Zuckermühle (engenho), Hacke (enxada), Ziegelstein (tijolo) und Reichtum (riqueza) ermittelt.[745] Diese generativen Wörter werden in der nächsten Phase in visueller, fühlbarer oder hörbarer Form kodiert, beispielsweise durch Dias oder mittels Plakaten. Auch eine Kombination mehrerer Sinne, beispielsweise ein Videofilm, ist als Kodierung möglich; „Erarbeitung der 'Kodierungen', das heißt Darstellung typischer existenzieller Situationen der Gruppe, mit der man arbeitet."[746] Freire gibt bewusst keine genauen Regeln vor, um vor Ort Platz für verschiedene Möglichkeiten der Kodierungen zu lassen. Die Kodierung soll das Verständnis erleichtern, einen direkteren Bezug ermöglichen und gleichzeitig bei der späteren Decodierung einen Reflexionsprozess auslösen. Dazu sollen sie die Gestalt von Herausforderungen besitzen und den Zugang zu Problemen ermöglichen.[747]

Die vierte Phase besteht in der Ausarbeitung von Arbeitsplänen, die den zukünftigen Ablauf umreißen sollen. Freire betont, dass diese nur als Hilfestellung dienen sollen und keine strengen Vorschriften für die Koordinatorinnen enthalten sollen. Schüler und Koordinatorinnen sollen eigenverantwortlich arbeiten.

---

[744] Maciel in Freire 1983, S. 55f.

[745] Vgl. Freire 1983, S. 86ff.

[746] Freire 1983, S. 56

[747] Eine ausführliche Darstellung von Kodierung und Dekodierung findet sich im folgenden Kapitel.

In der letzten Phase der Vorbereitung werden Entdeckungskarten vorbereitet. Die Entdeckungskarten ermöglichen in der Silben-Sprache Portugiesisch das Herauslesen von Wörtern zu entdecken. Sie werden nach ihren phonemischen Gruppen aufgeteilt.[748]

Wenn diese Vorbereitungen abgeschlossen sind, kann sich in einem Raum vor Ort ein Kulturkreis – keine Schulklasse – bilden. In ihm finden sich fünfundzwanzig bis dreißig Teilnehmende zusammen.

> „Schule bedeutete unserer Ansicht nach traditionellerweise etwas Passives. An Stelle des Lehrers hatten wir einen Koordinator, an Stelle von Lektionen Dialoge, an Stelle von Schülern Gruppenteilnehmer, an Stelle von entfremdeten Unterrichtsplänen Kontaktprogramme, die in Lerneinheiten aufgeteilt und kodiert waren."[749]

Nach diesem ersten Hauptabschnitt der Vorbereitungen und nachdem sich die Gruppe herausgebildet hat, beginnt die eigentliche Alphabetisierung. Dazu trifft sich in den nächsten sechs bis acht Wochen regelmäßig der so genannte Kulturkreis.

In den ersten zwei Sitzungen analysiert der Kulturkreis anhand von Dias zehn Bilder, die der brasilianische Künstler Francisco Brenand eigens dazu geschaffen hat. Sie sollen den Teilnehmenden die Unterschiede zwischen Natur und Kultur vermitteln. Ebenso sollen sie den Teilnehmenden bewusst machen, dass auch sie kulturbildend sind.

> „Von diesem Augenblick aus sollte der Analphabet zur Veränderung seiner alten Verhaltensweisen gelangen, indem er sich selbst als Gestalter der kulturellen Welt entdeckte und merkte, daß er ebenso wie eine des Lesens und Schreibens kundige Person über einen schöpferischen und neuerschaffenden Antrieb verfügt. Er sollte entdecken, daß Kultur ebenso in einer Tonpuppe vorhanden ist, die ein Künstler wie er selbst herstellt, wie sie im Werk eines großen Bildhauers, Malers, Mystikers und Philosophen hervortritt"[750].

Die zehn Bilder beschreiben folgende Situationen: Der Mensch in der Welt und mit der Welt (Natur und Kultur), der durch die Natur

---

[748] Die Entdeckungskarten und ihre Aufteilung werden weiter unten genauer erklärt.

[749] Freire 1983, S. 47

[750] Freire 1983, S. 52

vermittelte Dialog, der analphabetische Jäger, der gebildete Jäger, der Jäger und die Katze, der Mensch verändert das Material der Natur durch seine Arbeit, eine Vase (das Produkt menschlicher Arbeit am Material der Natur), Dichtung, Verhaltensmuster, und ein Kulturzirkel in Aktion. Zum ersten Bild schreibt Freire:

> „Durch Diskussion dieser Situation – der Mensch als ein Wesen der Beziehungen – gelangen Teilnehmer zur Unterscheidung zwischen zwei Welten: der Welt der Natur und der Welt der Kultur. Sie erkennen die normale Situation des Menschen: er ist ein Wesen und mit der Welt, ein schöpferisches und neuschaffendes Wesen, das durch Arbeit fortgesetzt die Realität verändert. Durch einfache Fragen, wie etwa: 'Wer gräbt den Brunnen? Warum tut er das? Wie tut er das? Wann?', die im Hinblick auf die anderen Elemente der Situation wiederholt werden, tauchen zwei fundamentale Begriffe auf: Bedürfnis und Arbeit. [...] Davon ausgehend diskutiert man mit der Gruppe in deutlichen und einfachen, aber kritischen Begriffen die Beziehungen zwischen Menschen, die anders als jene zuvor diskutierten – weder Beziehungen der Beherrschung noch der Transformation sein können, weil sie Beziehungen zwischen Subjekten sind."[751]

Das letzte Bild wiederum hat reflexiven und dialektischen Charakter: Die Teilnehmenden diskutieren über das Bild und identifizieren sich mit dem „Kulturzirkel in Aktion". Aussagen, die zuvor über andere Bilder getroffen wurden, werden nun von den Teilnehmenden auf sich selbst bezogen. Während zuvor verstanden wurde, dass sowohl der analphabetische, als auch der gebildete Jäger ihre Umwelt verändern und damit kulturschaffend sind, trifft dies nun auch auf den Kulturzirkel zu. Dadurch werden Zusammenhänge deutlich und die eigene Situation klar.

> „Zu diesem Zweck bestand die erste Dimension des neuen programmatischen Erziehungsinhaltes im anthropologischen Konzept der Kultur, das heißt in der Unterscheidung zwischen der natürlichen Welt und der Welt der Kultur; [...] die Rolle der Vermittlung, die Natur in den Beziehungen und in der Kommunikation zwischen Menschen spielt; [...] Kultur als das

[751] Freire 1983, S. 66

Ergebnis menschlicher Arbeit [...] das Erlernen des Lesens und Schreibens als Schlüssel zur Welt der schriftlichen Kommunikation.

Von diesem Ausgangspunkt aus sollte der Analphabet zur Veränderung seiner alten Verhaltensweisen gelangen, indem er sich selbst als Gestalter der kulturellen Welt entdeckte und merkte, daß er ebenso wie eine des Lesens und Schreibens kundige Person über einen schöpferischen und neuerschaffenden Antrieb verfügt."[752]

Mit den zehn Bildern, welche die Teilnehmenden in den ersten zwei Sitzungen kennenlernen, decodieren sie Freires Vorstellung einer Anthropologie und erkennen so, dass sie kulturschaffende Wesen sind. Durch diese Erkenntnis werden sie so stark motiviert, dass sie in der Folge durch das Decodieren der eigenen Situation das Wort auch mit dem Mittel der Schrift ergreifen wollen, weil die Schrift Freire zufolge das Mittel der Kommunikation in der kulturellen Welt ist.

Stapelfeldt kritisiert Freires Reflexion der Anthropologie und nennt ihre Setzung als Basis der Alphabetisierung dogmatisch, weswegen sie Kritischer Theorie im Sinne Adornos und Horkheimers widersprechen würde.[753] Hier zeigt sich, wie schwierig und verschieden die Interpretation der Anthropologiebegriffe ist, denn es bietet sich auch eine andere Leseart an, nach der Freires Anthropologie keine dogmatische, sondern eine kritische Begründung seiner emanzipatorischen Bildungspraxis bietet:

Ein „entscheidendes Ergebnis der Dialektik der Aufklärung besteht ja in dem Nachweis, daß Herrschaft unversöhnte Natur ist, daß die über Natur ausgeübte Herrschaft in der Herrschaft über Menschen, ja bis in die logischen Strukturen des Denkens sich fortpflanzt."[754]

Dass Freire meint, ein Emanzipationsversuch müsse daher Herrschaft über Menschen als unversöhnte Natur zur Basis machen, um genau diese logischen Strukturen des Denkens zu reflektieren, kann ihm kaum zum Vorwurf gemacht werden oder ihn von Kritischer Theorie distanzieren. Im Sinne Freires kann im Zusammenhang damit davon

---

[752] Freire 1983, S. 51f.

[753] Vgl. auch Stapelfeldt 2004, S. 404f.

[754] Negt 1994, S. 154. Zitat im Original teilweise kursiv.

gesprochen werden, dass Horkheimer und Adorno anhand der Dekodierung der anthropologischen Figur des Odysseus eine Dialektik in der Aufklärung feststellen.

Trotzdem fällt Freire hier hinter seine eigenen Anforderungen zurück: Den Teilnehmenden wird die Notwendigkeit, Lesen und Schreiben zu lernen, um an der modernen kulturellen Kommunikation teilzunehmen, demonstriert. Während ihnen zuvor demonstriert wurde, dass sie gar keine kulturbildenden Wesen seien, wird ihnen nun das Gegenteil erklärt. Dieser Motivationsprozess ist damit aber ebenso manipulativ wie die traditionelle Pädagogik. Freire codiert seinen Manipulationsversuch in zehn Bildern, die er passend aussucht. Erst nach dieser manipulativen Phase spielen jene generativen Wörter und Bilder eine Rolle, die die Gruppe der Teilnehmenden berücksichtigt. In diesem Motivationsabschnitt der ersten zwei Sitzungen werden die Bilder als Antworten der Lehrerin diskutiert, anstatt von den Fragen der Schülerinnen auszugehen.[755]

Diese Bilder „motivieren die Gruppe stark, am dritten Abend ihr Alphabetisierungsprogramm zu beginnen“[756]. In der nächsten Sitzung bespricht die Gruppe das erste generative Wort – im Beispiel von Rio de Janeiro – Favela. Die Teilnehmenden analysieren und dekodieren die Situation, in diesem Fall die Fotografie eines Slums und diskutieren die typischen Probleme des Slums: Wohnraum, Nahrung, Kleidung, Gesundheit und Erziehung. Anschließend wird ihnen das Wort Favela gezeigt und sie werden gebeten, es sich einzuprägen, aber nicht auswendig zu lernen.

FAVELA

Anschließend wird ihnen das Wort in Silben aufgegliedert gezeigt:

FA-VE-LA

Als nächstes wird die phonemische Gruppe der ersten Silbe gezeigt:

FA-FE-FI-FO-FU

[755]Vgl. auch Stapelfeldt 2004, S. 420

[756]Freire 1983, S. 84

Nachdem für die beiden weiteren Silben genauso vorgegangen wurde wird schließlich die komplette dreizeilige Entdeckungskarte enthüllt:

FA-FE-FI-FO-FU

VA-VE-VI-VO-VU

LA-LE-LI-LO-LU[757]

Zunächst werden die Silben horizontal und vertikal gemeinsam gelesen, um den Klang zu erfassen. Nach Araújo Freire werden in einem weiteren Schritt die in den Silben enthaltenen Vokale: A-E-I-O-U gezeigt und miteinander durchgegangen.[758] Dieser Schritt ist bei Paulo Freire allerdings nicht beschrieben und auch Araújo Freire ist sich unsicher, wie oft dieser Schritt durchgeführt wurde.[759] Die Einführung dieses Schrittes wäre in jedem Fall nur eine neue Nuance.

Mit Hilfe der Entdeckungskarte werden die Teilnehmenden dann aufgefordert, eigene Wörter aus den vorhandenen Silben zu bilden. Dabei dürfen nicht nur schon vorhandene Wörter gebildet werden, sondern es dürfen auch neue Wörter erfunden werden. Die Teilnehmenden sollen das System der Wörterbildung verstehen, um sich selbst des Wortes ermächtigen zu können.

Da Portugiesisch eine Silbensprache ist, können mit diesen wenigen Silben im Gegensatz zum Deutschen viele Wörter gebildet werden. Die Zerlegung der Wörter in Silben zum Erlernen des Schreibprozesses war nicht Freires Idee, sondern zu seiner Zeit in Brasilien nicht unüblich. Neu war hingegen die Entwicklung generativer Wörter aus der Lebenswirklichkeit der Lernenden.[760]

In den nächsten Sitzungen werden die anderen generativen Wörter einzeln eingeführt und der Wortschatz und die Silben erweitert. Sobald der Mechanismus der phonemischen Kombination bekannt ist, beginnen die Teilnehmenden damit, sich auszudrücken.

In den verbleibenden Sitzungen schreiben und lesen sie gemeinsam und diskutieren über einzelne Texte, bis die Teilnehmenden schließ-

[757] Vgl. Freire 1983, S. 86

[758] Vgl. Araújo Freire 1996, S. 39f., vgl. auch Funke 2010, S. 168

[759] Vgl. Araújo Freire 2006, S. 345, vgl. auch Funke 2010, S. 168

[760] Vgl. Funke 2010, S. 167

lich dazu übergehen, Zeitungen zu lesen und über lokale Ereignisse und Politik zu diskutieren.

> „In den Kulturzirkeln versuchten wir durch Gruppendiskussionen Situationen zu verdeutlichen oder, davon ausgehend, nach Aktionsmöglichkeiten zu suchen. Die Themen dieser Debatten wurden von den Gruppen selber geliefert: Nationalbewußtsein, Transfer der Profite nach Übersee, die politische Entwicklung Brasiliens, Entwicklungspolitik, Analphabetismus, Stimmrecht für Analphabeten, Demokratie. Solche und ähnliche Themen tauchten in allen Gruppen immer wieder auf. Diese Themen und auch andere wurden - soweit als möglich – schematisiert und den Gruppen mit visuellen Hilfsmitteln in Form von Dialogen vorgelegt."[761]

Beim gesamten Alphabetisierungsprozess ist dabei auf die Rückmeldungen der Teilnehmenden zu achten und das Programm keineswegs starr einzuhalten, sondern auf Bedürfnisse und Änderungsvorschläge einzugehen, kann die Alphabetisierung doch nur als gemeinsamer aufrechter Dialog gelingen.

Durch diesen Prozess der Ermöglichung der schriftlichen Kommunikation entsteht ein Dialog, im alltäglichen Sprechen und in der alltäglichen Diskussion, die die Kultur des Schweigens durchbricht und aufklärerisches und emanzipatorisches Potenzial hat. Freire führt als Beispiel die Werbung an, deren falschen Versprechungen damals in den aufgekommenen Diskussionen kritisiert wurden. Diese kritische Methode ließ sich hinterher auch auf ideologische und politische Aussagen ausdehnen.[762]

Im alltäglichen Sprechen sieht Freire den Ausgangspunkt für den bewusstmachenden Prozess. Seine Alphabetisierungsmethode soll von der Beziehung der Teilnehmenden zum besonderen einzelnen Objekt ausgehen um die Beziehung der Teilnehmenden zum Allgemeinen der Welt deutlich zu machen. Das Decodieren geht dabei davon aus, dass die Teilnehmenden sich dieses Zusammenhangs unbewusst sind, sie werden im Codieren und Decodieren bewusst. Eine ausführliche Darstellung dazu findet sich im folgenden Kapitel.

---

[761] Freire 1983, S. 47

[762] Vgl. Freire 1983, S. 62

Seine politische Alphabetisierung nennt Freire auch Bewusstseinsbildung, beziehungsweise conscientização. Dabei sind weder conscientização, noch die Kulturzirkel eine Erfindung Freires, sondern Teil der Volkserziehung in Brasilien entnommen.[763]

Conscientização bedeutet in erster Linie die Aufhebung der Unmündigkeit, kann aber bisweilen auch Mündigkeit bedeuten oder gar für Freires Pädagogik insgesamt stehen. Allerdings gebrauchte Freire den Begriff später kaum mehr.[764] Freires' Verständnis von Bewusstseinsbildung verweist auf seine Anthropologie. Durch eine kritische Erziehung versucht er, das dialektische Verhältnis von Bewusstsein und Welt mäeutisch offen zu legen:

> „So muss das brasilianische Wort ‚conscientizacao', mit dem ich im allgemeinen jenen Prozess bezeichne, durch den hindurch Menschen sich bereit machen dafür, in die weltverwandelnde Aktion einzutreten kritisch und nicht idealistisch verstanden werden. Mit dem Prozess der ‚conscientizacao' beabsichtigen wir keineswegs, dem Bewußtsein die Rolle der Welterschaffung zuzuschreiben, sondern wir wollen ihm vielmehr die Rolle zuschreiben, die ‚gegebene Welt' als die ‚gebende Welt' zu erkennen. So gesehen, bedeutet ‚conscientizacao' eine fortwährende Entschlüsselung dessen, was im Menschen verborgen liegt, der ohne kritische Reflexion in der Welt handelt."[765]

Eine Darstellung der Erfolge von Freires Alphabetisierungsprogrammen findet sich bei Funke. Die Erfolge sind von Projekt zu Projekt verschieden. Bis zu zwei Drittel der Teilnehmenden brach ab, aber von den Dabeigebliebenen lernten etwa siebzig Prozent in etwa vierzig Unterrichtsstunden lesen und schreiben.[766]

---

[763] Vgl. Schimpf-Herken 1979, S. 136

[764] Die Entwicklung dieses Begriffs wird in den folgenden Kapiteln noch genauer beschrieben.

[765] Freire 2007, S. 41f.

[766] Vgl. Funke 2010, S. 174

6.7 Kodierung und Dekodierung

Das Konzept der Kodierung und Dekodierung ist eine Schlüsselstelle in Freires Pädagogik. Es findet sich bereits bei seinem Konzept zur Alphabetisierung und wird noch wichtiger zum Verständnis der problemformulierenden Methode. Die Kodierung soll mehr sein, als nur ein Aufhänger des Lehrers, um über existenzielle Situationen in der Gruppe zu sprechen.

> „Die Kodierungen stellen Aspekte der Realität dar, sie drücken ‚Momente' des konkreten Kontextes aus. Von daher sind sie zum einen Mittler zwischen dem konkreten und dem theoretischen Kontext - in unserem Fall wäre dies der ‚Kulturzirkel'. Zum anderen sind sie Mittler zwischen dem Lehrer und den Lernenden als Subjekten, die zu erkennen suchen. Deshalb ist die Kodierung, wenn sie so dynamisch begriffen wird, kein einfaches Hilfsmittel, dessen sich der Lehrer bedient, um einen besseren Unterricht zu ‚geben', sondern ein Erkenntnisobjekt, das für ihn die gleiche Herausforderung darstellt wie für die Lernenden."[767]

Eine Kodierung ist hier zunächst einmal die Darstellung eines Themas, beziehungsweise eines Wortes. Freire bringt einfache Beispiele: Das generative Wort Arbeit kann durch ein Bild kodiert werden, das Männer und Frauen bei der Arbeit abbildet, das generatives Wort Ziegelstein durch ein Bild, das Männer bei der Arbeit auf einem Bau zeigt, wobei der Gegenstand Ziegelstein besonders deutlich dargestellt wird.[768] Die Möglichkeiten der Kodierung sind vielseitig:

> „Je nach dem verwendeten Kommunikationsmittel kann die Kodierung sein:
>
> a) visuell,
>
> b) auditiv,
>
> c) taktil,
>
> d) audio-visuell, [...]
>
> Die visuelle Kodierung wiederum kann sein:
>
> a) bildhaft - Bild, Zeichnung, Fotografie,

[767] Freire 1980, S. 98

[768] Vgl. Freire 1980, S. 101

b) graphisch - geschriebene Sprache

c) mimisch - Ausdruck des Gedankens mit Hilfe von Gesten"[769]

Typische Kodierungen sind Fotografien, Filmstreifen, Plakate, Zeitungsartikel bis hin zu Interviews von verschiedenen Wissenschaftlern. Komplexere Kodierungen sind künstlerische Darstellungen oder Kodierungen, die sich über mehrere Medien entwickeln. Die zehn Bilder des Künstlers Francisco Brenand aus *Erziehung als Praxis zur Freiheit*, die die Teilnehmenden motivieren sollen, bilden insgesamt eine Kodierung von Freires Anthropologie. Eine weitere Möglichkeit der Kodierung bilden kurze Dramen, die Themen schauspielerisch darstellen können.

Im Idealfall ist die Kodierung einerseits so einfach, dass sie verstanden werden kann und sich die Gruppe in der Situation selbst erkennt. Auf der anderen Seite soll sie komplex sein, um verschiedene Dekodierungsmöglichkeiten und damit einen offenen Lernprozess zu ermöglichen. Alternativ empfiehlt Freire, komplexere Kodierungen von Widersprüchen gleichzeitig zu einfachen Kodierungen zu zeigen, in denen der Widerspruch der komplexeren wesentlichen Kodierung enthalten ist, so dass über letztere einfachere Hilfskodierungen, die das Interesse der Teilnehmenden wachhalten, sich die Teilnehmenden der komplexeren Kodierung annähern, bis sie diese dekodieren können: Es geht darum, „mit Hilfe der Dialektik von wesentlicher Kodierung und Hilfskodierung [...] den Teilnehmern einen Sinn für das Ganze zu vermitteln."[770]

Es ist ein Wesensmerkmal der Kodierung, dass sie ein Thema als Problem formuliert. Dazu soll die Kodierung facettenreich sein, um mit den verschiedenen Ursachen des Problems verbunden zu sein. Auf keinen Fall soll die jeweilige Kodierung bereits Lösungen des Problems enthalten. Dieser Punkt ist so wichtig, dass er namensgebend für die Methode Freires ist: die problemformulierende Methode. Die Kodierung soll die Teilnehmenden also herausfordern, sich mit ihrer eigenen Welt und den zugehörigen Problemen auseinanderzusetzen. Lösungsmöglichkeiten sollen dabei erst im Laufe des Dekodierungsprozesses

[769]Freire 1980, S. 98

[770]Freire 1998, S. 98

oder an dessen Ende entwickelt werden.

„Die Dekodierung besteht in der kritischen Analyse der kodierten Situation."[771] Die Teilnehmenden setzen sich mit der Kodierung auseinander und versuchen sie im Dialog gemeinsam zu analysieren.

An einer beschreibt Freire, welche Erkenntnisse im Dekodierungsprozess des vorherigen beispielhaften Ziegelsteins gewonnen werden können. Hier nennt er einzig:

> „Der nationale Aufbau zur Schaffung einer Gesellschaft ohne Ausbeuter und Ausgebeutete benötigt nicht nur die Arbeit der Maurer, sondern bewertet sie in gleicher Weise wie die Arbeit von Büroangestellten. Kopf- und Handarbeit sind unmöglich voneinander zu trennen."[772]

An dieser Stelle ist es fraglich, inwiefern Freire seinen eigenen Anforderungen gerecht wird. Zum einen ist dieser Lernstoff nicht eng, sondern eher lose mit dem Ziegelstein an sich, als auch mit der Kodierung, verknüpft. Möglicherweise muss also die Pädagogin die Rolle der bloßen Moderation verlassen, um der Gruppe diese Erkenntnis zu offenbaren. Damit ist der Lernprozess nicht offen, sondern im Vorhinein festgelegt. Die Einfachheit der Kodierung erweckt zusätzlich den Eindruck als wäre die Kodierung doch bloßes Hilfsmittel.

Der Dekodierungsprozess beginnt in der Regel mit einer Beschreibung der Situation, für die die verschlüsselte Form zunächst aufgespalten werden muss. Die kodierte Situation wird zunächst nur diffus begriffen, da es sich jedoch um eine existentielle Situation der Dekodierenden handelt, beginnt die kodierte Form für die Dekodierenden Sinn anzunehmen, die schließlich die Dekodierung von der abstrakten Darstellung zu ihrer eigenen konkreten Situation durchführen. So finden die Dekodierenden die dialektische Beziehung ihrer eigenen konkreten Situation und der abstrakten Situation. Sie erkennen eine Herausforderung, der sie begegnen müssen.[773]

> „Diese Methode bedeutet nicht, daß das Konkrete auf das Abstrakte reduziert wird (denn damit würde ja seine dialektische

[771] Freire 1998, S. 87

[772] Vgl. Freire 1981, S. 179f. An dieser Stelle findet sich eine Auflistung generativer Wörter, ihrer Kodierungen und Lerninhalte.

[773] Vgl. Freire 1998, S. 88

Natur geleugnet), sondern vielmehr, daß beide Elemente als Gegensätze aufrechterhalten werden und sie sich im Akt der Reflexion dialektisch aufeinander beziehen. Diese dialektische Denkbewegung läßt sich an der Analyse einer konkreten, existentiellen, ‚kodierten', Situation vorzüglich zeigen. Ihre ‚Dekodierung verlangt, daß man sich vom Abstrakten auf das Konkrete zu bewegt. Man muß also vom Teil zum Ganzen kommen und dann zu den Teilen zurückkehren.' "[774]

Freire betont, dass die Dekodierung nur scheinbar damit beginnt, dass die Kodierung beschrieben wird. Tatsächlich sei der erste Schritt „der Moment, in dem das auf die Kodierung gerichtete Bewußtsein diese als ein Ganzes begreift."[775] Der Mensch setzt sich in Beziehung zum Objekt, der Welt. Diese Auseinandersetzung mit dem Objekt, das erkannt wird und zu dem man sich in Bezug setzt, ist der erste Schritt des dialektischen Erfassens.

„Die deskriptive Phase ist bereits der zweite Schritt: die Aufspaltung der ‚er-schauten' Totalität. Bei dieser Aufspaltung, mit der das Erfassen der Totalität nicht endet, verhält das Subjekt sich so, als ob es die Wirklichkeit von innen her betrachtet. Mit dem dritten Schritt kehrt das Subjekt zusammen mit den anderen zum vorherigen ‚Erschauen' zurück, indem es die kodierte Situation in ihrer Totalität erfasst."[776]

Freire liefert folglich keine umfassende gesellschaftliche Analyse mit. Stattdessen wird die gesellschaftliche Analyse erst im Prozess der Kodierung und Dekodierung durchgeführt. Dies macht aber die Kodierung von Situationen und deren gesellschaftlichen Bezug schwierig und betont gleichzeitig dessen besondere Wichtigkeit.[777]

Eine besondere Form der Kodierung ist das *Theater der Unterdrückten*, das von Augusto Boal entwickelt wurde. Zum einen ist es aufgrund seiner Wirkungsgeschichte so bedeutsam, zum anderen veranschaulicht es die Komplexität der Möglichkeiten von Kodierungen im Allgemeinen, so dass es im Folgenden kurz skizziert werden soll.

[774] Freire 1998, S. 87
[775] Freire 1974, S. 98
[776] Freire 1974, S. 98
[777] Vgl dazu beispielsweise Funke 2010, S. 124

In Boals Konzept werden existenzielle Situationen ganz nach Freire dramatisch kodiert. In gewisser Weise kann aber auch das *Theater der Unterdrückten* selbst als eine Kodierung der *Pädagogik der Unterdrückten* gesehen werden.

Boal möchte die Unterteilung in professionelle Schauspieler und Zuschauer aufheben. Dazu organisiert er ein Laientheater. Diese sollen in einer Szene ein Problem darstellen und so eine Krisensituation simulieren, um dann die Zuschauenden zu integrieren und mit diesen das Problem analysieren, um Lösungsmöglichkeiten zu entwickeln. Im Dialog wird der Inhalt nicht vom Drehbuch oder vom Regisseur vorgegeben, sondern gemeinsam von den Teilnehmenden erarbeitet.

Damit gestaltet Boal Freires Pädagogik aber nicht nur dramatisch aus, sondern entwickelt sie auch weiter. Denn im Theater sieht Boal ein Mittel, den eigenen Körper kennenzulernen und die Fähigkeit zu erlernen, sich über ihn auszudrücken. Es kommt also die Bewusstmachung des Leibes hinzu. Die Beteiligten erlernen so die Sprache des Theaters.[778]

Boal entwickelt verschiedene Formen: Beim Forumtheater können sich die Zuschauenden laufend in die einzelnen Rollen einwechseln und werden so mit der Frage konfrontiert, was sie in einer solchen Situation fühlen und tun würden. Beim versteckten beziehungsweise unsichtbaren Theater wird ohne Bühne und ohne Wissen der Zuschauenden an öffentlichen Orten gespielt, sodass die Zuschauenden nicht wissen, dass sie absichtlich hiermit konfrontiert werden. Bei einer anderen Form, dem legislativen Theater ging es Boal darum, tatsächliche Verordnungen zu erstellen, die dann in den Stadtrat, beziehungsweise in den Senat, von Rio de Janeiro eingebracht wurden.[779]

Bei der Entwicklung des *Theater der Unterdrückten* konnte Boal auf bereits bekannten Konzepten aufbauen. Das unsichtbare Theater wurde in den 1920er und 1930er Jahren von kommunistischen Theatergruppen entwickelt. Die Idee des pädagogischen und demo-

[778]Vgl. Boal 1976, S. 46 „Ganz richtig wird nämlich die Differenz zwischen Freire und Boal in Rekurs auf Feuerbachs Hegelkritik als Paradigmenwechsel von einer Pädagogik der emanzipatorischen Bewusstseinsbildung zu einer Pädagogik des emanzipierten Leibes erklärt, wodurch, so die Hoffnung des Autors [gemeint ist Zumhof], die affirmative, letztlich ideologische Tendenz der Befreiungspädagogik unwirksam gemacht werden könnte.“ Ursula Reitemeyer in Zumhof 2012, S. 10

[779]Vgl. beispielhaft Zumhof 2012, S. 62

kratsierenden Laientheaters und dessen utopisches Potenzial findet sich bereits bei Brecht und Benjamin:

> „Brecht unterschied zwischen der großen und der kleinen Pädagogik des Theaters. In der ersten werde das System von Spieler und Zuschauer wie im Animations- oder Mitspieltheater aufgehoben, in der zweiten finde eine Demokratisierung des Theaters statt, d.h. die Trennung zwischen Akteur und Betrachter bleibe zwar erhalten, aber die Spieler seien keine Berufsschauspieler, sondern Laien. Benjamin sah ‚im Kinderspiel die Möglichkeit zum ‚Entwerfen und Durchspielen konkreter Utopien'. In den Kindern ist, so lautet seine Überzeugung, die moralische Kraft noch lebendig, eine nicht-kapitalistische Zukunft zu erdenken und im Spiel zu inszenieren' "[780]

Mit dem theoretischen Hintergrund von Kodierung und Dekodierung steht Freire „in der Tradition von Husserl, der das Verhältnis von sprachlichen Äußerungen, benannten Gegenständen und dem intentionalen Charakter des Bewusstseins bzw. dem Denken thematisiert."[781] Vor allem greift Freire dabei aber auf die strukturalistische Sprachphilosophie von Ferdinand de Saussure zurück.[782] Starke generative Wörter sind von einem assoziativen Feld umgeben, den Dingen, die sofort assoziiert werden, wenn in der Gruppe über die Favela nachgedacht wird. Während die Diachronie in der Sprachforschung auf die Entstehung und den Wandel der Sprache eingeht, geht die Synchronie, der sich de Saussure und damit auch Freire bedient, vom Ist-Zustand der Sprache aus. Die generativen Wörter werden angenommen und untersucht, mit ihnen wird gearbeitet. Der historische Prozess, der diese Begriffe erst hervorgebracht hat, wird nicht untersucht. Dieser Prozess ist aber immer der Herrschaft der sozialen Verhältnisse unterworfen. Eine kritische Untersuchung müsste nicht nur den vorgefundenen Datenbestand analysieren, sondern historisch vorgehen und zumindest untersuchen, wodurch diese generativen Wörter bedingt sind. Freires Dialog soll zwar die Zusammenhänge bestimmter Begriffe und deren Einbettung in die Geschichte bewusst machen,

[780] Zumhof 2012, S. 61–63. Vgl. Brecht 1992, S. 396. Vgl. auch Flittner 1982, S. 103

[781] Zumhof 2012, S. 38

[782] Vgl. Figueroa 1989, S. 76

eine eigentliche Begriffsgeschichte wird aber nicht untersucht. – Positivistisch wird die vorgefundene Sprache und deren generative Wörter angenommen, um mit ihnen zu arbeiten, anstatt sie einer materialistischen Kritik zu unterziehen.

Freire schließt an diese strukturalistische Sprachphilosophie an. Wenn er von Codieren und Decodieren spricht, folgt er damit den Begrifflichkeiten und Diskussionen seiner Zeit. Mit Blick auf Freires Kontext wird in der Informationstheorie von dem Modell ausgegangen, dass ein Sender einen Informationsgehalt besitzt, den er dem Empfänger mitteilen will. Dazu codiert er den Informationsgehalt in bestimmte Zeichen, das heißt Sprache; diese werden, wenn sie den Konventionen entsprechen und von beiden damit übereinstimmend benutzt werden, vom Empfänger decodiert. Dieser hat den Informationsgehalt verstanden, wenn Codierung und Decodierung erfolgreich waren. Aktiver Sender und passiver Empfänger werden als in sich abgeschlossene Systeme verstanden, die miteinander verbunden sind. In dieser Logik muss es also immer erst einen Gedanken geben, der in Sprache übertragen wird.

Im Gegensatz dazu stellt sich auf der einen Seite die Frage, ob Sprachentwicklung nicht ein wechselseitiger Prozess ist, bei dem Subjektivität erst entwickelt wird. Denken geht keineswegs Sprechen als vollständig eigener Prozess voran, umgekehrt besitzt Sprache durch Struktur und Ausdruck einen Einfluss auf das Denken. Auch hier könnte es Freire an historischer Radikalität mangeln, Denken, Sprechen und gesellschaftliche Verhältnisse als dialektische Einheit aufzufassen.

Auf der anderen Seite ist es fraglich, wie weit Freire auf strukturalistische Sprachphilosophie und Informationstheorie zurückgreift und inwieweit er nur Begriffe übernimmt, aber diese anders verwendet. Wenn Figueroa schreibt, Freire übernehme „von der Informationstheorie den für seine Intention nicht tragfähigen Sprachgebrauch von Codierung und Decodierung“[783], lässt er außer Acht, dass Freire möglicherweise bewusst durch die Nutzung der Begriffe mit einer anderen Interpretation die Grenzen jener Theorien aufzeigt. Die Widersprüche zu seiner eigenen Theorie und Zielsetzung umgeht er, indem er

[783] Figueroa 1989, S. 77.

das Modell verändert: Indem er die Unterdrückten nicht passiv sondern aktiv decodieren lässt, erfahren diese nicht nur den eigentlich intendierten Informationsgehalt, sondern Informationen über den Code und die Intention des Senders. Hier wird Freires grundsätzlicher Unterschied im Verständnis von Sprache zu de Saussure deutlich. Sprache besteht nicht länger aus feststehenden Zeichen, die zu decodieren sind, sondern die zum Verständnis notwendigen zusätzlichen Informationen, die durch die Verhältnisse den Zeichen eingebrannt sind, werden untersucht. Statt der Aufteilung in einen aktiven Sender und einen passiven Empfänger als zwei einzeln vollständige Systeme, betont Freire dagegen den Dialog.

6.8 Die problemformulierende Methode

In der *Pädagogik der Unterdrückten* führt Paulo Freire die problemformulierende Methode ein. Während die *Erziehung als Praxis der Freiheit* die Theorie eines bewusstmachenden Prozesses der Alphabetisierung behandelt, wird in der *Pädagogik der Unterdrückten* eine allgemeine bewusstmachende Vorgehensweise entwickelt. Diese Methode soll ein nachalphabetisierendes Bildungsprogramm darstellen. Die problemformulierende Methode dient der politischen Alphabetisierung der Menschen und ist als Antithese zur Bankiers-Erziehung gedacht. Auch wenn Freire dies nicht formuliert, basiert die problemformulierende Methode auf seinen Erfahrungen in den Kulturzirkeln seiner brasilianischen Alphabetisierungskampagne. Daher finden sich auch strukturelle Übereinstimmungen.

Die problemformulierende Methode kann im unmittelbaren Anschluss zur Alphabetisierung oder aber auch eigenständig bei einer neuen Zielgruppe durchgeführt werden. Während die alphabetisierende Phase generative Wörter zum Gegenstand hatte, aus deren Silben neue Wörter erzeugt werden konnten und die gleichzeitig ein Bewusstsein über deren politische Bedeutung hervorbringen sollten, bezieht sich die postalphabetisierende Phase auf generative Themen. Die Auseinandersetzung mit ihnen soll ein generelles politisches Bewusstsein formen. Wie auch schon in der alphabetisierenden Methode findet sich in der problemformulierenden Methode zunächst ein Hauptabschnitt der vorbereitenden Sozialforschung bestehend aus vier Stufen, bevor im zweiten Hauptabschnitt, die eigentliche pädagogische Arbeit stattfindet. Nachdem ein bestimmtes Gebiet festgelegt wurde, werden im Vorfeld Informationen über die Gegend aus zweiter Hand gesammelt.[784]

In der ersten Stufe des Programms muss „eine beträchtliche Anzahl von Personen für ein informelles Treffen"[785] gewonnen werden. Sie sollen über die Absichten des Programms informiert werden, mit dem Ziel ein Klima des Verständnisses und des Vertrauens aufzubauen. Wie auch schon bei der Alphabetisierung sollen in dieser Phase Freiwillige gewonnen werden, die bei dem pädagogischen Prozess assistieren wollen und koordinierende Aufgaben übernehmen können. In der zweiten Stufe kommt es zur grundlegenden Forschung als Vorbereitung der eigentlichen pädagogischen Arbeit. Die Forscherinnen führen eine teilnehmende Beobachtung durch, um die Lebenswelt der Bewohnerinnen und „die Art und Weise, in der sie ihr Denken konstruieren"[786], zu verstehen.

> „Im Verlauf ihrer Besuche setzen die Forscher ihr kritisches 'Ziel' für die Gegend, die sie untersuchen, wie wenn es ein enormer einmaliger, lebendiger 'Code' wäre, den es zu entziffern gilt. Sie betrachten die Gegend als Totalität – Besuch auf Besuch versucht, sie 'aufzusplittern', indem die partiellen Dimensionen untersucht werden, die ihnen Eindruck machen. Mit Hilfe dieses Prozesses erweitern sie ihr Verständnis für die Interaktion der verschiedenen Teile, was ihnen später helfen wird, die Totalität selbst zu durchdringen."[787]

Dazu werden Momente im alltäglichen Leben untersucht. Es ist darauf zu achten, keine Lebensfelder der Menschen auszulassen, da sonst nur ein Teil des Codes und der Lebensrealität entdeckt wird. Untersucht wird beispielsweise,

> „die Art, in der die Leute reden, ihren Lebensstil, ihr Verhalten in der Kirche und bei der Arbeit [...] [Die] Arbeit in den Feldern,

---

[784] Hierüber verliert Freire leider so wenige Worte, dass eine Kritik kaum möglich ist.

[785] Freire 1998, S. 92

[786] Freire 1998, S. 93

[787] Freire 1998, S. 93

> Zusammenkünfte einer örtlichen Vereinigung [...], die Rolle, die Frauen und die jungen Leute spielen, Freizeitstunden, Spiele und Sport, Unterhaltungen mit Leuten zu Hause“[788].

Ein besonderes Augenmerk legt Freire dabei auf die Sprache der Menschen, ihre Vokabeln, ihren Satzbau. So soll die Art und Weise, wie die Menschen ihr Denken konstruieren, erfahren werden. Die Untersuchungen und ihre Ergebnisse werden in Berichten festgehalten, die vom ganzen Team, also auch von den örtlichen Assistentinnen, diskutiert werden. Im gemeinsamen Dialog erfolgt eine Reflexion der Untersuchungsergebnisse und erste Annahmen und Erwägungen werden überdacht.

> „So bringt die Analyse der Wirklichkeit, die jeder individuelle 'Decoder' vorgenommen hat, sie alle dialogisch zu dem auseinandergenommenen Ganzen zurück, das aufs neue zu einer Totalität wird. Diese wiederum fordert eine neue Analyse der Forscher, auf die ein neues auswertendes und kritisches Treffen folgt.“[789]

Ziel des sich ständig wiederholenden Prozesses von Analyse und Kritik ist die Lokalisierung der Widersprüche, die sich in Bezug auf die gesellschaftliche Totalität finden lassen. Untersucht wird daraufhin, wie die Einwohnerinnen diese Widersprüche wahrnehmen und an welchen Themen und Grenzsituationen diese sozialen Widersprüche deutlich werden.

Obwohl die problemformulierende Methode als dialektische Methode an den inhaltlichen Widersprüchen nicht vorbeikommt, besteht Freire darauf, dass diese generativen Themen noch nicht der eigentliche Programminhalt der späteren pädagogischen Intervention sein kann, da das Verständnis der Themen und der sozialen Widersprüche immer noch das der Forscherinnen und nicht das der Einwohnerinnen ist. Diese Themen als Bildungsprogramm vorzugeben wäre daher autoritär.

Ist der Komplex der Widersprüche erkannt, beginnt die zweite Stufe der Vorbereitungen. Die Ergebnisse der Untersuchung werden so codiert, dass die Codierungen den Einwohnerinnen vertraut sind, oh-

[788] Freire 1998, S. 93
[789] Freire 1998, S. 94

ne dass dadurch die spätere Decodierung zu offensichtlich oder zu rätselhaft ist.

Nach dem Abschluss dieser Vorbereitungen bildet sich zu Beginn der dritten Stufe ein Forschungszirkel in dem die Bewusstmachung durch den intendierten Dialog stattfinden soll. „Jeder 'Untersuchungszirkel' sollte aus höchstens zwanzig Personen bestehen. Es sollte so viele Zirkel geben, daß man als Teilnehmer an der Untersuchung zehn Prozent der Bevölkerung der betreffenden Gegend engagiert“[790]. Wie schon bei der Alphabetisierung werden die Codierungen gemeinsam reflexiv interpretiert und dadurch decodiert. Zusätzlich werden die Diskussionen akustisch aufgezeichnet. Die Forscherin moderiert diesen Prozess, sie soll keine Antworten geben, sondern die Teilnehmenden herausfordern, Fragen zu stellen, dazu soll sie „sowohl die kodierte existenzielle Situation als auch ihre Antworten als Probleme“[791] formulieren.

> „Zusätzlich zum Forscher, der als Koordinator des Decodierungsvorgangs fungiert, nehmen zwei andere Spezialisten – ein Psychologe und ein Soziologe – an den Zusammenkünften teil. Ihre Aufgabe besteht darin, die wichtigen (und auch die scheinbar unwichtigen) Reaktionen der 'Decoder' niederzuschreiben und festzuhalten.“[792]

Es ist normal und hier besonders erwünscht, dass die Teilnehmenden Kodierungen anders dekodieren, als von der Forschungsgruppe erwartet. Denn nur so kann im Prozess der Dekodierung aus der Thematik der Forschungsgruppe die Thematik der Teilnehmenden entstehen.

Ist die Decodierung abgeschlossen beginnt die letzte Stufe der Vorbereitungen: Die Forscherinnen werten das Material, inklusive die Tonbänder und die Aufzeichnungen der Spezialistinnen systematisch und interdisziplinär aus. Die Themen, die implizit und explizit in den Äußerungen der Teilnehmenden enthalten sind, werden herausgearbeitet. Diese Ergebnisse bilden die generativen Themen des eigentlichen Bildungsprogramms, die durch die vorherige Mitwirkung im Forschungszirkel auch tatsächlich die Themen der Teilnehmenden

[790] Freire 1998, S. 98
[791] Freire 1998, S. 99
[792] Freire 1998, S. 98f.

sind. Da die Bildung im Dialog stattfinden soll, dürfen aber auch die Lehrer Themen einbringen. Freire benennt die Unterstützungsmöglichkeit durch Fundamentalthemen und Scharnierthemen, die Lücken füllen, Themen verbinden oder die Hintergründe aufzeigen.

Nachdem die generativen Themen des Bildungsprogramms gefunden sind, beginnt der eigentliche Hauptteil des Programms. Diese Themen, die im Vorhinein aus einem Dekodierungsprozess gewonnen wurden, werden nun ein weiteres Mal kodiert. Im gemeinsamen Dialog der gleichen Untersuchungszirkel werden auch diese kodierten Themen nach bekanntem Muster wieder dekodiert. Das eigentliche Hauptprogramm besteht also in der Reflexion der Kodierungen und Dekodierungen, die durch einen zweiten Ablauf gewonnen wurden.

Zusätzlich wird der Inhalt verschiedener Zeitungsartikel zu den Themen analysiert, um pluralistische Interpretationsmöglichkeiten deutlich zu machen, wodurch die ideologische Anfälligkeit gegenüber „Kommuniqués" sinkt. Durch diese Kritikübung und die Dekodierung ihrer eigenen Themen und sozialen Widersprüche werden die Teilnehmenden ihrer selbst und der Welt bewusst und erlangen die Möglichkeit weltverändernder Praxis, so Freires pädagogische Zielsetzung. Sie können das Bildungsprogramm anderen vorstellen und die Bildungskampagne weitertragen.

Den Ablauf dieser letzten Phase des Bildungsprogramms schildert Freire nur grob und auch seine Ausführungen zum Finden der passenden generativen Themen bleiben stets vage. Diese Vagheit hat System: Stärker als in der Alphabetisierung soll die problemformulierende Methode nicht manipulieren, das bedeutet man darf den Menschen keine „Programme überstülpen, die wenig oder nichts mit ihren eigenen Sorgen, Zweifeln, Hoffnungen und Befürchtungen zu tun haben"[793]. Die problemformulierende Methode ist methodisch konsequent reflexiv und besteht gerade darin, die Teilnehmenden in die Ausarbeitung der Methode miteinzubeziehen. „Schon die Methodologie [...] muß dialogisch angelegt sein, sowohl um die Gelegenheit zu schaffen, die generativen Themen zu entdecken, wie auch um die Wahrnehmung der Menschen im Blick auf diese Themen zu fördern."[794] Die problemfor-

[793]Freire 1998, S. 79
[794]Freire 1998, S. 80

mulierende Methode ist keine apriorische Methode Freires, sondern die Verfahrensweise muss sich der empirischen Welt der Teilnehmenden anpassen. Die Teilnehmenden sollen sich in reflexiver Autobiographieforschung selbst entdecken lernen. Freire selbst spricht von der Notwendigkeit, „so etwas wie eine sozialpolitische und historische Psychoanalyse“[795] durchzuführen. Mit der problemformulierenden Methode begehen die Teilnehmenden eine Reflexion der Kodierungen, welche auf den Dekodierungen der Teilnehmenden beruhen. Damit versucht Freire auf einer Metaebene deren Bewusstsein weitgehender zu analysieren.

Bei der problemformulierenden Methode gehören reflexive Sozialforschung und mäeutische Pädagogik zusammen.

> „Wie können die Unterdrückten als gespaltene, unechte Wesen an der Entwicklung einer Pädagogik ihrer Befreiung mitwirken? Nur wenn sie sich selbst als ‚Behauser‘ des Unterdrückers erkennen, können sie am Hebammendienst ihrer befreienden Pädagogik mitwirken.“

Die Aufgabe der Pädagogik ist es, „den Schülern in problemorientierter Weise die Möglichkeit zu schaffen, sich selbst in kritischem Denken zu üben und selbstständig das Warum der Fakten zu interpretieren.“[796] Damit eine Information, die in die Untersuchungszirkel eingebracht wird, lehrreich sein kann, „muß dieser Information eine gewisse Problematisierung vorangehen. Sonst ist diese Information nicht mehr ein wesentliches Moment des Erkenntnisaktes, sondern wird nur noch von dem Lehrenden an die Lernenden weitergereicht.“[797] Die Einbettung des Themas in seinen Hintergrund und eine Problematisierung dessen, ist dabei unabhängig vom Inhalt. Freire betont: „Alles kann als Problem formuliert werden.“[798] Dabei aber auf den generischen Themen der Teilnehmenden aufzubauen, bedeutet zum einen, nicht zu manipulieren, zum anderen erleichtert es die Kritikübung und das Selbstverständnis der Teilnehmenden, wenn diese gelernt haben, ihre eigene Situation zu hinterfragen und gleichzeitig von dieser zu abstrahieren. „Die Methode ist in so hohem Grade dialektisch, daß

[795] Freire 2013, S. 77
[796] Freire 1974, S. 52
[797] Freire 1980, S. 16
[798] Freire 1974, S. 53

niemand sie anwenden kann, der sich nicht selbst mit einbezieht."[799] Womit Freire hofft, so die von Marx geforderte Erziehung des Erziehers ermöglichen zu können.

> „Wenn die Bewußtwerdung über das reine Erfassen des Vorhandenseins seines Faktums hinausgeht und dieses kritisch in ein System von Beziehungen einordnet, in die Totalität also, in der dieses sich gezeigt hat, dann wird sie durch Überwindung ihrer selbst, durch die Vertiefung zu conscientizacao."[800]

Die kritische Kontextualisierung der eigenen Lebenswelt soll sowohl das eigene Selbst, als auch die Außenwelt „entmythifizieren". Für Freire ist es damit auch probates Mittel gegen Entfremdung und kulturelle Invasion. Das durch die Teilnehmenden entstehende Wissen ist dabei nicht nur eine andere Möglichkeit die Welt verschieden zu interpretieren, sondern, da es die Welt verändert, findet es „durch die Veränderung dieser Welt seine Rechtfertigung"[801].

Das ist Freires Antwort auf die Kritik, die auf seine Alphabetisierung noch zutraf. Wichtiger ist ihm jedoch einen positiven Entwurf emanzipatorischer Bildung zu schaffen, der gleichzeitig das Negativ zur Bankiers-Erziehung darstellt:

> „Im Dialog und in der Problematisierung entwickeln Lernende-Lehrende und Lehrende- Lernende eine kritische Haltung mit dem Ergebnis, daß sie im gemeinsamen Wissen, das die Welt und die Menschen in ihr und mit ihr widerspiegelt, das die Welt erklärt, das aber vor allem durch die Veränderung dieser Welt seine Rechtfertigung findet. Die problemformulierende Methode überwindet das alte *magister dixit*, hinter dem sich jene verbergen möchten, die sich für 'Eigner', 'Verwalter' und 'Inhaber' der Wissens halten. Die dialogische Problemformulierung, gleich auf welcher Ebene, zu verwerfen, bedeutet, an einem unvertretbaren Pessimismus den Menschen und dem Leben gegenüber festzuhalten. Es bedeutet, in die Praxis des Deponierens von falschem Wissen zu verfallen, das den kritischen Geist betäubt und damit der Domestizierung der Menschen dient und die kulturelle Invasion zu ihrem Instrument macht."[802]

[799]Freire 1974, S. 89
[800]Freire 1974, S. 84f.
[801]Freire 1974, S. 55
[802]Freire 1974, S. 55

6.9 Weiterentwicklung und Auswertung

Freire betonte, dass eine pädagogische Methode nicht einfach im Vorhinein als festgelegtes Programm den Teilnehmenden übergestülpt werden darf und in der *Pädagogik der Unterdrückten* finden sich häufig nur vage Beschreibungen. Nach Freire muss ein Bildungsprogramm zu den lokalen Bedingungen passen und stets neu separat entwickelt werden. Um ein solches Bildungsprogramm entwickeln zu können, lohnt sich die Auseinandersetzung mit Beispielen, den späteren Projekten Freires, sowie seinem Resümee zu seinen Schriften und Projekten.

Rückblickend erklärte Freire, „daß die ‚Pädagogik der Unterdrückten' stellenweise der theoretischen Klarheit entbehrt."[803] Freire verweist darauf, dass sein Konzept als Ganzes gedeutet werden sollte, um zu begreifen, wie die einzelnen Äußerungen von ihm zu verstehen seien. Dabei fehlt es Freire gelegentlich nicht nur an Exaktheit, sondern auch am theoretischen Hintergrund. Zudem hat sich Freires inhaltliche Ausrichtung mit den Jahren auch geändert. Sein theoretischer Hintergrund vom Volkspädagogen mehr zum Klassenkämpfer und anschließend stärker zum Demokratiepädagogen spiegelt sich in seinen pädagogischen Schriften wieder, beispielsweise bei der Benennung der Zielgruppe. Es waren daher nicht nur Missverständnisse, die er ausräumen wollte. Insbesondere bei seinem Begriff der Bewusstseinsbildung, conscientização, fürchtete Freire, dass jener zweckentfremdet werden könnte. Die Sorge, dass seine Bildungspraxis von autoritären Strukturen instrumentalisiert werden könnte, war nicht nur abstrakt, sondern konkret beispielsweise gegen die brasilianische Militärdiktatur gerichtet.[804]

Der Begriff sei „durch seine Verwendung in Lateinamerika und später in Europa so verschlissen"[805] worden, dass Freire erklärte, ihn seit 1972 beziehungsweise 1973 nicht mehr gebraucht zu haben. „In meinen letzten Arbeiten über meine Erfahrungen in Afrika werdet ihr nicht einmal den Begriff ‚Bewusstseinsbildung' entdecken, ihr werdet

[803] Freire 1981, S. 103
[804] Vgl. Funke 2010, S. 139
[805] Freire 1981, S. 45

ihn aber wohl als Prozeß beschrieben finden."[806] Gleichwohl taucht der Begriff noch gelegentlich im Spätwerk auf.[807] Da der Begriff ein falsches Verständnis ermöglicht, spricht Freire fortan stärker von der problemformulierenden Methode. Resümierend erklärt er, dass der Begriff der Bewusstseinsbildung fünf verschiedene Umgangsformen ermöglicht habe:

1. Die Idee, es handle sich um eine magische Wahrheit, die ein kaputtes seelisches Gleichgewicht wiederherstellt.

2. Die Idee, es handle sich um ein Instrument, ein bloßes Mittel, zur Durchführung der Revolution.

3. Die Idee, man brauche gar nicht die Gesellschaft zu verändern, sondern es gehe darum, den Menschen mit der Welt zu versöhnen, weswegen nur die einzelnen Menschen sich ändern müssten. Die oft religiös geprägte Idee behandelt Bewusstseinsbildung wie ein Opiat.

4. Eine vierte Gruppe kommt tatsächlich kritisch und dialektisch zur Bewusstseinsbildung und macht anscheinend alles richtig.

5. Eine fünfte Gruppe lehnt die Bewusstseinsbildung ab, weil sie weiß, dass es sich um einen Prozess handelt, der dazu führen kann, dass die Menschen die Privilegien dieser fünften Gruppe in Frage stellen. Deswegen verleumden sie die Bewusstseinsbildung.[808]

Freire betont, dass zu einem gelungenen Bildungsprojekt Struktur und Methodik zu den lokalen Gegebenheiten passen müssen. Um zu verstehen, wie konkrete Bildungsprojekte der problemformulierenden Methode aussehen können und wie diese weiter entwickelt wurden, sollen drei Projekte abschließend kurz skizziert werden:

Die Schriften die im Laufe der 1970er Jahre entstanden sind, sind deutlich klassenkämpferischer und haben das Ziel, das proletarische Klassenbewusstsein zu wecken. Das Schema des Aufbaus von Kulturzirkeln 1976 in Guinea Bisseau beschreibt Freire in folgenden Schritten: Zunächst werden Anbaugebiete als geschlossene Kulturzirkel genommen. Als nächstes soll erreicht werden, dass die Bevölkerung das Projekt als eigenes betrachten kann. Dazu ist es notwendig, dass sich die Menschen organisieren, sich selbst verwalten und über ein Orts-

[806] Freire 1981, S. 101
[807] Vgl. Funke 2010, S. 197
[808] Vgl. Freire 1981, S. 73–77

komitee am Projekt beteiligt sind. In diesem konkreten Projekt empfiehlt Freire, dass Jugendliche mit abgeschlossener Gymnasialausbildung zu den Landarbeitern gehen, um an deren landwirtschaftlichen Arbeiten und deren Selbstorganisation zu partizipieren. Dies betrifft insbesondere solche Jugendliche, die bereits ein alphabetisierendes und postalphabetisierendes Programm durchlaufen haben. Freire erhofft sich hier pädagogische und arbeiterische Erfahrungen für die Jugendlichen. Gerade letztere – die Erfahrungen produktiver Arbeit – sind für ihn eine Notwendigkeit zur Überwindung der Klassengegensätze. Auch wenn er es nicht direkt benennt, geht es ihm wahrscheinlich auch um einen generellen kulturellen Austausch.

Aus der Reflexion der gesellschaftlichen Praxis entstehen die generativen Themen. Dabei führt Freire nicht aus, ob der Forschungsprozess der Beschreibung in der Pädagogik der Unterdrückten entspricht, betont aber die Möglichkeiten der Auswertung von Aufzeichnungen der Wortbeiträge.

Realisiert wird das Projekt in enger Zusammenarbeit von verschiedenen Ministerien und der Partei, die es initiieren und für die Ausbildung der Lehrkräfte verantwortlich sind, und die in ständiger Verbindung zum Ortskomitee stehen. Wenn dieses Experiment in einem bestimmten Gebiet erfolgreich war, kann es Beispiel und Ausbildungszentrum für neue Pädagoginnen werden.[809]

In São Tomé und Príncipe arbeitete Freire an mehreren Handbüchern mit. Die Handbücher beschäftigten sich mit Alphabetisierung, Postalphabetisierung, Rechnen, Arbeit, Produktion, Kultur, Gesundheit und Partizipation. Im Handbuch Arbeit, Produktion, Kultur und Gesundheit finden sich folgende generative Themen: Gesundheit, Krankheit, Arbeit, Produktion, Kultur, Politik, Bauer, Kakao, Milch, Erziehung, Impfung, Malaria, Latrine, Spulwurm, Kokosfett, Durchfall, Freude, Unfall, Kinderlähmung, Schlange, Tetanus, Fliege, Tuberkolose, Parasiten.[810] In seinen späteren Schriften, in denen er sich vom Klassenkampf distanziert,[811] finden sich weniger methodische

[809] Vgl. Freire 1980, S. 152 - 155

[810] Vgl. Freire 1981, S. 198. Dort findet sich auch eine Darstellung, wie die Arbeit am generativen Thema Gesundheit aussehen kann. Eine Darstellung des generativen Themas Reis findet sich in Freire 1980, S. 125

[811] Vgl. beispielhaft Freire 2013, S. 36

Anmerkungen oder Weiterentwicklungen der problemformulierenden Methode, sondern stärker allgemeine Aussagen. Eine der wenigen Ausnahmen ist Freires Auswertungsarbeit von 1980. Die Auswertung und Reflexion der eigenen Arbeit sind bei Freire ein ständiger, parallel laufender Prozess, der aber nicht in Überwachung ausarten darf. Auswertungsseminare dienen der Motivation und verweisen auf generelle Schwierigkeiten, die sich in allen Zirkeln wiederholen und für die gemeinsam Lösungen erarbeitet werden können.[812]

Eine besondere Form der Auswertung fand 1980 in Brasilien statt. Die Erzdiözese São Paulo wollte die Menschen ermutigen, ihre bisherige Arbeit in den Basisgemeinden zu reflektieren und auszuwerten, um den Diskussionsprozess über die Arbeit zu fördern. Rund 300 Gemeindemitarbeiterinnen wurden darauf vorbereitet, in ihren eigenen Gruppen diese Reflexionsarbeiten mit mehreren Diaserien anzuleiten, die Freire mit seinem Team entwickelte.

Eine erste Diaserie zeigt José, einen Zuwanderer, der das erste Mal der riesigen Stadt São Paulo begegnet und seine Erfahrungen dort schildert. Eine zweite zeigt die Entstehung und Arbeit der Basisgemeinden, die anfangen sich für ihre Interessen zusammenzuschließen und einzusetzen. Sie visualisiert, welche Probleme gemeinsam angegangen und auf bestimmte Arten gemeinsam gelöst werden konnten. Eine dritte Diaserie zeigt die Probleme, die überhaupt erst durch die Entstehung der Basisgemeinden und ihrer sozialen Bewegung entstanden sind. Die Menschen sollen ihre eigene Geschichte in den Dias wiedererkennen und im Dialog gemeinsam reflektieren und auswerten. Wichtig dazu ist, dass die Diaserien keine Diskussionsziele, keine Ergebnisse oder Lösungen, sondern lediglich den derzeitigen Zustand darstellen. Sie soll Fragen aufwerfen und keine beantworten.

In der Folge treffen sich im Dezember 1980 Delegierte aus der ganzen Stadt zu einer Vollversammlung, um die Arbeitsschwerpunkte der nächsten beiden Jahre festzulegen.[813]

---

[812] Vgl. beispielhaft Freire 1980, S. 104f.

[813] Freire 1981, S. 236-259

7 Exkurs: Andere Interpretationsmöglichkeiten Freires

Eine Analyse zur Perspektive der Pädagogik Freires aus Sicht der Kritischen Theorie wäre mindestens unvollständig, indem sie blinde Flecken überginge, vielleicht sogar fehlerhaft, wenn sie andere mögliche Interpretationen Freires außer Acht ließe. Freires eklektischer Ansatz ermöglicht verschiedenste Auslegungen, Anwendungen und Weiterentwicklungen. Eine Darstellung der Wirkungsgeschichte Freires findet sich beispielsweise für Brasilien bei Funke und für Deutschland bei Lutz Rothermel.[814] Einige Interpretationen und vergleichende Analysen Freires vor allem aus dem deutschsprachigen Raum sollen im folgenden kurz dargestellt werden:

Ein Vergleich zwischen Freire und Antonio Gramsci drängt sich förmlich auf. Er wurde beispielsweise von Gregor von Fürstenberg und später von Peter Mayo unternommen. Freire hat sich neben der Kritischen Theorie auch intensiv theoretisch mit Gramsci befasst und sich an ihm orientiert. Im Herbst 1993 während einer Diskussion in der University of London erklärte Freire:

> „Ich habe Gramsci nur im Exil gelesen. Ich las Gramsci und entdeckte, dass mich seine Gedanken schon sehr beeinflusst hatten, bevor ich ihn las. Es ist fantastisch, wenn wir entdecken, dass wir von jemandes Gedanken beeinflusst wurden, bevor wir uns mit seiner intellektuellen Produktion beschäftigt haben."[815]

[814]Vgl. Funke 2010, S. 180 – 229. und vgl. Rothermel 2003, S. 83-103

[815]Freire in Mayo 2007, S. 23

Freire rezipierte Gramsci also erst nach Beginn der Entwicklung seiner Pädagogik aktiv. Mit diesem Wissen nennt von Fürstenberg Gramsci einen der geistigen Väter Freires. Eine direkte Abhängigkeit Freires von Gramsci findet von Fürstenberg in folgenden Punkten: Die „Motivation zur Intellektualisierung der Massen, dieselbe strategische Vorgehensweise, die ähnliche politische Theorie und schließlich dieselbe Achtung vor dem ‚einfachen Volk' "[816]. Beide lehnten Spontanismus und Reformismus ab.

Verantwortlich für den Transfer von Gramscis Gedanken als Inhalte der Theologie der Befreiung sind nach von Fürstenberg José Carlos Mariátegui und Freire.[817] Mayo hingegen erklärt, dass die lateinamerikanische Gramsci-Rezeption überhaupt erst Freire geprägt hat.[818] In Wahrheit muss es wohl als ein wechselseitiger Prozess angesehen werden.

In jedem Fall wurden Teile von Gramscis Theorie auch Teil der Theologie der Befreiung und haben daher in Lateinamerika entscheidende gesellschaftliche Anstöße gegeben. Schon Gustavo Gutiérrez bezog sich in seiner Theologie der Befreiung in seiner ersten Fußnote auf Gramsci. Ebenfalls darf Leonardo Boffs Buch über die lateinamerikanischen Basisgemeinden als kurze Zusammenfassung der Hegemonietheorie gelten.[819]

Gramsci war „einer der ersten marxistischen Theoretiker der Religion eine, in seinem Sinne konstruktive, Rolle in gesellschaftsverändernden Prozessen"[820] zubilligte. „Viele Elemente, die es für die Christen schwer machen, den Marxismus zu übernehmen, fehlen bei Gramsci. Dies gilt für den metaphysischen Materialismus, den historischen Determinismus, den Ökonomismus, usw."[821] Gleichzeitig wollte Gramsci die Religion säkularisieren und letztlich abschaffen.[822]

> „Bei einer groben Übersicht läßt sich feststellen, daß die Theologen der Befreiung und Philosophen der Befreiung m.E. vier Dinge von Antonio Gramsci übernommen haben: 1. Die Opti-

---

[816] Von Fürstenberg 1997, S. 327
[817] Vgl. von Fürstenberg 1997, S. 320ff.
[818] Vgl. Mayo, 2007, S. 23f.
[819] Vgl. von Fürstenberg 1997, S. 18 und 268 Vgl. auch Boff 1983, S. 58
[820] von Fürstenberg 1997, S. 18
[821] von Fürstenberg 1997, S. 334
[822] Vgl. von Fürstenberg 1997, S. 20

on für die Subalternen; 2. die Forderung nach radikaler Demokratisierung der Institutionen; 3. Methoden der Analysen der Gesellschaft und 4. die pädagogische und politische Strategie für die Hegemoniegewinnung, welche auf zwei Ebenen verläuft: in der Zivilgesellschaft und in der politischen Gesellschaft. Im Alltag der Theologen der Befreiung, die in den Basisgemeinden vor Ort arbeiten, spielt der 4. Punkt eine herausragende Rolle."[823]

Gramscis Gefängnishefte bilden ein theoretisches Mosaik oder einen marxistischen Steinbruch. Ihre Interpretation ist daher noch vielfältiger als die Freires. Gramsci und Freire wollen pädagogische Veränderungen nicht auf die Zeit nach der sozialen Revolution verschieben, sondern bei ihnen geht die kulturelle Aktion der Revolution voraus. Letzten Endes geht es beiden um eine Kulturrevolution. Beide wollen die Subjektwerdung der Menschen. Gramscis Maxime „Jeder Mensch ist ein Intellektueller" und Freires Maxime „Jeder Mensch ist Politiker und auch Künstler" fordern, jeden einzelnen Menschen als solchen ernst zu nehmen. Freire habe Gramscis Theorie zur Rolle des organischen Intellektuellen, sowie zum Umgang mit dem Volk und dessen Kultur konkretisiert und weiterentwickelt.[824] Gramsci war Parteimitglied der italienischen Kommunisten. Ihm ging es um eine umfassende Analyse von Ökonomie, Gesellschaft und Politik. Bildung war dabei für ihn nur ein Punkt von vielen. Freire war deutlich stärker auf Bildung fokussiert. Gramsci hatte das Industrieproletariat der Städte im Auge. Freire nahm eine größere Vielfalt der Unterdrückten wahr.[825]

Nach von Fürstenberg muss „Freires Konzept [...] als pädagogische Weiterführung und Konkretisierung der Ideen Gramscis [...] verstanden werden."[826] Mayo kommt zu dem Ergebnis, dass beide in ihren Unterschieden ergänzende Ansichten zur Verfügung stellen. Er möchte eine Synthese des Denkens beider erreichen.[827] Für Gramsci war die Pädagogik ein Mittel für seine Hegemoniebestrebungen. Sein Verhältnis war daher taktischer beziehungsweise strategischer Natur.

[823]von Fürstenberg 1997, S. 227
[824]Vgl. von Fürstenberg 1997, S. 9 und 229
[825]Vgl. Mayo 2007, S. 98ff.
[826]Von Fürstenberg 1997, S. 329f.
[827]Vgl. Mayo 2007, S. 105 – 107 und 126ff.

Dies kann für Freire so nicht gelten. Freires Rollenverständnis der Pädagogik war allerdings einem Wandel unterworfen.

> „In seiner Praxis in den afrikanischen Ländern ist die freiresche Alphabetisierungs- und Bildungsarbeit deutlich marxistisch geprägt, so dass die Auswahl der generativen Themen in erster Linie auf die aktive Teilnahme am revolutionären Kampf abzielt und in gewisser Hinsicht deutliche Tendenzen politischer Indoktrination aufweist“[828]

Wenn man Freires Praxis in den afrikanischen Ländern und seine Schriften dazu isoliert betrachtet, erscheinen die Gemeinsamkeiten zu Gramsci größer als die zur Kritischen Theorie. In seinen anderen Schriften wird jedoch auch ein anderer Freire deutlich. Die Interpretation von Freires Pädagogik aus der Sicht Gramscis, wie sie von von Fürstenberg und Mayo betrieben wird, ist nachvollziehbar. Genauso gut lässt sich aber eine größere Nähe zur Kritischen Theorie begründen.

In eine andere Richtung hingegen geht Funkes Untersuchung zu Freire. In ihrem Buch „Paulo Freire – Werk, Wirkung und Aktualität“ erschienen in der Reihe Interaktionistischer Konstruktivismus findet sich nicht nur eine gründliche Darstellung der Freireschen Theorie, sondern Funke unternimmt darin auch implizit den Versuch postmoderne Anteile an Freires Theorie herauszuarbeiten, sowie seinen Ansatz einer postmodernen Kritik zu unterziehen. Dabei klopft sie Freires Theorie auch auf konstruktivistische Inhalte und Inhalte der Critical Pedagogy ab.

Funke findet deutlich konstruktivistische Anteile in Freires Denken. Außerdem sieht sie in dessen Spätwerk postmoderne Sympathien enthalten. Diese bestehen vor allem in seiner späten Kritik an dogmatischen Linken, bei der er sich selbst auch begrifflich auf postmoderne Ansätze bezogen hat.[829] Freire hält aber an der Idee allgemeiner Emanzipation fest und „sieht im Postmodernismus und im Neoliberalismus sein Anliegen gefährdet, da diese aus seiner Sicht die Rechtfertigungsgrundlage für jegliche parteiliche Stellungnahme

[828] Funke 2010, S. 165

[829] Vgl. Funke 2010, S. 146 und 128

in Frage stellen"[830],weswegen er sich im Allgemeinen strikt gegen den Postmodernismus wendete. Eine denkbare Lösung für „eine mögliche Vereinbarkeit von Freires Denken und postmodern geprägtem Denken"[831] findet Funke in Ansätzen der Critical Pedagogy. Bei der Entstehung der Critical Pedagogy war Freire zwar ein Hauptbezugspunkt, sowie auch die Kritische Theorie einen Bezug bildete, inzwischen aber hat sich die Critical Pedagogy stärker an Ansätzen der cultural studies und an postmodernen Herangehensweisen orientiert. Es wäre daher nicht einfach, eine solche komplexe Weiterentwicklung wieder auf Freire zurückzuführen.

Funke stößt in ihrer Freire-Interpretation in eine andere Richtung als diese Arbeit. Um Freire so deuten zu können, muss sie sein Spätwerk betonen. Damit akzentuiert Funke genau jene Teile, die in den Vergleichen von Freire mit Gramsci ausgespart wurden. Funkes Annahmen und Schlussfolgerungen sind grundsätzlich nachvollziehbar und begründet. Trotzdem erscheint auch aufgrund der von Funke vorgefundenen Differenzen eine solche Deutung als postmodernistische Umdeutung Freires, wie es zuvor schon Lutz Rothermel erklärte.[832] In jedem Fall muss betont werden, dass die Differenzen zwischen Freires Gesamtwerk und postmodernen Ansätzen deutlich stärker sind, als die zwischen Freire und der Kritischen Theorie.

Im Gegensatz zu den frühen Schriften der Frankfurter Schule wurden die Arbeiten späterer Generationen der Frankfurter Schule in der Freire-Rezeption in vergleichender Analyse stärker berücksichtigt. Eine Nähe zu Habermas gibt es in dessen Ausführungen zu Anthropologie und Sprache:

> „Die 'anthropologisch tiefsitzenden Strukturen" strukturieren weder die Triebe noch den Intellekt – und sollen gleichwohl dort 'sitzen', wo Triebe und Intellekt in artspezifische Aktion treten: in menschlicher Arbeit und Sprache. Durch Arbeit wird die äußere Natur angeeignet, durch Sprache verständigen sich die Menschen untereinander und organisieren ihr Zusammenleben."[833]

[830] Funke 2010, S. 130

[831] Funke 2010, S. 284

[832] Vgl. Rothermel 2003, S. 98 Funke setzt sich selbst mit Rothermels Einwand auseinander. Vgl. Funke 2010, S. 284f.

[833] Türcke 1989, S. 22f.

Figueroa beispielsweise betont die Gemeinsamkeiten zwischen Freire und Habermas, sieht aber auch Differenzen, insbesondere durch einen christlichen Zugang bei Freire und einen säkularen bei Habermas.[834] Ein solcher Vergleich zwischen Freire und Habermas ist sicher sinnvoll. Die Gemeinsamkeiten sind ähnlich stark ausgeprägt, wie zur frühen Frankfurter Schule, wenn auch anders. Interessant ist, dass solche Vergleiche bisher vor allem im nicht deutschsprachigen Gebiet durchgeführt wurden.[835] In einigen Punkten in denen Habermas näher an Freire ist, entfernt er sich jedoch von der Kritischen Theorie die sich bei Horkheimer und Adorno finden lässt:

> „Die Verwissenschaftlichung der Kritik, wie sie die Habermasschule betreibt, kann nur gelingen, wenn der Kritik das Unbedingte und damit der Stachel genommen wird. Das apodiktische Urteil über das überholt Tendenziöse soll eine Prüfung des Anspruchs der Kritik an den materialen Aussagen als nicht mehr erforderlich erscheinen."[836]

In eine ähnliche Richtung gehen Vergleiche zwischen Freire und Oskar Negt. Negt hat in seinem Werk *Soziologische Phantasie und exemplarisches Lernen, zur Theorie und Praxis der Arbeiterbildung* die Verbindung von Sprache, Lernen und Denken untersucht. Er verweist darin direkt auf Freires Pädagogik der Befreiung, die sich in veränderter Gestalt auch für seine Arbeiterbildung eignen würde.[837]

Häufig schon verglichen wurde die Pädagogik Freires mit der Mahatma Gandhis.[838] Nach Bernhard Mann beispielsweise teilen beide ein Menschenbild, dass geprägt ist von Liebe, Demut und Verantwortung und streben dementsprechend eine Humanisierung des Menschen und seiner sozialen Verhältnisse an. Pädagogisches Ziel ist es bei beiden, die Lernenden in den Erziehungsprozess einzubeziehen. „Gemeinsam ist beiden Konzeptionen, daß sie von einer problemformulierenden Methode ausgehen."[839] Unterschiede zu Freire sieht Mann

[834] Vgl. Figueroa 1989, S. 117f.

[835] Arbeiten die sich damit beschäftigen sind Gusmao de Goes Brennand 1999, Zitkowski 2000, Torres und Morrow 2002, Torres und Morrow 2003

[836] Gruschka 2004, S. 9

[837] Vgl. Negt 1968, S.64

[838] Vgl. beispielsweise Mann 1979, Höpken 2006, sowie Behrens u.a. 2009

[839] Mann 1979, S. 147–150

vor allem darin, dass Gandhi das Göttliche im Menschen verwirklichen möchte und für eine autarke Dorfgemeinschaft plädiere, die sich gegen die moderne Gesellschaft richtet. Im Zentrum steht bei Gandhi das Erlernen des Handwerks, dass eine ganzheitliche Erziehung ermögliche. Dabei argumentiert Gandhi nicht historisch, sondern metaphysisch.[840] Vergleiche von Freire mit Gandhi müssen allerdings nüchtern gesehen befremden. Eventuelle Gemeinsamkeiten bestehen bloß vordergründig, die Differenzen hingegen sind fundamental. Während Freire in der Moderne die Möglichkeit sieht, überflüssige Herrschaft loszuwerden, sehnt sich Gandhi nach einer vermeintlich natürlichen Herrschaft zurück. Demensprechend lehnt Gandhi sozialistische oder kommunistische Vorstellungen ab und hält am Kastensystem fest. Zwar einen Gandhi und Freie antikolonialistische Prämissen, der Wunsch im Vergleich Gemeinsamkeiten zu entdecken scheint aber bei Mann, genauso wie bei Stefanie Höpken, eine naive Sehnsucht nach einer nicht eurozentristischen Entwicklungspolitik und Pädagogik bei gleichzeitiger Unkenntnis ihrer Akteure als Ursache zu haben.

Elfriede Munk betrachtet in ihrer Dissertation von 1988 die Idealvorstellungen von Lehrenden bei Carl R. Rogers und Freire. Dabei stellt sie diese aber nicht vergleichend gegenüber, sondern liefert eher eine Inhaltsangabe der Schriften beider Theoretiker. Lediglich in einer sehr kurz geratenen Schlussbetrachtung nimmt Munk Bezug auf Gemeinsamkeiten und Unterschiede Rogers und Freires. Dabei kommt Munk zu dem Ergebnis, dass beide eine Grundhaltung des Respekts der Lehrenden vor den Lernenden einfordern.[841] Marco Steffen versucht sich in einem Vergleich der theoretischen Hintergründe von Freire und Julius Nyerere, dem Sozialisten und ersten Staatspräsidenten von Tansania. Leider ist Steffens Analyse recht oberflächlich. So sieht er Gemeinsamkeiten darin, dass beide den Kolonialismus ablehnen, die Wichtigkeit der Erziehung betonen und dieser die Aufgabe übertragen, an der Befreiung des Menschen teilzuhaben. Beide sprechen sich für Selbstreflexion und ein kritisches Bewusstsein aus.

Als Unterschied zu Freire sieht Steffen Nyereres Idee, dass die Einheitspartei eine Revolution von oben organisiert und mit Propagan-

[840]Vgl. Mann 1979, S. 147–150
[841]Vgl. Munk 1988, S. 235–236

da versucht, das Volk für sich zu gewinnen. Gegen Steffen ließe sich einwenden, dass der Unterschied zwischen autoritärer manipulativer und antiautoritärer befreiender Pädagogik ein Unterschied ums Ganze ist.[842] Jos Schnurer vergleicht in einem Essay die Pädagogik Freires mit der des französischen Reformpädagogen Célestin Freinet. Dabei findet er Gemeinsamkeiten im partizipativen und freiheitlichen Anspruch beider.[843] In einem Essay von Peter Heitkämper vergleicht dieser den Materialisten Freire mit dem anthroposophischen Künstler Joseph Beuys. Obwohl letzterer remythisierend wirke, würde Beuys doch wie die Pädagogik der Befreiung gleichermaßen befreien.[844] Heitkämpers Vergleich erscheint nüchtern betrachtet allerdings ebenfalls wenig plausibel. Von Maria Wölflingseder gibt es *Eine Studie über gesellschaftliche Veränderung aus der Sicht Paulo Freires und Fritjof Capras unter besonderer Berücksichtigung gegenwärtiger New-Age-Strömungen.*[845] Eine Form der Freire-Deutung die ebenfalls überraschen muss.

Nicht zuletzt würde sich im Anschluss an Adorno und Freire eine Auseinandersetzung mit Heinz-Joachim Heydorns Pädagogik lohnen. Heydorn untersucht die Möglichkeiten einer kritischen und dialektischen Pädagogik, die ebenfalls auf die Untersuchung und Bewusstmachung gesellschaftlicher Widersprüche abzielt, um die durch ihre historischen Bedingungen limitierte Bildung in ihren tatsächlichen Möglichkeiten zu verwirklichen.[846]

[842] Vgl. Steffen 2010, S. 29–32
[843] Vgl. Schnurer 1999, S. 61–72
[844] Vgl. Heitkämper 1991, S. 64
[845] Vgl. Wölflingseder 1992
[846] Vgl. Messerschmidt 2009, S. 125

8 Zusammenfassung und Beurteilung

Obwohl die hier vorgestellten Vertreter der Kritischen Theorie teils erhebliche theoretische Differenzen aufweisen, ist die gesellschaftstheoretische Klammer, die sie zusammen hält, so stark, dass von einer Kritischen Theorie gesprochen werden kann. Eine *Erziehung nach Auschwitz* ist zwar als offensichtliche Notwendigkeit postuliert, aber selbst Horkheimer und Adorno zeigen keine einheitliche Interpretation dessen, was Erziehung nach dem sogenannten Zivilisationsbruch ausmacht. Die schwierigste und wichtigste Frage zugleich ist hier aber, ob aus der Kritischen Theorie grundsätzlich nur eine negative Pädagogik denkbar ist, oder ob eine Pädagogik letztlich positiv praktisch sein muss, das heißt aus der Negation der traditionellen Pädagogik im gesellschaftlichen Zusammenhang nicht auch die Bedingungen einer positiven Pädagogik abgeleitet werden können. Sei es entweder grundsätzlich als Bedingung der Möglichkeit einer emanzipatorischen Gesellschaft oder wenigstens als der Versuch zu verhindern, dass etwas ähnliches wie Auschwitz sich wiederhole.

Auschwitz als deutsches Menschheitsverbrechen wird von Freire selbst nicht als negatives Fundament seiner Pädagogik postuliert. Dennoch wurden bei den Untersuchungen in dieser Arbeit wichtige Gemeinsamkeiten festgestellt zwischen Freires Methode der *Pädagogik der Befreiung* und den grundlegenden Ausführungen der Kritischen Theorie zu pädagogischen Fragestellungen. Dabei baut Freire auf Schriften der Kritischen Theorie auf. Von den Kritischen Theoretikern ist Freire von Marcuse, stärker aber noch von Fromm geprägt. Mit Fromm teilt er auch den religiösen Bezug, den beide in eine sozialistische Verantwortung wenden.[847]

[847] So schreibt Fromm beispielsweise: „Die Hauptströmung des messianischen

In der Analyse der drei grundsätzlichen Fragestellungen hat sich Folgendes herausgestellt:

In Bezug auf die erste Frage nach der Logik der Sozialwissenschaften hat sich gezeigt, dass bereits die Forschung, die der pädagogischen Intervention vorausgeht, eine kritische sein muss und zwar sowohl in ihren Mitteln, als auch in ihren Zwecksetzungen. Damit wird Gesellschaftstheorie als ein Moment möglicher Herrschaft entlarvt und in ihrem Selbstverständnis Teil einer selbstkritischen Forschungsanalyse. Freires Aktionsforschung und die Sozialforschung der Kritischen Theorie teilen ihre grundlegenden Forderungen: Beide Ansätze entstanden in einer bewussten Ablehnung traditioneller Sozialforschung, die sie als positivistisch verstehen. Ihren Untersuchungsgegenstand wollen sie historisch und gesellschaftlich einbinden, um ihn aus der Totalität heraus zu verstehen. Die Forschungsmethoden sind dialektisch. Sie zielen auf die Bewusstlosigkeit der Gesellschaft und ihrer Individuen ab. Um dieses Bewusstsein hervorzurufen, beziehen sie sich auf eine psychoanalytische Grundlage und erforschen die psychosozialen und damit auch die ökonomischen Bedingungen, die auf die Individuen einwirken. Gleichzeitig handelt es sich aber auch um stark divergierende Ansätze. Während die Kritische Theorie als Forschungssubjekt das Forschungsobjekt erforscht und damit innerhalb der üblichen Sozialforschung verbleibt, geht Freires Aktionsforschung einen Schritt weiter. Der teilnehmende Beobachter wird Teil des Forschungsobjekts. Gleichzeitig werden die dialogischen Teilnehmer auch zum Forschungssubjekt. Die Aufteilung in aktives Forschungssubjekt und passives Forschungsobjekt oder passiven -gegenstand wird dabei als ideologisches Moment entlarvt.

Die zweite Frage betraf die theoretischen Grundlagen: Freire und die Kritische Theorie lassen sich in eine ähnliche Ideengeschichte einsortieren. Zugleich fällt auf, dass der Eklektiker Freire sich in seinem Werk auf verschiedenste theoretische Hintergründe beruft und dabei Begriffe abweichend verwendet. Und auch zwischen den einzelnen untersuchten Vertretern der Kritischen Theorie finden sich deutliche Unterschiede. Dies hat es notwendig gemacht, einige theoretische Ka-

---

Denkens nach der Reformation drückte sich nicht mehr in religiösen sondern in philosophischen, historischen und sozialen Vorstellungen aus. [...] Seine letzte Form fand es in Marx' Begriff des Sozialismus". Fromm 1963, S. 67

tegorien genauer zu untersuchen. Freire und die Kritische Theorie haben die Marxsche Lehre als einen Hauptbezugspunkt. Freires Bezüge hier haben sich allerdings im Laufe seiner theoretischen Arbeiten gewandelt. Es bleibt aber dabei, dass er ein revolutionäres Subjekt ausmacht, dass er mal als Volk, dann als soziale Klasse und dann wiederum als Unterdrückte fasst. Dieser Standpunkt findet sich bei der Kritischen Theorie nicht.[848]

Wie bei Marcuse und Fromm ist die Entfremdung ein wesentlicher Teil von Freires Analyse, wobei dieser jedoch die Entfremdung noch weiter fasst und den Begriff letztlich naiv und unbestimmt gebraucht. Als Unterschied zur Kritischen Theorie fällt auf, dass Freire zum einen von Verdinglichung spricht, aber es für ihn nur der Unterdrücker ist, der den Unterdrückten verdinglicht, und zum anderen, dass er das warenförmige Fetischverhältnis unberücksichtigt lässt. Unterschiede im Anthropologieverständnis und zum Theorie-Praxis-Verhältnis bestehen bereits unter den untersuchten Kritischen Theoretikern. Ein einheitlicher Vergleich mit Freire gestaltet sich hier schwierig. Auch deswegen, weil Freire in diesem Zusammenhang besonders viel Raum für Interpretationen lässt. In Freires Anthropologie finden sich immer wieder Hinweise auf positive Elemente, die zu einer idealistischen Sichtweise über die Bedingungen der Befreiung der Menschen führen können. Allerdings ist es auch möglich, Freire hier bloß historisch analytisch zu verstehen. Im Bereich der psychologischen Annahmen bezieht sich Freire wie die Kritische Theorie auf die Psychoanalyse. Dabei verweist Freire meistens konkret auf Fromm, seltener auf Marcuse. Die zentrale Kategorie für die Analyse der sozialen Herrschaft bildet bei Freire die Kategorie der „kulturellen Invasion“ und ihr Resultat die „Kultur des Schweigens“. Bei jener spricht Freire von einem eindringenden Subjekt, das die Ursache von Herrschaft ausmacht. Bei der Kritischen Theorie hingegen tritt die personifizierte Herrschaft aufgrund ihrer Kapitalanalyse in den Hintergrund.

Die dritte Frage bezog sich auf die Pädagogik. Wenn die Kritische Theorie jegliche positive Pädagogik verwirft und der Pädagoge

[848] Zwar sieht der späte Marcuse in den Ausgestoßenen ein mögliches vorrevolutionäres Subjekt, zu diesem Urteil kommt Marcuse aber gerade deswegen, weil er diese als außerhalb der Gesellschaft annimmt, während Freire betont, dass die Unterdrückten schon stets Teil der Gesellschaft waren.

Adorno ein Irrtum war, kann auch Freires Pädagogik mit ihrer Methodik der Kritischen Theorie nicht entsprechen. Wenn aber Adorno Recht hat und aus der Kritischen Theorie eine kritische Pädagogik und eine *Erziehung zur Mündigkeit* noch zu entwickeln sei, dann lohnt sich die Auseinandersetzung mit Freires pädagogischem Konzept. Eine Erkenntnis Adornos aus den Studien zum autoritären Charakter war: „Die Entfaltung des Charakters hängt entscheidend vom Verlauf der Erziehung des Kindes und von seiner häuslichen Umwelt ab, die zutiefst von ökonomischen und sozialen Faktoren geprägt sind.“[849] Personen können also trotz gleichem sozialökonomischem Status verschiedenen Ideologien anhängen. Der wesentliche Faktor ist hierbei der der Erziehung. Gegen den, laut Adorno immer möglichen Rückfall in gesellschaftliche Barbarei, der mit dem Namen Auschwitz verbunden ist, kann das Ziel jeder pädagogischen Intervention nur die Stärkung des Individuums und damit seiner möglichen Autonomie sein, verstanden als „die Kraft der Reflexion, zur Selbstbestimmung, zum Nicht-Mitmachen“[850]. Dies möchte Freire durch seine problemformulierende Methode verwirklichen. Er versucht ein Gegenkonzept zum Bankiers-Konzept zu entwickeln, welches er als pädagogische Seite des Positivismus sieht.

Die pädagogische Besonderheit Freires liegt nun darin, dass er eine Methode entwickelte, die dialektisch einen psychoanalytischen Weg zur Selbsterkenntnis ebnen soll.

Bis zu diesem Punkt scheint es, als ob Freires Pädagogik weitgehend deckungsgleich mit den Anforderungen ist, die die Kritische Theorie an eine kritische Pädagogik stellt. Gleichzeitig bestehen aber durchaus Unterschiede. Eine bejahende oder verneinende Antwort auf die Frage, ob Freires Pädagogik diesen Ansprüchen insgesamt gerecht wird, wäre dann eine Frage des Anspruchs der Kritikerin und davon abhängig, wie schwer einzelne Unterschiede gewichtet werden. Anders sieht die Sache aber aus, wenn die einzelnen Unterschiede und Defizite miteinander in Bezug gesetzt werden. Ein solcher Versuch, hier einen roten Faden zu finden, soll im folgenden unternommen werden.

Obgleich Freire sich stets auf Marx beruft, fehlt ihm eine umfangrei-

[849] Adorno 1980, S. 7
[850] Adorno 1971, S. 93

che ökonomische Kritik und eine Kritik am Kapitalverhältnis selbst. Dies liegt auch daran, dass Freire sich stark am frühen Marx orientiert. Freires Entfremdungsbegriff als analytische Entfernung von den tatsächlichen Lebensverhältnissen vergisst das Ideologie bei Marx eben nicht zufällig falsches Bewusstsein, sondern notwendig falsches Bewusstsein ist. Menschen blicken immer gesellschaftlich vermittelt auf ihre Lebenswirklichkeit. Den warenförmigen Fetischismus lässt Freire außer Acht. Dies verwundert, da das Marxsche Verständnis des Fetischismus ansonsten viel diskutiertes Thema der Theologie der Befreiung war. Weil Freire keinen Fetischbegriff kennt, erfasst er nicht, unter welchen Bedingungen im egalitären Tausch unter Gleichen Ideologie und Herrschaft entsteht und ausgeübt wird. Deswegen begreift er nur die direkte soziale Herrschaft und verfügt über ein mangelndes Ideologieverständnis.

Freire meint: „Alle Herrschaft schließt Invasion ein"[851]. „In der Theorie der antidialogischen Aktion gehört zur Eroberung [...] ein Subjekt, das eine andere Person erobert und sie in ein Ding verwandelt."[852] Freire versteht nicht, dass ökonomische Verdinglichung keine spezielle herrschaftliche Machtausübung ist, die Menschen in erobernde Subjekte und eroberte Objekte unterteilt, sondern dass alle Menschen im Kapitalismus ständig unbewusst sowohl soziale Beziehungen, sich selbst, als auch andere unentwegt verdinglichen. Soziale Herrschaft ist keinesfalls immer invasiv, noch fordert sie ein eindringendes Subjekt. Im Gegenteil: In der Moderne ist Herrschaft zunehmend nicht mehr an Subjekte gebunden, sondern eine abstrakte Herrschaft der Gesellschaftsverhältnisse. In Max Webers Worten: „Die alten Götter, entzaubert und daher in Gestalt unpersönlicher Mächte, entsteigen ihren Gräbern."[853] Die mittlerweile herrschende Hand ist die „unsichtbare Hand" des Marktes. Eine Tendenz, die für die europäischen, sich im 19. Jahrhundert industrialisierenden Staaten genauso gilt, wie für lateinamerikanische und afrikanische Staaten in der zweiten Hälfte des 20. Jahrhunderts. Dies hat Auswirkungen auf die unter der gesellschaftlichen Herrschaft Leidenden. Denn hier ist bereits angelegt, was in der neoliberalen Gesellschaft sich komplettiert:

[851] Freire 1998, S. 130
[852] Freire 1998, S. 143
[853] Weber, Max in Hinkellammert 2015, S. 62

„Die Freiheit von Gehorsamszwang [...] [wird] mit der Pflicht zur permanenten Selbstoptimierung erkauft“[854]. Zwar möchte Freire über mysteriöse Mächte aufklären und versucht sich in einer materialistischen Erklärung, diese kann aber nicht gelingen, wenn gesellschaftliche Herrschaft allein als Herrschaft von Personen aufgefasst wird. Gesellschaft entspricht aber eher einer Form von Gläserrücken.[855] Ihr Ergebnis entstammt größtenteils unbewusster Bewegung.

Damit die Unterdrückten nicht nur ihre eigene Unterdrückung ändern möchten, sondern die unterdrückende Gesellschaft, möchte Freire diese unbewusste Bewegung bewusst machen.

> „Im ersten Stadium des Kampfes freilich drohen die Unterdrückten fast immer zum Tyrannen oder zum ‚Sub-Tyrannen‘ zu werden, statt um Freiheit zu kämpfen. [...] Sie wollen die Agrarreform nicht um freie Menschen zu werden, sondern um Land zu bekommen und um so Landeigentümer zu werden - genauer gesagt, Vorgesetzte über andere Arbeiter. [...] Um die Situation der Unterdrückung zu überwinden, muß der Mensch zunächst ihre Ursachen kritisch erkennen,“[856]

Die Ursachen von Herrschaft werden von Freire selbst jedoch unzureichend kritisch betrachtet. Bei allen bestehenden kleineren theoretischen Unstimmigkeiten, bei denen Freire naiv oder idealistisch argumentiert, Binaritäten aufmacht, die so nicht existieren oder dialektisch zu betrachten wären, liegt hier der entscheidende Unterschied seiner Gesellschaftsanalyse zur Kritischen Theorie. Denn für diese

> „war die Wertformanalyse keine Theorie der Revolution, sondern eher der Begriff ihrer Unmöglichkeit: was sie zeigte, war die Unterwerfung der Gesellschaft unter ihren eigenen abstrakt-allgemeinen Zusammenhang, durch die der Utopie des ‚Jedem nach seinen Fähigkeiten, jedem nach seinen Bedürfnissen ‘ von der materiellen Basis her die Grundlage entzogen wurde.“[857]

Die Differenzen in der Betrachtung von Anthropologie, Entfremdung, Theorie und Praxis oder anderen theoretischen Kategorien zwi-

---

[854] Zumhof 2012, S. 51 in Bezug auf Ullrich Bröckling

[855] Das Gleichnis stammt ursprünglich von Bini Adamczak. Vgl. Adamczak 2010, S. 9

[856] Freire 1998, S. 33

[857] Breuer 1977, S. 16

schen Freire und der Kritischen Theorie mögen zwar teilweise wesentlich sein,[858] entscheidend aber ist das unterschiedliche Verständnis von Herrschaft, da dieses auch die wichtigste Bedeutung für die Pädagogik hat.

In seiner Herrschaftsanalyse unterteilt Freire die Menschen in Unterdrücker und Unterdrückte, wobei er letztere zunächst als klassenspezifisch unterdrückt sieht, auch wenn er nicht immer den Klassenbegriff gebraucht. Erst in seinen späteren Schriften beschäftigt er sich auch stärker mit anderen Formen von Unterdrückung. In seinem Spätwerk wendet er sich intensiv gegen Rassismus, Sexismus und Klassendiskriminierung und fordert dies auch von demokratischer und kritischer Bildung. Rückblickend auf die *Pädagogik der Unterdrückten* erklärt er:

> „Dabei habe ich mich nicht ausdrücklich auf Unterdrückung konzentriert, die von Besonderheiten wie Farbe, Geschlecht, Rasse und so weiter gekennzeichnet sind. Ich war damals mehr mit den Unterdrückten als einer sozialen Klasse beschäftigt. Aber dies bedeutet meiner Ansicht nach keinesfalls, dass ich die vielen Formen rassistischer Unterdrückung vernachlässigt habe“[859].

Später beschäftigt Freire sich also durchaus mit verschiedenen Formen von Unterdrückung und Rassismus und Sexismus bei seinen pädagogischen Programmen diskutiert.[860] Trotzdem wurde ihm vorgeworfen jene Formen nicht genügend thematisiert zu haben und theoretisch nicht genügend erfasst zu haben.[861] Wie kann es sein, dass gerade ein in bestimmter Weise postkolonialer Denker wie Freire rassistische Ideologie nicht im Fokus hatte? Freires naive Schematisierung in Unterdrücker und Unterdrückte kreiert ein revolutionäres Subjekt, das sich die eigene Situation bewusst macht und so letztlich die Unterdrückung abschaffen will. Dabei orientiert sich Freire am marxistischen Klassenkampf. „Nur wo Mehrheiten ihr Recht verwehrt wird, an der Geschichte als Subjekte teilzunehmen, werden sie

[858]Vgl. dazu die entsprechenden Kapitel in dieser Untersuchung.
[859]Freire in Mayo 2007, S. 115
[860]Vgl. beispielhaft Freire 1981, S. 255f.
[861]Vgl. beispielhaft Funke 2010, S. 87 und Hagleitner 1996, S. 102-108

beherrscht und entfremdet."[862] Herrschaft kann aber auch von Mehrheiten gegenüber Minderheiten ausgeübt werden. Häufig sind es gerade Minderheiten die von Diskriminierung betroffen sind. Erst in seinem Spätwerk fasst Freire Antidiskriminierung und eine allgemeine Demokratisierung der Zivilgesellschaft ins Auge. Die Unterteilung Freires in unterdrückende und unterdrückte Menschen ist zu vereinfachend. Freire selbst hat 1978 in einem Interview der Kritik stattgegeben, dass sein „Begriff des 'Unterdrückten' [...] zu abstrakt"[863] sei. Aber auch die Setzung der Unterdrückten als gesellschaftsbefreiendes Subjekt unterliegt einer romantischen Vorstellung von Revolution: „Wer ist besser dafür präpariert, die entsetzliche Bedeutung einer unterdrückerischen Gesellschaft zu verstehen als die Unterdrückten? [...] Wer kann die Notwendigkeit der Befreiung besser verstehen?"[864], so Freire.

Wie schon Marx, so erklärt auch Freire unzureichend, wieso ausgerechnet die Unterdrückten die Kraft und das Wissen haben sollen, den gesellschaftlichen Veränderungsprozess auszulösen, der notwendig wäre. Immerhin sollen sie, durch den Erkenntnisgewinn, dass sie kulturbildende Wesen sind, zu der Katharsis ihrer historischen Verantwortung gelangen, gleichwohl streben aber die meisten Unterdrückten dahin, selbst unterdrücken zu können, anstatt erlebte Unterdrückung aufzuheben. Es wird deutlich, dass Freires Tendenzen zu einer positiven Anthropologie hier idealistische Momente begünstigen. Die Kritische Theorie betrachtet es hingegen nicht nur mit Sorge, dass eine aufstrebende Arbeiterschaft zu einem Rückfall in die Barbarei beitragen könnte, wie die Untersuchungen des Frankfurter Instituts für Sozialforschung gegen Ende der Weimarer Republik zeigten, sondern Horkheimer hatte schon 1934 in *Die Ohnmacht der deutschen Arbeiterklasse* festgestellt, dass jene die arbeiten trotz ihres Elends sich noch an ihr Elend klammern, aus Angst noch das zu verlieren, was sie besitzen. Lediglich die Arbeitslosen hätten nichts zu verlieren als ihre Ketten.

> „Diese unmittelbar und am dringendsten an der Revolution interessierten Arbeitslosen besitzen aber nicht wie das Prole-

[862] Freire 1998, S. 110
[863] Freire in Stapelfeldt 2004, S. 410
[864] Freire 1998, S. 39f.

> tariat der Vorkriegszeit die Bildungsfähigkeit und Organisierbarkeit, das Klassenbewußtsein und die Zuverlässigkeit der in der Regel doch in den kapitalistischen Betrieb eingegliederten [...] Der kapitalistische Produktionsprozeß hat es also mit sich gebracht, das Interesse am Sozialismus und die zu seiner Durchführung notwendigen menschlichen Eigenschaften zu trennen."[865]

Zur Verteidigung Freires lässt sich anführen, dass die gesellschaftlichen Ausgangslagen verschieden waren: In den 1960er Jahren, als Freires *Pädagogik der Befreiung* entstand und Adorno seinen Vortrag über *Erziehung nach Auschwitz* hielt, gab es in Brasilien neben der Herrschaft der ökonomischen Verhältnisse durchaus eine, im Gegensatz zu den Massen der Slum- und Landbevölkerung stehende, Gruppe von Herrschenden, die, als sie ihre Macht bedroht sah, zum Mittel eines Militärputsches griff. In Westdeutschland existierte hingegen ein abstraktes Verhältnis gesellschaftlicher Machtstrukturen und die Politik unterlag dem Diktat ökonomischer Verwertung, wäre die Idee eines Putsches der Konservativen mithilfe der Bundeswehr abwegig gewesen. Aber nur weil es personalisierte Herrschaft gibt, darf die unpersonalisierte Herrschaft, die Herrschaft des Kapitals, nicht außer Acht gelassen werden.

Freires Festhalten an den Unterdrückten als potentielles revolutionäres Subjekt bleibt ein Problem. Er glaubt, dass Gewalt immer von den Unterdrückern, nie von den Unterdrückten ausgeht. Er verkennt zum einen, dass Menschen die Gewalterfahrungen machen, dazu neigen diese Gewalt weiterzugeben und so in ihrer Unterdrückung gleichzeitig selbst unterdrücken. Adorno hat dazu die Radfahrermetapher des nach oben buckelnden und nach unten tretenden Menschen geprägt. Zum anderen beachtet Freire nicht genug, dass der Befreiungsversuch der Unterdrückten selbst in eine aktionistische Gewalt der Unterdrückten umschlagen kann. Zwar warnt Freire hier vor Aktionismus. Trotzdem verstellt der Schulterschluss mit den Unterdrückten hier den Blick aufs Wesentliche. Damit wird verklärt, nicht erklärt.

Auf der einen Seite droht „dem freireschen kritischen Bewusstsein in der praktischen Umsetzung eine orwellsche Animal Farm"[866], wenn

[865] Horkheimer in Stapelfeldt 2004, S. 157
[866] Funke 2010, S. 90 Vgl. Elias 1994, S. 84

Beteiligte nun glauben, eine vermeintlich oberste Bewusstseinsstufe erreicht zu haben. Auf der anderen Seite droht der Pädagogik der Befreiung ein ähnliches Schicksal wie der akzeptierenden Jugendarbeit mit der extremen Rechten in Deutschland[867]. Wenn sie an einen automatischen Aufklärungserfolg glaubt, der durch die Unterstützung marginalisierter Gruppen erfolgt, kann sie gewalttätige Verhältnisse hervorrufen oder begünstigen. Explizit deutlich wird die Problematik beim Antisemitismus. Eine Problematik, der man bei der Auseinandersetzung mit der Pädagogik der Befreiung immer wieder begegnen kann. Beim Theater der Unterdrückten konnte Boal beobachten, dass wenn die Unterdrücker dargestellt wurden, „die Bilder oft durch die erfahrene Unterdrückung subjektiv verzerrt [waren] und die Unterdrücker erschienen als Ungeheuer."[868] Zum Verständnis kapitalistischer Unterdrückung ist aber Marx' Erkenntnis wesentlich, „daß die ökonomischen Charaktermasken der Personen nur die Personifikationen der ökonomischen Verhältnisse sind"[869]. Freire möchte Bewusstsein über die Ursachen von Herrschaft schaffen und damit die Charaktermasken der Personen als Ausdruck der Funktionen aufdecken. Er hat aber weder ein Verständnis der Ideologie des Antisemitismus, noch rekurriert er dabei auf die Forschungsarbeiten der Kritischen Theorie, die zum Verständnis von Antisemitismus notwendig sind.

Es war gerade eine wesentliche Erkenntnis der Kritischen Theorie, dass Antisemitismus ein psychisches Bedürfnis erfüllt, das durch die ökonomischen Bedingungen von außen an das Individuum herangetragen wird. Wenn es die Juden nicht geben würde, hätte die kapitalisierte Gesellschaft sie erschaffen müssen, um dieses psychosoziale gesellschaftliche Bedürfnis zu befriedigen.[870] Kritische Pädagogik muss diese Ursachen aufklären und ihnen entgegenwirken. Die „Verankerung des Antisemitismus [liegt] im Unbewußten"[871].

Freires Aktionsforschung soll zwar abstrakt eine generelle Aufklä-

[867]Letztlich wurden so für die extrem rechte Szene zusätzliche Freiräume geschaffen und die Szene damit gestärkt. Zur ausführlichen Kritik Vgl. bspw. norddeutsche Antifagruppen 1998. Vgl. auch Haase u.a. 2014

[868]Zumhof 2012, S. 66

[869]Marx in MEW Bd. 23, S. 100

[870]Vgl. dazu das Kapitel *Von der Gestalt der Kritischen Pädagogik* in dieser Arbeit.

[871]Claussen 1991, S. 199

rung des Unbewussten ermöglichen. Die Problematik, die von einer Schematisierung in unterdrückende und unterdrückte Klasse ausgeht, wenn zugleich die ökonomischen Bedingungen die psychischen Bedürfnisse wecken, mittels Antisemitismus einer Gruppe das Unrecht der ganzen Klasse aufzubürden, ist Freire nicht bekannt.

Vor diesem Hintergrund zeigt sich Freires theoretisches Manko auch als ein pädagogisch-praktisches Manko. Sein vereinfachendes Verständnis von Herrschaft und Unterdrückung führt dazu, dass er weder einen Begriff von Antisemitismus hat, noch eine Bekämpfung dessen als Element seiner Pädagogik. Wenn es Aufgabe einer kritischen Pädagogik ist, zu verhindern, dass etwas wie Auschwitz sich wiederhole, muss eine kritische Pädagogik über eine entsprechende Grundlage verfügen, oder zumindest die Bekämpfung des Antisemitismus als Kosequenz zu einem ihrer Leitgedanken machen. Dieser findet sich bei Freire aber nicht. Hier liegt der entscheidende Unterschied zwischen der Anforderung, die die Kritische Theorie an eine kritische Pädagogik stellt, und Freires Pädagogik der Befreiung.

Freire kann dabei für sich auch nicht in Anspruch nehmen, dass der Antisemitismus in Lateinamerika keine Rolle spiele. In *O Anti-Semitismo nas Américas. Memória e História* hat Maria Luiza Tucci Carneiro den Antisemitismus in Lateinamerika herausgearbeitet und diesen vor allem in Brasilien, Argentinien und Chile vorgefunden. Auch in Gilberto Freyres Werk, auf das sich Freire bezog, finden sich zahlreiche antisemitische Äußerungen. Der dortige Antisemitismus ist auch keineswegs ein neues Phänomen.[872]

Letztlich verbleibt Freire damit im pädagogischen Grundproblem: Freire gibt entweder das Wissen vor oder er glaubt an die Erkenntnisfähigkeit der Unterdrückten. Freires solidarische Pädagogik kaut entweder vor oder setzt auf das Erkenntnispotenzial. Es stellt sich die Frage ob Freire die aufklärende Wirkung seines Bildungsprogramms nicht überschätzt. In einer Überhöhung, die zur Affirmation wird, sieht auch Ursula Reitmeyer eine Gefahr.

> „Die Gefahr der Pädagogik der Unterdrückten, in eine affirmative Pädagogik umzuschlagen, liegt eher [...] in ihrem uto-

[872]Vgl. Carneiro 2007

pischen Gehalt, der daher – vielleicht unter Zuhilfenahme der Methode der Negativen Dialektik - noch einmal gewendet werden müsste. Allerdings, so muss an dieser Stelle geltend gemacht werden, kann das Bildungsprojekt, das zugleich immer ein Emanzipationsprojekt ist - oder es handelt sich nicht um Bildung – auf utopische Implikationen nicht verzichten, auch und gerade nicht vom Standpunkt der Kritischen Theorie."[873]

Eine solche Wendung des utopischen Gehalts wie auch bei der pädagogischen Methode ist bei Freire aber schon angelegt. Das Dilemma, dass eine positive Pädagogik entweder unkritisch ist, oder eine kritische Pädagogik negativ, versucht Freire aufzulösen, indem er eine positive Methodik entwickelt, die allerdings den Inhalt stets negativ kritisiert. Als Beispiel gibt Freire an, dass das Volk höhere Löhne fordert. Die pädagogischen Anführer dürften weder selbst andere Inhalte vorgeben, noch sich dem völlig anpassen. „Die Lösung liegt in der Synthese: die Führer müssen sich einerseits mit der Forderung des Volkes nach höherem Lohn identifizieren, während sie auf der anderen Seite den Sinn eben dieser Forderung als Problem formulieren müssen."[874] Ein Ergebnis dieser Untersuchung ist dann aber zumindest die Minimalforderung, dass sowohl die Pädagogin, als auch die Teilnehmenden ein theoretisches Verständnis von Antisemitismus besäßen, um diesen in ihren Aufklärungsprozess mit hinein zu nehmen.[875]

[873]Reitmeyer, Ursula in Zumhof 2012, S. 10

[874]Freire 1998, S. 157

[875]Insbesondere Deutschland und Österreich muss dies auch für den sekundären Antisemitismus gelten.

9 Ausblick

Eine Methode zu entwickeln, die dialektisch und psychoanalytisch über mehrere Kodierungs- und Dekodierungsvorgänge einen Aktionsforschungsprozess einleitet, der es Menschen ermöglicht, ihr Selbstbewusstsein und ihre Selbsterkenntnis weiterzuentwickeln, darin besteht die große theoretische Leistung Freires. Die große praktische Leistung Freires besteht darin, dass diese Methode nicht bloße Spekulation geblieben ist, sondern dass sie immer wieder den örtlichen Gegebenheiten angepasst wurde und in zahlreichen Ländern Programme aufgelegt wurden, die das Leben einer Vielzahl von Menschen beeinflusst haben. Einen zusätzlichen Reiz an Freires Werk bietet die Tatsache, dass er es im brasilianischen Raum schaffte, eine eigene Pädagogik zu entwickeln, die später durch seine Erfahrungen in anderen postkolonialen Gesellschaften weiterentwickelt wurde.[876]

Seine Methodik und sein Engagement zur Förderung eines kritischen Bewusstseins führten dazu, dass er als einer der großen kritischen Pädagogen angesehen wird. Dabei wurde ihm immer wieder eine Nähe zur Kritischen Theorie assistiert, die zuvor aber noch nicht grundlegend analysiert wurde. Mit dieser Untersuchung hat sich dies geändert. Dabei wurden große Übereinstimmungen, aber auch große Lücken gefunden. Letztere haben, wenn sie unreflektiert in den pädagogischen Prozess übernommen werden, deutliche Auswirkungen auf die praktische Anwendungen und sollten zukünftig berücksichtigt werden.

Wenn die Frage der Einleitung, ob diese kritische Pädagogik Freires den Anforderungen der Kritischen Theorie entspricht, anhand von drei Fragestellungen geprüft wird, können diese Fragen gemäß den vorherigen Ausführungen zur Kritischen Theorie folgendermaßen um-

[876] Vor diesem Hintergrund ist der Vorwurf, Freire wäre ethnozentristisch, wie ihn beispielsweise Funke erhebt, nicht nachvollziehbar. Vgl. Funke 2010, S. 91

formuliert werden: Lehnt Freire den Positivismus ab und entwickelt stattdessen eine dialektische Forschung? Bezieht er sich in seinen theoretischen Kategorien auf den Menschen als dem „Ensemble der gesellschaftlichen Verhältnisse" und auf das Unbewusste, das psychoanalytisch und durch die politische Ökonomie bedingt ist? Erkennt er die traditionelle Erziehung als gesellschaftsstabilisierende Gewalt an und entwickelt stattdessen eine dialektische Erziehung zur Mündigkeit, zur Autonomie? Entsprechend den vorherigen Ausführungen zu Freire können alle drei Fragen mit Ja beantwortet werden.

Allerdings ließe eine solche verifizierende Untersuchung zu diesem Thema die aufgezeigten Differenzen außer Acht, selbst wenn man eine positive, das heißt praktisch-kritische Pädagogik für möglich hält. Eine Antwort auf die zentrale Fragestellung muss die Gesamtheit beider Theorien berücksichtigen. Es hat sich herausgestellt, dass ein roter Faden entlang der wesentlichen Differenzen führt, welche untereinander in Beziehung stehen. Freires mangelnde Ökonomiekritik ignoriert den Fetischcharakter der Ware wie ihn Marx dargestellt hat. Dies führt zu Mängeln in der Ideologiekritik. So definiert Freire Herrschaft vereinfachend als invasiven Akt von Personen gegenüber Personen. So kommt er zu einem Herrschaftsverständnis entlang von eindimensionalen Machtverhältnissen. Komplexere ideologische Formen von Herrschaft, die nicht innerhalb eines Oben-und-unten- Machtverhältnisses zu erklären sind, wie beispielsweise Antisemitismus, kommen bei Freire nicht vor. Da es nach Freire folglich im Interesse der Unterdrückten sein muss, diese Unterdrückung aufzuheben, glaubt er, dass die Bewusstmachung dieser Unterdrückung die Unterdrückten zum revolutionären Subjekt macht. Entsprechend ist die pädagogische Arbeit gegen antisemitisches Denken auch nicht Teil von Freires Programm.

Die erste Forderung der Kritischen Theorie an Erziehung lautet, zu verhindern, dass etwas wie Auschwitz jemals wieder geschehe beziehungsweise zugelassen wird. Es ist zwar möglich, dass eine Pädagogik dies leistet, obwohl sie einen anderen Hintergrund hat; Freires naives Verständnis von Herrschaft führt aber dazu, dass seine Pädagogik das Antisemitismus-Problem ignoriert.

In der Folge wurde die Frage aufgegriffen, inwieweit Freires Theorie und Praxis der Kritischen Theorie widersprechen, sondern auch inwieweit es Differenzen zwischen Freires Theorie und Praxis selbst gibt:

> „Mit aller Deutlichkeit muß aber gesagt werden, daß Freires Erziehungspraxis in einem unverkennbaren Gegensatz zu den oft widersprüchlichen Begründungen seiner Theorie steht. Versuche, seine Leistungen zu schmälern, haben keine Berechtigung, denn Freire steht vor der schwierigen Aufgabe des praktischen Aufklärers, der sich von der vorhandenen Theoriebildung leiten lassen will, um in der Befreiungspraxis selbst Wege zur Beseitigung einer krassen Unterdrückungssituation zu suchen."[877]

So spekulativ die Psychoanalyse bei der Interpretation des Unbewussten erscheint,[878] so wirkmächtig ist Freuds Kulturkritik. So sehr Marx' und Engels Plan zur gesellschaftlichen Umwälzung in das pervertierte Zerrbild einer vernünftig eingerichteten Welt umgeschlagen ist, so unverzichtbar ist ihre materialistische Analyse der Gesellschaft. So umfassend Adornos Gesellschaftstheorie ist, so wenig Praxistauglichkeit bietet sie. So viele Schwächen die Theorie von Freire hat, so bedeutend bleibt ihre praktische Verwirklichung.

Der Kritischen Theorie verdächtig wäre aber auch Freires positiver Bezug auf revolutionäre Anführer, die gemäß seiner eigenen Ausführungen doch linke Sektierer seien, wie Castro, Lenin und sogar Mao Zedong. Letzteren hebt er gar noch hervor, als er von einem Versagen der sozialistischen Gesellschaften spricht, die es mit Ausnahme von Kuba und China infolge der Kulturrevolution nicht geschafft hätten, die bourgeoise Erziehung zu überwinden.[879] An solchen Stellen ist die beschriebene Nähe zu Gramsci größer als zur Kritischen Theorie.

Freires Methode wurde international vielfältig verwendet. Seine konkreten Projekte wurden intensiv analysiert und diskutiert. Eine ausführliche Darstellung von ihnen findet sich beispielsweise bei Flavia Mädche in *Kann lernen wirklich Freude machen? Der Dialog in der Erziehungskonzeption von Paulo Freire.* Zahlreiche Analysen finden sich auch aufgelistet in der Bibliographie von Funke.[880] Heute gilt

---

[877]Figueroa 1989, S. 93

[878]Die behavioristischer Seite stellt im Gegensatz zur Psychoanalyse die Unerkennbarkeit (Black Box) der menschlichen Psyche heraus.

[879]Vgl. Freire 2007, S. 40

[880]Vgl. Mädche 1995, vgl. Funke 2010 S. 235

Freires Methode der Alphabetisierung in Lateinamerika als veraltet und wird nicht mehr praktiziert.[881] Freire betonte, dass die Bewusstmachung keinesfalls auf die „Dritte Welt" beschränkt sei und seine Pädagogik der Befreiung auch eine Rechtfertigung in der Ersten Welt habe, wo die Kultur des Schweigens in eine Kultur des Lärms umgeschlagen sei. Keinesfalls dürften dabei aber seine Lösungen einfach unverändert importiert werden.[882] Die antiautoritäre Pädagogik wurde von Freire entscheidend geprägt. Zahlreiche pädagogische Projekte weltweit wurden von ihm bestimmt oder beeinflusst. Zur Vielfalt seiner Wirkungsgeschichte gehören Einflüsse:

> „In der gemeinwesenorientierten Arbeit, in der sozialen Arbeit mit Obdachlosen und mit jungen drogenabhängigen Menschen ,in den Handlungsfeldern der Heil- und Sonderpädagogik (Thema ‚Behinderung' und ‚Lernbehinderung') in Sprachkursen für Migranten, in der Erwachsenenalphabetisierung, in der Arbeit mit Menschen, die von Bildungsbenachteiligungen betroffen waren, in (politischer) Alphabetisierungsarbeit und Arbeiterbildung, in der Frauenarbeit und mit weiblichen Opfern häuslicher Gewalt sowie in kirchlicher Basisarbeit."[883]

Des Weiteren in der Kinderladenbewegung, der Bildungsarbeit kirchlicher Träger, der politischen Bildung, Stadtteilarbeit und der Schul- und Bildungskritik im Generellen. Hinzu kommen Projekte die auf Freires Arbeiten aufbauten, aber nicht in seinem Sinne waren. Darunter gehörten Alphabetisierungskampagnen des brasilianischen Militärs, dem er Instrumentalisierung vorwarf, andere autoritäre politische Bestrebungen, sowie privatwirtschaftliche unternehmerische Versuche.[884]

Für den deutschsprachigen Raum gibt die Paulo Freire Kooperation im Paulo Freire Verlag seit 1999 Jahrbücher zur Aktualität Freires pädagogischer Ideen heraus, die verschiedene Interpretationen, Weiterentwicklungen und Anwendungen skizzieren oder Texte veröffentlichen, die Bezüge zu Freire aufweisen. Immer wieder wer-

[881] Vgl. Funke 2010, S. 167
[882] Vgl. Freire 2007, S. 90 - 97
[883] Funke 2010, S. 235
[884] Zu Freires Instrumentalisierungsvorwürfen vgl. Funke 2010, S. 139. Zu unternehmerischen Ambitionen vgl. Hüttler 2005

den dabei auch konkrete pädagogische Projekte beschrieben.[885] In der bisherigen Rezeption Freires spielte sein fehlende Fetischismuskritik keine Rolle. Sein vereinfachendes Verständnis von Herrschaft und sein vereinfachender positiver Bezug auf das revolutionäre Subjekt wurden zwar gelegentlich kritisiert, eine Kritik daran, dass dieses Verständnis von Herrschaft als Oben-und-unten-Machtverhältnis komplexere Formen von Herrschaft außer Acht lässt und daher diese von Freire nicht erklärt werden können, wurde in der bisherigen Forschung nicht diskutiert. Damit fehlte bis zu dieser Untersuchung der Fokus darauf, warum Freires Pädagogik der Befreiung in ihrer bisherigen Anwendung keine kritische pädagogische Intervention gegen Antisemitismus oder beispielsweise auch gegen Antiziganismus darstellt.[886]

Dieser Mangel liegt aber stärker in Freires theoretischem Werk, als in der problemformulierenden Methode selbst begründet. Es wäre zu erforschen, unter welchen Bedingungen und mit welchen Veränderungen die problemformulierende Methode hier gebraucht werden könnte. Als Mindestanforderung wäre zu nennen, dass die am Projekt beteiligten Pädagoginnen eine fundierte Kenntnis von komplexeren Formen von Herrschaft wie Antisemitismus und Antiziganismus haben. Die Pädagoginnen können diese Kenntnis dann als Problematik erkennen und mittels der problemformulierenden Methode in die Gruppe hereintragen.

Schließlich muss es darum gehen, neue pädagogische Methoden zu entwickeln, die auf Freires Pädagogik der Befreiung und der Kritischen Theorie aufbauen. Diese können bisherige ungelöste Schwierigkeiten umgehen und sich an den aktuellen Aufgabenfeldern orientieren. Das wäre auch gerade im Sinn Freires, der stets betonte, nur Methoden für bestimmte Herausforderungen entwickelt zu haben und dass diese keinesfalls einfach übertragen werden können.

Letzten Endes bleibt aber die eine Gefahr antiautoritärer Pädagogik bestehen. Sie ist ihr wesentlich. Wenn Pädagogik auf Richtungs-

[885] Eine weitere, gelungene Beschreibung solcher Projekte auch in Deutschland findet sich beispielsweise in Dabischs Band *Befreiung und Menschlichkeit.* Vgl. Dabisch 1991

[886] Auch der Antiziganismus beruht auf pathischer Projektion, die vergleichbar, wenn auch anders als beim Antisemitismus verläuft. Für eine ausführliche psychoanalytische Kritik des Antiziganismus findet vgl. End u.a. 2013

angaben verzichtet, droht den Teilnehmenden sich zu verirren. Das gilt auch für die problemformulierende Methode.

Freires Versuch einer dialektischen Aufhebung der Widersprüche von Anleitung und Befreiung kann diese Gefahr verringern, sie aber nicht aufheben. „Eine der Schönheiten dieser Praxis ist nämlich genau die, dass es nicht möglich ist, sie zu leben, ohne Risiken einzugehen.“[887]

[887] Freire in Funke 2010, S. 97

10 Danksagung

Das vorliegende Werk ist der Mithilfe verschiedener Personen geschuldet: Meine Doktormutter Prof. Dr. Rosemarie Boenicke machte diese Arbeit erst möglich. Für wichtige Hinweise und die Freiheiten die sie mir ließ, bin ich ihr zu großem Dank verpflichtet. Markus Bitterolf war es, der mir Paulo Freire überhaupt vorstellte. Ihm, als meinem härtesten Kritiker, verdanke ich zahlreiche Anmerkungen. Jasper Metzbaurs Unterstützung gab mir erst die Zuversicht eine solche Arbeit beenden zu können. Prof. Dr. Franz J. Hinkelammert hat sich bei unserem Treffen Ende August 2014 in San José in Costa Rica viel Zeit genommen, um mit mir über die Wirkung der Theologie der Befreiung und der Pädagogik der Befreiung in Lateinamerika zu sprechen. Bei einigen Gedanken wurde ich von einem Seminar zu den Begriffen Entfremdung, Verdinglichung und Fetisch von Robert Fechner inspiriert. Für die gemeinsamen Kolloquien bedanke ich mich bei Lea Heyer, sowie bei Pascal Ludwig. Für zeitnahe letzte Korrekturen gebührt Tabea Ruf die Ehre. Weiterer Dank geht an Ansgar Martins und Manuel Lautenbacher. Besonderer Dank geht an Kira Marie Brennemann. Für alle strittigen Thesen und Fehler trage aber ich allein die Verantwortung.

11 Literaturverzeichnis

ABL, GERALD (2010): Kritische Psychologie. Stuttgart.

ADAMCZAK, BINI (2010): Kommunismus: Kleine Geschichte, wie endlich alles anders wird. Münster.

ADORNO, THEODOR W. (1962): Sociologica II. Frankfurt am Main.

ADORNO, THEODOR W. (1963): Prismen. Kulturkritik und Gesellschaft. München.

ADORNO, THEODOR W. (Hg.) (1969): Der Positivismusstreit in der deutschen Soziologie. Darmstadt, Neuwied.

ADORNO, THEODOR W. (Hg.) (1969): Spätkapitalismus oder Industriegesellschaft? Verhandlungen des 16. Deutschen Soziologentages vom 8. bis 11. April 1968 in Frankfurt. Stuttgart.

ADORNO, THEODOR W. (1971): Erziehung zur Mündigkeit. Frankfurt am Main.

ADORNO, THEODOR W. (1975): Gesellschaftstheorie und Kulturkritik. Frankfurt am Main.

ADORNO, THEODOR W. (1975): Reflexion zur Klassentheorie. In: Theodor W. Adorno: Gesellschaftstheorie und Kulturkritik. Frankfurt am Main, S. 7–25.

ADORNO, THEODOR W. (1980): Studien zum autoritären Charakter. Frankfurt am Main.

ADORNO, THEODOR W. (1986): Gesammelte Schriften Bd 20.1. Vermischte Schriften I. Frankfurt am Main.

ADORNO, THEODOR W. (1986): Keine Angst vor dem Elfenbeinturm. In: Theodor W. Adorno: Gesammelte Schriften Bd 20.1. Vermischte Schriften I. Frankfurt am Main, S. 402–409.

ADORNO, THEODOR W. (1986): Neue wertfreie Soziologie. Aus Anlaß von Karl Mannheims ‚Mensch und Gesellschaft im Zeitalter des Umbaus'. In: Theodor W. Adorno: Gesammelte Schriften Bd 20.1. Vermischte Schriften I. Frankfurt am Main, S. 13–45.

ADORNO, THEODOR W. (1997): Gesammelte Schriften Band 10.2. Kulturkritik und Gesellschaft II. Frankfurt am Main.

ADORNO, THEODOR W. (1997): Kritische Modelle 3. In: Theodor W. Adorno: Gesammelte Schriften Band 10.2. Kulturkritik und Gesellschaft II. Frankfurt am Main, S. 783–799.

ADORNO, THEODOR W. (1997): Marginalien zu Theorie und Praxis. In: Theodor W. Adorno: Gesammelte Schriften Band 10.2. Kulturkritik und Gesellschaft II. Frankfurt am Main, S. 759– 782.

ADORNO, THEODOR W. (1997): Was bedeutet: Aufarbeitung der Vergangenheit. In: Theodor W. Adorno: Gesammelte Schriften Band 10.2. Kulturkritik und Gesellschaft II. Frankfurt am Main, S. 555–572.

ADORNO, THEODOR W. (2001): Zur Lehre von der Geschichte und der Freiheit. (1964/65). Frankfurt am Main.

ADORNO, THEODOR W. (2003): Eingriffe. Neun kritische Modelle. Frankfurt am Main.

ADORNO, THEODOR W. (2004): Minima moralia. Reflexionen aus dem beschädigten Leben. Frankfurt am Main.

ADORNO, THEODOR W. (2006): Zur Lehre von der Geschichte und von der Freiheit. Frankfurt am Main.

ADORNO, THEODOR W. (2007): Vorlesungen über Negative Dialektik. Fragmente zur Vorlesung 1965/1966. Frankfurt am Main.

ADORNO, THEODOR W. (2013): Gesammelte Schriften Bd. 6, Negative Dialektik. Jargon der Eigentlichkeit. Frankfurt am Main.

ADORNO, THEODOR W. (2015): Einführung in die Dialektik. Berlin.

AHLHEIM, KLAUS (2010): Theodor W. Adornos „Erziehung nach Auschwitz" - Rezeption und Aktualität. In: Klaus Ahlheim und Matthias Heyl (Hg.): Adorno revisited. Erziehung nach Auschwitz und Erziehung zur Mündigkeit heute. Hannover, S. 38–55.

AHLHEIM, KLAUS; HEYL, MATTHIAS (HG.) (2010): Adorno revisited. Erziehung nach Auschwitz und Erziehung zur Mündigkeit heute. Hannover.

AHLHEIM, ROSE (2010): So hat Erziehung auf die frühe Kindheit sich zu konzentrieren" - Autorität, Familie und die Rolle des Vaters. In: Klaus Ahlheim und Matthias Heyl (Hg.): Adorno revisited. Erziehung nach Auschwitz und Erziehung zur Mündigkeit heute. Hannover, S. 56–89.

ALBERT, HANS; TOPITSCH, ERNST (HG.) (1979): Werturteilsstreit. Darmstadt.

ALBRECHT, CLEMENS (2003): Politische Erziehung nach Auschwitz – aber welche? Max Horkheimer oder Theodor W. Adorno. In: Hans

Erler (Hg.): Erinnern und Verstehen. Der Völkermord an den Juden im politischen Gedächtnis der Deutschen. New York, Frankfurt am Main, S. 177–188.

ANDERSON, PERRY (1978): Über den westlichen Marxismus. Frankfurt am Main.

ARAUJO FREIRE, ANA MARIA (1996): A voz da esposa. A trajetória de Paulo Freire. In: Moacir Gadotti (Hg.): Paulo Freire. Uma biobibliografia. São Paulo, S. 27–67.

ASSMANN, HUGO; HINKELAMMERT, FRANZ; U.A. (HG.) (1984): Die Götzen der Unterdrückung und der befreiende Gott. Münster.

BAER, SILKE; MÖLLER, KURT; WIECHMANN, PEER (HG.) (2014): Verantwortlich Handeln. Praxis der sozialen Arbeit mit rechtsextrem orientierten und gefährdeten Jugendlichen. Opladen.

BARBOZA, AMALIA (2007): Die verpassten Chancen einer Kooperation zwischen der ‚Frankfurter Schule' und Karl Mannheims ‚Soziologischem Seminar'. In: Richard Faber und Eva Ziege (Hg.): Das Feld der Frankfurter Kultur- und Sozialwissenschaften vor 1945. Würzburg, S. 63– 87.

BARNARD, ALAN; SPENCER, JONATHAN (2004): Encyclopedia of Social and Cultural Anthropology. London.

BEER, BETTINA; FISCHER, HANS (HG.) (2003): Ethnologie. Einführung und Überblick. Berlin.

BEHRENS, BRITTA; DOTSCHKAL, MALEIKA; SCHUMACHER, SARAH (2009): Die Pädagogik Mahatma Gandhis und Paulo Freires im Vergleich. Oldenburg.

BEHRENS, ROGER (2002): Kritische Theorie. Hamburg.

BENDIT, RENÉ; HEIMBUCHER, ACHIM (1985): Von Paulo Freire lernen. Ein neuer Ansatz für Pädagogik und Sozialarbeit. Weinheim.

BENJAMIN, WALTER (1974): Gesammelte Schriften Bd I Abhandlungen Teil 2. Frankfurt am Main.

BENJAMIN, WALTER (1974): Über den Begriff der Geschichte. In: Walter Benjamin: Gesammelte Schriften Bd I Abhandlungen Teil 2. Frankfurt am Main, S. 691–704.

BERMBACH, UDO; TRAUTMANN, GÜNTER (HG.) (1987): Georg Lukács. Kultur - Politik - Ontologie. Wiesbaden.

BERNHARD, ARMIN (2005): Antonio Gramscis Politische Pädagogik. Hamburg.

BERNHARD, ARMIN (2012): Kritische Pädagogik. In: Kritische Pädagogik, Fragen - Versuch von Antworten, Band 1, S. 13–33.

BERNHARD, ARMIN (2015): Über die Notwendigkeit permanenter Ideologiekritik im erziehungswissenschaftlich-pädagogischen Anwendungsbereich. In: Armin Bernhard, Harald Bierbaum, Eva Borst, Simon Kunert, Matthis Rießland und Manuel Rühle (Hg.): Pädagogik als konkrete Kritik. Baltmannsweiler, S. 81–108.

BERNHARD, ARMIN; BIERBAUM, HARALD; BORST, EVA; KUNERT, SIMON; RIESSLAND, MATTHIS; RÜHLE, MANUEL (HG.) (2015): Pädagogik als konkrete Kritik. Baltmannsweiler.

BERNHARD, ARMIN; KEIM, WOLFGANG (HG.) (2009): 1968 und die neue Restauration. Frankfurt am Main.

BERNHARD, ARMIN; KREMER, ARMIN; RIESS, FALK (HG.) (2003): Kritische Erziehungswissenschaft und Bildungsreform. Programmatik - Brüche - Neuansätze, Band 1. Theoretische Grundlagen und Widersprüche. Baltmannsweiler.

BERNHARD, ARMIN; ROTHERMEL, LUTZ (HG.) (2001): Handbuch kritische Pädagogik. Eine Einführung in die Erziehungs- und Bildungswissenschaft. Weinheim.

BIERHOFF, BEATRIX; BIERHOFF, BURKHARD (1991): Jenseits der Antipädagogik - Radikale Erziehungskritik nach Erich Fromm. In: Johannes Claßen (Hg.): Erich Fromm und die Kritische Pädagogik. Weinheim und Basel, S. 32–46.

BITTEROLF, MARKUS; MAIER, DENIS (HG.) (2012): Verdinglichung, Marxismus, Geschichte. Von der Niederlage der Novemberrevolution zur kritischen Theorie. Freiburg.

BLOCH, ERNST (1959): Das Prinzip Hoffnung, Bd. 1. Frankfurt am Main.

BOAL, AUGUSTO (1976): Theater der Unterdrückten. Frankfurt am Main.

BÖCKELMANN, FRANK (1987): Die schlechte Aufhebung der autoritären Persönlichkeit. Freiburg.

BOFF, LEONARDO (1983): Die Neuentdeckung der Kirche: Basisgemeinden in Lateinamerika. Mainz.

BOLTE, GERHARD (HG.) (1989): Unkritische Theorie: Gegen Habermas. Lüneburg.

BORST, EVA (2009): Theorie der Bildung. Eine Einführung. Baltmannsweiler.

BRAUN, FRIEDERIKE; U.A. (2007): „Aus Gründen der Verständlichkeit ...“: Der Einfluss generisch maskuliner und alternativer Personenbezeichnungen auf die kognitive Verarbeitung von Texten. In: Psychologische Rundschau 58 (3), Göttingen 2007, S. 183–189.

BRECHT, BERTOLD (1992): Die Grosse und die Kleine Pädagogik. In: Bertold Brecht: Werke. Große kommentierte Berliner und Frankfurter Ausgabe, Bd. 21, Schriften 1. Frankfurt am Main, S. 396–397.

BRECHT, BERTOLD (1992): Werke. Große kommentierte Berliner und Frankfurter Ausgabe, Bd. 21, Schriften 1. Frankfurt am Main.

BREIDENSTEIN, GEORG; HIRSCHAUER, STEFAN; KALTHOFF, HERBERT; NIESWAND, BORIS (2013): Ethnografie. Die Praxis der Feldforschung. Konstanz.

BREUER, STEFAN (1977): Die Krise der Revolutionstheorie. Negative Vergesellschaftung und Arbeitsmetaphysik bei Herbert Marcuse. Frankfurt am Main.

BRÜSEMEISTER, THOMAS; U.A. (HG.) (1991): Die versteinerten Verhältnisse zum Tanzen bringen. Beiträge zur marxistischen Theorie heute. Berlin.

BÜNGER, CARSTEN; U.A. (HG.) (2009): Heydorn lesen! Herausforderungen kritischer Bildungstheorie. Paderborn.

BÜTTEMEYER, WILHELM; MÖLLER, BERNHARD (HG.) (1979): Der Positivismusstreit in der deutschen Erziehungswissenschaft. München.

CARNEIRO, MARIA LUIZA TUCCI (HG.) (2007): O anti-semitismo nas Américas. Memória e história. São Paulo.

CLASSEN, JOHANNES (1987): Einführung in Fromms pädagogisch relevante Grundanliegen, am Beispiel seiner dialektischen Auffassung der Relation Gehorsam / Ungehorsam dargestellt. In: Johannes Claßen (Hg.): Erich Fromm und und die Pädagogik. Gesellschafts-Charakter und Erziehung. Weinheim und Basel, S. 6–22.

CLASSEN, JOHANNES (HG.) (1987): Erich Fromm und und die Pädagogik. Gesellschafts-Charakter und Erziehung. Weinheim und Basel.

CLASSEN, JOHANNES (HG.) (1991): Erich Fromm und die Kritische Pädagogik. Weinheim und Basel.

CLAUSSEN, BERNHARD (1979): Die Position der Kritischen Pädagogik im Positivismusstreit. In: Wilhelm Büttemeyer und Bernhard Möller (Hg.): Der Positivismusstreit in der deutschen Erziehungswissenschaft. München, S. 70–93.

CLAUSSEN, DETLEV (1991): Antisemitismus und Gesellschaftstheorie. In: Thomas Brüsemeister u.a. (Hg.): Die versteinerten Verhältnisse zum Tanzen bringen. Beiträge zur marxistischen Theorie heute. Berlin.

CLAUSSEN, DETLEV (2005): Grenzen der Aufklärung. Die gesellschaftliche Genese des modernen Antisemitismus. Frankfurt am Main.

DABISCH, JOACHIM (HG.) (1991): Befreiung und Menschlichkeit. Texte zu Paulo Freire. München.

DABISCH, JOACHIM (HG.) (1999): Dialogische Erziehung bei Paulo Freire. Freire-Jahrbuch 1. Oldenburg.

DABISCH, JOACHIM (HG.) (2008): Partizipation und Bildung. Pädagogik der Hoffnung bei Paulo Freire. Freire-Jahrbuch, 10. Oldenburg.

DAHMER, ILSE; KLAFKI, WOLFGANG (HG.) (1968): Geisteswissenschaftliche Pädagogik am Ausgang ihrer Epoche - Erich Weniger. Weinheim, Berlin.

DAHMS, JOACHIM (1998): Positivismusstreit. Frankfurt am Main.

DAHRENDORF, RALF (1961): Gesellschaft und Freiheit. Zur soziologischen Analyse der Gegenwart. München.

DAMMER, KARL-HEINZ (2009): Gesellschaftskritik und Emanzipation. Ausstrahlungskraft, Grundgedanken kritischer Erziehungswissenschaft und die Entwertung des Prinzips der Kritik. In: Armin Bernhard und Wolfgang Keim (Hg.): 1968 und die neue Restauration. Frankfurt am Main, S. 53–70.

DAMMER, KARL-HEINZ; WEHR, HELMUT; VOGEL, THOMAS (HG.) (2015): Zur Aktualität der Kritischen Theorie für die Pädagogik. Wiesbaden.

DEMIROVIĆ, ALEX (1999): Der nonkonformistische Intellektuelle. Die Entwicklung der Kritischen Theorie zur Frankfurter Schule. Frankfurt am Main.

DERBOLAV, JOSEF (1979): Die dialektische Position im Positivismusstreit. In: Wilhelm Büttemeyer und Bernhard Möller (Hg.): Der Positivismusstreit in der deutschen Erziehungswissenschaft. München, S. 94–121.

EDUARD, HEINZ; TÖDT, ILSE (1991): Paulo Freires Conscientização - eine theologische Theorie der Sozialisation. In: Joachim Dabisch (Hg.): Befreiung und Menschlichkeit. Texte zu Paulo Freire. München, S. 38–44.

EIDAM, HEINZ; HOYER, TIMO (HG.) (2006): Erziehung und Mündigkeit. Bildungsphilosophische Studien. Berlin.

ELBE, INGO (2015): Zwischen Marx, Marxismus und Marxismen. Lesearten der Marxschen Theorie. In: Maulwurfsarbeit III, 2015, S. 97–110.

ELIAS, JOHN (1994): Paulo Freire: Pedagogue of Liberation. Malabar, Florida.

END, MARKUS; HEROLD, KATHRIN; ROBEL, YVONNE; END-HEROLD-ROBEL (HG.) (2013): Zur Kritik eines allgegenwärtigen Ressentiments. Antiziganistische Zustände 1. Münster.

ENGELS, FRIEDRICH (1962): Aus der Geschichte der Wissenschaft. In: Karl Marx und Friedrich Engels: Werke, Band 20. Berlin, S. 456–471.

ENGELS, FRIEDRICH (1962): Herrn Eugen Dührings Umwälzung der Wissenschaft (Anti-Dühring). In: Karl Marx und Friedrich Engels: Werke, Band 20. Berlin, S. 5–303.

ENGELS, FRIEDRICH (1963): Einleitung zur englischen Ausgabe (1892) der „Entwicklung des Sozialismus von der Utopie zur Wissenschaft“. In: Karl Marx und Friedrich Engels: Werke, Band 22. Berlin, S. 287–311

ERLER, HANS (HG.) (2003): Erinnern und Verstehen. Der Völkermord an den Juden im politischen Gedächtnis der Deutschen. New York, Frankfurt am Main.

FABER, RICHARD; ZIEGE, EVA (HG.) (2007): Das Feld der Frankfurter Kultur- und Sozialwissenschaften vor 1945. Würzburg.

FECHLER, BERND; U.A. (HG.) (2000): Erziehung nach Auschwitz in der multikulturellen Gesellschaft. Weinheim, München.

FECHNER, ROBERT (2012): Mit Weber zu Marx - und hinter beide zurück. In: Markus Bitterolf und Denis Maier (Hg.): Verdinglichung, Marxismus, Geschichte. Von der Niederlage der Novemberrevolution zur kritischen Theorie. Freiburg, S. 225–242.

FELTES, TORSTEN (2009): Positivismus, Positivismusstreit und der Aufstieg empiristischer Erziehungswissenschaft. In: Armin Bernhard und Wolfgang Keim (Hg.): 1968 und die neue Restauration. Frankfurt am Main, S. 323–338.

FIEDLER, PETER; HÖRMANN, GEORG (HG.) (1978): Aktionsforschung in Psychologie und Pädagogik. Darmstadt.

FIGUEROA, DIMAS (1989): Paulo Freire - zur Einführung. Hamburg.

FLITNER, ANDREAS (1982): Spielen-Lernen: Praxis und Deutung des Kinderspiels. München.

FREIRE, PAULO (1974): Pädagogik der Solidarität. Für eine Entwicklungshilfe im Dialog. Wuppertal.

FREIRE, PAULO (1980): Dialog als Prinzip. Erwachsenenalphabetisierung in Guinea Bissau. Wuppertal.

FREIRE, PAULO (1981): Der Lehrer ist Politiker und Künstler. Neue Texte zu befreiender Bildungsarbeit. Reinbek bei Hamburg.

FREIRE, PAULO (1983): Erziehung als Praxis der Freiheit. Beispiele zur Pädagogik der Unterdrückten. Reinbek bei Hamburg.

FREIRE, PAULO (1998): Pädagogik der Unterdrückten. Bildung als Praxis der Freiheit. Reinbek bei Hamburg.

FREIRE, PAULO (2001): Pedagogía dos Sonhos Possíveis. São Paulo.

FREIRE, PAULO (2003): Pedagogia da Esperança. Um reencontro com a Pedagogia do oprimido. São Paulo.

FREIRE, PAULO (2007): Unterdrückung und Befreiung. Münster.

FREIRE, PAULO (2013): Pädagogik der Autonomie. Notwendiges Wissen für die Bildungspraxis. Münster.

FREIRE, PAULO; ILLICH, IVAN (1975): Diálogo. Análisis crítico de la ‚desescolarización' y ‚concientización' en la conyuntura actual del sistema educativo. Buenos Aires.

FRENCH, WENDELL L.; BELL, CECIL H. (1994): Organisationsentwicklung. Sozialwissenschaftliche Strategien zur Organisationsveränderung: Bern; Stuttgart.

FROMM, ERICH (1936): Sozialpsychologischer Teil. In: Erich Fromm, Max Horkheimer, Herbert Marcuse, Hans Mayer u.a. (Hg.): Studien über Autorität und Familie. Forschungsberichte aus dem Institut für Sozialforschung. Paris.

FROMM, ERICH (1953): Zum Problem Psychologie und historischer Materialismus. In: Funken. Aussprachehefte für Internationale sozialistische Politik, Jahrgang 4, Nr. 2, Stuttgart 1953, S. 27–30.

FROMM, ERICH (1963): Das Menschenbild bei Marx. Mit den wichtigsten Teilen der Frühschriften von Karl Marx. Frankfurt am Main.

FROMM, ERICH (1970): Gesamtausgabe in zehn Bänden, Band 3.

FROMM, ERICH (1970): Psychoanalytische Charakterologie in Theorie und Praxis. Der Gesellschafts-Charakter eines mexikanischen Dorfes. In: Erich Fromm: Gesamtausgabe in zehn Bänden, Band 3, S. 231–538.

FROMM, ERICH (1976): Haben oder Sein. Stuttgart.

FROMM, ERICH (1977): Titel Thesen Temperamente. Bayrischer Rundfunk, Sendung vom 15.02.1977.

FROMM, ERICH (1979): Sigmund Freuds Psychoanalyse. Größe und Grenzen. Stuttgart.

FROMM, ERICH (1981): Jenseits der Illusionen. Stuttgart.

FROMM, ERICH (1990): Die Entdeckung des gesellschaftlichen Unbewußten. Zur Neubestimmung der Psychoanalyse. Weinheim.

FROMM, ERICH; HORKHEIMER, MAX; MARCUSE, HERBERT; MAYER, HANS; U.A. (HG.) (1936): Studien über Autorität und Familie. Forschungsberichte aus dem Institut für Sozialforschung. Paris.

FUNKE, KIRA (2010): Paulo Freire. Werk, Wirkung und Aktualität. Münster.

FÜRSTENBERG, GREGOR VON (1997): Religion und Politik. Die Religionssoziologie Antonio Gramscis und ihre Rezeption in Lateinamerika. Mainz.

FÜSSEL, KUNO; RAMMINGER, MICHAEL (2015): Kritik des Götzendienstes und des Fetischismus in der Theologie der Befreiung und bei Papst Franziskus. In: Franz Segbers und Simon Wiesgickl (Hg.): „Diese Wirtschaft tötet“ (Papst Franziskus). Kirchen gemeinsam gegen Kapitalismus. Hamburg, S. 76–90.

GADOTTI, MOACIR (HG.) (1996): Paulo Freire. Uma biobibliografia. São Paulo.

GAJARDO, MARCELA (1991): La concientización. Una revisión crítica. Pátzcuaro.

GREVEN, MICHAEL TH. (1987): Krise der objektiven Vernunft. Entfremdung und ethischer Dezisionismus bei Georg Lukács und Max Weber. In: Udo Bermbach und Günter Trautmann (Hg.): Georg Lukács. Kultur - Politik - Ontologie. Wiesbaden.

GRIGAT, STEPHAN (2007): Fetisch und Freiheit. Über die Rezeption der Marxschen Fetischkritik, die Emanzipation von Staat und Kapital und die Kritik des Antisemitismus. Freiburg.

GRIGAT, STEPHAN (2012): Von der positiven zur negativen Dialektik. Fetischkritik und Klassenbewußtsein bei Georg Lukács. In: Markus Bitterolf und Denis Maier (Hg.): Verdinglichung, Marxismus, Geschichte. Von der Niederlage der Novemberrevolution zur kritischen Theorie. Freiburg, S. 339–367.

GRUSCHKA, ANDREAS (1988): Kritische Theorie und Pädagogik – Eine Begegnung und ihre Folgen. In: Widersprüche Heft 29, München 1988. Online verfügbar unter http://www.widersprueche-zeitschrift.de /article424.html, zuletzt geprüft am 27.10.2016.

GRUSCHKA, ANDREAS (2004): Negative Pädagogik. Wetzlar.

GUSMAO DE GOES BRENNAND, EDNA (1999): Education et globalisation: un dialogue entre Paulo Freire et Jürgen Habermas. Paris.

GUTIÉRREZ, GUSTAVO (1992): Theologie der Befreiung. Mainz.

HAAG, FRITZ (HG.) (1975): Aktionsforschung. Forschungsstrategien, Forschungsfelder und Forschungspläne. München.

HAASE, VOLKER; MURAWA, MICHEL; FROMMANNSHAUSEN, SAMUEL VON (2014): Akzeptierende Jugendarbeit im Kontext rechtsextremer Agitation im ländlichen Raum Mecklenburg- Vorpommerns. In: Silke Baer, Kurt Möller und Peer Wiechmann (Hg.): Verantwortlich Handeln. Praxis der sozialen Arbeit mit rechtsextrem orientierten und gefährdeten Jugendlichen. Opladen, S. 223–228.

HABERMAS, JÜRGEN (1968a): Erkenntnis und Interesse. Frankfurt am Main.

HABERMAS, JÜRGEN (1968b): Technik und Wissenschaft als „Ideologie". Frankfurt am Main.

HABERMAS, JÜRGEN (1971): Theorie und Praxis: Sozialphilosophische Studien. Frankfurt am Main.

HABERMAS, JÜRGEN (1981): Theorie des kommunikativen Handelns. Bd. 1 Handlungsrationalität und gesellschaftliche Rationalisierung; Bd. 2 Zur Kritik der funktionalistischen Vernunft. 2 Bände. Frankfurt am Main.

HABERMAS, JÜRGEN; BOVENSCHEN, SILVIA; U.A. (1978): Gespräche mit Herbert Marcuse. Frankfurt am Main.

HABERMAS, JÜRGEN; U.A. (HG.) (1978): Gespräche mit Herbert Marcuse. Frankfurt am Main.

HAGLEITNER, SILVIA (1996): Mit Lust an der Welt - in Sorge um sie. Feministisch-politische Bildungsarbeit nach Paulo Freire und Ruth C. Cohn. Mainz.

HALL, TIMOTHY (2012): Verdinglichung, Materialismus und Praxis. Adornos Kritik an Lukács. In: Markus Bitterolf und Denis Maier (Hg.): Verdinglichung, Marxismus, Geschichte. Von der Niederlage der Novemberrevolution zur kritischen Theorie. Freiburg, S. 303–330.

HAUG, WOLFGANG (1997): Historisch-kritisches Wörterbuch des Marxismus, Bd.3. Berlin, Hamburg.

HEGEL, GEORG WILHELM FRIEDRICH (2005): Phänomenologie des Geistes. Paderborn.

HEIDEMANN, FRANK (2011): Ethnologie. Stuttgart.

HEINRICH, MICHAEL (2003): Die Wissenschaft vom Wert. Die Marxsche Kritik der politischen Ökonomie zwischen wissenschaftlicher Revolution und klassischer Tradition. Münster.

HEINRICH, MICHAEL (2013): Kritik der politischen Ökonomie. Eine Einführung. Stuttgart.

HEITKÄMPER, PETER (1991): Paulo Freire: Der Lehrer ist Politiker und auch Künstler; Joseph Beuys: Jeder Mensch ist ein Künstler. In: Joachim Dabisch (Hg.): Befreiung und Menschlichkeit. Texte zu Paulo Freire. München, S. 57–64.

HENTIG, HARTMUT VON (1972): Cuernavaca oder: Alternativen zur Schule? Stuttgart, München.

HERNÁNDEZ, JESÚS (1977): Pädagogik des Seins. Paulo Freires praktische Theorie einer emanzipatorischen Erwachsenenbildung. Achenbach.

HILBIG, NORBERT (1995): Mit Adorno Schule machen - Beiträge zu einer Pädagogik der Kritischen Theorie. Theorie und Praxis der Gewaltprävention. Bad Heilbrunn.

HINKELAMMERT, FRANZ (1985): Die ideologischen Waffen des Todes. Zur Metaphysik des Kapitalismus. Münster, Fribourg.

HINKELLAMMERT, FRANZ (2015): Der Vorrang des Menschen im Konflikt mit dem Fetischismus. In: Franz Segbers und Simon Wiesgickl (Hg.): „Diese Wirtschaft tötet“ (Papst Franziskus). Kirchen gemeinsam gegen Kapitalismus. Hamburg, S. 62–75.

HOFFMANN, DIETRICH (1993): Das „Erbe“ der Weniger-Schule. Paradigmatische Wenden und exemplarische Integrationsversuche. In: Hoffmann, Dietrich/Neumann, Karl (Hg.): Tradition und Transformation der Geisteswissenschaftlichen Pädagogik. Zur Re-Vision der Weniger-Gedenkschrift. Weinheim, S. 197–215.

HOFFMANN, DIETRICH/NEUMANN, KARL (HG.) (1993): Tradition und Transformation der Geisteswissenschaftlichen Pädagogik. Zur Re-Vision der Weniger-Gedenkschrift. Weinheim.

HONNETH, AXEL (2005): Verdinglichung. Eine annerkennungstheoretische Studie. Frankfurt am Main.

HÖPKEN, STEFANIE (2001): Gewaltfreiheit und Dialog. Die Erziehungskonzeption Paulo Freires und Mahatma Gandhis. Oldenburg.

HÖPKEN, STEFANIE (2006): Gewaltfreiheit und Dialog. Die Erziehungkonzeption Paulo Freires und Mahatma Gandhis. Oldenburg.

HORKHEIMER, MAX (1936): Allgemeiner Teil. In: Erich Fromm, Max Horkheimer, Herbert Marcuse, Hans Mayer u.a. (Hg.): Studien über Autorität und Familie. Forschungsberichte aus dem Institut für Sozialforschung. Paris, S. 3–76.

HORKHEIMER, MAX (1963): Über das Vorurteil. Wiesbaden.

HORKHEIMER, MAX (1967): Bewältigung der Vergangenheit. In: Das Prisma. Schulzeitung der Werratalschule, Heringen 1967, 15f.

HORKHEIMER, MAX (1968): Kritische Theorie. Eine Dokumentation. 2 Bände. Frankfurt am Main.

HORKHEIMER, MAX (1972): Akademisches Studium. Immatrikulations-Rede Sommersemester 1952. In: Max Horkheimer (Hg.): Sozialphilosophische Studien. Aufsätze, Reden und Vorträge 1930-1972. Frankfurt am Main, S. 156–162.

HORKHEIMER, MAX (1972): Die gegenwärtige Lage der Sozialphilosophie und die Aufgaben eines Instituts für Sozialforschung. In: Max Horkheimer (Hg.): Sozialphilosophische Studien. Aufsätze, Reden und Vorträge 1930-1972. Frankfurt am Main, S. 33–47.

HORKHEIMER, MAX (HG.) (1972): Sozialphilosophische Studien. Aufsätze, Reden und Vorträge 1930-1972. Frankfurt am Main.

HORKHEIMER, MAX (1985): Gesammelte Schriften Bd. 7, Vorträge und Aufzeichnungen 1949- 1973. Frankfurt am Main.

HORKHEIMER, MAX (1987): Die Ohnmacht der deutschen Arbeiterklasse. In: Max Horkheimer: Gesammelte Schriften Bd. 2, Philosophische Frühschriften 1922–1932. Frankfurt am Main, S. 373–378.

HORKHEIMER, MAX (1987): Ein neuer Ideologiebegriff. In: Max Horkheimer: Gesammelte Schriften Bd. 2, Philosophische Frühschriften 1922–1932. Frankfurt am Main, S. 271–294.

HORKHEIMER, MAX (1987): Gesammelte Schriften Bd. 2, Philosophische Frühschriften 1922– 1932. Frankfurt am Main.

HORKHEIMER, MAX (1988): Bemerkungen zur philosophischen Anthropologie. (1935). In: Max Horkheimer: Schriften 1931-1936. Gesammelte Schriften Bd. 3. Frankfurt am Main, S. 249– 276.

HORKHEIMER, MAX (1988): Schriften 1931-1936. Gesammelte Schriften Bd. 3. Frankfurt am Main.

HORKHEIMER, MAX (1992): Traditionelle und kritische Theorie. Frankfurt am Main.

HORKHEIMER, MAX (1996a): Gesammelte Schriften Bd. 18, Briefwechsel 1949-1973. Frankfurt am Main.

HORKHEIMER, MAX (1996): Gesammelte Schriften Bd. 19, Nachträge, Verzeichnisse und Register. Frankfurt am Main.

HORKHEIMER, MAX (2003): Zur Kritik der instrumentellen Vernunft. Frankfurt am Main.

HORKHEIMER, MAX; ADORNO, THEODOR W. (1996): Diskussion über Theorie und Praxis. In: Max Horkheimer: Gesammelte Schriften Bd. 19, Nachträge, Verzeichnisse und Register. Frankfurt am Main, S. 32–72.

HORKHEIMER, MAX; ADORNO, THEODOR W. (2004): Dialektik der Aufklärung. Frankfurt am Main.

HORN, KLAUS (HG.) (1979): Aktionsforschung: Balanceakt ohne Netz? Frankfurt am Main.

HÜTTLER, MICHAEL (2005): Unternehmenstheater. Vom Theater der Unterdrückten zum Theater der Unternehmer? Eine theaterwissenschaftliche Betrachtung. Stuttgart.

ILLICH, IVAN (1972): Schulen helfen nicht: Über das mythenbildende Ritual der Industriegesellschaft. Reinbek bei Hamburg.

ILLICH, IVAN D. (1971): Entschulung der Gesellschaft. Entwurf eines demokratischen Bildungssystems. München.

ILLICH, IVAN D.; FREIRE, PAULO (1975): Diálogo. Análisis crítico de la ‚desescolarización' y ‚concientización' en la conyuntura actual del sistema educativo. Buenos Aires.

ILLIUS, BRUNO (2003): Feldforschung. In: Bettina Beer und Hans Fischer (Hg.): Ethnologie. Einführung und Überblick. Berlin, S. 73–98.

JAEGGI, RAHEL (2005): Entfremdung. Zur Aktualität eines sozialphilosophischen Problems. Frankfurt am Main.

JAEGGI, RAHEL; WESCHE, TILO (HG.) (2009): Was ist Kritik? Frankfurt am Main.

KAMPER, DIEMAR (1979): Geschichte und menschliche Natur. Die Tragweite gegenwärtiger Anthropologiekritik. München.

KANT, IMMANUEL (1974): Kritik der reinen Vernunft. Frankfurt am Main.

KANT, IMMANUEL (1983): Band VI: Schriften zur Anthropologie, Geschichtsphilosophie, Politik und Pädagogik. Darmstadt.

KANT, IMMANUEL (1983): Über Pädagogik. In: Immanuel Kant: Band VI: Schriften zur Anthropologie, Geschichtsphilosophie, Politik und Pädagogik. Darmstadt, S. 693–761.

KEUTH, HERBERT (1989): Wissenschaft und Werturteil. Zur Werturteilsdiskussion und Positivismusstreit. Tübingen.

KLAFKI, WOLFGANG (1976): Aspekte kritisch-konstruktiver Erziehungswissenschaft. Weinheim, Basel.

KLAFKI, WOLFGANG (1993): Neue Studien zur Bildungstheorie und Didaktik. Zeitgemäße Allgemeinbildung und kritisch-konstruktive Didaktik. Weinheim.

KLEIN, RICHARD (2011): Adorno-Handbuch: Leben Werk Wirkung. Stuttgart.

KLÜVER, JÜRGEN; KRÜGER, HELGA (1975): Aktionsforschung und soziologische Theorien. In: Fritz Haag (Hg.): Aktionsforschung. Forschungsstrategien, Forschungsfelder und Forschungspläne. München, S. 76–99.

KÖNIG, RENÉ (1979): Einige Überlegungen zur Frage der Werturteilsfreiheit bei Max Weber. In: Hans Albert und Ernst Topitsch (Hg.): Werturteilsstreit. Darmstadt, S. 150–188.

KÖPCKE-DUTLER, ARNOLD (2008): Sokratisches Lernen und Jugend-Recht. In: Joachim Dabisch (Hg.): Partizipation und Bildung. Pädagogik der Hoffnung bei Paulo Freire. Freire-Jahrbuch, 10. Oldenburg, S. 91–113.

KORTHALS, MICHIEL (1985): Die kritische Gesellschaftstheorie des frühen Horkheimer. In: Zeitschrift für Soziologie, Jg. 14, Heft 4, Stuttgart 1985, S. 315–329.

KRAMER, DORIT; KRAMER, HELMUT; LEHMANN, SILVIO (1979): Aktionsforschung: Sozialforschung und gesellschaftliche Wirklichkeit. In: Klaus Horn (Hg.): Aktionsforschung: Balanceakt ohne Netz? Frankfurt am Main, S. 21–40.

KRAUSHAAR, WOLFGANG (1998): Frankfurter Schule und Studentenbewegung. Von der Flaschenpost zum Molotowcocktail 1946-1995, 2 Bd. Hamburg.

KUNERT, SIMON (2015): Kritische Theorie der Gesellschaft und Pädagogik. Zur Bedeutung des Prinzips der Kritik für die Erziehungs- und Bildungswissenschaft. In: Armin Bernhard, Harald Bierbaum, Eva Borst, Simon Kunert, Matthis Rießland und Manuel Rühle (Hg.): Pädagogik als konkrete Kritik. Baltmannsweiler, S. 109–134.

LENIN (1964): Konspekt zu Hegels „Wissenschaft der Logik“. In: Lenin: Werke Bd. 38. Berlin, S. 103–165.

LENIN (1964): Werke Bd. 38. Berlin.

LEWIN, KURT (1953): Die Lösung sozialer Konflikte. Bad Nauheim.

LEWIN, KURT (1953): Tat-Forschung und Minderheitenprobleme. In: Kurt Lewin: Die Lösung sozialer Konflikte. Bad Nauheim.

LIESSMANN, KONRAD PAUL (2006): Theorie der Unbildung: Die Irrtümer der Wissensgesellschaft. Wien.

LOCKE, JOHN (1977): Zwei Abhandlungen über die Regierung. Frankfurt am Main.

LORENZER, ALFRED (1971): Symbol, Interaktion und Praxis. In: Alfred Lorenzer u.a. (Hg.): Psychoanalyse als Sozialwissenschaft. Frankfurt am Main.

LORENZER, ALFRED U.A. (HG.) (1971): Psychoanalyse als Sozialwissenschaft. Frankfurt am Main.

LÖWENTHAL, LEO (1980): Mitmachen wollte ich nie. Ein autobiographisches Gespräch mit Helmut Dubiel. Frankfurt am Main.

LUKÁCS, GEORG (1968): Geschichte und Klassenbewusstsein. Studien über marxistische Dialektik. Darmstadt, Neuwied.

LUKÁCS, GEORG (1984): Grand Hotel 'Abgrund'. In: Georg Lukács: Revolutionäres Denken. Georg Lukács. Eine Einführung in Leben und Werk. Hg. v. Frank Benseler. Darmstadt, Neuwied, S. 179–197.

LUKÁCS, GEORG (1984): Revolutionäres Denken. Georg Lukács. Eine Einführung in Leben und Werk. Hg. v. Frank Benseler. Darmstadt, Neuwied.

MÄDCHE, FLAVIA CLARICI (1995): Kann Lernen wirklich Freude machen? Der Dialog in der Erziehungskonzeption von Paulo Freire. München.

MANN, BERNHARD (1979): Die pädagogisch-politischen Konzeptionen Mahatma Gandhis und Paulo Freires. Eine vergleichende Studie zur entwicklungsstrategischen politischen Bildung in der Dritten Welt. Frankfurt am Main.

MARCUSE, HERBERT (1968): Psychoanalyse und Politik. Frankfurt am Main.

MARCUSE, HERBERT (1969): Versuch über die Befreiung. Frankfurt am Main.

MARCUSE, HERBERT (1973): Konterrevolution und Revolte. Frankfurt am Main.

MARCUSE, HERBERT (1979): Schriften 3. Aufsätze aus der Zeitschrift für Sozialforschung 1934- 1941. Frankfurt am Main.

MARCUSE, HERBERT (1979): Triebstruktur und Gesellschaft. Frankfurt am Main.

MARCUSE, HERBERT (1979): Zum Begriff des Wesens. In: Herbert Marcuse: Schriften 3. Aufsätze aus der Zeitschrift für Sozialforschung 1934-1941. Frankfurt am Main, S. 45–84.

MARCUSE, HERBERT (1989): Schriften Bd. 4. Vernunft und Revolution. Hegel und die Entstehung der Gesellschaftstheorie. Frankfurt am Main.

MARCUSE, HERBERT (1998): Der eindimensionale Mensch. Studien zur Ideologie der fortgeschrittenen Industriegesellschaft. München.

MARX, KARL (1956): Zur Kritik der Hegelschen Rechtsphilosophie. Einleitung. In: Karl Marx und Friedrich Engels: Werke, Band 1. Berlin, S. 378–391.

MARX, KARL (1958): Thesen über Feuerbach. In: Karl Marx und Friedrich Engels: Werke, Band 3. Berlin, S. 5–7.

MARX, KARL (1961): Zur Kritik der politischen Ökonomie. In: Karl Marx und Friedrich Engels: Werke, Band 13. Berlin, S. 3–160.

MARX, KARL (1968): Ökonomisch-philosophische Manuskripte. In: Karl Marx und Friedrich Engels: Werke, Band 40. Ergänzungsband I. Teil. Berlin, S. 465–588.

MARX, KARL; ENGELS, FRIEDRICH (1956): Werke, Band 1. Berlin.

MARX, KARL; ENGELS, FRIEDRICH (1957): Die heilige Familie. oder Kritik der kritischen Kritik. Gegen Bruno Bauer und Konsorten. In: Karl Marx und Friedrich Engels: Werke, Band 2. Berlin, S. 3–224.

MARX, KARL; ENGELS, FRIEDRICH (1957): Werke, Band 2. Berlin.

MARX, KARL; ENGELS, FRIEDRICH (1958): Die deutsche Ideologie. In: Karl Marx und Friedrich Engels: Werke, Band 3. Berlin, S. 9–77.

MARX, KARL; ENGELS, FRIEDRICH (1958): Werke, Band 3. Berlin.

MARX, KARL; ENGELS, FRIEDRICH (1959): Manifest der kommunistischen Partei. In: Karl Marx und Friedrich Engels: Werke, Band 4. Berlin, S. 459–493.

MARX, KARL; ENGELS, FRIEDRICH (1959): Werke, Band 4. Berlin.

MARX, KARL; ENGELS, FRIEDRICH (1961): Werke, Band 13. Berlin.

MARX, KARL; ENGELS, FRIEDRICH (1962): Werke Band 23. Das Kapital Band 1. Berlin.

MARX, KARL; ENGELS, FRIEDRICH (1962): Werke, Band 20. Berlin.

MARX, KARL; ENGELS, FRIEDRICH (1963): Werke, Band 22. Berlin.

MARX, KARL; ENGELS, FRIEDRICH (1963): Werke, Band 29. Briefe Januar 1856 bis Dezember 1859. Berlin.

MARX, KARL; ENGELS, FRIEDRICH (1967): Werke, Band 35. Briefe Januar 1881 bis März 1883. Berlin.

MARX, KARL; ENGELS, FRIEDRICH (1967): Werke, Band 37. Briefe Januar 1888 bis Dezember 1890. Berlin.

MARX, KARL; ENGELS, FRIEDRICH (1968): Werke, Band 40. Ergänzungsband I. Teil. Berlin.

MAYO, PETER (2007): Politische Bildung bei Antonio Gramsci und Paulo Freire. Perspektiven einer verändernden Praxis. Hamburg.

MEHRINGER, HARTMUT; MERGNER, GOTTFRIED (HG.) (1973): Debatte um Engels, Bd. 1,. Weltanschauung, Naturerkenntnis, Erkenntnistheorie,. Hamburg.

MESETH, WOLFGANG (2000): Theodor W. Adornos „Erziehung nach Auschwitz“. In: Bernd Fechler u.a. (Hg.): Erziehung nach Auschwitz in der multikulturellen Gesellschaft. Weinheim, München, S. 19–30.

MESSERSCHMITT, ASTRID (2009): Verdrängte Dialektik. In: Carsten Bünger u.a. (Hg.): Heydorn lesen! Herausforderungen kritischer Bildungstheorie. Paderborn, S. 121–137.

MESSERSCHMITT, ASTRID (2010): Widersprüche der Mündigkeit. Anknüpfungen an Adornos und Beckers Gespräch zu einer „Erziehung zur Mündigkeit“ unter aktuellen Bedingungen neoliberaler Bildungsreformen. In: Klaus Ahlheim und Matthias Heyl (Hg.): Adorno revisited. Erziehung nach Auschwitz und Erziehung zur Mündigkeit heute. Hannover, S. 126–148.

MOLLENHAUER, KLAUS (1970): Erziehung und Emanzipation. Polemische Skizzen. München.

MOLLENHAUER, KLAUS (1972): Theorien zum Erziehungsprozeß. München.

MOSER, HEINZ (1975): Aktionsforschung als kritische Theorie der Sozialwissenschaften. 2. Aufl. München.

MÜLLER-DOOHM, STEFAN (2003): Adorno. Eine Biographie. Frankfurt am Main.

MUNK, ELFRIEDE (1988): Der/die Lehrende in der Erwachsenenbildung. Idealvorstellungen und die sie bestimmenden Faktoren, dargestellt am Beispiel von Carl R. Rogers und Paulo Freire. Tübingen.

NEGT, OSKAR (1968): Soziologische Phantasie und exemplarisches Lernen. Zur Theorie der Arbeiterbildung. Frankfurt am Main.

NEGT, OSKAR (1994): Unbotmäßige Zeitgenossen. Annäherungen und Erinnerungen. Frankfurt am Main.

NEILL, ALEXANDER S. (1969): Theorie und Praxis der antiautoritären Erziehung. Das Beispiel Summerhill. Reinbek bei Hamburg.

NEUMANN, FRANZ; MARCUSE, HERBERT; KIRCHHEIMER, OTTO (2016): Im Kampf gegen Nazideutschland: Die Berichte der Frankfurter Schule für den amerikanischen Geheimdienst 1943-1949. Frankfurt am Main.

NORDDEUTSCHE ANTIFAGRUPPEN (HG.) (1998): Rosen auf den Weg gestreut. Kritik an der „akzeptierenden Jugendarbeit mit rechten Jugendcliquen". Hamburg. OSTERFELD, GEORG (2009): Pädagogische Aspekte im Werk von Erich Fromm. Bonn.

PEHAM, ANDREAS (2015): Die erste Lüge. Eine psychoanalytische Kritik des Antisemitismus. In: Maulwurfsarbeit III, 2015 (Papers 8/2015), S. 61–73.

PIEPER, ANNEMARIE (2003): Einführung in die Ethik. Tübingen, Basel.

PLATENKAMP, JOS D. M. (2003): Strukturalismus in der Ethnologie. In: Bettina Beer und Hans Fischer (Hg.): Ethnologie. Einführung und Überblick. Berlin, S. 295–308.

POLLOCK, FRIEDRICH (1955): Gruppenexperiment. Ein Studienbericht. Frankfurt am Main.

POLLOCK, FRIEDRICH (1975): Stadien des Kapitalismus. München.

POLLOCK, FRIEDRICH (2014): Die bessere Ordnung. In Sans Phrase 5/2014, S. 3ff.

POPPER, KARL (1984): Ausgangspunkte. Meine intellektuelle Entwicklung. Hamburg.

POPPER, KARL (1992): Die offene Gesellschaft und ihre Feinde. Bd 1. Tübingen.

POSTONE, MOISHE (2010): Zeit, Arbeit und gesellschaftliche Herrschaft. Eine neue Interpretation der kritischen Theorie von Marx. Freiburg.

RICHARD, PABLO (1984): Unser Kampf richtet sich gegen Götzen. Biblische Theologie. In: Hugo Assmann, Franz Hinkelammert u.a. (Hg.): Die Götzen der Unterdrückung und der befreiende Gott. Münster, S. 11–38.

ROSA, HARTMUT (2009): Kritik der Zeitverhältnisse. Beschleunigung und Entfremdung als Schlüsselbegriffe der Sozialkritik. In: Rahel Jaeggi und Tilo Wesche (Hg.): Was ist Kritik? Frankfurt am Main, S. 23–52.

ROSA, HARTMUT; CELIKATES, ROBIN (2013): Beschleunigung und Entfremdung. Entwurf einer kritischen Theorie spätmoderner Zeitlichkeit. Berlin.

ROTHERMEL, LUTZ (2003): Erziehung zur Befreiung. Rezeption und Adaption der Pädagogik Paulo Freires in der BRD. In: Armin Bernhard, Armin Kremer und Falk Riess (Hg.): Kritische Erziehungswissenschaft und Bildungsreform. Programmatik - Brüche - Neuansätze, Band 1. Theoretische Grundlagen und Widersprüche. Baltmannsweiler, S. 83–103.

ROUSSEAU, JEAN-JACQUES (2015): Der Gesellschaftsvertrag: oder Die Grundsätze des Staatsrechtes. Berlin.

SARTRE, JEAN-PAUL (1965): Situationen. Reinbek bei Hamburg.

SCHÄFER, ALFRED (2004): Theodor W. Adorno. Ein pädagogisches Porträt. Weinheim.

SCHIMPF, ELKE; STEHR, JOHANNES (2012): Kritisches Forschen in der Sozialen Arbeit. Gegenstandsbereiche - Kontextbedingungen - Positionierungen - Perspektiven. Wiesbaden.

SCHIMPF-HERKEN, ILSE (1979): Erziehung zur Befreiung? Paul Freire und die Erwachsenenbildung in Lateinamerika. Berlin.

SCHNURER, JOS (1999): Die „natürliche Methode“ und der „Bildungskreis“. In: Joachim Dabisch (Hg.): Dialogische Erziehung bei Paulo Freire. Freire-Jahrbuch, 1. Oldenburg, S. 61–72.

SCHULZE, HEINZ; SCHULZE TRUDI (HG.) (1989): Zukunftswerkstatt Kontinent. Volkserziehung in Lateinamerika: München.

SCHWANDT, MICHAEL (2009): Kritische Theorie. Eine Einführung. Stuttgart.

SEGBERS, FRANZ; WIESGICKL, SIMON (HG.) (2015): „Diese Wirtschaft tötet“ (Papst Franziskus). Kirchen gemeinsam gegen Kapitalismus. Hamburg.

SIMPFENDÖRFER, WERNER (1991): Porträt Paulo Freire. In: Joachim Dabisch (Hg.): Befreiung und Menschlichkeit. Texte zu Paulo Freire. München, S. 4–11.

STAGL, JUSTIN (2003): Die Entwicklung der Ethnologie. In: Bettina Beer und Hans Fischer (Hg.): Ethnologie. Einführung und Überblick. Berlin, S. 33–52.

STAPELFELD, GERHARD (2012): 'Katastrophe' oder 'Revolution'. Georg Lukács' dialektische Kritik des orthodoxen Marxismus. In: Markus Bitterolf und Denis Maier (Hg.): Verdinglichung, Marxismus, Geschichte. Von der Niederlage der Novemberrevolution zur kritischen Theorie. Freiburg, S. 243–283.

STAPELFELDT, GERHARD (2004): Theorie der Gesellschaft und empirische Sozialforschung. Zur Logik der Aufklärung des Unbewußten. Freiburg.

STAPELFELDT, GERHARD (2012): Der Geist des Widerspruchs. Studien zur Dialektik. Freiburg im Breisgau.

STAUFFER, MARTIN (2007): Pädagogik zwischen Idealisierung und Ignoranz. Eine Kritik der Theorie, Praxis und Rezeption Paulo Freires. Frankfurt am.Main, u.a.

STEDEROTH, DIRK (2006): Bildung aus der Eindimensionalität. Herbert Marcuses Beitrag zu einer kritischen Bildungstheorie. In: Heinz Eidam und Timo Hoyer (Hg.): Erziehung und Mündigkeit. Bildungsphilosophische Studien. Berlin, S. 145–162.

STEFFEN, MARCO (2010): Paulo Freire und Julius Nyerere. Ihre Bedeutung für die heutige Zeit. Oldenburg.

STRAUSS, LEO (1979): Die Unterscheidung zwischen Tatsachen und Werten. In: Hans Albert und Ernst Topitsch (Hg.): Werturteilsstreit. Darmstadt, S. 73–91.

TORRES, CARLO ALBERTO (HG.) (2003): Teoria Crítica e Sociologia Política da Educação. São Paulo.

TORRES, CARLOS ALBERTO; MORROW, RAYMOND A. (2002): Reading Freire and Habermas: Critical Pedagogy and transformative social change. New York.

TORRES, CARLOS ALBERTO; MORROW, RAYMOND A. (2003): Jürgen Habermas, Paulo Freire e a pedagogia critica: novas orientaçős para a Edução Comparada. In: Carlo Alberto Torres (Hg.): Teoria Crítica e Sociologia Política da Educação. São Paulo, S. 229–263.

TÜRCKE, CHRISTOPH (1989): Habermas oder Wie die kritische Theorie gesellschaftsfähig wurde. In: Gerhard Bolte (Hg.): Unkritische Theorie: Gegen Habermas. Lüneburg, S. 21–39.

UMRATH, BARBARA (2015): Jenseits von Vereinnahmung und eindimensionalem Feminismus. Perspektiven feministischer Gesellschaftskritik heute. In: Maulwurfsarbeit III, 2015 (Papers 8/2015), S. 111–118.

UNGER, HELLA VON (2014): Partizipative Forschung. Einführung in die Forschungspraxis. Wiesbaden.

VALDIVIA ZÁRATE, ANDREA (2011): Paulo Freire in Chile. Sein Einfluss auf die Volksbildung - eine sozialpädagogische Reflexion. Oldenburg.

VAN RIJEN, WILHELM (1986): Philosophie als Kritik. Königsstein im Taunus.

VOIGTS, HANNING (2010): Entkorkte Flaschenpost. Herbert Marcuse, Theodor W. Adorno und der Streit um die Neue Linke. Berlin.

VOIGTS, HANNING (2012): Kritische Theorie und die studentische Revolte. In: Maulwurfsarbeit II; Kritik in Zeiten zerstörter Ilusionen, 2012, S. 13–36.

WALTER-BUSCH, EMIL; FINK, WILHELM (2010): Geschichte der Frankfurter Schule. Kritische Theorie und Politik. München.

WEBER, MAX (1973): Gesammelte Aufsätze zur Wissenschaftslehre. Tübingen.

WEHR, HELMUT (2003): Erich Fromm und Pater Wasson. In: Fromm Forum, Nr. 7, Publikation der Internationalen Erich-Fromm-Gesellschaft e.V. Tübingen 2003, S. 39–41.

WEHR, HELMUT (1990): Fromm zur Einführung. Hamburg.

WEHR, HELMUT (2015): Erich Fromm und der erziehungswissenschaftliche Diskurs. In: Karl- Heinz Dammer, Helmut Wehr und Thomas Vogel (Hg.): Zur Aktualität der Kritischen Theorie für die Pädagogik. Wiesbaden, S. 181–214.

WEISS, EDGAR (2009): Kritische Pädagogik. Notizen zur brüchigen Karriere, verbliebenen Defizienz und unverminderten Aktualität einer „Hauptströmung“ der Erziehungswissenschaft. In: Armin Bernhard und Wolfgang Keim (Hg.): 1968 und die neue Restauration. Frankfurt am Main, S. 301–322.

WIGGERSHAUS, ROLF (1988): Die Frankfurter Schule. Geschichte, Theoretische Entwicklung, Politische Bedeutung. München.

WILHELM, THEODOR (1974): Emanzipation - Pädagogischer Schlüsselbegriff oder Leerformel? Kiel.

WOLF, MERLIN (HG.) (2015): Zur Kritik irrationaler Weltanschauungen. Religion - Esoterik - Verschwörungstheorie - Antisemitismus. Aschaffenburg.

WÖLFLINGSEDER, MARIA (1992): Gesellschaftliche Veränderung. Von oben - von unten. Eine Studie über gesellschaftliche Veränderung aus der Sicht Paulo Freires und Fritjof Capras unter besonderer Berücksichtigung gegenwärtiger New-Age-Strömungen. Linz.

WULF, CHRISTOPH (1983): Theorien und Konzepte der Erziehungswissenschaft. München.

ZILBERSHEID, URI (1986): Die Marxsche Idee der Aufhebung der Arbeit und ihre Rezeption bei Fromm und Marcuse. Frankfurt am Main.

ZITKOWSKI, JAIME JOSÉ (2000): Horizontes da (re)fundamenta ção em edução popular: um dialogo entre Freire e Habermas. Frederico Westphalen.

ZÖLLER, JENS (2009): Dimensionen von Mündigkeit im Anschluss an Adorno. Zur Reformulierung eines unausgeschöpften emanzipatorischen Entwurfs. In: Armin Bernhard und Wolfgang Keim (Hg.): 1968 und die neue Restauration. Frankfurt am Main, S. 153–170.

ZUMHOF, TIM (2012): Pädagogik und Poetik der Befreiung. Der Zusammenhang von Paulo Freires Befreiungspädagogik und Augusto Boals „Theater der Unterdrückten". Münster.